이화간호교육의
처음을 연 사람들,

# 마가렛
# 에드먼즈와
# 이정애

이화간호교육의
처음을 연 사람들,

# 마가렛 에드먼즈와 이정애

이화여자대학교
이화간호과학연구소 기획
이덕주 · 하희정 지음

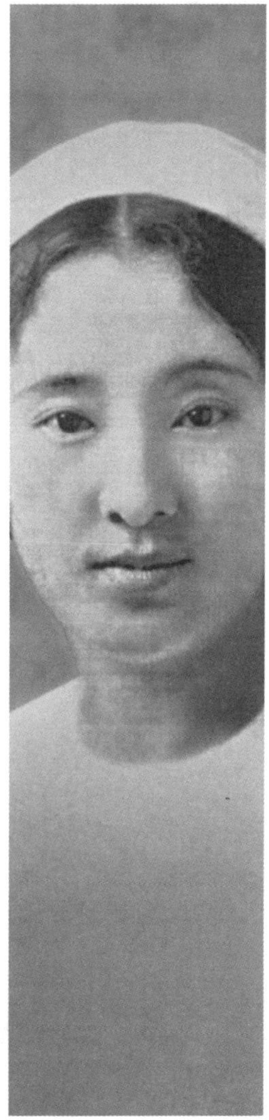

이화여자대학교출판문화원

## 간행사

이화여자대학교 간호학과가 1955년 공식적으로 출범할 수 있었던 것은 한국 근대 간호계에 두 분의 큰 선구자가 계셨기 때문입니다. 바로 1903년 최초의 간호학교를 설립한 마가렛 에드먼즈 선생님과 1950년 이화여자대학교에서 4년제 간호학과 설립을 위해 준비 작업을 마쳤던 이정애 선생님입니다. 두 분은 한국의 간호교육 태동기에 큰 업적을 남기셨기에 그 업적을 이처럼 기리게 된 것을 무한한 영광으로 생각합니다. 두 분의 역사는 이화여자대학교 간호대학의 역사이면서도 한국 간호교육의 역사이고 한국 간호사의 자부심이자 자긍심입니다. 두 분의 업적이 지니는 역사적 의미를 새기고 미래의 방향을 모색해보는 것은 의미 있고 중요한 일입니다.

이 책은 구한말 남녀 구별의 봉건적 풍습이 팽배하여 여성 전용 병원이 불가피했던 시대적인 흐름 속에서 한국 최초의 여성병원 보구여관을 설립한 배경을 담고 있습니다. 에드먼즈 선생님은 1903년 3월에 내한하여 12월에 보구여관 내 간호학교를 건립하셨으며, 이후에 간호원 유니폼 제작, 간호원 용어 창안, 첫 한국 간호 교과서 편찬 등 한국 간호교육에 길이 기억될 기틀을 마련하는 등 탁월한 리더십과 추진력을 발휘하셨습니다. 이후 선생님은 한국 간호교육에 기여하신 공로로

2015년 국민훈장 동백장을 받으셨습니다.

한편 당대의 학자들로부터 한국 근대 간호학계의 선구자, 한국의 백의의 천사 나이팅게일로 칭송받으셨던 이정애 선생님은 한국 간호교육을 대학 과정으로 삼기 위한 기반을 다지는 데 큰 활동을 하셨습니다. 민족의 전통 문화와 예술적 아름다움이 담긴 단아한 자태를 갖추셨던 이정애 선생님은, 그러나 1950년 5월에 드디어 14명의 첫 간호학과 입학생들을 맞이한 지 불과 한 달이 채 지나지 않아 한국전쟁이 발발하면서 간호교육이 중단되는 안타까운 사건을 겪으셨습니다. 이처럼 이정애 선생님의 삶 속에는 일제강점기와 한국전쟁이라는 고통스러운 역사적 상흔이 남아 있었습니다. 이 책을 통해 다시 한번 이정애 선생님을 기리며 깊은 감사를 드립니다.

이화간호교육의 처음을 연 사람들이었던 에드먼즈 선생님과 이정애 선생님을 기리는 이 책은 간호교육의 역사적 함의를 담고 있어서 간호교육계, 보건의료계에 종사하시는 분들뿐 아니라 구한말 의료 선교사들의 활동에 관심이 있으신 모든 분들에게 아주 의미 있고 유익한 자료가 될 것입니다. 이 책이 나오기까지 에드먼즈 선생님에 대한 글을 집필하신 하희정 박사님과 이정애 선생님에 대한 글을 집필하신 이덕주 박사님의 노고에 진심으로 감사드립니다. 또한 자료 수집과 검독 과정에 정성을 들여 적극 지원해주신 이자형 명예교수님, 간호대학 검독위원님들, 그리고 본문에 수록된 사진들의 사용을 허락해주신 여러 기관에도 감사의 말씀을 드립니다. 마지막으로 정성으로 편집해주신 이화여자대학교출판문화원 관계자 여러분께 감사를 전합니다.

2019년 11월

간호대학장 김미영

## 축사

이화여자대학교 간호대학 창립 116주년과 『이화간호교육의 처음을 연 사람들, 마가렛 에드먼즈와 이정애』의 발간을 진심으로 축하드립니다.

이화는 미국 감리교 여성해외선교회의 도움을 받아 1888년 한국 최초의 여성병원인 보구여관을 설립하고, 1903년 마가렛 에드먼즈 선교 간호사를 중심으로 최초의 간호학교를 개설, 간호교육을 시작하여 1908년 11월 한국 최초로 2명의 간호사를 배출했습니다. 이에 그치지 않고 1947년 행림원 안에 간호후생과를 개설하고 1950년에는 이화여자대학교 간호교육학부로 증설 개칭했으며, 1955년 한국 최초의 간호학 학사 과정을 개설했습니다. 특히 에드먼즈 선생님은 처음으로 간호원 학교를 세우고 간호복을 만드셨으며 '간호원'이라는 용어를 탄생시키는 데 큰 공을 세우셨습니다.

이후 이화가 4년제 대학 과정의 간호교육을 실시할 수 있었던 것은 이정애 선생님의 특별한 관심이 있었기 때문입니다. 이정애 선생님은 대한민국 1호 간호사로서 이화학당 대학과를 졸업한 후 하와이 퀸즈대학에서 간호학을 공부하고, 1937년 영국에서 열린 제8회 국제간호사대회에 한국 대표로 참석하여 한국의 간호를 세계에 알리는 데 공헌하셨습니다. 이 밖에도 이정애 선생님은 한국에서 간호사의 지위를 향상시키고, 선진 간호 시스템을 도입하기 위해 다양한 선구자적 노력을 하셨습니다.

이화는 1960년에 국내 최초로 간호학 석사학위 과정을, 1979년에 박사학위 과정을 개설하여 인간 존중의 정신을 바탕으로 한 치료적 돌봄 관계를 통해 대상자의 건강 증진, 질병 예방, 고통 경감 및 안녕을 도모하고자 노력해왔습니다. 또 이때 필요한 과학적 간호 실무 능력과 글로벌 역량을 갖춘 여성 전문직 간호 인력을 양성하기 위해 현재까지도 교육에 힘쓰고 있습니다.

의료 환경의 변화, 노령화 사회, 후천적 장애의 증가와 함께 앞으로는 간호의 영역이 더욱 확대되고 전문적으로 세분화될 것으로 생각됩니다. 이화여자대학교 간호대학이 사람을 중심에 놓는 가치를 최우선으로 하면서 인본주의적 간호학의 체계를 구축하여 변화하는 미래 세계에 잘 대응해나가기를 바랍니다. 우리 간호대학이 간호학의 역사를 기록하고 계승해나가는 것에 대해 응원과 격려를 보냅니다. 116년의 한국 근대 간호의 역사와 함께 선대 간호사의 업적을 기리는 것은 새로운 역사를 창조할 원동력이 될 것입니다.

끝으로 『이화간호교육의 처음을 연 사람들, 마가렛 에드먼즈와 이정애』의 발간을 위해 정성과 수고를 아끼지 않은 여러 선생님들에게 진심으로 감사드립니다. 이화간호교육의 무궁한 발전과 하나님의 축복이 함께하기를 기원합니다.

2019년 11월

이화여자대학교 총장 김혜숙

## 축사

간호교육의 역사와 전통을 찾아 이화여자대학교 간호대학에서 추진했던 『이화 간호교육의 처음을 연 사람들, 마가렛 에드먼즈와 이정애』의 발간을 진심으로 축하드립니다.

대한간호협회는 2008년부터 간호 역사를 되돌아보고 미래의 간호가 나아갈 방향을 조망하기 위해 간호 역사서를 발간하고 보구여관 터에 간호 표석 1호를 설치하는 등 다양한 간호 역사 뿌리찾기 활동을 하고 있습니다. 이 책은 마가렛 에드먼즈와 이정애라는 인물들의 삶의 여정을 들여다봄으로써 한국 간호교육의 뿌리를 확인했다는 데 역사적 의의가 있습니다. 또한 이 책은 간호사를 꿈꾸는 학생, 간호사, 교육자, 연구자를 포함한 일반인들에게 에드먼즈 선생님과 이정애 선생님의 헌신과 사랑, 간호 교육자로서 꽃피운 소명의식 등 한국 근대 간호의 역사적 가치를 알리는 책으로 유용하게 사용될 것입니다.

에드먼즈 선생님은 미국의 감리교 여성해외선교회에서 간호교육을 목적으로 1903년 한국에 파견된 선교 간호사로, 1903년 보구여관에 6년 과정의 국내 최초의 간호학교를 설립하고 간호교육을 시작하셨습니다. 에드먼즈 선생님은 영어 단어 'nurse'를 '맡아서(看) 도와주는(護) 사람(員)'이라는 뜻의 '간호원'으로 번역하면서, 한 사람이 가진 생명의 가치를 존귀하게 여기는 간호사의 정신을 가르치셨습니다. 이러한 에드먼즈 선생님의 간호교육의 가치는 현재 이화여자대학교 간호대학의 봉사와 섬김 정신으로 이어지고 있습니다.

이정애 선생님은 에드먼즈 선생님이 시작한 간호교육을 견고히 세우고 한국의 간호를 세계에 알리는 데 공헌하신 분입니다. 이화학당을 졸업한 후, 하와이에서 간호학 학사학위를 받음으로써 외국에서 간호학 학위를 받은 최초의 한국인 여성이 되셨으며, 이화여자대학교의 초대 간호교육과 학과장을 역임하셨고, 한국의 간호교육을 4년제 대학과정으로 삼기 위한 기틀을 마련하셨습니다. 또한 영국에서 열린 국제간호사대회에 조선 간호원을 대표하여 참여함으로써 세계 무대에서 활약하는 글로벌 간호 리더의 모습을 보여주셨습니다. 이러한 정신적 가치에 힘입어 이화여자대학교 간호대학은 2014년 글로벌건강간호학전공을 신설해 이정애 선생님의 글로벌 정신을 이어가고 있습니다.

간호교육은 조선시대의 차별적 사회 구조 속에서도 여성들이 사회진출과 함께 전문적인 직업을 가질 수 있게 하는 기회를 제공했습니다. 당시의 간호사들은 근대 가부장제 사회에서 자신의 한계를 뛰어넘어 도전한 여성들이었으며, 이를 가능하게 한 것은 간호교육의 힘이었습니다. 따라서 미래의 간호 일꾼들 또한 훗날 간호사로서의 전문직 정체성과 자긍심을 가지고 세계 간호 역사를 움직이는 우수한 간호 지도자로 활동하게 될 모습을 기대해봅니다.

2019년 11월

대한간호협회장 신경림

| 들어가며 |

# 이화여자대학교 간호교육의 역사와 전통, 그 맥을 찾아서

한국 기독교(개신교) 선교는 학교와 병원을 통한 간접 선교로 시작되었다. 1884년 7월 서울을 방문한 미감리교 일본 주재 선교사 매클레이가 미국 공사관을 통해 한국 정부에 제출한 "학교와 병원 사업 의향서"에 대하여 고종황제가 '허락'한 결과였다. 그렇게 해서 오랜 쇄국정책의 빗장이 열리고 선교사들이 들어와 사역할 수 있는 길이 열렸다. 이에 미장로교는 알렌과 언더우드, 헤론을, 미감리교는 아펜젤러와 윌리엄 스크랜턴, 메리 스크랜턴 등을 학교사역과 병원사역을 개척할 선교사로 선발하여 한국에 파견했다. 이들에 의해 1885~1886년 사이 서울에서 병원으로 제중원(현 세브란스병원)과 시병원이, 학교로 배재학당과 이화학당이 설립되었다. 그런데 의료 선교사들은 남녀 구별의 봉건적 풍습이 강하게 작용하던 사회 분위기에서 여성 환자 치료를 위한 여성 전용 병원의 필요성을 느꼈다. 이에 미감리교 여성해외선교회에서 여의사 하워드를 파견하여 1888년 정동 이화학당 옆에 한국 최초의 여성병원인 보구여관을 설립했다. 그것이 동대문부인병원을 거쳐 이화여자대학교 동대문 부속병원이 되었다.

남성병원인 제중원과 시병원도 그러했지만 보구여관에서 의사와 함께 절대 필요한 인력이 간호사였다. 이에 미감리교 여성해외선교회에서는 1902년 12월 에드먼즈를 한국에 파송했다. 그런데 병원사역에 집중했던 쉴즈와 달리 에드먼즈는 처음부터 한국인 간호사 교육을 목적으로 한국에 왔다. 그래서 1903년 3월 서울에 도착한 에드먼즈는 그해 12월에 그동안 커틀러와 해리스, 언스버거 등 보구여관 여의사들로부터 개인적으로 간호사 훈련을 받고 있던 한국인 여성 5명을 모아 정식 '간호학교(training school for nurses)'를 시작했다. 그렇게 보구여관 간호학교에서 체계적인 교육과 훈련을 받은 학생 가운데 1906년 김마르다와 이그레이스, 1907년 정마티와 김엘렌이 졸업하고 예모식을 거행했다. 한국인 간호사 시대가 열렸다.

이처럼 보구여관 간호학교를 설립하고 근대 간호교육의 기틀을 마련했던 에드먼즈는 1908년 목포에서 사역하던 미장로교 선교사 해리슨과 결혼하면서 미감리교 선교사직을 사임하고 보구여관을 떠났다. 그러면서 보구여관 간호학교도 일시 중단되었다. 간호교육이 재개된 것은 1910년 미감리교 여성해외선교회에서 파송한 앤더슨에 의해서였다. 앤더슨은 동대문의 볼드윈진료소를 중심으로 사역했다. 볼드윈진료소는 10년 전에 한옥 건물을 개조해서 진료실로 사용하고 있었는데, 그것을 헐고 1912년 3층짜리 현대식 건물을 지었다. 그러면서 정동에 남아 있던 보구여관까지 흡수하여 '동대문부인병원'이라 했다. 앤더슨은 동대문부인병원에서 간호부장과 간호학교 교장으로 사역하다가 1919년 건강 문제로 귀국했다. 앤더슨의 후임으로 동대문부인병원 간호교육을 담당한 이는 로버츠였다. 1917년 내한한 로버츠는 처음 2년간 앤더슨과 함께 사역하다가 앤더슨이 귀국한 후 동대문부인병원 간호사역을 맡았다.

1930년 동대문부인병원은 그 기능과 조직에 대대적인 변화를 시도했다. 우선 '여성 전용 병원'으로서의 기능을 포기했다. 1888년 보구여관을 처음 시작할 때는 여성 환자들이 남성(서양인) 의사에게 진료를 받지 않으려는 폐쇄적인 사회 환경 때문에 '여의사가 여성 환자를 진료하는' 여성 전용 병원이 필요했지만 40년 세월 동안 사회 분위기가 바뀌어 남성 의사의 여성 치료를 당연하게 여기게 되었다. 다만 임신 및 출산과 관련하여 임산부들이 남성 의사의 진료를 꺼리는 분위기는 여전히 강했다. 이에 미감리교 여성해외선교회는 동대문부인병원을 '산부인과 전문 병원'으로 전환하기로 결정했고, 그와 함께 동대문부인병원 부속 간호학교도 폐지하고 대신 '산파 양성소'를 운영하기로 했다. 동대문부인병원이 간호교육을 폐지한 것은 세브란스병원 간호학교(현 연세대학교 간호대학)를 비롯하여 적십자병원 간호학교(현 중앙대학교 간호대학), 조선총독부의원 간호학교(현 서울대학교 간호대학) 등 다른 간호학교에서 체계적으로 간호사 양성이 이루어지고 있었던 때문이기도 했다. 그렇게 해서 1903년 보구여관 간호학교로 시작한 미감리교 여성해외선교회의 간호교육은 1933년에 막을 내리게 되었다.

이후 중단된 미감리교 여성해외선교회 간호교육의 맥을 이으려고 나선 곳이 이화여자전문학교였다. 1910년 이화학당 대학과로 시작해서 1925년 전문학교로 총독부 인가를 받은 이화여자전문학교는 미국에서 석사학위를 받고 돌아온 김활란을 부교장으로 임명하여 후계자 훈련을 받고 있었다. 김활란은 이화여자전문학교를 '종합대학'으로 육성하기 위해 기존의 영어영문학과와 음악과, 가사과, 유치원보육과 외에 간호과를 창설할 계획을 갖고 있었다. 그런 배경에서 김활란은 이화학당 후배이자 친구인 이정애(1925년 대학과 졸업)를 미국에 유학 보내 간호학을 전공하도록 했다. 이정애는 1928년 하와이 호놀룰루의 퀸즈병원 간호학교에 입학해서 간호교육과 훈련을 받은 후 1931년 한국인 여성으로는 최초로 미국에서 '간호학 학위(Nursing degree)'를 받고 귀국했다. 그러나 이정애는 곧바로 이화여자전문학교에서 일하지 못했다. 이화여자전문학교에 간호학과를 창설하고 운영할 환경과 조건이 마련되지 않았기 때문이었다. 그래서 이정애는 세브란스병원으로 가 간호학교 사역에 참여했다.

이정애는 그렇게 세브란스병원과 간호학교에서 7년간 사역한 후 이화여자전문학교 기숙사 사감이 되었다. 아직 간호학과가 설치되지 않았음에도 그가 이화여자전문학교로 돌아온 것은 일제 말기, 위기에 처한 학교를 지키기 위해 고군분투하던 '친구' 김활란을 돕기 위해서였다. 일제강점기의 총독부는 선교사들이 운영하던 이화여자전문학교를 폐쇄하거나 접수하려고 갖은 노력을 기울였다. 특히 선교사 강제 출국(1940년) 이후 학교를 폐쇄하려는 총독부의 위협과 시도는 더욱 거셌다. 이런 상황에서 이화여자전문학교 교장 김활란은 온갖 수모와 역경을 감수하면서 학교를 지켜내기 위해 애썼다. 이정애는 그런 김활란의 곁을 지키며 '이화 지키기'에 힘을 보탰다.

해방이 되자 김활란은 이화여자전문학교를 '세계적인' 여자종합대학으로 육성할 계획을 본격적으로 추진했다. 이화여자전문학교는 1946년 8월 미군정청 교육당국으로부터 국내 대학으로는 처음으로 '이화여자대학'이란 명칭으로 종합대학 인가를 받았다. 이때 이화여자대학교는 문과와 가사과, 체육과, 교육과, 아동교육과로 구성된 한림원, 음악과와 미술과로 구성된 예림원, 그리고 의학과와 약학과로 구성된 행림원 등 3개 대학, 9개 과로 편성되었다. 행림원은 일제 말기 개인 손에 넘어갔던 동대문부인병원을 되찾아 이화여자대학교 부속병원으로 개원했다. 행림원에 간호학과가 설치되지 못한 것은 교육당국이 요구하는 학과 설치 기준에 맞는 석사학위 이상의 간호학 전공자가 없었기 때문이었다. 이에 이정애는 김활란의 요청으로 1948년 다시 미국으로 건너가 뉴욕 컬럼비아대학교에서 1년간 '간호행정학'을 공부하고 돌아왔다. 이후 1949년 6월 행림원 안에 간호교육과가 창설되었고 이정애가 초대 학과장이 되었다. 그렇게 해서 1933년 중단되었던 동대문부인병원 간호학교의 맥이 살아났고, 1903년 보구여관 간호학교로 시작했던 이화간호교육의 전통이 회복되었다.

그렇게 설립된 이화여자대학교 행림원 간호교육과는 1950년 5월, 첫 학생 14명을 받아들였다. 그러나 한 달 만에 터진 한국전쟁으로 수업은 중단되었고 학생들은 뿔뿔이 흩어졌다. 이후 이화여자대학교가 1951년 9월부터 피난지 부산에서 피난학교로 수업을 재개했을 때 간호교육과는 복구되지 못했다. 신설 학과로서 피난지에서의 학생 모집이 어려웠고, 무엇보다 학과장 이정애가 투병 생활로 학교 일에 전념할 수 없었기 때문이었다. 이정애는 이미 일제 말기부터 유방암으로 여러 차례 수술을 받은 적이 있었고 피난 시절 임시 학교 사무실 역할을 했던 부산 '필승각'에서 낙상하여 부상을 입은 후 긴 투병 생활에 들어갔다. 결국 그는 회복되지 못하고 서울 수복 직후인 1954년 5월, 서울 가회동 총장 공관에서 별세했다. 절친한 친구 이정애의 죽음에 김활란은 적지 않은 충격을 받았지만 친구의 꿈과 비전이 담긴 간호학과를 육성하기로 결심했다. 그리하여 1955년 2월, 이화여자대학교 의과대학(전 행림원) 간호학과라는 명칭으로 학과를 신설하고 세브란스병원 간호학교 시절부터 이정애의 '신실한 제자'였던 이영복을 학과장으로 선임한 후 입학생 48명을 받아들였다. 이후 이화여자대학교 간호학과는 꾸준한 발전을 거듭하여 1968년 간호대학으로 승격, 오늘에 이르고 있다.

이렇게 정리하고 보면, 이화여자대학교 간호학과 및 간호대학의 역사는 곧 한국 근대 간호교육의 역사인 것을 알 수 있다. 그것은 또한 한국 근대 여성교육사, 여성운동사의 한 부분이기도 하다. 한국 근대 여성교육의 역사와 전통이 이화학당을 통해 수립되었듯이 한국 근대 간호교육이 이화여자대학교 부속병원의 전신인 보구여관의 간호학교를 통해 개척되고 이화여자대학교 간호학과를 통해 계승된 것이다. 특히 보구여관 간호학교로 시작해서 동대문부인병원 간호학교로 이어졌다가 1933년 중단된 간호교육 전통이 해방 후(1949년) 이화여자대학교 행림원(의과대학) 간호교육과로 회복되었다.

이런 이화의 간호교육 역사에서 절대적인 역할을 한 인물을 꼽으라면 간호교육을 시작한 마가렛 에드먼즈, 그리고 끊어졌던 간호교육 전통을 복구한 이정애라 할 수 있다. 이에 이 책에서는 에드먼즈를 중심으로 초기 보구여관의 의료 및 간호교육의 역사를 정리하고(1부, 하희정 집필), 이화여자대학교를 종합대학으로 육성하려는 '친구' 김활란의 적극적인 관심과 후원 속에 미국 유학을 다녀와 이화여자대학교 간호학과를 창설했던 이정애의 사역과 헌신을 살펴볼 것이다(2부, 이덕주 집필). 이런 작업을 통해 오늘날 이화여자대학교에서 간호교육을 받고 있는 미래 세대들이 한민족의 근현대사와 함께했던 이화여자대학교 간호교육의 역사와 전통을 재확인하고 활기찬 미래를 열어갈 수 있기를 기대한다.

2019년 11월<br>저자를 대표하여<br>이덕주

| 차례 |

간행사 _ 4
축사 _ 6
들어가며: 이화여자대학교 간호교육의 역사와 전통, 그 맥을 찾아서 _ 10

## 1부 한국 첫 간호학교의 탄생: 보구여관의 역사와 이화간호교육의 개척자들

• 여는 글: 간호교육의 처음 자리 _ 22

### 1. 근대 의학을 처음 만나다 _ 28

전통과 근대 의학의 낯선 동행 _ 29
신분의 벽을 넘지 못한 제중원의 첫 여성 의학생들 _ 32
서양 선교사, 왕비 주치의로 정2품 정경부인이 되다 _ 37
전염병의 창궐과 간호 봉사자들의 등장 _ 46
기독교, 의학상식의 보급 채널이 되다 _ 57

### 2. 한양에 첫 여성병원이 세워지다 _ 65

조선 왕실이 인증한 첫 민간 공립병원 '시병원' _ 65
첫 여성병원 '보구여관'의 탄생 _ 73
닥터 로제타, '2호' 여의사로 파견되다 _ 82

'하나의 팀' 보구여관, 사회적 공간을 열다 _ 91
첫 여성 의료 강습반 학생이 된 이화학당 소녀들 _ 95
미국의 '디커니스운동'과 만나다 _ 107
조혼, 꿈꾸는 소녀들의 발목을 잡다 _ 114
상처 많은 조선 여성들, 아픔을 딛고 일어서다 _ 123
동대문에 볼드윈진료소를 분원으로 개원하다 _ 130

**3. 마가렛 에드먼즈, 첫 간호학교를 세우다** _ 141
방문간호사 마가렛 에드먼즈, 대한에 오다 _ 142
첫 간호학교, 첫 유니폼, 첫 이름 '간호원' _ 153
"작은 도토리 알에서 자란 어린 가지"에서 희망을 보다 _ 165
1905년 간호 수련생들과 일본 적십자병원을 견학하다 _ 182
처음 선보인 예모식, 신여성의 등장을 예고하다 _ 184
세브란스병원 의료진과 함께 의병들을 치료하다 _ 189
첫 졸업간호사가 된 김마르다와 이그레이스 _ 198
마가렛 에드먼즈 이후의 변화들 _ 208

[부록] 보구여관 간호학교 연표 _ 218
마가렛 에드먼즈 연대기 _ 219

## 2부 이화간호교육의 선구자 이정애


• 여는 글: 이화 역사 속의 이정애 _ 222

**4. 이정애, 그는 누구인가** _ 230

이정애의 생애 흔적을 찾아서 _ 230

어린 시절의 '아버지 사랑' _ 236

양규의숙과 서당 교육 _ 242

이화학당 중등과 입학 _ 245

이화학당 고등과 입학과 3·1운동 _ 252

고등과 졸업과 대학 진학 _ 258

기숙사에서 만난 친구 _ 264

결혼과 이혼 후 만난 간호 _ 271

**5. 이화간호교육의 선구자** _ 281

진정한 친구, 김활란과 서은숙 _ 281

하와이 퀸즈병원 간호학교 유학 _ 287

세브란스병원과 간호학교 근무 _ 295

백의의 천사, 조선의 나이팅게일 _ 300

런던 국제간호사대회 참석 _ 311
이화여자전문학교 기숙사에서의 돌봄 _ 322
멸절 위기에서 이화 지키기 _ 329

**6. 이화여자대학교 교수사역과 마지막 자취** _ 336
8·15해방과 이화여자대학교 재건 _ 336
이화여자대학교 간호교육학과 설립 _ 338
전쟁의 공포와 고통 속에서 _ 344
투병 가운데 위대한 여정 _ 352
별세와 장례 _ 355
기억과 추모 _ 364

[부록] 이정애 연대기 _ 370

찾아보기 _ 371

# 1부

# 한국 첫 간호학교의 탄생:

## 보구여관의 역사와
## 이화간호교육의 개척자들

## 여는 글: 간호교육의 처음 자리

아무도 반기지 않는 고통을 기꺼이 찾아나서는 사람들이 있다. 간호사이다. 사랑하는 가족도 차마 들여다보지 못하는 고통의 근원을 누구보다 세심히 살피고 고통으로부터 벗어날 수 있도록 최선을 다해 돕는다. 이들의 노력과 헌신 그리고 전문성은 어떤 잣대로도 그 무게를 잴 수 없다. 하지만 사회는 늘 그 무게를 기억하지 못한다. 그 망각 속에서 간호의 우선 가치도, 간호교육의 필요 가치도 하얗게 묻힐 때가 적지 않다.

1부에서는 한국의 첫 여성병원으로 개원하고 근대 간호교육의 '머릿돌'이 된 보구여관의 역사와 그 개척자들을 들여다본다. 19세기가 저물어갈 무렵 설립되어 1912년까지 지속한 보구여관의 역사는 간호교육의 정착 과정뿐 아니라 한국 간호의 시작이 어떤 가치를 추구했는지 고스란히 보여준다. 특히 보구여관은 남녀유별의 낡은 관습에 갇히고 의료의 사각지대로 내몰린 여성들의 고통을 치료하는 진료 공간만은 아니었다. 간호의 사회적 역할과 공공적 가치를 처음 확인하고 훈련할 수 있었던 여성들의 새로운 참여 공간이기도 했다. 이는 의료 공간에서조차 경제적 가치가 사회적 가치를 압도하는 오늘의 아픈 현실을 깊이 성찰하게 한다. 나이팅게일 탄생 200주년이 코앞으로 다가온 시점에서 의료 현장에서 발생하는 다양한 문제들이 사회 이슈의 단골 메뉴가 된 것은 그만큼 우리 사회가 풀어야 할 숙제가 많다는 반증일 것이다.

여성들을 위한 첫 근대식 병원으로 보구여관이 서울 정동에 세워진 것은 131년 전으로 거슬러 올라간 1888년이다. 그리고 15년 후인 1903년 첫 간호학교가 탄생했다. 그로부터 100년 세월을 훌쩍 넘겼지만 이에 대한 연구가 시작된 것은 얼마 되지 않는다. 최근 10년이 전부라 해도 과언이 아니다. 자료 부족이나 관심의 결핍도 한 요인이겠지만 여성 의료와 간호에 대한 인식의 한계도 크게 작용했다. 한국에서 근대를 출발시킨 역사적 상징성에도 불구하고 여성 의료, 특히 간호의 역사는 오랜 기간 학문의 범주에서 그리 주목받지 못했다. 한마디로 '주변화'된 의료 분야였다. 학문성보다는 현장성이 더 요구되는 분야이기 때문만은 아닐 것이다. 원인은 다양하다.

우선 동서양을 막론하고 간호가 여성의 고유한 역할로 간주되었고, 여성의 지위에 따라 간호 노동에 대한 위상이 결정되었다는 것이 보편적 견해이다.[1] 여기에 이의를 달긴 어렵다. 인류 역사와 함께해온 간호의 중요성이나 환자에 대한 접근성에도 불구하고, 간호 영역은 오랫동안 '하찮은' 여성의 일로 폄하되고 의사의 진료를 보조하는 하위 개념으로 인식되어온 것이 사실이다. 하지만 일제강점기를 경험한 한국의 역사적 특수성도 빼놓을 수 없다. 1차 세계대전이 시작된 해인 1914년 일본 정부는 「간호부규칙」을 제정하고 간호 분야를 처음으로 면허증이 발급되는 공식 직업으로 인정했다. 하지만 간호 인력을 국가의 관리 아래 통제하고, 그 대상을 여성으로 제한하는 정책을 폈다.[2] 한국에서 의사는 남성, 간호사는 여성이라는 도식이 생겨난 것도 이때부터이다. 한마디로 한국에서 의료계의 성 분화는 단순한 사회적 관념에서 비롯되었다기보다는 일제가 시행한 법의 제도화에 기인한 측면이 크다. 이러한 낡은 도식이 해방 후에도 청산되지 못하고 한국 사회를 오랫동안 지배해온 것은 불행한 일이다. 더욱이 의사와 간호사의 협업이 필수인 의료 현장에서조차 간호사를 전문성을 갖춘 의료 협력자로 인식하기보다는 의사의 보조 인력으로 간주해온 낡은 관행도 의료계가 넘어서야 할 장애물이다.

간호 역사를 소홀히 해온 데는 기독교계가 보여준 역사 인식의 한계도 한몫했다. 한국에서 근대 간호의 가장 큰 특징은 기독교 선교의 한 분야로 시

1 이윤주, "우리나라 근대 간호의 도입과 정착", 「간호학 탐구」 9권 2호(2000), 81.

2 「간호부규칙」 1조. 이꽃메 · 김화중, "일제강점기 간호부규칙에 관한 연구", 「지역사회간호학회지」 9권 2호(1998), 294.

작되었다는 것이다. 이는 간호 역사가 의료사와 기독교사의 공동 자산이 됨을 의미한다. 하지만 기독교계는 의료 활동 자체의 역사적 의미나 중요성보다는 의료 활동을 통한 선교적 성과와 업적을 부각시키는 데 초점을 두었다. 그리고 이를 뒷받침하는 근거로서 주로 의사들이 맡아 했던 선교 보고서 등을 중심으로 사료적 접근을 시도했다. 그 결과 보고자의 위치에 있지 않았던 간호사들의 목소리를 담아내기 어려웠다. 더욱이 종교적 개종을 우선 가치로 여긴 선교 정책에서 간호는 개종을 돕는 부수적인 수단으로 치부될 수밖에 없었다.

무엇보다 간호 영역은 일의 특성상 여럿이 함께 손을 맞추고 협업 형태로 진행되는 경우가 많아 인물 개개인이 드러나는 의사들과 달리 특별한 경우가 아니면 특정되기 어려운 측면이 있다. 그래서 언제나 고통의 현장을 지키지만 기록에는 잘 나타나지 않는 간호사의 '보이지 않는' 존재감, 즉 간호사의 '비가시성'이야말로 우선적으로 고려되어야 할 요인으로 꼽히기도 한다.[3] 특히 간호의 핵심 가치인 '돌봄'은 객관적 지표로 간주되는 통계나 숫자로도 담아내기 어렵다.

최근의 몇몇 연구들은 오랜 가뭄 끝에 만난 단비처럼 긴 침묵을 깨고 나와 반갑기 그지없다. 조각조각 흩어져 긴 잠을 자고 있던 사료들을 발굴해 하나로 엮은 두 권의 자료집과 세심한 분석을 시도한 여러 편의 논문들이 이전과는 다른 차원의 상세한 정보들을 제공해준다.[4] 의료나 선교 개념으

---

3 옥성득, "초기 개신교 간호와 간호교육의 정체성: 1903년에 설립된 보구여관 간호원 양성학교와 에드먼즈를 중심으로", 「한국기독교와 역사」 36호(2012), 185.

4 김성은, "구한말 일제시기 미북감리회의 여성 의료기관", 「이화사학연구」 35집(2007), 107-147; 옥성득, 『한국 간호역사자료집 I, 1886-1911』(대한간호협회, 2011); 옥성득, 『한국 간호역사자료집 II, 1910-1919』(대한간호협회, 2017); 이덕주, "선교 초기 보구여관 간호교육에 관하여", 「신학과 세계」 89집(2017), 101-136; 이방원, "보구여관 간호원 양성소(1903-1933)의 설립과 운영", 「의사학」 20권 2호(2011), 355-390; 한미영·손수경, "한말·일제강점기 내한 간호선교사의 사역 연구", 「신앙과 학문」 19집 3호(2014), 213-250 등.

로만 바라보았던 이전과 달리, 여성학적 시각으로 여성 의료뿐 아니라 여성 의료기관 전반에 대하여 살펴본 것도 매우 의미 있고 흥미롭다.

이 책은 여기서 한 걸음 더 나간다. 왕조시대를 마감하고 근대시민사회로 가는 길목에서 여성 의료와 근대 간호교육을 처음 시작한 보구여관이 어떤 사회적 기능과 시대적 역할들을 수행했는지 함께 들여다본다. 과거 사건에 대한 정확한 사실 규명과 섬세한 역사 서술은 제아무리 강조해도 지나침이 없다. 하지만 간호교육의 첫 모델을 통해 간호의 근본을 살피고 한국 간호의 시작이 갖는 시대적 역할과 역사적 의미를 새롭게 되새기는 것도 못지않게 중요하다.

인류에게 고통이 없었던 시간이 없듯이 간호가 존재하지 않았던 시대는 없다. 하지만 시대의 요구에 따라 간호는 그 역할도, 성격도 달라질 수밖에 없다. 물론 이에 따른 간호교육의 내용과 구성도 진화가 필요하다. 사람을 대하는 일, 특히 간호의 근본인 고통과 아픔을 가진 이들을 살피고 돕는 일은 뛰어난 의학 지식이나 숙련된 기술만으로는 충분하지 않다. 시민사회, 나아가서는 인류를 위한 의료의 공공적 가치에 공감하지 못하거나 이를 위한 성찰이 뒤따르지 않으면 전문 분야로서 간호에 대한 자부심과 자긍심을 갖기는 어려울 것이다.

19세기 말 서양 의학과 함께 조선에서 선보인 간호의 형태는 크게 세 가지이다. 먼저 조선 왕실이 근대병원으로 세운 제중원을 꼽을 수 있다. 관기 출신 의녀들이 서양 의사에게 짧은 훈련을 받고 간호 활동에 참여했다. 근대 의학을 공부한 간호 인력이 아직 존재하지 않아 궁여지책으로 왕실이 관기들을 동원한 것이다. 하지만 얼마 지나지 않아 곧 그 한계가 드러났다. 제중원은 맨 처음 서양 의학이 소개된 역사의 공간이었지만 몇 백 년을 이어온 반상의 법도는 하루아침에 깨지지 않았다. 결국 기녀 중에서 선발된 의녀들은 신분사회의 거대한 벽을 넘지 못했다.

다음은 일본인 거류 지역의 일본 간호사들이다. 대륙 침탈을 기획한 일본 정부가 1876년 '불평등조약'인 강화도조약을 빌미 삼아 부산, 원산, 인천 등을 개항지로 강제 개방하게 한 후 일본인들을 이주시켰다. 그리고 '조선에 살고 있는 일본인의 위생을 지킨다'는 명분을 내세워 근대식 병원을 세웠다. 물론 일본 간호사들은 일본 거류민들을 위해 투입된 인력들이었기에 한국 간호의 시작에 직접적인 영향을 주지는 못했다. 이 병원들은 후에 병참기지가 되었다.

마지막으로 기독교 선교사 자격으로 조선을 찾은 서양 의료인들을 꼽을 수 있다. 이들은 처음으로 근대식 병원을 선보이고 근대 간호교육의 터를 닦았다. 보구여관과 세브란스병원(제중원의 후신)이 대표적이다. 이곳에서 첫 한국인 간호사들이 탄생했다. 이들은 국가를 위해 동원된 제중원 의녀들이나 일본인 간호사들과는 출발점이 달랐다. 처음부터 순수 민간인들의 고통을 덜어주겠다는 자발적 선택과 인류의 보편 가치인 휴머니즘을 바탕으로 의료 활동을 시작했고, 미래 세대를 키우기 위한 교육을 함께 진행했다. 이러한 출발점의 차이는 한국 간호교육의 가치와 내용 형성에 중대한 요소가 되었다. 이들에게 간호는 적어도 생계 수단으로서만의 노동은 아니었다. 자기생존이나 자기실현 그 이상의 가치가 있었다.

감리교가 출발시킨 보구여관의 간호교육은 사회적 책임의식, 전문성 확보, 생활공동체 형태의 협업 체계, 종교적 성찰을 통한 자기관리 시스템의 네 가지 특징을 지녔다. 첫째, 사회적 책임의식은 감리교가 추구한 핵심 가치이다. 산업혁명을 통해 새로운 시대를 연 18세기 영국에서 개인을 위한 종교로 급속히 축소된 기독교에 변화를 촉구하고 사회적 책임과 역할을 각성시키며 탄생한 것이 감리교이다. 이러한 특징은 미국 감리교를 거쳐 한국에 전해졌는데, 특히 의료 선교를 통해 가장 적극적으로 표현되었다.

둘째, 전문성 확보는 사사로운 '병수발'로 치부되었던 간호의 전통적 개념을 완전히 해소하고, 공공적 의미를 갖춘 새로운 영역을 창조하는 데 필수불가결한 요소였다. 전문성을 얼마만큼 확보하느냐에 근대 간호의 성공 여부가 달려 있었다. 이는 수백 년간 가정이라는 테두리 안에서 사적인 존재로서만 생활하도록 요구받았던 여성들에게 공공의 가치 실현에 함께 참여하고 사회적 존재로서 스스로 설 수 있는 기회로 작용했다. 한마디로 전문직 여성의 첫 출현을 예고했다.

셋째, 공공의 가치를 공유한 생활공동체와 전문성을 바탕으로 한 협업 체계는 조선에서 반상의 차별을 깨는 완전히 새로운 개념이었다. 미감리교에 소속된 여선교사들은 이화학당을 세운 메리 스크랜턴 같은 매우 이례적인 경우를 제외하고는 22세에서 30세 사이의 미혼 여성들이었으며 기본 5년을 사역한다는 서약을 했다. 의료 선교사들도 예외는 아니었다. 이들은 마치 느슨한 형태의 여성수도공동체를 연상시키듯 조선에서 주거 공간을 공유하며 공동생활에 가까운 생활공동체를 유지했다. 이러한 환경이 '경계와 차별'을 넘어서게 하고 환자들을 돌보는 일에 밀도 있게 협력하도록 만들었다.

넷째, 종교적 성찰을 통한 자기관리는 기본 중의 기본이었다. 이들의 의료 활동은 그 자체로 종교적 헌신의 의미가 있었다. 기도와 예배는 간호 일과의 시작이었으며 환자들에게 기독교의 가르침을 소개하는 일도 중요한 일과였다. 이는 단순히 종교적 기능으로 끝나지 않았다. 의식 공유의 사회적 기능을 동반했다. 간호의 공공적 가치를 공유하는 채널로 작동했고, 공적인 가치에 자발적으로 참여할 수 있도록 개개인을 각성시켰으며, 인간에 대한 이해를 높여 간호의 근본 가치를 되새기고 이를 공유할 수 있도록 했다. 한마디로 간호에 대한 확고한 정체성과 가치관을 정립하는 데 결정적인 역할을 했다.

이 글이 보구여관의 처음 정신과 간호교육의 처음 자리를 찾아가는 작은 '길 안내서'가 되기를 희망한다. 끝으로 이번 연구를 위해 귀중한 자료를 아낌없이 제공해준 두 기관, 미국 뉴저지의 드류대학교 감리교 아카이브(Drew University/The General Commission on Archives and History of the United Methodist Church)와 하와이의 퀸즈병원(The Queen's Medical Center Library)에 깊이 감사드린다.

# 근대 의학을 처음 만나다

긴병에 효자 없다는 말이 있다. 유교적 정서가 짙게 밴 말이지만, 누군가를 간호한다는 것이 얼마나 고된 일인지, 얼마나 큰 인내력을 필요로 하는 일인지 이보다 현실감 있게 묘사한 표현을 찾기는 어려울 듯하다. 누구나 할 수 있지만 아무나 할 수 없는 일임을 확인시켜준다고나 할까. 그러나 '효자'라는 단어는 뒤에 더 큰 헌신을 한 여성들이 분명 존재할 것이라는 어렵지 않은 상상을 불러일으킨다. 동시에 그 이상의 것이 담겨 있기도 하다. 의료의 문제가 오랫동안 개인의 문제로 인식되었고, 그 부담 또한 고스란히 가족들에게 넘겨져 가족 안에서 해결책을 찾아야 했던 상황이 오롯이 담겨 있다.

근대 의학의 등장은 단순히 질병 치료를 위한 의료 기술의 획기적인 발전만을 가져오지 않았다. 의료와 간호에 대한 인식은 물론 이에 대한 접근 방식까지도 완전히 바꾸어놓았다. 무엇보다 19세기 말로 거슬러 올라가, 조선에서의 근대 의학의 등장은 서구 근대가 가진 힘의 가시성을 가장 강렬하게 보여주며 전통과 근대의 다양한 만남과 충돌을

01

예고했다. 외부 출입이 자유롭지 못했던 여성들도 그 혼란에서 예외가 아니었다.

## 전통과 근대 의학의 낯선 동행

조선에 근대 의학이 처음 등장한 것은 보구여관이 설립되기 전이다. 1884년 12월 4일 발생한 갑신정변이 그 시작이 되었다. 일본 정부의 근대 개혁 성공에 도전을 받은 젊은 개혁가들의 정치 혁명은 때가 무르익지 않아 '삼일천하'로 막을 내렸다. 그리고 수많은 죽음과 상처를 남겼다. 실패한 혁명에 조선 왕실도 큰 상처를 입었다. 왕비(명성황후)의 총애를 받던 민영익도 그 과정에서 동맥이 절단되는 치명상을 입었다. 조선 최고의 명의들이 대거 투입되었지만 소용없었다. 조선 왕실은 수소문 끝에 미공사관 소속 의사 호러스 알렌(Horace N. Allen)을 급히 불렀다.[1] 알렌의 일기(1884년 12월 5일)는 급박했던 당시 상황을 자세히 전한다.[2]

갑신정변이 일어났던 밤, 첫 외국인 외교 고문으로 조선 왕실을 돕던 독일인 폴 묄렌도르프(Paul G. von Möllendorf)가 급한 전갈을 전해왔

---

1 1884년 여름 일본에 거주하며 선교 활동을 벌이던 미감리교 선교사 로버트 매클레이(Robert S. Maclay)가 조선을 방문하여 고종에게 '학교와 병원을 세워 활동할 수 있도록 허락해달라'고 요청했다. 고종은 이를 허락했고, 그해 9월 중국에서 의료 선교사로 활동하던 닥터 알렌이 조선에 올 수 있었다. 알렌은 본래 선교 목적으로 미장로교가 파견한 인물이었지만, 미공사관이 그의 신변 안전을 염려해 공관 소속 의사로 임명했다.

2 알렌의 일기는 1991년 「알렌의 일기: 구한말 격동기 비사」(김원모 옮김, 단국대학교출판부)로 번역되었다. 이 글에서는 2017년 인쇄본을 사용한다.

다. 죽어가는 빈사 상태의 환자가 있으니 급히 와달라는 메시지였다. 알렌은 홀로 밤새워 환자를 치료했고, 다음날 아침 일본 공사관 외과의사가 합류했다. 이후 간병은 조선의 여성들이 맡았다. 서양 의술은 가히 놀라웠다. 한의사 17명이 협력했어도 치료하지 못한 환자를 서양 의사 1명이 단번에 완벽하게 살려냈다. 기적이 아니고서는 설명이 되지 않았다. 이날 조선 왕실은 서구 근대 의학의 힘을 처음 목도했다.

조선 왕실과 알렌의 예기치 못한 만남은 전통과 근대의 낯선 동행으로 이어졌다. 조선 정부는 환자 치료와 의학교육을 병행할 병원이 필요하다는 알렌의 '병원 건설안'을 수용했고, 4개월의 준비 과정을 거쳐 1885년 4월 10일(음력 2월 25일) 첫 근대식 병원이 조선에 생겨났다.[3] 왕립병원으로 세운 만큼 이름도 조선 정부가 직접 지었다. '널리 은혜를 베푸는 집'이라는 뜻의 '광혜원(廣惠院)'이 첫 이름이었다. 알렌은 자신의 일기에 "미덕을 베푸는 개명(開明)된 집"이라고 소개했다.[4] 덧붙여진 '개명'이라는 단어에는 서양 의술이 '어둠 속에 갇힌' 조선을 '개명 세상'으로 인도할 것이라는 서구 중심적 인식이 고스란히 담겼다. 미장로교 선교회에 직접 보고한 「제중원 일차년도 보고서」에서도 알렌은 "서양 의술의 우월함이 나타나자 많은 조선인들도 치료받을 기회를 얻었으면 하고 있다"[5]고 보고하며 자신이 선보인 서구 근대 의학에 대한 자부심을 강하게 드러냈다.

하지만 쐐기라도 박듯 조선 정부는 2주 만에 '널리 민중을 구제하는

---

3 이경록 · 박윤재 · 여인석 · 박형우, "광혜원의 개원과 제중원으로서의 개칭 과정", 「연세의사학」 2권 4호(1998), 2-5. 알렌이 일반 환자를 진료하기 시작한 것은 개원 하루 전인 4월 9일부터였다.

4 「알렌의 일기」, 80(1885년 4월 13일).

5 박형우 · 여인석, "제중원 일차년도 보고서", 「연세의사학」 3권 1호(1999), 8.

집'이라는 뜻의 '제중원(濟衆院)'으로 이름을 바꾸었다. 기록이 남아 있지 않아 구체적인 개명 이유는 알 수 없지만, 한 가지는 분명해졌다. 국가가 가난한 백성들을 돌보기 위해 세운 것이라는 병원 설립의 취지가 더 명확해진 것이다. 실제로 조선 정부는 이름을 지으면서 『고종실록』(1885년 4월 13일)에 "혜민서(惠民署)와 활인서(活人署), 두 부서가 혁파되고 국가에서 백성을 널리 구제하려는 뜻이 완전히 없어지게 되어 별도로 설치"한다고 그 목적을 분명히 밝혔다. 『한성주보』(1886년 2월 1일)에도 제중원의 위상에 대해 "이것은 곧 국가의 인정(仁政)을 베푸는 한 단서요, 또한 널리 민중을 구제하는 공덕(功德)"이라고 밝혔다. 조선 정부는 사대문과 종각에 방을 붙여 "무릇 질병에 걸린 자는 본 병원에 와서 치료할 것이요, 약값은 나라에서 갖추어 대줄 것이다. 이를 잘 알겠거든 의심치 말고 치료를 받으러 올 것"이라고 병원 개원 소식을 알렸다.

왕조 사회의 전통적 국가관과 서구 근대 의학의 낯선 동행은 제중원이라는 이름 하나에도 고스란히 담겼다. 조선 왕실이 서양 의술에 적극적인 관심을 보인 것은 단순히 서구 근대 의학의 우수함에 경도되었기 때문만은 아니다. 서양 의술이 백성을 질병에서 구해낼 수 있을 것이라는 기대와 더불어, 무엇보다 국가가 베풀어야 할 시혜로 백성을 구제하는 일이 긴급히 필요했다. '헐벗은' 백성을 돌보는 일은 '어진' 임금이 해야 할 당연한 왕의 도리였다. 서구 근대 의학의 보급을 통해 기독교를 전파하려던 알렌의 처음 기대와는 근본적으로 결이 달랐다. 한마디로 제중원은 수백 년 전통을 가진 혜민서와 활인서를 잇는 국가 의료 기관으로 처음 서양 의술을 실행토록 한 병원이었다. 말 그대로 동양의 정신을 서양 기술에 담는 '동도서기(東道西紀)'의 원리로 조선 정부가 서양 의술을 받아들인 것이다.

## 신분의 벽을 넘지 못한 제중원의 첫 여성 의학생들

동양의 전통과 서구식 근대의 낯선 동행은 제중원을 개원하자마자 곧 한계를 드러내기 시작했다. 제중원은 서양 의학이 처음 소개된 곳이었지만, 수백 년을 이어온 '반상의 법도'가 가장 먼저 깨지기 시작한 역사의 공간이기도 했다. 그 과정에서 예기치 못한 수많은 문제들이 쏟아져나왔다. 서양 의사가 민영익을 치료했다는 이야기가 빠르게 퍼지며, "모든 계층에서 그리고 방방곡곡에서" 환자들이 몰려들었다. 환자의 진료 기록을 제대로 챙기지 못할 정도였다.[6] 그뿐만이 아니었다. 왕의 주치의인 조선 최고의 서양 명의가 백성들도 치료하는 모습을 보겠다고 하루가 멀다하고 몰려드는 구경꾼들로 병원은 매우 혼잡했다. 결국 모든 환자들에게 20푼짜리 표를 사게 해 표에 적힌 번호대로 진찰을 받도록 하는 방식으로 진료 시간을 확보했다. 질병은 신분을 가리지 않았다. 거리의 행려자, 나병 환자, 궁중의 높은 양반들까지 모두 같은 병원 문으로 들어오고, 같은 의사에게 진료를 받았다. 오랫동안 지속해온 신분제 사회에서 이런 모습은 상상도 못할 일이었다. 또한, 처음에는 병원에서 제조해가는 모든 약에 100푼의 값을 매겼으나 이 적은 약값도 지불하기 어려운 형편의 사람들이 있음을 알고 예외적인 경우를 제외하고는 이들에게 약값조차 받지 않았다.

가장 난감한 문제는 여성 진료였다. 조선에서는 신분의 벽보다 더 높은 것이 남녀가 한 자리에 있는 것을 금하는 '내외법'이었다. 제중원에는 상류계층인 양반 부인들도 내원하는 경우가 종종 있었다. 그때마다

---

6 알렌 혼자 진료했던 상황은 한 달 후인 5월에 내한한 미감리교 의료 선교사 닥터 윌리엄 스크랜턴(William B. Scranton)이 합류하면서 점차 개선되기 시작했고, 6월 미장로교가 두 번째로 파견한 닥터 존 헤론(John W. Heron)이 합류하면서 안정되었다.

내외법 때문에 병원 업무 전체가 거의 마비 상태에 빠졌다.[7] 아무도 보는 사람이 없는 상태에서 진료를 해야 했기에 병원 마당에 있는 사람들을 모두 내보내는 데 상당한 시간을 쏟아야 했다. 다른 환자들의 왕래를 금지시키는 것은 물론이고, 병원에서 일하는 남성 직원들까지 물러가도록 해야 했다. 진료 중임에도 불구하고 직원들의 의료 조력조차 받지 못하게 되는 참으로 곤혹스러운 상황들이 벌어졌다.[8] 서양 병원에서는 상상조차 할 수 없는 장면이었다.

결국 여성 환자들을 기피하게 되는 상황에 이르렀다. 알렌은 번거로움을 덜기 위한 궁여지책으로 자기 집에 있는 개인 사무실을 개방해 양반 부인들을 진료하기도 했다. 하지만 혼자 감당하기에는 역부족이었다. 조선에서 여성병원은 '선택'이 아닌 '필수' 사항이었다. 「제중원 일차년도 보고서」에 기록된 알렌의 보고이다.

> 여성을 위한 병원이 필요하며 조만간 설치되어야 할 것이다.

조선 왕실은 이 문제를 긴급히 해결하기 위해 관기를 동원하는 방법을 생각해냈다. 물론 조선에도 여성 환자들의 진료를 도왔던 의녀 제도가 있었다. 하지만 의녀는 어디까지나 내외법을 기반으로 활동하는 여성 의료인들이었다. 남녀 환자들이 수시로 드나들 수밖에 없고 상시로 외과 수술이 이루어지는 제중원에는 적합하지 않았다. 알렌의 「제중원 일차년도 보고서」에 따르면, 제중원을 개원한 지 2개월 만에 합

7 「조선의보」 3호(1946), 105; 「연세의사학」 3권 1호(1999), 9.

8 「조선의보」에 소개된 알렌의 보고서 내용은 좀 더 상세하다. 「연세의사학」(1999)에 전문이 번역된 것과 비교할 때 「조선의보」에 소개된 보고서는 원문을 그대로 번역했다기보다는 역자가 설명을 추가해 편역한 것에 가까운 듯하다.

류한 같은 선교부 소속인 닥터 존 헤론(John W. Heron)과 함께 외과 수술을 한 환자만 150명에 이르며 작은 수술도 400여건에 이르렀다. 총 진료 환자는 1만 명이 넘었고 입원 환자도 250명을 넘겼다.

조선에서 내외법의 적용을 받지 않고 자유로이 남성과 한 자리에 있을 수 있도록 허락된 계층은 기녀들뿐이었다. 특히 조선에서는 문학을 논할 수 있고 예기에 능한 기녀들을 관기로 삼아 국가 행사나 국가가 베푸는 연회에 동원하곤 했다. 관기는 춤과 노래, 악기를 다루는 국가 기관의 여성 예술인 역할을 했지만, 내외법을 숭상하고 남녀유별을 신성시했던 조선에서는 특별한 기능을 하는 노비 신분 그 이상도 이하도 아니었다. 일반 노비와 달리 자신의 능력으로 사회적 명성과 부를 얻을 수 있는 기회도 가끔 주어졌지만, 내외법을 넘나드는 계층이었기에 도덕적으로 문란하다는 이미지에서 벗어날 수 없었고 사회적 차별과 멸시를 당하기 일쑤였다.

이들이 처한 독특한 상황은 서구 기독교 선교사들에게도 많은 오해를 불러일으켰다. '순결'과 '정숙'을 가장 이상적인 여성의 미덕으로 알던 선교사들 눈에는 이들이 그저 남성들과 유희를 즐기고 사회를 오염시키는 부도덕한 여성들로만 보였다. 기독교 선교사들이 유일하게 기녀학교가 있던 평양을 "소돔과 고모라"[9]라고 표현한 이유도 바로 여기에 있다. 알렌도 「제중원 일차년도 보고서」에서 제중원에 동원된 기녀들을 "dancing girls"로 표현했다. 하지만 이들은 남성과 여성 모두를 아우를 수 있는 유일한 계층이었다. 「조선의보」(1946)에 소개된 알렌의 보고 내용은 그의 일기를 참조한 듯 상세한 설명이 추가되었다.

9 성서(창세기 19장)에서 유래된 표현으로 '죄악의 도시'를 상징한다.

> 조선은 유교사상이 절대세력을 가진 사회이므로 남녀 간의 접근을 표면화하긴 대단히 어려웠다. 고로 병원에 필요한 여자의 손을 얻기가 퍽 곤란하기에 무슨 묘안이 없을까 하고 고안 끝에 생각해낸 것이 병원 내에 기생을 채용하는 것이었다. 조선의 풍습에 의하면 기생 계급만이 자유로 남녀 간에 왕래할 수 있는 특권이 있었으므로 그 기생 수명을 병원에서 채용한 것이다.

조선 정부의 기녀 차출 결정은 제중원이 개원한 지 2주 만에 이루어졌다. 황해도와 평안도 감영에 공문을 보내 13~16세의 "총명하고 영오한" 기녀 두세 명을 선발해 제중원에서 새로운 의술을 배우도록 하라고 지시했다. 평양 기녀는 조선의 명물로 꼽힐 만큼 전국적으로 정평이 나 있었다. 절차는 조선 개국 이래 의녀를 선발해온 관례를 그대로 따랐다. 국가의 필요에 따라 기녀가 의녀로 차출된 것은 유례가 없는 일이었다. 제중원으로서도 짧은 시간에 새로운 의술을 신속하게 익힐 수 있을 만큼 지적인 능력을 갖추고, 남성과 여성의 경계를 넘나들며 모두를 아우를 수 있는 여성들이 필요했기에 다른 선택의 여지가 없었다.

기녀들을 선발하고 제중원에 배속시키기까지는 약 4개월이 걸렸다. 한여름인 8월 5일, 5명의 기녀들이 제중원에 도착했다. 알렌은 이들에게 간호사(nurse) 역할을 기대하고 "여자 의학생(female medical student)"으로 부르며 "순결한 생활(pure life)"을 당부했다. 의학생이 된 소녀들은 총명했고 필요한 기술을 습득하는 데도 매우 영리했다고 알렌은 보고서에 기록했다. 알렌은 소녀들에게 간호사 역할뿐 아니라 약제사 임무도 맡겼다.

그러나 하루아침에 '기녀'에서 '의녀'가 된 소녀들의 삶은 혼란의 연

속이었다. 기녀와 의녀 사이를 하루에도 수번씩 오가며 전통과 근대를 넘나들어야 했다. 명칭은 의학생이었지만, 도착하자마자 알렌의 집에서 열린 연회에 불려갔다.[10] 알렌은 아무런 이의를 제기하지 않았다. 오히려 며칠 뒤엔 제중원에서 연 만찬에서 노래를 부르도록 했다. 경계가 불분명한 생활은 이후로도 계속되었고, 얼마 지나지 않아 의학생이요, 간호사요, 약제사로 세 가지 일을 동시에 수행했던 2명의 소녀가 해고되었다. 자세한 설명 없이 알렌은 자신의 일기에 "병원에 혼란을 가져와" 내보냈다고만 적었다. 「제중원 일차년도 보고서」에도 "총명하고 곧잘 배웠으나 이들을 계속 데리고 있는 것이 적절하지 않음을 알고 내보냈다"고 보고했다. 알렌은 이들을 "값비싼 사치품(노리개)"이라고 표현했다.

나머지 3명의 소녀도 그해를 넘기지 못하고, 결국 4개월만인 12월 1일 모두 제중원을 떠났다. 관비 신분을 벗지 못했던 이 소녀들은 조선 내정에 깊이 관여한 중국 관리 위안스카이(袁世凱)에게 팔려가고 말았던 것이다. 소녀들은 비탄과 향수병에 몸부림쳤고, 팔려가는 딸들을 만날 수조차 없는 어머니들은 알렌을 찾아와 절박하게 도움을 구했다. "관에 속한 노비의 몸으로 무엇을 할 수 있을지 모르겠지만, 하녀가 되라면 하녀가 될 것이요 미국으로 돌아갈 때는 언제든지 따라가서 하녀로 살겠다"고 눈물로 매달렸다. 알렌은 이들을 돕고 싶었지만 도울 방법이 없었다고 당시 안타까웠던 상황을 일기로 전했다.

어렵게 선발된 5명의 기녀 출신 의학생들이 모두 떠난 후, 제중원의 여성 진료는 새로운 대안을 찾기 어려웠다. 수백 년을 이어온 내외법에 긴 세월 노출되었던 조선 여성들은 소위 '외간 남자'에게 자신의 몸

10 「알렌의 일기」, 96(1885년 8월 10일).

을 보이는 것을 가장 큰 수치로 여겼다. 목숨을 잃는 한이 있어도 절대로 자신의 몸을 드러내서는 안 된다고 믿었다. 더욱이 외국에서 온 낯선 남자에겐 말할 것도 없었다. 아픈 사람을 치료하는 의사라 해도 낯선 남자에게 몸을 맡기느니 차라리 죽음을 택하는 것이 낫다고 생각할 정도였다. 알렌의 일기에는 왕비조차도 진료를 받을 때 의사와 직접 대면하지 않고 칸막이를 통해 천으로 감싼 팔을 내밀었다고 기록되어 있다.

## 서양 선교사, 왕비 주치의로 정2품 정경부인이 되다

알렌과 헤론은 미장로교 선교회에 여성 의료진 파견을 시급히 요청했다. 조선 안에서는 해결할 길이 없었다. 이듬해인 1886년 7월 4일 미국 독립기념일에 조선 정부가 미국에 요청한 육영공원 교사 3명과 함께 첫 여성 의료 선교사로 애니 엘러스(Annie Ellers)가 도착했다. 여성 의료진은 조선 왕실의 요청이기도 했다.

애니 엘러스(Annie Ellers)

엘러스는 간호사 자격증을 가지고 여의사 지위로 조선에 왔다.[11] 그는 미국 보스턴시립병원 간호학교를 졸

11 Annie Ellers, A Letter to Dr. Ellinwood, 1886. 9. 11.

업(1884년)하고 보스턴대학교 의과대학 2학년에 다니다가 선교부의 강력한 요청에 응해서 온, 페르시아 선교사를 준비하던 의학도였다. 2년간 조선에서 봉사하면 바로 M.D. 학위를 취득하게 되리라 기대했으며, 의사 자격을 갖춘 후 페르시아로 가는 것이 그의 계획이었다. 이렇게 잠시 머무르는 징검다리로 생각하고 첫발을 들인 조선에서 40년을 보내게 될 줄은 그 자신도 상상하지 못한 일이었다. 자격을 온전히 갖추지는 못했지만, 알렌은 그를 '의사(a lady doctor 또는 doctor)'로 소개했다.[12]

첫 환자는 조선 왕비(명성황후)였다. 처음 맡겨진 일이 왕비 주치의였던 것이다. 엘러스는 도착 후 한 달 반 동안 무려 6회나 궁으로 왕진을 갔다. 한 주에 한 번꼴로 왕비를 만난 셈이다. 그때마다 알렌이 동행했다. 이렇게 시작된 인연은 1895년 10월 명성황후가 시해될 때까지 8년간 이어졌다. 지금까지도 정확히 밝혀진 사진 한 장 없는 명성황후를 가장 가까이에서 살피고 지켜본 몇 안 되는 사람으로 역사에 이름을 올리는 행운을 얻은 것이다. 무엇보다도 베일에 싸인 명성황후를 장기간 직접 만나고 관찰한 경험을 바탕으로 그에 대한 기록까지 남긴 인물로는 엘러스와, 2년 후 후임으로 합류한 닥터 릴리어스 호턴(Lillias Horton)이 유이하다. 이들의 기록은 명성황후의 면모를 간접적으로나마 추측해볼 수 있게 하는 거의 유일한 정보원이라고 해도 과언이 아니다. 불안한 시국이었음에도 불구하고 의료인이었기에 가능한 일이었다. 의료인에 대한 신뢰가 아니었다면 조선 왕실이 일면식도 없는 낯선 서양인에게 몸을 맡기는 일은 결코 일어나지 않았을 것이다.

엘러스는 명성황후를 "나의 일생을 통하여 가장 잊지 못할 사람 중

12 Annie Ellers, A Letter to Dr. Ellinwood, 1886. 7. 25.

에 첫 손가락을 꼽을 어른"[13]으로 칭송하며 존경했다. 친어머니를 모시는 심정이었다고 고백할 정도였다. 심지어 1년 후 육영공원 교사로 내한한 벙커(Dalziel A. Bunker)와 결혼할 당시 명성황후가 선물로 준 순금 팔찌를 평생 몸에서 떼놓지 않을 정도로 그와의 인연을 귀하게 여겼다. 환자의 고통을 세심하게 헤아리고 깊이 들여다보는 의료의 실천은 동양과 서양의 경계는 물론이고 환경의 차이나 세대 간 간극, 언어의 장벽까지도 넘어설 수 있는 힘을 경험하게 해주었다.

엘러스의 기록에 따르면, 명성황후는 희고 갸름한 얼굴에 총명과 자애를 겸비한 인물이었다. 1926년 「백민」에 실린 "민비와 서의"라는 글에서는, "남자를 능가할 만큼 기개가 늠름한 여걸"이면서도 "백장미 같이 고결하고 아랫사람에겐 부드러움을" 잃지 않는 풍모를 지녔다고 묘사했다. 엘러스에 대한 명성황후의 신뢰도 두터웠다. 서양 여인인 엘러스를 1년 만에 정2품 공직에 공식 임명했고, 결혼 후엔 정경부인으로 그 위상을 높여주었다. 그 자체로 파격이었다.

제중원도 엘러스의 몫이었다. 그가 새로운 환경에 적응하고 언어를 배우는 동안 제중원은 개원한 지 1년 6개월 만인 10월 5일 구리개(현 을지로 1가)로 공간을 옮겼고, 한 달 후인 11월 8일 별도의 건물로 마련된 공간에서 부인과 진료를 시작했다. 기녀 출신 조선 의학생들이 떠난 지 1년 만이었고, 엘러스가 조선에 온 지 4개월 만이었다. 초기부터 엘러스는 제중원 부인과를 안정감 있게 이끌어줄 후임 의사 파견을 미장로교 선교회에 요청했다. 자신이 감당하기 어려워서라기보다는 처음부터 2년 계약으로 참여했기에 장기적인 계획을 마련하는 데 한계가 있었기 때문이다. 조선에 온 지 1년 만에 결혼하게 되면서 동료 의사인

---

13 애니 엘러스 벙커, "민비와 서의", 「백민」(1926. 6.), 509.

알렌과 헤론의 우려도 컸다.

제중원에서는 엘러스가 결혼한 이후 여성 환자들이 오히려 증가하는 흥미로운 현상이 나타났다.[14] 서양과 달리 조선에서는 결혼한 여성을 신뢰하고 우대하고 존경하는 문화가 있었다. 아무리 능력이 출중하고 전문성으로 무장했더라도 결혼하지 않은 여성은 '미성년자'로 간주되었다. 미성년자와 성인을 구분하는 기준은 나이가 아닌 결혼 유무였다. 결혼적령기에 결혼하지 않는 것을 '가문의 수치'로 여겼고, 남자든 여자든 아무리 나이가 많아도 결혼하지 않으면 성인으로 인정하지 않았다. 서양 여인이라고 예외가 될 수 없었다. 조선 여성들은 엘러스가 결혼한 후에야 마음 놓고 병원을 찾아와 안심하고 진료를 받았다. 엘러스는 미장로교 선교회에 이를 보고하면서, 후임 의사는 "과부(widow)가 좋겠다"고 개인 의견을 피력하기도 했다.[15]

후임 의사로 릴리어스 호턴이 조선에 도착한 것은 1888년 3월 27일이었다. 그는 진료와 간호 두 영역을 모두 섭렵한 인재였다. 노스웨스턴대학교 의과대학을 졸업한 후 쿠크카운티 간호학교에서 공부하고 시카고 여성·어린이 시립병원에서 근무했다. 여성 환자를 돌볼 전문 간호인 양성이 시급했던 조선에 그야말로 안성맞춤이었다. 더욱이 유아 사망률이 높았던 조선에서 어린이 치료까지 가능한 일은 매우 고무적이었다. 본래 그는 오랫동안 인도 선교사를 갈망했고, 조선에 오기 한 해 전인 1887년 봄 인도 선교사로 임명받은 상태였다. 하지만 그해 여름 조선에서 엘러스의 결혼으로 후임 여의사가 급히 필요하다는 요청을 받고 급작스럽게 조선으로 방향을 바꾸었다.

---

14 Annie Ellers Bunker, A Letter to Dr. Ellinwood, 1887. 7.

15 Annie Ellers Bunker, A Letter to Dr. Ellinwood, 1887. 7.

엘러스는 1년 6개월간의 공식 활동을 정리하고 호턴에게 바통을 넘겼다. 왕비 주치의 임무에서도 사임하려 했으나 명성황후의 간곡한 만류로 뜻을 거두었다. 결국 명성황후의 환우를 돌보는 일은 엘러스와 호턴이 함께 협력하는 공동 업무가 되었다. 호턴에게도 조선 왕실에 대한 경험은 평생 잊을 수 없는 인생의 한 컷이 되었다. 호턴은 이를 *Fifteen Years Among the Top-knots: Life in Korea*(1904)에 자세히 남겼다. 의사 특유의 날카로운 눈과 남다른 글솜씨를 지녔던 호턴이 전하는 명성황후의 모습이다.

릴리어스 호턴(Lillias Horton)

> 나는 그가 정신 수준이 매우 높은 사람임을 곧 알아차렸다. …… 그는 질문을 많이 했고 자기가 들은 것은 모두 기억했다. 그는 숨어 있는 유능한 외교관이었고 자기에게 몹시 반대하는 사람들의 허술한 데를 찌르기 일쑤였다. 그리고 그는 진보적인 정책을 널리 펴는 실력자였고 애국자였으며 자기 나라에 이익이 되는 것을 위해 몸을 바치고 백성의 복지를 찾고 있었다. 이는 모두 우리가 동양의 왕비에게 기대할 수 있는 수준을 훨씬 넘어서는 것이었다. 더구나 그는 마음씨가 무척 따뜻했으며 어린아이들을 자애롭게 대했고 주위 사람들에게 자잘하게 마음을 써주었다.[16]

16 릴리어스 호턴 언더우드, 『언더우드 부인의 조선견문록』(김철 옮김, 이숲, 2008), 45.

왕실 진료에 대한 이야기도 이 책에 상세히 담았다. 왕비와 고종은 알현할 때마다 조선 생활은 편안한지 자상하게 물으며 친절하게 맞아 주었다. 그때마다 커다란 휘장 뒤에 통역이 서서 대화를 도왔다. 조선 의사들이 시행했던 동양의 진료 방식에 대해서도 자세히 들을 수 있었다. 조선 의사들은 모두 남성들인데, 어의가 왕비를 진찰할 때는 왕비의 손목에 실 한쪽 끝을 묶고 다른 방에서 그 실의 또 다른 한쪽 끝으로 전해지는 맥박을 손끝으로 느껴 진찰했다는 것이다. 혀를 진찰할 때도 휘장을 치고 한 곳을 조금 찢어서 그 사이로 혀를 내밀게 하여 관찰했다.

호턴은 명성황후를 직접 치료한 이야기도 기록에 남겼다. 왕비에게는 조금 째기만 하면 되는 대수롭지 않은 작은 부스럼이 있었다. 왕비뿐 아니라 조선인들은 덥고 습한 날씨 탓인지 피부병을 많이 앓았다. 「제중원 일차년도 보고서」에도 "나병은 흔했으며 피부병은 모든 종류를 다 볼 수 있었다"고 보고되어 있다. 특히 보고서 말미에는 제중원 개원 후 1년 동안 방문한 환자들의 병명을 상세히 분류한 통계표가 첨부되었다. 이는 서양의 의학적 병명에 의해 진단을 내린 최초의 통계로 평가받는데,[17] 피부 질환은 소화기 질병(2,032명), 비뇨생식계 질환(1,902명), 발열(1,147명) 다음인 4위(845명)로 기록되었다. 알렌의 추가 설명에 따르면 온 가족이 걸리는 옴과 같은 질병은 가족 전체를 한 예로 포함시켜 통계표를 작성했기에, 실제 치료받은 피부병 환자 수는 수천 명에 이를 것이라고 했다.

명성황후의 경우 심각한 수준은 아니었다. 간단한 외과 수술 도구만 조금 필요했다. 그런데 수술 도구에 대한 이야기만 꺼내도 주위 사람

17 박형우 · 여인석, "제중원 일차년도 보고서", 2.

들은 "위험천만하고 불경스러운 짓"이라고 생각했고, 단순한 시술임에도 왕과 왕비는 이를 경계하며 단호히 거절했다. 부모가 물려준 몸에 함부로 칼을 대지 않는 것을 절대공식으로 여겨온 오랜 전통 탓도 있었지만, 그보다는 실제적인 이유가 더 컸다. 왕비의 안전 때문이었다. 왕비의 측근들은 그의 안전에 대해 지나치다 싶을 만큼 신중했다. 호턴은 그 이유를 잘 알고 있었다.

> 왕비는 시아버지(대원군)의 손아귀에서 오랫동안 가혹한 박해를 받았는데, 그의 야망에 가득 찬 음흉한 계획과 정권욕은 왕비의 저지로 꺾이고 말았다. 그러자 왕비의 꽤 많은 적들이 부자들과 세도가들과 결탁해서 이 불행한 왕비를 파멸시키려 했다. 중상모략, 암살, 폭동, 방화, 적국과의 공모, 그들은 쓸 수 있는 수단을 모두 썼으나 왕비는 그 수많은 고비를 아슬아슬하게 넘기고 겨우 살아났다. 한번은 변장을 하고 신하의 등에 업혀 서울의 이쪽 끝에서 저쪽 끝까지 달아난 적도 있었고, 또 평민들이 타는 가마를 타고 숨어 있을 만한 안전한 장소를 찾을 때까지 그 안에서 버틴 적도 있었다. 얼마 전에는 교묘하게 장치된 폭탄이 터져 그의 친정 식구들이 크게 다쳤다. …… 다행히 어떤 일 때문에 왕비는 친정에 가는 일을 미루었다. 그러나 그 선물은 당장에 그의 친정 식구들을 죽이고 끔찍한 상처를 입혔다.[18]

호턴은 명성황후가 처한 정치적 현실과 고통을 누구보다 상세히 인식하고 있었다. 그는 환자의 심리적 불안감을 해소하는 일도 치료를 맡은 의료진의 몫임을 모르지 않았다. 또한 온갖 위험을 무릅쓰고라도

---

18 릴리어스 호턴 언더우드, 『언더우드 부인의 조선견문록』, 46-47.

새로운 변화와 개혁의 길로 나아가고자 하는 왕과 왕비에 대한 지지와, 나라를 왕과 함께 책임지는 여성으로서 꿋꿋이 자신의 길을 가는 왕비의 용기에 대한 깊은 존경심을 가지고 있었다. 일본의 야만에 명성황후가 쓰러지던 날 밤에도 황후의 신변을 염려하여 비밀리에 자신의 집에 그의 처소를 마련해두었다. 하지만 불길한 예감은 비껴가는 법이 없다는 말을 증명이라도 하듯, 다음날 "진보와 문명과 개혁의 벗이었던 총명한 왕비"의 암살 소식이 전해졌다.[19] 두 해가 지나 치러진 명성황후의 장례식은 가장 슬픈 장례식이 되었다. 이 자리에 서양 여인으로서 초대받은 이는 엘러스와 호턴 둘뿐이었다.

전통과 근대를 오가며 정치적 위험이 여기저기 도사린 혼란한 상황에서도 조선 왕실과 서양 여성 의료진은 놀라우리만치 높은 친화력과 신뢰 관계를 형성했다. 눈에 띄는 어떤 형태의 이질감도 찾아보기 어려웠다. 자신의 몸을 전적으로 내어 맡기는 환자와 이들을 헌신적으로 돌보는 의료진 사이의 절대적 신뢰 관계가 아니고서는, 이들의 관계는 설명이 불가하다. 권력의 암투로 일상이 채워지고 소리 없는 전쟁이 매일 일어나는 고립된 궁궐 한가운데서 고통을 치료하고 아픔을 해소하는 의료인들의 노력과 실천은 지속되었다. 반면에 권력에 매수된 조선 왕실의 의료진들은 언제든 왕과 왕비의 생명에 직접적인 위해를 가할 수 있는 가장 위험천만한 잠재 요인이었다. 아이러니하게도 이들로부터 왕실의 생명을 지켜낸 것은 서양 의료진들이었다. 신분도, 국경도, 동서양의 차이도, 전통과 근대의 간극도 아무런 장애가 되지 않았다. 서양 의학에 대한 신뢰라기보다는, 더 정확히 표현하면 서양 의료진에 대한 조선 왕실의 신뢰는 더 강해졌고, 명성황후 시해 사건 이후

19 릴리어스 호턴 언더우드, 『언더우드 부인의 조선견문록』, 184.

그 의존도는 날로 높아갔다. 하지만 왕실의 안위를 자국민이 아닌 외국 국적의 선교사들에게 의존할 수밖에 없는 상황 그 자체는 조선 역사의 불행이 아닐 수 없었다.

한편 호턴이 왕비의 환우만 돌본 것은 아니다. 적응 기간도 없이 도착 다음날부터 제중원에서 진료를 시작했다. 호턴은 신분을 가리지 않고 수많은 여성 환자들을 만났다. 알렌과 헤론이 그의 건강을 염려할 정도였다. 하지만 큰 기대를 모았던 호턴도 제중원 책임자였던 헤론에게 적지 않은 실망감을 안겼다. 엘러스처럼 조선에 온 지 1년 만인 1889년 3월 미장로교 선교사 호러스 언더우드(Horace G. Underwood)와 결혼한 것이다. 제중원의 의료 공백은 불가피했다. 부인과 진료는 대체 인력이 없었다. 알렌은 1887년 이미 제중원을 떠나 미공사관 자문관으로 자리를 옮긴 상태였다. 호턴의 결혼과 공식 사임이 미친 타격은 컸다. 호턴은 사임 후에도 후임 의사를 기다리며 제중원 부인과에서 부분 진료를 이어갔다. 하지만 의사가 항시 병원에서 대기하는 것이 아니었기에 이전만큼 효과적인 진료가 이루어지기는 어려웠다.

당시 여성 의료진들이 서둘러 결혼하게 된 데는 초기 정착 과정에서의 불안정한 생활 환경이 한몫을 했을 것이다. 가족과 함께했던 남성 의료진과 달리, 미혼으로 내한한 여성 의료진은 낯선 환경에서 홀로 모든 것을 해결해야 하는 생활이 쉽지 않았다. 때때로 밀려드는 두려움과 고독감은 이들의 에너지를 점차 소진시켰다. 특히 1888년 봄에 발생한 '영아소동(Baby riot)'은 마흔을 바라보는 나이에 결혼 계획이 전혀 없었던 호턴에게조차 홀로 감당하기 어려운 사건이었다. 이는 서양 선교사들이 아이들을 잡아다가 약을 만들거나 외국에 노예로 팔아넘긴다는 소문이 급속히 퍼져나간 사건인데, 분노한 조선인들이 선교사 거주 지역을 습격하기도 했다. 병원이든 학교든 집이든 선교사들이 머무는 곳마다 돌이 날아들었고, 선교사들을 도운 조선인들이 희생되기도 했다.[20] 이는 변화를 두려워한 수구세력들이 개혁 요구를 잠재우기 위해 거짓 소문을 퍼뜨린 것이었지만, 조선인들의 분노는 서양 선교사들에게 안전에 대한 근본적인 대안을 고민하게 만들었다. 호턴이 여덟 살 어린 언더우드와 결혼을 결심하게 된 것도 이 영아소동이 결정적인 계기로 작용했다.[21]

## 전염병의 창궐과 간호 봉사자들의 등장

조선 왕실은 변화에 속도를 내고자 했으나 한발 늦은 개방은 늘 힘에 부쳤다. 조선은 점점 주변국들의 먹잇감이 되어갔고, 전쟁으로 향하는 시계도 빨라졌다. 하지만 가장 위협적이고 치명적인 적은 따로 있었다. 소리 없는 걸음으로 다가와 백성들의 일상을 한순간에 파고들어 파괴해버리는 전염병이었다. 한 해가 멀다하고 찾아오는 온갖 종류의 전염병에 조선 땅은 수많은 주검들로 뒤덮였다. '은둔국'이라는 별명을 얻을 만큼 조용했던 나라에 외부인들이 드나들게 되면서 새로운 전염병들도 함께 득세하기 시작했다. 이래저래 외국인들은 조선 민중들에겐 두려운 존재일 수밖에 없었다. 하지만 전염병의 창궐은 전혀 다른 기회로 작동하기도 했다. 조선 민중들이 집단적으로 서구 근대 의학이 가진 위력을 직접 체험하고, 서구 개념의 위생과 보건을 처음 경험하게

20 미감리교 선교사 메리 스크랜턴(Mary F. Scranton)이 시작한 이화학당은 경비원이 사망하는 희생을 치렀다.

21 언더우드도 혼인한 사람만을 성인으로 존중했던 조선의 독특한 문화에서 미혼으로 활동하는 것에 큰 한계를 절감하고 있었다.

된 것이다. 무엇보다 가장 큰 소득은 조선인들이 서양 선교사들의 자발적이고 헌신적인 간호를 목격하면서 이들에 대한 의구심을 내려놓고, 환자 간호에 함께 참여하는 경험을 하게 된 것이다.

조선 민중들이 가장 두려워한 전염병은 콜레라였다. 엘러스가 조선에 도착한 1886년 여름에도 콜레라가 발생했다. 제물포항에 도착한 후 한양 도성으로 들어오는 과정에서 그가 가장 많이 들었던 조선말은 "물", "얼음", "가져 오너라"였다. 한 문장으로 조합하면 "얼음물 가져 오너라"였다는 것을 나중에 알았다며, 사람들이 매일 300~400명씩 죽어갔다고 당시의 처참했던 기억을 떠올렸다.[22] 조선 정부는 속수무책이었다. 환자를 가족들로부터 강제 격리시키는 것 외에 달리 할 수 있는 방법을 찾지 못했다.

콜레라로부터 조선인들을 지켜내기 위해 제중원 의료진이 나섰다. 책임자인 알렌과 헤론은 물론 갓 도착한 엘러스, 제중원 교사인 언더우드, 감리교 의료 선교사 닥터 윌리엄 스크랜턴(William B. Scranton) 등 의료 지식을 갖춘 선교사들뿐만 아니라 선교사부인들과 가족들까지 모두 참여했다. 죽음에 대한 공포를 뒤로하고 일면식도 없는 환자들을 밤낮 없이 간호하는 한편, 죽은 자들의 마지막 품위를 지켜주기 위해 헌신적인 장례식까지 준비했다. 조선인들은 감동하지 않을 수 없었다. 죽음이 두려워 가족도 가까이 하지 못하는 상황에서 자기 민족도 아닌 타민족을 위해 헌신적으로 간호하고 봉사하는 이들을 지켜보며 전혀 다른 차원의 삶이 있다는 것을 인식하게 되었다.

특히 언더우드는 간호에 특별한 재능을 타고난 사람처럼 숙련된 모습을 보여주었다. 환자들이 말하기도 전에 필요한 것이 무엇인지 앞서

22 Annie Ellers Bunker, "Personal Recollections of Early Days", 62.

생각하고 이를 준비하는 세심한 배려에 환자들이 모두 그를 곁에 두고 싶어 할 정도였다.[23] 그가 환자 간호에 한 걸음 빠르게 움직일 수 있었던 데는 사람에 대한 깊은 배려도 있었지만, 미국에서 인도 선교사를 꿈꾸며 1년간 의학 공부를 했던 의학도의 경험이 주효했다. 한마디로 간호 개념을 정확히 알고 있었고, 이를 실행에 옮긴 것이다. 이는 의료에 대한 전문 지식 없이 자발적으로 환자 간호에 나섰던 이들에게 구체적인 모델이 되었고, 전문 훈련을 받은 숙련된 간호 인력이 왜 필요한지 인식하는 계기가 되었다. 언더우드는 조선에 도착하자마자 갓 개원한 제중원에 교사로 합류했다. 공식 의료인은 아니었지만 조선 정부가 종교 활동을 허용하지 않아 알렌을 돕는 것부터 시작했다. 훈련받은 간호사가 없던 제중원에서 그의 손길이 닿지 않는 곳이 거의 없었다. 진료 보조는 물론이고 약제사로, 또 간호사로 다방면에 도움을 주었다. 다만 피를 보지 못해 외과 수술은 도울 수 없었다. 수술을 돕다가 피를 토한 경험이 두 차례나 있었다.[24] 이를 제외하면 그는 꽤 유능한 간호사였다.

콜레라 공격은 한 번으로 끝나지 않았다. 이듬해에도 수천 명이 쓰러졌다. 1895년 여름 청일전쟁 뒤에 찾아온 콜레라 공격은 유독 강했다. 일본이 승전의 기세를 올리며 만주까지 치고 올라가자, 그다음엔 거꾸로 만주에서 발생한 콜레라가 서울을 향해 남하한다는 소식이 들렸다. 또 한 번의 사투를 벌여야 하는 전쟁이나 다름없었다. 호턴은 전쟁 끝에 들이닥친 콜레라의 위력에 대해 이렇게 적었다.

23 Lillias H. Underwood, *Underwood of Korea*, 1918, 55.

24 Lillias H. Underwood, *Underwood of Korea*, 1918, 44.

아아, 그 병은 너무나 맹렬해서 온갖 과학의 힘으로도 어쩔 수 없을 정도였다. 여태껏 내가 본 일들 중 가장 절망적이고 무시무시한 일이었으며, 약이란 것도 그저 최후의 순간을 조금 늦추어주는 것밖에는 아무 쓸모도 없는 경우가 종종 있었다. 독은 단번에 중추신경을 마비시키고 모든 기관에 퍼진다. 끔찍한 경련으로 근육이 옥죄게 되고, 심장이 약해지고, 사지가 점점 차가워지고, 맥박이 가늘어지며, 정신이 오락가락하게 된다. 때로는 아무런 예비 증세도 없이 갑자기 쓰러져서 급사하기도 한다. 또 병의 가장 격렬한 증상이 다 사라지고, 매스꺼움과 고통도 멈추고, 맥박이 거의 정상이 되어 환자가 막 퇴원하려고 하는 때에, 폐렴이나 요독성 경련, 또는 그 밖의 병발증으로 죽기도 한다.[25]

조선 정부는 알렌과 헤론에 이어 제중원 책임자가 된 닥터 올리버 애비슨(Oliver R. Avison)에게 도움을 요청했다. 그는 캐나다의 토론토대학교 의과대학 교수로 일하다 조선에 온 인물이었다. 안식년 휴가 중이던 언더우드가 이 대학을 방문해 강연으로 들려준 조선 선교에 대한 이야기를 듣고 의료 선교사를 자청해, 청일전쟁 직전인 1893년 여름 가족과 함께 조선에 왔다. 그는 알렌의 소개로 고종을 처음 알현했을 때 옻 중독에 걸린 고종의 환우를 첫눈에 알아보고 치료에 성공해 곧바로 어의로 발탁되었다. 그에 대한 고종의 신뢰는 매우 두터웠다. 의사 특유의 신중함과 빠르고 신속하게 일을 처리하는 모습이 신뢰감을 더했다. 제중원도 그의 부임으로 안정을 찾아갔다.[26]

25 릴리어스 호턴 언더우드, 『언더우드 부인의 조선견문록』, 175-176.

26 알렌이 미공사관으로 자리를 옮긴 후 헤론이 제중원을 맡았으나, 몸을 사리지 않고 진료하다가 이질에 걸려 조선에 온 지 5년째 되던 해인 1890년 사망하고 말았다. 그 뒤로 캐나다에서 온 닥터 로버트 하디(Robert A. Hardie)와 찰스 빈튼(Charles C.

애비슨은 '아시아 콜레라'가 불러온 당시의 급박했던 상황을 회상록에 자세히 기록했다.[27] 콜레라 소식이 전해지자 조선 정부의 내무대신 유길준이 애비슨을 급히 집무실로 청해 예방책을 묻고는 치료에 관한 모든 권한을 위임했다. 도성 치안대를 지휘할 전권과 자금 운용권도 넘겨주었다. 한마디로 전염병과의 전쟁에서 애비슨이 사령탑을 맡게 된 것이다. 그는 최전방에 나섰다. 먼저 선교회 소속의 모든 의료진을 소집해 회의를 열고 대책을 논의했다. 사람들의 여행을 막을 수도 없고, 전염병의 남하를 저지할 수도 없는 상황에서 콜레라 발생 보고가 들어오는 즉시 대처할 준비를 하지 않으면 안 되었다. 곳곳에 전담 진료소를 열고 서울 지역 선교 단체들을 모집해 방역대를 조직했다.

콜레라는 오염된 물이 근본 원인이기에 예방이 무엇보다 중요했다. 제중원에서 일하는 일반 직원들에게는 전염병 예방법을 교육시켜 전파하게 했다. 물과 음식은 반드시 끓여 먹으라는 포고문도 곳곳에 붙였다. 콜레라균은 감염된 음식물을 통해 소화기관으로 들어오며, 설령 감염된 음식일지라도 끓이면 살균되어 콜레라 예방이 가능하다는 내용을 여성들도 읽을 수 있도록 쉬운 한글로 알렸다.

> 콜레라는 악귀에 의해서 발병되지 않습니다. 그것은 세균이라 불리는 아주 작은 생물에 의해 발병됩니다. 살아 있는 이 균이 우리 몸에 들어오면, 그 수가 급격히 증가하면서 병을 일으킵니다. 만약 당신이 콜레라를 원치 않는다면 균을 받아들이지 않아야 합니다. 지켜야 할 것은 음식은

---

Vinton)이 잠시 돕기도 했으나, 책임자의 잦은 교체로 주인을 잃은 듯 제중원은 영 자리를 잡지 못했다.

27 Oliver R. Avison, 『구한말 40여년의 풍경』(황용산 옮김, 대구대학교출판부, 2006), 327-331.

반드시 끓이고, 끓인 음식은 다시 감염되기 전에 먹어야 합니다. 갓 끓인 숭늉을 마셔야 합니다. 담수를 마실 때에도 끓여서 깨끗한 병에 넣어두어야 합니다. 언제 감염될지 모르니 식사 전에 반드시 손과 입안을 깨끗이 씻으십시오.[28]

일손을 늘리고자 병원에서 간호보조 겸 심부름을 할 조선인들을 구하여 훈련시키고, 시내 도처에 병원으로 가는 길을 알리는 안내문도 게시했다. 검역관과 의료진들은 모두 태극기 위에 적십자가 그려진 배지를 달았다.[29] 도성 안에 머물던 외국인 의사들도 자체로 모임을 갖고 대책을 논의했다. 호턴에 따르면 유럽인, 미국인, 일본인 의사들이 모두 모였다. 여기에서도 애비슨이 책임자로 선출되었다. 일본인 의사들은 서양인 밑에서 일할 수 없다며 모두 떠나갔다. 결국엔 선교사로 와 있던 미국인들만 남아 콜레라와의 전쟁에 뛰어들었다.[30]

하지만 예상치 못한 또 다른 난제가 이들의 발목을 잡았다. 전염병마저도 귀신의 해코지로만 믿어온 대중은 세균에 의한 감염이라는 개념을 이해하지 못했다. 곳곳에 나붙은 경고문이나 안내문을 따르기는커녕 거들떠보지도 않았다. 대신에 집집마다 주문을 써 대문에 부적으로 붙여두거나 대문 앞에 제물을 놓고 빌고 또 빌었다. 콜레라는 '쥐 귀신' 때문이라며 고양이 그림을 대문에 붙여두는 경우도 많았다. 한의든 양의든 의학을 접해보지 못한 민간인들은 새로운 지식보다 소문에 떠도는 민간요법이나 미신적 행위를 더 신뢰했다. 호턴이 "애비슨 박사를

28 Oliver R. Avison, 『구한말 40여년의 풍경』, 418.

29 이때 사용된 태극기는 1882년 박영효가 고안했고, 1883년 조선 정부가 정식으로 국기로 채택했다.

30 릴리어스 호턴 언더우드, 『언더우드 부인의 조선견문록』, 174.

안 되었다. 우선 언더우드는 간호 인력 확보에 나섰다. 조선인 가운데 지원자들을 모아 조를 짰다. 특히 기독교인 지원자들에겐 그리스도의 사랑으로 봉사하고 헌신해달라며 종교적 신앙심을 간절히 요청했다. 선교사들은 모두 다른 곳에 배치되어 일을 돕고 있었고, 관청에서 일시로 고용한 간호조력자들은 많이 있긴 하나 직업적 의무감을 넘어서는 헌신적 희생이 필요했다. 특히 콜레라는 "참으로 지긋지긋한 병"이어서 아무 불쾌감 없이 병자들을 친절하게 간호할 수 있는, 이타적인 헌신과 희생정신이 필요했다.

점차 상류계층 선비나 양반들 중에도 간호를 자원하고 나서는 사람들이 생겨났다. 신분이 모든 것을 말해주는 조선에선 그 자체로 놀라운 변화였다. 그야말로 아랫사람들이나 하는 병수발로 치부하던 간호에 대한 전통 개념 때문에 상류층이 이 일에 참여하는 데는 상당한 용기가 필요했다. 이들은 육체노동이라곤 도무지 해본 적 없는 사람들이었기에 처음엔 망설였지만, 스스로 마음을 다잡고 훈련을 받은 후에는 누구보다 훌륭한 임시 간호사가 되었다.[32] 힘들고 불쾌한 일이 발생해도 헌신적으로 일했다. 서로의 헌신을 보면서 용기를 얻기도 했다. 환자의 경험을 가졌거나 병에서 회복된 가족을 둔 이들이 타인을 위한 간호에 참여하기도 했다. 신분을 가리지 않고 환자를 밤낮으로 돌보는 놀라운 용기와 헌신적인 봉사에 서로 힘을 얻는 현상은 콜레라와 함께 또 다른 전염성을 띠고 번져나갔다. 평범한 삶의 일상에서는 상상하기조차 어려웠던 일들이 삶과 죽음을 오가는 긴박한 상황에서 생생히 경험되리라고는 아무도 예상하지 못했다. 그야말로 기적 같은 일이었다.

'기적 아닌 기적'은 65%라는 전례 없는 회복세를 기록했다. 172명의

---

32 릴리어스 호턴 언더우드, 『언더우드 부인의 조선견문록』, 178.

환자를 받았는데 그중 110명이 회복되고 62명이 사망했다.[33] 한 마을에 전염병이 돌면 주민의 2/3가 죽어나가는 것이 허다한 상황에서 놀라운 성과가 아닐 수 없었다. 기독교병원에 오면 살 수 있다는 선전문이 담벼락에 나붙을 정도였다. 기독교와 서양 의술에 대한 조선인들의 인식이 크게 바뀌기 시작한 것도 이때부터다. 아니, 기독교와 서양 의술은 거의 동의어처럼 받아들여졌다.

호턴은 놀라운 성과를 낸 요인을 세 가지로 진단했다. 첫째, 신속한 약 처방이다. 백약이 무효한 상황에서 '살롤'이라는 약이 그래도 가장 효과가 좋았다. 둘째, 환자의 체온이 회복되고 혈액순환이 좋아질 때까지 환자를 뜨거운 방바닥에 눕혀 간호했다. 서양에서 사용하는 침대와 달리 조선의 온돌은 환자의 체온을 유지하는 데 아주 유용했다. 셋째, 양심적이고 지칠 줄 모르는 조선인 간호 지원자들의 헌신이었다. 환자들 대부분이 치료해도 희망이 없을 것이라는 생각이 들 만큼 죽기 직전의 상태로 병원에 도착하는 경우가 다반사였다. 하지만 끝까지 희망을 놓지 않고 따뜻한 방에 눕혀 알코올로 몸을 세게 문지르면서 자극성 약품을 살갗에 주사하면 살롤을 써도 될 만큼 환자의 몸이 소생했고, 이것이 기적 같은 효과를 냈다. 이는 닥터 웰스(J. H. Wells)의 처방이었다. 살아날 가망이 없어 수의를 만들어온 가족이 환자의 빠른 회복에 놀라 입을 다물지 못한 경우도 여럿 있었다. 의료진의 빠르고 현명한 처방, 간호 지원자들의 헌신적인 봉사, 생을 향한 환자들의 강한 의지가 삼위일체로 작동해 이뤄낸 기적이었다.

물론 모든 지역이 '기적 체험'의 행운을 얻지는 못했다. 7~8주간의 힘든 방역 활동에 힘입어 전염병의 위세는 한풀 꺾이기 시작했지만, 콜

---

33 릴리어스 호턴 언더우드, 『언더우드 부인의 조선견문록』, 179-181.

레라가 훑고 간 지역에는 그 깊이를 헤아릴 수 없는 고통과 슬픔이 끊이지 않았다. 호턴은 돌림병이 6주를 채 끌지 못했으며, 사망자가 하루 300명 이상으로 늘어났다가 점차 줄어들었다고 기록했다.[34] 여전히 많은 희생자를 냈지만 이전에 비하면 놀라울 만큼 희생자가 줄었다.

조선 정부는 제중원 의료진, 함께 조력했던 서양 선교사들, 조선인 봉사자들에게 감사 편지와 함께 귀한 선물로 사의를 표했다. 민간인들도 진료소와 검역소에서 봉사한 봉사자들의 명단을 청하며 보답하고자 했다. 대가를 바라고 한 일이 아니었다고 정중히 거절했으나 거액의 돈이 모였다. 생각지도 못한 보답에 조선인 봉사자들도 매우 놀랐다. 하지만 이 돈은 개개인이 취하지 않고 모두의 공간이 될 예배당을 세우는 기금으로 내놓아 자신들이 어떠한 보답도 바라지 않고 한 봉사였음을 스스로 증명했다.

일이 마무리되자 콜레라와의 전쟁을 승리로 이끈 애비슨은 대응과 처방이 적절했는지 점검하고 앞으로 준비해야 할 예방책이 무엇인지 검토했다. 우선 예방책은 상당한 효과를 거두었다고 자평했다. 상당 기간 환자들과 계속 접촉한 의료 요원들 중에 감염된 이가 단 한 사람도 없었다는 것이 이를 증명했다. 그는 "이것 하나만으로도 수 주간의 힘든 노력의 대가를 찾은 셈"이라고 밝히며 "입을 통한 설명만으로는 수 년이 걸려도 이만한 효과를 거두지 못했을 것"이라고 높이 평가했다. 몇 가지 교훈도 얻었다. 목적을 이해하지 못하는 경우엔 일을 구체적으로 지시해도 제대로 이행하지 못한다는 것과, 전염병을 취급하는 방법에 있어 시행착오를 거치면서 실용적인 지식을 많이 얻게 된다

34 도성 안 시신은 모두 성문 두세 곳을 지나서 운반되었기에 도성 안에서 하루에 몇 명이 사망했는지 정확하게 파악할 수 있었다. 릴리어스 호턴 언더우드, 『언더우드 부인의 조선견문록』, 182.

는 것이었다. 협력이 얼마나 중요한지, 위생에 대한 대중교육과 실용지식의 보급이 얼마나 시급한지 절실히 깨닫게 된 것도 큰 소득이었다.

전염병에 예방보다 좋은 치료약은 없다. 예방은 근본 원인을 제거하지 않는 한 완전할 수 없다는 것을 애비슨은 누구보다 잘 알고 있었다. 전염병이 들이닥쳤을 땐 손 쓸 방법이 별로 없다는 것이 경험을 통해 배운 가장 값진 교훈이었다. 평소에 미리 준비하지 않으면 이겨도 지는 것이 전염병과의 전쟁이었다. 전염병 예방을 위한 근본 대책과 장기적 계획 수립이 필요했다. 그는 전염병이 자주 발생하는 근본 원인에 대한 조사와 연구를 시작했다. 근대 의학을 가르치던 의과대학 교수의 눈에 비친 조선은 말 그대로 의료와 위생의 사각지대였다. 한의에 뛰어난 명의가 없었던 것은 아니지만 수가 너무 적어 가난한 백성들에게 손이 미치지 못했다. 설사 뛰어난 명의가 다수 있더라도 전염병은 뛰어난 의술로만 해결될 수 있는 일이 아니었다. 도성 안조차 배수 시설이 제대로 되어 있지 않아 여름철 장마가 한번 훑고 지나가면 거리는 온통 오물로 넘쳐났다. 20만 인구가 모여 사는 도시에서 오염된 물은 전염병으로 이어졌고, 허약한 어린아이들이 가장 먼저 희생되었다.

전염병이 도성 안에서 자주 출몰하게 된 데는 급작스럽게 불어 닥친 서구식 개화바람도 중요한 원인으로 작용했다. 특히 청일전쟁 이후에는 일본이 일방적으로 밀어붙인 근대개혁의 부작용이 전염병의 가장 큰 원인이었다. 이를 확실하게 알게 된 것은 1905년 을사늑약이 맺어진 후였다. 열병이 또 다시 창궐했는데, 애비슨과 호턴이 함께 원인을 추적해보니 도성 내 하수구가 막힌 것이 근본 문제였다. 전에는 도시 오물이 개천을 통해 성벽 밑 커다란 배수관으로 흘러들었으며, 작은 개천들은 거름을 모으는 사람들이 정기적으로 깨끗이 치우기도 하고 햇볕과 바람에 자연 정화되거나 비에 씻겨 보기에도 그리 나쁘지 않았다. 하지만 외관 청결을 중시했던 일본 근대주의자들이 이를 개혁의 일환으로 삼아 멀쩡했던 개천들을 복개하고 뚜껑을 씌우고 잔디를 입혔다. 그 결과 겉으로는 거리가 깨끗해진 듯 보였으나 그 안은 꽉 막혀 온갖 세균들의 온상이 되었다. 의료 선교사들이 강하게 항의했지만 소용없었다. 결국 발진티푸스, 장티푸스 등 전염병이 급속히 번지는 결과로 이어지는 악순환이 계속되었다. 매년 돌아오는 여름, 개천을 넘치게 만드는 장마는 치명적이었다. 조선인들이 오랫동안 자연적인 방법으로 정화시켜온 것이 오히려 위생적이었다.

하지만 근본 원인을 알게 되더라도 이를 해소하는 일은 차원이 다른 문제였다. 조선의 전염병 문제가 바로 이런 경우였다. 조선 정부의 모든 의사결정권이 일본의 손에 넘어간 상황에서 선택할 수 있는 카드는 그리 많지 않았다. 애비슨은 단기적 처방으로 대중들을 위한 위생교육을 실시하고 의학상식을 보급했으며, 장기적으로는 유명무실해진 의학교육을 새롭게 시작함과 동시에 간호교육을 위한 의학 교과서 발행을 준비하기 시작했다. 조선의 미래를 위해 토착 의료인 양성이 반드시 필요했기 때문이다.

## 기독교, 의학상식의 보급 채널이 되다

애비슨이 진두지휘한 '콜레라 대전'은 조선인들의 질병에 대한 인식에도 큰 변화를 예고했다. 때로는 질병 자체보다 질병에 대한 오해가 더 큰 두려움을 부르고 희생을 극대화한다. 특히 빠르게 퍼지는 전염병은 환자의 고통도 문제지만 사람들을 한순간 혼란에 빠뜨리고 집단적 공포로 몰아넣는다. 무엇보다 골든타임이 생명인 상황에서 잘못된 정보나 확인되지 않은 루머는 치료를 늦추거나 치료 기회조차 빼앗아 간다. 그래서 질병 자체보다 질병 인식이 더 치명적으로 작동할 때가 있다.

조선에서 전염병은 인구 감소의 주요 원인으로 꼽힐 만큼 사망률이 상당히 높았다. 그만큼 감내해야 하는 고통도 컸다. 호턴은 "아침까지만 해도 멀쩡하던 사람들이 낮에 송장이 되기도 했으며 한 집안에서 몇 식구가 같은 날 죽기도 했다"고 조선에서 경험한 전염병에 대한 끔찍했던 기억들을 털어놓았다.[35] 눈에 보이지 않는 적들은 마치 게릴라전을 연상케 하듯 순식간에 들이닥쳐 집중적으로 수많은 희생자를 낸 후 유유히 사라졌다. 공격 방식도 나이와 성별을 가리지 않고 무차별적이었다. 조선인들에겐 그야말로 공포일 수밖에 없었다.

그럼에도 불구하고 조선에서는 반복되는 고통에 눈물만 흘릴 뿐, 절망적인 상황이 왜 반복되는지 질문하지 않았다. 이를 개선하려는 어떤 시도도 찾아보기 어려웠다. 그저 피할 수 없는 운명이라 여기며 하루빨리 그 운명에서 벗어날 수 있기만을 빌었다. 애비슨의 증언이다.

> 흔히들 귀신을 풀어낸답시고 무슨 경을 읽는 남자 주술사와 무당이라는 여자 주술사를 불러들인다. 이들 직업적인 박수와 무당들은 그 분야의 공부를 열심히 하며, 비록 그들이 목적한 바를 이루지 못할 경우에도 자신들의 방법이 타당하다고 생각하는 데는 변함이 없다. 이들의 확신에 찬 치료 방법에도 불구하고, 환자가 낫기는커녕 병이 더 악화된 경우도 허다하다.[36]

---

35 릴리어스 호턴 언더우드, 『언더우드 부인의 조선견문록』, 173.

36 Oliver R. Avison, 『구한말 40여년의 풍경』, 409-410.

조선에서는 질병에 대한 인식과 접근이 서양과 달랐다. 서양에서는 의료에 대한 과학적 접근이 이미 상당한 성과를 내며 급속히 발전하고 있었지만, 조선은 모든 질병을 귀신이 촉발시킨다고 여전히 믿으며 두려움이 만들어낸 허상을 떨쳐버리지 못했다. 물론 전염병도 예외는 아니다. 애비슨의 표현대로 "전염병의 원인이 귀신의 침입 때문이라는 생각은 세균이론이 발전하면서 (서양에서는) 의사들에 의해서 완전히 부정"되었다. 한마디로 전염병은 세균 감염이 원인으로, 오염된 환경이나 음식과 밀접한 관련이 있었다. 그래서 위생과 예방에 철저하지 않으면 사람의 접촉이 전염병의 감염 경로가 되었다. 하지만 조선에서는 질병을 유발하는 귀신을 내쫓겠다고 허약해진 환자의 몸을 소독되지 않은 침으로 찌르거나 뜨거운 인두로 지져 화상을 입히는 등 직접 몸을 오염시키고 오염된 환경에 노출시켜 더 큰 위험으로 내모는 결과를 초래했다. 이는 질병을 개선하기보다는 오히려 악화시키는 경우가 많았다. 제중원에도 오염될 대로 오염된 환자들이 마지막 수단으로 찾아오는 경우가 심심치 않게 있었다. 애비슨은 병원에 실려 온 한 어린 소녀를 떠올리며 "머리에서 발끝까지 부모의 무지함과 잔인함이 만들어낸 상처로 가득했다"고 자신이 직접 경험한 가슴 아픈 일화를 회고록에 남겼다.[37]

조선인에게 치명적인 고통을 주고 되돌릴 수 없는 후유증을 남기는 또 다른 전염병은 천연두였다. 소아질병으로 유아 사망률을 높이는 가장 큰 주범이었다. 대개 두 살 전 아기들이 걸렸는데, 살아남아도 평생 천연두 흔적을 지니고 살아야 했다. 이는 천형과도 같았다. 알렌도 「제중원 일차년도 보고서」에 천연두의 심각성에 대해 기록했다.

37 Oliver R. Avison, 『구한말 40여년의 풍경』, 409.

> 천연두는 매우 흔했는데, 100명의 아이 중 60~70명이 인두접종을 받을 것이고 나머지는 자연적으로 천연두에 걸릴 것이다. 인두접종이나 보통의 전염에 의해 이 병에 걸리지 않고 성인까지 자라는 경우는 100명 중에 1명도 되지 않는다. 보편적인 접종 방법은 천연두 환자의 고름을 사용하는 것이다. 대개 성별에 따라 왼쪽 혹은 오른쪽 콧구멍으로 넣는다. 2살 이전에 이 병을 앓는 어린이 100명 중에서 20명은 죽고, 또 다른 20명은 2~4세 사이에 죽어 40~50명이 죽을 것으로 예측된다. 한의사들은 조선인 사망의 50퍼센트는 천연두 때문인 것으로 추정하고 있다. 이 병에 걸린 환자는 유모의 등에 업혀 길거리에서 자유롭게 노출되어 있으며, 이 병에 그리 공포를 느끼지 않는다.[38]

천연두는 치사율이 50%까지 예측되는 매우 심각한 소아전염병이었다. 그럼에도 불구하고 조선에서는 그냥 견디는 것 외에 별다른 대책이 없었다. 그 모습이 시양 의사 눈에는 공포불감증으로 보였던 듯하다. 그러나 애비슨의 기록에 담긴 모습은 조금 다르다. 사람들은 천연두를 중국 귀신이 조선에 찾아온 것이라 하여 '손님'이라고 부르며 두려워했다.[39] 하지만 두려워할 뿐, 엄마들은 아기가 아파도 병원에 데려오지 않았다. 아니, 치료할 생각조차 하지 않았다. 서양 의료의 상식으로는 도저히 이해하기 어려운 현상이었다.

잘못된 믿음과 확신은 잘못된 선택을 부른다. 큰 불행을 막을 수 있는 의학상식과 정보를 제공해도 조선인들, 특히 가족 건강에 결정적 영향을 미치는 여성들은 들으려고도 믿으려고도 하지 않았다. 가족의 건

38 박형우 · 여인석, "제중원 일차년도 보고서", 「연세의사학」 33권 1호(1999), 28.

39 Oliver R. Avison, 『구한말 40여년의 풍경』, 415.

강을 최우선으로 여기면서도 하나같이 아픈 가족을 병원에 데려오기를 꺼려했다. "양귀"(서양 의사)에게 달려가면 전통 귀신이 노할지도 모른다는 두려움 때문이었다. 대신 아픈 아이를 등에 업고 의사가 아닌 무녀에게 달려갔다. 무녀에게 귀신을 내쫓아달라고 하소연했고, 무녀들은 하루가 멀다 하고 귀신을 달래는 질병 치유 굿거리를 했다. 한마디로 조선 여성 대중들에겐 무녀가 의사였다. 만병통치약의 효능을 믿듯 무녀가 모든 것을 해결해줄 것으로 믿었다. 무녀들은 굿판만 벌이는 것이 아니라 치료에 아무런 도움도 되지 않는 것들을 비법이라고 일러주고, 주문을 가르치고, 부적까지 만들어주었다. 이는 민간요법이나 민간신앙으로 퍼져나갔고 근거도 출처도 확인되지 않은 잘못된 정보들과 루머까지 보태져 치료는커녕 치료 기회조차 갖지 못하게 했다. 이것이 질병 치료의 가장 큰 장애물이었다.

잘못된 믿음은 사태를 악화시키는 주범이 되고, 후속 처리에 있어서도 치명적인 결과를 안겨주었다. 애비슨은 서대문 근처를 지나다 집 대문 밖이나 나뭇가지에 매달린 채 방치된 아이들의 시신을 발견했다. 이런 광경은 다른 선교사들의 기록에서도 심심치 않게 찾아볼 수 있다.[40] 지나는 행인에게 물으니 천연두로 사망한 아이들이라고 귀띔해 주었다. 의사의 호기심은 이를 그냥 지나치지 못했다. 자신을 가르치던 조선어 선생에게 시신을 매장하지 않고 방치하는 이유가 무엇이냐고 자세히 물었다. 그의 대답은 의사를 한 번 더 놀라게 했다. 아이 시신을 땅에 묻으면 천연두 귀신이 노하여 다른 아이들도 잡아갈까 두려워서 그렇게 한다는 것이었다. 더운 여름에 아무렇게나 방치된 시신은 환경을 더욱 오염시키는 원인이 되었고, 이는 걷잡을 수 없는 사태로

40 매티 노블, 『노블일지, 1892-1934』(강선미 · 이양준 옮김, 이마고, 2010), 109.

이어지기 일쑤였다.

이러한 경험들은 대중들을 위한 의학상식 보급과 예방접종을 권유하는 구체적 방안을 고민하게 만들었다. 애비슨은 여러 질병에 대해 누구나 쉽게 읽어 알 수 있도록 원인과 예방법을 한글로 설명한 소책자를 대량으로 제작했다.[41] 소책자로 만들어 배포한 내용들은 천연두와 백신, 콜레라와 음식, 모기와 학질, 파리와 장티푸스, 빈대와 회귀열(relapsing fever), 이(lice)와 발진티푸스, 감염된 야채와 이질 등에 관한 것으로 누구에게나 절박한 문제들이었다. 이를 배포하면서 틈나는 대로 질병 퇴치 요령도 가르쳤다. 책자들을 병원 약제실에 비치해두고 환자들에게 직접 배부하기도 하고, 방방곡곡 다니는 지방 순회 선교사들이나 집집마다 다니는 전도부인들에게도 배분해 성경강의와 함께 간단한 위생교육도 실시하도록 당부했다. 지역마다 하나둘씩 들어서기 시작한 예배당과 지역 교인들이 모이는 곳들은 기독교를 소개하기 위한 곳일 뿐만 아니라 '위생교육장'으로 활용되었고, 기독교로 개종한 조선인들은 위생과 예방 전도사 역할을 톡톡히 해냈다. 하지만 사람들의 잘못된 생각과 믿음을 바꾸는 것은 하루아침에 이루어지는 일이 아니었다. 변화에는 시간이 필요했다.

흥미롭게도 서양 의학을 경험하지 못한 조선인들만 모든 질병의 원인을 귀신에 의한 것이라고 믿는 것은 아니었다. 서양 선교사들 중에도 정신질환이 '마귀'에 의한 것이라고 인식하고 그렇게 가르치는 경우가 종종 있었다. 애비슨은 이를 심각하게 받아들였다.

> 안타까운 것은 선교사들조차도 더러 정신이상 증세를 마귀의 탓으로

41 Oliver R. Avison, 『구한말 40여년의 풍경』, 420.

보고 있다는 사실이다. 그들은 특히 무당이 못 고친 환자가 기독교를 믿으면서 치유된 경우에 그렇게 믿었다. 그들 중에는 조선에서 전염병이 감소된 이유를 본질적으로 기독교 신앙이 전파된 때문이라고 생각하는 이들도 있다.[42]

질병은 종교의 문제가 아니라 과학의 문제이다. 따라서 종교적 믿음이 아닌 철저하게 과학적인 접근을 해야 치료 방법을 찾을 수 있다. 더욱이 정신에 관한 연구가 발달하면서 정신질환도 그 원인이 육체에 있음이 밝혀졌다. 애비슨은 조선인이든 서양인이든 잘못된 믿음을 신봉한 나머지 새로운 과학적 성과를 거부하는 것은 치료에 전혀 도움이 되지 않는다는 것을 설득하고 또 설득했다. "나는 추호도 조선인들을 조롱하려는 것이 아니다. 그들의 많은 장점들을 무척 좋아한다. 다만 어느 민족이든 조상들이 노력하여 터득한 결과를 올바르게 사용하면 올바른 혜택을 입을 수 있다."[43]

두려움이 만들어낸 허상에 사로잡혀 대중들이 불행한 선택을 반복하는 상황은 상식적 사고를 할 수 없게 만든 오랜 관습과 사회적 요인이 컸다.[44] 특히 내외법에 묶이고 가정에 갇혀 의료의 사각지대에 머물던 여성들의 경우가 그랬다. 감리교 선교사부인으로 활동했던 매티 노블(Mattie W. Noble)의 일기는 당시 상황을 가늠해볼 수 있는 이야기들로 가득하다. 그의 기록에 따르면, 조선 여성들은 늘 무언가를 간절히 빌었다. 무엇을 기도하느냐 물어보면, '잘 살게 해달라', '아들을 낳게 해

---

42 Oliver R. Avison, 『구한말 40여년의 풍경』, 408.

43 Oliver R. Avison, 『구한말 40여년의 풍경』, 410.

44 하희정, 『그들은 휴머니스트였다: 조선의 역사가 된 이방인, 시민사회를 열다』(꽃자리, 2017), 297-299.

달라', '가족이 아프지 않게 해달라'고 빈다고 대답했다.[45]

모든 정보와 소식으로부터 차단된 채 떠다니는 소문만으로 세상을 접하고, 가족을 위한 희생만이 가장 큰 미덕이라고 배우고 그렇게 살아온 여성들에겐 모든 것이 가혹할 수밖에 없었다. 예기치 않게 찾아드는 수많은 고통 앞에서 이들이 할 수 있는 단 한 가지 방법은 누구라도 좋으니 이 고통을 피해갈 수 있게만 해달라고 비는 것뿐이었다. 조선이 온갖 전염병으로 엄청난 희생을 치르고 고통을 감수할 수밖에 없었던 것은 단순히 의학 지식이 부족해서만은 아니었다. 끊임없이 변화하는 사회로부터 철저히 고립된 삶이 있었다. 새로운 정보와 지식이 제공되고 보급되더라도 이를 이해하고 수용하기까지는 적지 않은 시간과 사회적 비용이 필요했다.

45 매티 노블, 『노블일지 1892-1934』, 130(1902년 4월 12일).

# 한양에
# 첫 여성병원이
# 세워지다

서양 의학이 처음 소개된 제중원의 시행착오와 다양한 경험은 다음 단계의 요구로 이어졌다. 여성병원의 설립이 시급하다는 공감대가 형성되었고 이에 대한 대안을 구체적으로 고민하게 만들었다. 조선에서 서양 의료 '허가증'을 처음 받아낸 감리교가 바통을 이어받았다. 18세기 영국에서 출발한 감리교는 산업혁명의 여파로 다양한 사회문제들이 속출하자, 기독교의 사회화 모델을 선보이며 빈자들을 위한 사회안전망 구축에 나선 전통을 가지고 있었다. 이는 조선 사회에서 보구여관의 탄생으로 이어졌다.

## 조선 왕실이 인증한 첫 민간 공립병원 '시병원'

왕립병원으로 개원한 제중원과 달리, 감리교는 순수 민간병원으로 시작했다. 미감리교가 조선에 파견한 첫 의료 선교사는 닥터 윌리엄

02

스크랜턴(William B. Scranton)이다. 그는 의사이자 목사였다. 1885년 5월 조선에 도착했고, 한 달 전에 개원한 제중원에서 알렌을 도우며 의사로서의 첫 활동을 시작했다. 그는 매일 40~70명 정도의 환자를 진료했다. 제중원은 종교 활동이 아직 허용되지 않은 상황에서 신변의 안전을 보장받을 수 있는 유일한 공간이었으며, 합법적으로 조선인들을 직접 만날 수 있는 채널이었다.

제중원에서의 경험은 스크랜턴에게 조선을 배우고 조선 사회의 실질적인 필요가 무엇인지 인식하게 해주었다. 조선 왕실이 재정과 운영을 맡고 미장로교 선교회가 의료 인력을 지원하는 시스템은 기대와 달리 여러 가지 불협화음을 내며 진통을 겪었다. 알렌은 백내장으로 병원을 찾은 한 환자의 경우를 가장 실망스러운 예로 보고했다.

> 155번째 환자 역시 …… 이것은 백내장 수술 중 가장 잘된 경우였다. 수정체가 난난했고 어려움 없이 전체를 드러냈다. 그러나 환자는 앉아 있기를 고집했고, 담배를 피웠으며 우리가 없는 동안 관리들이 방문을 허락해준 친구들에게 그의 눈을 보여 주기 위해 붕대를 풀었다. 환자에 관한 한 그가 그렇게 된 것은 당연하며 그가 시력을 잃은 것은 벌이지만, 그렇게 잘된 수술이 망쳐진 것은 무척 실망스러운 일이다.[1]

서로에 대한 충분한 이해와 경험 없이 서둘러 한 배에 올라 탄 두 그룹의 이질적 동행은 문화적 간극뿐 아니라 환자 치료에 있어서도 적지 않은 비효율성을 노출시켰다. 서구 의학에 대한 기본 이해가 없고 소통도 충분치 않은 상태에서 관성에 따라 움직이는 관료들이 병원 직원

1 박형우 · 여인석, "제중원 일차년도 보고서", 41.

으로 임명되었다. 이들의 전통적 운영 방식은 처음부터 한계에 부딪쳤다. 불필요하고 불투명한 절차가 민간 사회의 접근성을 제약했다. 신속하고 다양한 시도들이 필요한 상황에서 국가의 관리를 받아야 하는 구조는 변화를 더디게 할 뿐만 아니라 적절한 치료가 제때 이루어지지 못하게 하는 요인이 되었다. 이는 훗날 애비슨이 부임한 후 제중원을 미장로교 선교회로 이관할 수밖에 없게 한 근본적인 원인이 되었다.[2] 애비슨이 '콜레라 대전'을 성공적으로 이끌 수 있었던 것도 이 문제가 해결된 이후였기에 가능했다.

병원 운영과 진료를 이원화한 시스템의 근본적 한계는 개선의 여지가 보이지 않았다. 소속 선교부가 달랐던 스크랜턴도 이를 개선할 수 있는 입장에 있지 못했다. 감리교의 독자적 활동 기반을 서둘러 마련하는 것이 가장 빠르고 효율적인 방법으로 보였다. 이는 감리교 개척 선교사로 입국한 자신의 몫이기도 했다. 다행히 한 달 후 미장로교 선교회가 파견한 두 번째 의료 선교사 헤론이 조선에 도착했고, 의료진에 바로 합류했다. 의료진 확충이 이루어지자, 스크랜턴은 곧바로 제중원을 그만두고 민간병원 설립에 나섰다.[3]

우선 감리교 선교 부지를 따로 마련했다. 1년 전 매클레이가 조선을 방문해 고종에게 의료 활동을 허가받을 당시, 미공사관을 통해 외국인 거주지인 정동에 감리교 선교 부지를 예약해둔 것이 있었다. 미공사관 바로 옆에 있던 한옥 기와집(현 중명전)이었다.[4] 하지만 스크랜턴이 도착했을 때는 이미 미공사관이 이를 장로교 소속인 알렌에게 내준 상태였다. 스크랜턴은 알렌과 함께 지내면서 다른 부지를 물색했다. 선뜻

2 Oliver R. Avison, 『구한말 40여년의 풍경』, 205-207.

3 스크랜턴은 5월 22일부터 6월 24일까지 제중원에서 한 달간 일했다.

4 이덕주, 『스크랜튼: 어머니와 아들의 조선 선교 이야기』(공옥, 2014), 127.

외국인에게 집을 팔겠다는 사람이 없어 어려움을 겪었다. 특히 병원에 적합한 공간을 찾기란 쉽지 않았다. 미공사관이 적극 나섰고, 6월에야 겨우 알렌의 집 맞은편 언덕에 넓은 부지와 주택을 확보할 수 있었다.

스크랜턴은 크게 만족했다. 미국선교본부에 보낸 보고서에서 그는 세 가지 이유를 꼽았다.[5] 첫째, 조선인들이 사는 곳과 가깝다. 둘째, 높은 곳에 위치해 배수가 잘되고 공기가 맑아 환경적으로 청결하다. 셋째, 부지가 넓어 언제든 필요에 따라 공간 확장이 가능해 미래지향적이다. 한마디로 병원 부지로 안성맞춤인 공간이었다(지금은 정동제일교회 사회문화관이 자리하고 있다). 계약 당시 서류엔 정동 거주민 "김씨"가 소유한 백간(一百間)짜리 큰 기와집으로 적시되었는데, 알렌의 일기(1885년 6월 17일)에는 영국인에게 양도받았다고 기록되어 있다. 이 때문에 영국인이 임시 거처로 사용했을 것이라는 추측도 있다.[6] 부지 매입 후 도착한 그의 어머니 메리 스크랜턴(Mary F. Scranton)은 "성벽 아주 가까운 곳, 야트막한 언덕에 있어 여러 면에서 이점이 있다"고 아들의 선택에 만족감을 표했다.[7] 감리교 선교 부지 마련은 여성들을 위한 활동 공간 확보라는 측면에서도 매우 중요한 문제였다.

스크랜턴은 방 하나를 개조해 9월 10일부터 환자 진료를 시작했다. 공간은 비좁았고, 왕실의 안정적 재정 지원을 받는 제중원에 비해 시설이나 의료 도구도 턱없이 부족했다. 하지만 돈 없는 사람들도 쉽게 발걸음을 할 수 있을 만큼 문턱이 낮아 가난한 민중들이 몰려들었다. '낯선' 외국인 의사였지만 환자는 끊이지 않았다. 그해 겨울까지 250명가

5 William B. Scranton, A Letter to Dr. J. M. Reid, 1885. 6. 1.

6 한성판윤이 스크랜턴에게 매매를 확인하며 보낸 문서가 남아 있다. 이덕주, 『스크랜튼: 어머니와 아들의 조선 선교 이야기』, 128-129.

7 *The Heathen Woman's Friend*, 1885. 10, 83.

랑을 치료한 스크랜턴은 미국선교본부에 이렇게 보고했다.

> 우리가 치료한 환자들은 대부분 극빈층에 속한 이들이고 가끔 버려진 사람들도 옵니다. …… 조금 형편이 나은 사람들도 상당수 치료를 받았는데 그런 사람들은 집으로 찾아가서 치료했습니다. 조만간 진료비를 정할까 합니다. 그렇게 되면 좀 여유 있는 사람들이 부담해서 가난한 사람들이 치료비를 조금 내거나 아예 무료로 치료받을 수 있게 될 것입니다.[8]

병원 이름도 내걸지 않았으나 환자들은 점점 늘었다. 독자적인 공간 마련이 시급했다. 이듬해 스크랜턴은 이웃해 있던 큰 기와집을 병원 건물로 확보하는 데 성공했다(지금의 정동제일교회 문화재 예배당이 있는 곳이다). 스크랜턴은 가정에서 진료를 시작한 지 거의 1년 만인 1886년 6월, 미국선교본부의 지원을 받아 정식으로 병원을 개원했다. 건물은 큰 'ㄷ'자형 한옥 기와집의 내부를 전면 개조하고 환자 대기실, 사무실, 약제실, 수술실을 마련해 병원의 기본 골격을 갖추었다. 그때까지 스크랜턴을 찾은 환자는 500명 정도였다. 1886년 *Annual Report*에 따르면 남성 환자는 400명이 넘었고, 여성 환자는 100여명, 일본인 환자도 50명 정도가 되었다. 방문 진료한 환자까지 더하면 환자의 수는 더 늘어난다. 1년간 1천여 명 정도였다. 조력자도 없이 혼자서 한 달 평균 80~90명의 환자를 치료한 셈이다. 하지만 1년간 받은 진료비 총액은 35달러에 불과했다. 약값에도 못 미치는 진료비 통계는 무료 진료가 대부분이었다는 것을 의미하고, 운영비 대부분은 미국선교본부에서 조달되었다.

---

8 *WFMS Annual Report*, 1886, 268-269.

병원 건물이 마련된 후 첫 환자는 스크랜턴이 직접 데려왔다. 6월 15일이었는데, 이날이 병원 개원일이 되었다. 도성 안에 콜레라가 발생한 때였다. 그는 서대문 성벽 근처를 지나다가 가마니를 뒤집어 쓴 채 앓고 있는 한 여성 환자를 발견했다. 남편은 사라지고 어린 딸이 그 곁을 지켰다. 처음에 환자는 겁에 질려 도움을 거절했다. 스크랜턴은 조선인을 동행해 다시 찾았고, 그를 병원으로 데려와 치료했다. 환자를 함께 운반한 조선인은 곤경에 빠진 사람을 구해줘 고맙다며 운반비와 수고비를 받지 않았다. 3주 만에 기력을 완전히 회복한 환자는 스크랜턴이 새로운 둥지에서 치료한 첫 환자로 기록되었다. 첫 환자와의 만남은 '착한 의사'의 미담이 되어 빠르게 퍼져나갔다. 돈이 없어도 치료해준다는 소식은 가난한 이들에겐 '기쁜 소식' 그 자체였다. 다 죽어가는 환자를 데려다 치료해 3주 만에 기적같이 살려냈다는 이야기도 빠지지 않았다. 치료 후에도 갈 곳이 없었던 두 모녀는 메리 스크랜턴에게 보내졌고, 어린 소녀는 이화학당의 첫 학생 중 하나가 되었다.

병원 이름은 스크랜턴의 어학 선생이 임의로 지어 붙였다. 한쪽 기둥에 "미국 의사 시약소(American Doctor's Dispensary)"라고 썼고, 다른 쪽 기둥에 "남녀노소 누구든지 어떤 병에 걸렸든지 아무 날이나 10시에 빈 병을 가지고 와서 미국 의사를 만나시오"라고 적었다.[9] 매일 오전 10시에 병원 문을 열었고, 약병을 공급받기가 쉽지 않아 약을 받아간 병을 다시 가져오라고 적어둔 것이다. 병 대신 조개껍데기도 약을 담는 용기로 유용하게 사용되었다. 환자는 더욱 늘었다. 첫 환자를 치료한 후 6개월간 730명의 환자를 진료했다.[10] 1887년 7월 보고에 따르면

9 *WFMS Annual Report*, 1886, 272.

10 William B. Scranton, A Letter to Dr. J. M. Reid, 1886. 12. 13.

정동 시병원(施病院)

개원 후 1년간 2천 명이 넘는 환자가 다녀갔다. 1년 사이 2배가 넘는 증가율이었다. 조선의 입장에선 제중원과는 또 다른 형태의 서양 의술을 시행하는 병원 하나를 더 얻은 셈이다. 규모는 작았지만 가난한 민중들에겐 더 가깝게 느껴졌던 병원이었다.

조선 정부는 조선의 민중들을 위한 헌신적 봉사의 공을 인정했다. 이에 이듬해인 1887년 4월 병원 이름을 지어 사액현판에 담아 하사했다. 정부에서 공식 인정한 병원이라는 뜻이었다. 조선 정부에서 선물한 이름은 '시병원(施病院)'으로, '널리 은덕을 베풀라'는 의미가 담긴 이름이었다. 스크랜턴은 미국선교본부에 "Universal Hospital"이라고 소개했고, '모든 환자를 치료하라', '가난하고 병든 자를 먹이고 입히라'는 의미라고 설명했다.[11] 스크랜턴의 한국식 이름이 '시란돈(施蘭敦)'이었기에

11 William B. Scranton, A Letter to J. M. Reid, 1887. 4. 21.

'시병원'은 스크랜턴 병원이라는 뜻도 함께 담겨 있었다. 조선 정부는 스크랜턴의 신변 보호를 위해 호위병사(기수)도 파견했다. 1887년 5~6월에 환자가 집중적으로 증가한 것은 콜레라가 발생했기 때문이기도 했지만, 조선 왕실로부터 공식 인정을 받은 것도 하나의 요인으로 작용했다.[12] 여전히 의구심을 버리지 못한 사람들도 왕실에서 내려준 사액 현판이 병원 문에 내걸리자 마음을 열기 시작했다.

이로써 스크랜턴이 세운 시병원은 2년 만에 정부 인가 공립병원의 위상을 얻었다. 이는 조선의 전통적인 개인 의원과도 다르고 새롭게 선보인 왕립(국립)병원과도 성격이 달랐다. 한마디로 이전과 전혀 다른 새로운 병원 모델이 등장한 것이다. 출발점은 개인 의원과 다를 바 없어 보였으나 스크랜턴은 한 개인이 아니었다. 종교적 성격을 띠긴 했지만 미감리교 선교회라는 자발적 단체가 조직적으로 지원했고, 병원의 궁극적 목적도 사사로운 생계 방편이 아니라는 점에서 그 끝이 달랐다. 오히려 목적과 역할에 있어서는 혜민서와 활인서를 계승하여 백성들의 복지를 목적으로 설립된 제중원과 결을 같이했다. 하지만 국가가 백성에게 베푸는 시혜 차원에서 정부 운영으로 출발한 왕립병원과도 달랐다. 의료공공성에 바탕을 둔 민간 차원의 자발적 조직이라는 측면에서 '제3의 모델'이었다. 공공병원이 서구에서는 낯선 개념이 아니었지만, 시민사회가 등장하기 전인 조선에서는 민간 차원에서 공공적 가치 실현을 위한 병원이 세워졌다는 것 자체가 완전히 새로운 접근이었다.

물론 시병원도 제중원이 초기에 경험했던 문제들을 고스란히 겪었다. 아니, 오히려 왕실보다는 민간인들의 삶에 대한 접근성이 더 높다 보니 같은 문제라도 더 현실감 있게 경험할 수밖에 없었다. 그만큼 치

12 *WFMS Annual Report* 1887, 315.

루게 되는 곤욕도 남달랐다. 특히 여성 진료는 여간 곤혹스러운 것이 아니었다. 여의사가 아직 없는 상태에서 스크랜턴이 여성 진료도 맡을 수밖에 없었는데, 이때의 가장 큰 장애는 의술도, 수술 도구도, 약도 아니었다. 조선의 '내외법'이 여성들의 고통을 더했다. 아무리 심각한 질병에 걸려도 환자의 몸을 직접 보고 진료할 수가 없었다.

## 첫 여성병원 '보구여관'의 탄생

조선에서 여성병원의 필요는 더 이상 늦출 수 없는 절박한 문제였다. 조선 여성들은 눈앞에 병원을 두고도 관습법에 발목 잡혀 치료의 골든타임을 놓치기 일쑤였다. 때로는 생명까지 위태로웠다. 처음부터 닥터 스크랜턴은 여성 진료의 어려움을 어머니 메리 스크랜턴과 공유했다. 조선 여성들을 돕도록 파견된 메리 스크랜턴은 미감리교 여성해외선교회(The Women's Foreign Missionary Society of the Methodist Episcopal Church: WFMS)에 이러한 실상을 상세히 보고했고, 월간저널 *The Heathen Woman's Friend*에 그대로 실렸다.

> (윌리엄) 스크랜턴 박사는 계속 여성 환자들을 위해 왕진을 나가는데, 그 환자들을 볼 수도 없고 보지도 못한 채 진료를 합니다. (스크랜턴) 박사는 여성 환자들을 직접 만질 수 있는 의사에게 이런 일들을 맡기고자 합니다. 여러분이 여의사 1명만 보내주신다면, 그는 능력 이상의 역할을 감당할 수 있을 것이라고 봅니다.[13]

---

13 *The Heathen Woman's Friend*, 1885. 4, 149.

미감리교의 경우 여성 조직이 독자적으로 운영되었다. 이들은 "여성이 여성에게"라는 기치를 내걸고 자발적으로 활동했는데, 국내뿐 아니라 해외에서 여성들을 위해 일할 수 있는 젊은 여성들을 모집해 세계 곳곳에 선교사로 파견했다. 당시에는 미국에서조차 여성들의 사회 활동이 종교적 채널을 통해서만 가능했다. 메리 스크랜턴은 조선에 파견된 첫 여선교사였다.

메리 스크랜턴은 1885년 6월 20일 조선에 도착했다. 그의 나이 53세였다. 감리교 여성해외선교회가 정한 '22세에서 30세 사이'를 훌쩍 넘긴 나이였지만, 장성한 아들을 둔 연륜 있는 노부인이라는 점에서 오히려 조선에서는 여성들을 돕기에 안성맞춤이었다. 결혼이라는 통과의례를 거쳐야만 성인으로 인정되고 아들을 낳아야만 여성이 존중받는 오랜 전통이 조선을 지배했기에, 메리 스크랜턴은 남녀노소 누구나 존경하는 마음으로 만날 수 있는 최적의 조건을 갖춘 여성인 셈이었다. 결혼한 지 20년째 되던 해 남편과 갑작스럽게 사별하는 아픔을 겪었고, 남편을 잃은 후에는 홀로 아들을 키웠기에 여성이 혼자서 자녀를 양육한다는 것이 얼마나 힘겨운 일인지 경험적으로 잘 알고 있었다. 이는 조선 여성들의 고통을 이해하고 공감하는 데 큰 힘을 발휘했다.

메리 스크랜턴(Mary F. Scranton)
[이화역사관 제공]

메리 스크랜턴이 아들의 뒷바라지만 했던 것은 아니다. 미전역 네트워크를 갖춘 감리교 여성해외선교회 지역 임원으로 적극 활동하며, 리더십은 물론 협력과 연대 정신을 몸으로 익혔다. 이는 젊은 여선교사들이 조선 생활에 잘 적응하고 서로 협력하도록 도울 수 있는 최적의 조건이었다. 실제로 이후 조선에 파견된 미혼의 여선교사들과 선교사부인들은 메리 스크랜턴을 어머니처럼 존경하고 따랐다. 그의 정서적 돌봄과 균형감 있는 포용력은 이들에게 안정감과 신뢰감을 동시에 안겨주었다. 감리교 여선교사들은 공동체적 일체감으로 빠르게 생활공동체를 이루었고, 차원 높은 협력으로 각자의 역할에 충실할 수 있었다.

메리 스크랜턴이 갖춘 삶의 연륜과 경험의 풍부함 그리고 미국 내 여성 네트워크는 여성 진료에 큰 어려움을 겪던 시병원에 새로운 돌파구를 마련해주었다. 독립 조직인 감리교 여성해외선교회의 지원을 이끌어내 제중원과는 다른 대안을 세울 수 있었다. 독자적으로 여성병원을 세운다는 플랜이었다. 메리 스크랜턴은 처음부터 조선 여성들을 위한 교육 공간과 함께 여성병원을 염두에 두고 넓은 부지를 확보했다.[14] 미래를 내다본 그의 혜안과 결단력 있는 행보가 결정적인 역할을 했다.

메리 스크랜턴은 일의 추진력 면에서 아들인 닥터 스크랜턴을 능가했다. 미국선교본부의 허가를 먼저 받아낸 후 매매 계약을 체결했던 닥터 스크랜턴과 달리, 메리 스크랜턴은 빠른 판단력과 과감한 결단력으로 계약부터 체결한 후 보고했다. 외국인 거주지를 벗어나지 않으면서 감리교 선교 부지에 인접한 조건으로 넓은 공간을 얻기란 쉬운 일이 아니었다. 공간이 여러 조각으로 분리된다면 활동성이나 일의 효율성이 감소될 수밖에 없었다. 특히 미혼의 여선교사들이 파견될 경우를 대비해 생활 공간의 안전성과 근접성을 확보해야 했다. 이들은 낮

14 *WFMS Annual Report*, 1885, 48.

선 땅에서 가정 없이 지내야 하기에 안전한 주거와 생활 공간 확보가 급선무였다. 그리고 더욱 중요한 것은 여성 센터 역할을 할 수 있는 공간으로 적당해야 했다. 4개월 만인 1885년 10월 26일 계약을 성사시킨 후 메리 스크랜턴이 미국 본부에 보낸 편지이다.

> 기뻐하십시오. 여성해외선교회가 한국 서울에 부지를 확보한 1885년 10월 26일을 기억하시길 바랍니다. …… 이곳이야말로 성 안에서 구할 수 있는 부지 가운데 가장 적합한 곳이라 여기고 있었기에 꼭 확보해야 한다고 생각하던 차에 이런 소문(다른 세 기관에서도 언덕 부지를 매입하려 한다는 것)을 듣고 마음이 심히 불안했습니다. …… 본국에 계신 회원님들도 제가 본부의 허락을 받지 않고 일을 처리한 것을 양해해주시리라 믿습니다. 수에즈 운하를 지나 지구를 돌아오는 편지를 기다리다 일을 망치기가 쉽기 때문입니다.[15]

그가 원했던 크기의 땅을 모두 얻지는 못했지만, 정동 언덕에 옹기종기 자리한 수십 채 초가집을 우선적으로 매입했다. 서명한 계약서만 21통에 달했다. 그리고 정확히 1년 후 그곳에 조선식 기준으로 2백 칸이 넘는 크기의 큰 기와집 학교를 세웠다. 조선시대 민간인 가옥은 백 칸을 넘지 못했다. 99칸이 민간인이 집을 지을 수 있는 최대치였다. 전통 가옥 양식인 'ㄷ'자 형태의 건물로 설계한 후 벽은 벽돌로 올리고 지붕은 조선식 기와로 구성해 동서양의 조화로운 건축 양식을 선보였으며, 학교 문은 고위층 양반집에서나 볼 수 있는 솟을대문을 세웠다. 작은 초가집들이 옹기종기 모여 있는 야트막한 언덕 위에 마치 궁궐에서

15 *The Heathen Woman's Friend*, 1886. 2, 191.

나 볼 수 있을 법한 큰 기와집 학교가 들어서자 조선 왕실에서도 큰 관심을 보였다. 이듬해 봄, 왕실은 조선 여성들을 위한 첫 여학교를 세운 공을 높이 치하하며 국가 공인의 의미를 담은 학교명을 사액현판에 담아 선물했다. '배꽃같이 어여쁜 소녀들의 글 배움터'라는 뜻의 '이화학당(梨花學堂)'이 바로 왕실에서 하사한 이름이었다. 메리 스크랜턴은 이화학당 바로 옆에 여성병원을 위한 공간도 마련했다. 미국여성해외선교회 본부에 여의사 파견도 여러 차례 요청했다.

> 우리에게 임의로 쓸 수 있는 병원용의 자그마한 공간이 있습니다. 그곳은 (윌리엄 스크랜턴) 의사의 병원과 인접해 있으며, 그는 우리의 여의사가 올 때까지 여성 환자들을 돌볼 수 있는 설비를 갖추어 놓았습니다. …… 다시 한번 여의사 파견을 간곡히 부탁합니다. …… 속히 지구상에서 가장 절실하게 의사, 교사, 자금을 필요로 하는 이곳에 지원해줄 것이라는 응답을 간절히 소망합니다.[16]

미감리교에서 파견한 첫 여성 의료 선교사로 닥터 메타 하워드(Meta Howard)가 1887년 10월 28일 조선에 도착했다.[17] 여성교육을 담당할 교육 선교사 루이자 로드와일러(Louisa C. Rothweiler)와 함께였다. 2년이라는 오랜 기다림과 끈질긴 요청 끝에 이루어진 열매였다.

하워드는 조선에 발을 들인 첫 서양 여의사였다. 제중원 여의사로 파견된 릴리어스 호턴보다 5개월 앞서 조선 땅을 밟았다. 두 사람은 노스

---

16 *WFMS Annual Report*, 1886, 47-48.

17 감리교 개척선교사 헨리 아펜젤러(Henry G. Appenzeller)의 일기(1887년 10월 31일)에는 29일 토요일 오후 4시경에 하워드가 정동 선교부에 도착해 선교단의 열렬한 환영을 받았다고 기록되어 있다.

웨스턴대학교 의과대학에서 함께 의학 수업을 받은 동창생이었다. 하워드는 서울 정동에 도착해 짐을 푼 지 이틀 만인 1887년 10월 31일부터 스크랜턴이 책임자인 시병원에서 진료를 시작했다. 제중원 부인과가 제대로 운영되지 않자, 환자들은 여의사를 항시 만날 수 있는 시병원을 찾곤 했다. 그가 첫해에 진료한 환자만 1천 500명이 넘었다.[18] 매달 평균 120명 이상의 환자를 진료한 셈이다.

단독 건물이 시급했다. 하워드는 메리 스크랜턴이 여성병원을 위한 공간으로 확보해둔 기와집 한 채를 개조해 1년 만인 1888년 11월 새롭게 개원했다.[19] 첫 여성병원의 탄생이었다. 시병원과 담 하나를 사이에 둔 가까운 위치였지만 의미는 컸다. 단독 건물이 확보되고 재정과 운영의 독립까지 갖춘 명실상부한 여성 전용 병원으로서 여성이면 누구나 드나들 수 있는 '여성을 위한, 여성에 의한, 여성의' 공간이 처음 마련된 것이다. 메리 스크랜턴이 보고한 대로 이화학당 옆에 자리해 조선 여성들의 단독 공간으로 활용도가 높고, 시병원과도 인접해 있어 서로 협력하기에 안성맞춤이었다.

한옥으로 된 병원은 큰 기와집으로 지어진 이화학당과 잘 어울렸다. 하워드의 보고에 따르면 방은 조선식으로 여성들에게 따뜻함과 편안함을 안겨주는 온돌식을 유지했지만, 창문은 빛이 많이 들어 환자들이 채광 효과를 볼 수 있도록 한지를 바르는 대신 서양식인 유리문을 달았다.[20] 조선인에게 친근감을 주면서도 환자들을 배려한 선택이었다. 공간은 환자 대기실, 진찰실, 약제실, 수술실로 구분했다. 사람들이 가

18 *The Heathen, Woman's Friend*, 1889. 3, 240.

19 Mary F. Scranton, "Woman's Work in Korea", *The Korean Repository*, 1896. 1, 6.

20 Meta Howard, "The W. F. M. S. Hospital in Seoul, Korea", *The Heathen Woman's Friend*, 1890. 1, 172.

장 많이 드나드는 진찰실에는 책장, 의료 기구 진열장, 수술대가 놓였다. 진료 조력은 아직 훈련된 간호사가 없어 이화학당 사감으로 일하던 '봉순 어미'의 도움을 받았다(그의 딸 봉순이는 이화학당 학생이었다). 조선 여성들은 단독 건물이 마련되자 마음 놓고 병원을 찾았다. 스크랜턴이 처음 시병원을 열었을 때 전체 환자 중 20~25%에 불과했던 여성 환자들이 15배로 증가했다. 하워드와 함께 조선에 도착해 모든 것을 가까이서 지켜본 로드와일러는 훗날 당시 상황을 이렇게 회상했다.

> 남성은 들어갈 수 없고, 여성들만 있으며, 여성이 치료하는 여성병원과 진료소가 있다는 것이 알려지자 환자 수가 증가했다. 외국인을 볼 수 있고 어떤 약을 쓰는지도 궁금해서 아픈 척하고 오는 사람도 있었다.[21]

첫 여성병원의 탄생을 누구보다 기뻐하며 큰 관심을 보인 것은 조선 왕실이었다. "고통받는 조선 여성들을 구제하기 위해 개원했다"는 소식을 듣고는 감사를 표하며 '보구여관(普救女館, Saving All Women's Hospital)'이라는 이름을 지어 사액현판에 담아 선물로 보내주었다. '가난'과 '질병'과 '관습'의 삼중고를 짊어진 조선 여성들의 고통을 깊이 헤아려 이를 덜어주고자 병원까지 세운 일은 조선 왕실을 감동시키기에 충분했다. 하워드는 이 소식을 여성해외선교회 본부에 자세히 전했다.

> 조선 국왕께서 우리가 당신 나라의 고통당하고 있는 여성 환자들을 위한 구제소를 이곳에 냈다는 소식을 들으시고 감사의 뜻을 표하는 의미에서 외무아문을 통해 한자 네 글자로 된 기관명을 지어 나무에 새긴

21 Lousia C. Rothweiler, "Our Work in Korea", *The Korea Mission Field*, 1910, 10.

후 궁궐에서 사용하는 액자에 넣어 내려 보내셨는데 우리는 그것을 대문 위에 걸었습니다. 그리하여 지나가는 모든 사람들이 우리 병원이 국왕의 인가를 받은 기관임을 알게 되었습니다. 병원 이름은 '보구여관'인데 '모든 여인들을 구하는 집(Salvation for All Women Institution)'이란 뜻입니다.

독립 병원으로 인정받은 것은 물론이요 시병원과 같은 공공병원의 위상을 확보했다. 조선 왕실은 보구여관 책임자인 하워드에게도 별도의 호위무사를 파견했다. 이는 보구여관이 조선 정부의 보호를 받는 병원임을 각인시키는 효과가 있었다. 하워드의 보고 내용은 보구여관 건물 전경을 찍은 사진과 함께 *The Heathen Woman's Friend*에 소개되었다.[22]

Heathen Woman's Friend

Vol. XXI. JANUARY, 1890. No. 7.

THE W. F. M. HOSPITAL IN SEOUL, KOREA.

BY META HOWARD, M.D.

If you have seen the picture of the W. F. M. S. Home and Girls' School in Seoul, you will at once recognize the fact that this house also was built by Korean carpenters. It was formerly the residence of a Korean gentleman, but is now used as a hospital and dispensary for women and children. As soon as the King of Korea heard that this place had been opened for the relief of the suffering women of his country, he showed his gratitude by sending, through the Foreign Office, a name consisting of four Chinese characters, framed and painted in the royal colors, all ready to be hung over the great gate. So, all that pass by know that

영문저널 표지에 실린 보구여관 전경

여의사 파견에 이어 여성병원이 세워지면서, 조선 여성들을 위한 질병 치료는 새로운 전기를 맞았다. 제중원 부인과와 달리 여성 진료에 매진할 수 있는 시스템이 갖추어진 것이 가장 큰 소득이었다. 이 모든 기반을 닦는

22 Meta Howard, "The W. F. M. S. Hospital in Seoul, Korea", 173-174.

데 결정적인 역할을 한 메리 스크랜턴은 병원 건물과 함께 독신 여선교사들이 안전하게 지낼 수 있는 생활공간도 마련했다. 제중원의 경우 여성 의료진이 파견되었어도 안전 문제가 확보되지 않아 큰 곤란을 겪었다. 결혼을 서두르게 된 직접적인 요인도 여기에서 비롯되었기에 이를 타개할 근본적인 대책이 필요했다.

하지만 감리교 여선교사들에겐 또 다른 도전이 기다리고 있었다. 건강 문제였다. 종교적 열정 하나에 몸을 실어 낯선 땅을 찾은 독신 여선교사들에게는 건강의 적신호가 가장 큰 적이었다. 낯선 기후와 환경은 물론이려니와 익숙하지 않은 음식에 적응하는 것도 쉬운 일이 아니었다. 풍토병도 피해갈 수 없는 도전이었다. 하워드와 함께 조선에 온 로드와일러는 1년 만에 중국으로 요양을 떠났다. 건강 문제는 의사인 하워드도 피해가지 못했다. 특히 그는 훈련받은 전문 조력자 하나 없이 몰려드는 환자들을 홀로 진료하느라 자신의 건강을 돌볼 틈이 없었다. 2년간 진료한 환자만 8천 명에 달했다.[23] 결국 1889년 가을 미국으로 돌아갈 수밖에 없었다. 그리고 끝내 건강을 회복하지 못해 선교사직을 사임했다.

보구여관은 하워드의 귀국으로 개원한 지 1년 만에 첫 위기를 맞았다. 미국에서도 의학 공부를 한 여성은 소수였기에, 다음 의료진이 파견될 때까지 얼마를 더 기다려야 하는지 기약할 수 없었다. 급한 대로 시병원의 스크랜턴과 1889년 8월에 조선에 합류한 윌리엄 맥길(William B. McGill)이 여성 진료를 함께 맡았지만, 조선 여성들은 여전히 남성 의사에게 자기 몸을 내보이는 것에 큰 부담을 가졌다. 1890년 스크랜턴은 보구여관을 부모 잃은 고아에 빗대며 어머니가 되어줄 여

---

23 *WFMS Annual Report*, 1889, 68.

의사를 얼마나 갈망하고 있는지 직접 호소하는 글을 1890년 *Gospel in All Lands*에 기고했다.

> 그(보구여관)는 겨우 세 살이지만 이 짧은 시기에 많은 선한 일을 했고, 착한 사마리아인 역할도 여러 번 행했다. 그녀의 이름은 우리 미감리교 여성해외선교회의 '여성병원'이다. …… 현재 거의 1년 동안 선교회 병원의 의사들이 이 고아의 아버지가 되었고, 그녀는 지속적으로 성장하고 있다. 우리는 양부가 최선을 다해서 모든 일을 했다고 믿지만, 여성병원이 최대한으로 쓰임받기 위해서는 여의사가 필요하다. 사실 선교부의 남성 의사들은 자신의 전문사역으로 여유가 거의 없다. 한국 격언에는 아이가 부모 가운데 한 사람을 잃어야 한다면 어머니보다 아버지가 없는 것이 더 낫다는 말이 있다. 여성의 긍휼과 어머니의 마음이 현재 우리에게 필요하다.[24]

## 닥터 로제타, '2호' 여의사로 파견되다

보구여관이 다시 분주해지기 시작한 것은 1년 만인 1890년 가을부터다. 2대 원장으로 의료 선교사 닥터 로제타 셔우드(Rosetta Sherwood)가 교육 선교사 마가렛 벵겔(Margaret J. Bengel)과 함께 10월 13일 조선에 도착했다. 감리교 여성해외선교회는 선교사들을 둘씩 짝지어 파견했다. 선교사 대부분이 미혼 여성들이었기에 이를 배려한 것으로 보인

24 William B. Scranton, "More Medical Workers Needed in Korea", *Gospel in All Lands*, 1890. 9, 429.

다. 보구여관의 설립자요 '1호' 여의사였던 하워드도 로드와일러와 함께였다.

로제타 셔우드(Rosetta Sherwood)

하워드가 보구여관의 기초를 놓았다면, 로제타는 병원으로서의 기틀을 마련하는 데 집중했다. 2년간의 활동으로 끝난 하워드와 달리, 로제타는 1933년 은퇴할 때까지 조선을 위해 43년을 일했다. 감리교가 보구여관에 첫 간호 선교사를 파견한 1892년부터 일제의 강제추방으로 선교사들이 모두 철수했던 1940년까지 여성 의료사역의 주역이었던 간호 선교사들이 조선에서 활동한 평균 기간은 15년에 조금 못 미친다.[25] 장로교가 13년 1개월, 감리교가 14년 7개월이다. 간호교육을 시작한 보구여관과 세브란스병원 간호 선교사들조차 평균 활동 기간이 35년 이하였다. 이런 통계에 비추어볼 때 로제타의 활동 기간은 압도적이다. 한마디로 그의 인생 모두를 조선에 쏟아부은 셈이다. 덕분에 보구여관의 기틀이 마련되었고, 동대문부인병원을 거쳐 오늘날 이화의료원으로 성장할 수 있었음은 두말할 필요가 없다.[26]

로제타는 문화적 수용 능력과 교육적 혜안이 뛰어났다. 이것이 보구여관의 기틀을 마련하는 데 큰 밑거름이 되었다. 무엇보다 기록의 역사적 가치와 교육적 효과를 잘 알고 있었다. 사소한 것이라도 자세히

25 한미영 · 손수경, "한말 · 일제강점기 내한 간호선교사의 사역 연구", 213-239.

26 이화의료원은 산하에 이대동대문병원과 이대목동병원을 두고 있으며, 2019년 이대목동병원과 이대서울병원으로 변경되었다.

글로 적어두었고, 관련 기사나 증빙 자료까지 첨부해 상세하고 객관적인 기록을 남기려고 노력했다. 서울에 도착하기까지 배에서 보낸 40일간의 여정과 조선에서 보낸 첫 해 이야기는 두루마리 여행기에 담아 미국 가족들에게 보냈다. 이 여행기는 폭이 15센티미터, 길이가 31미터에 이른다. 미국을 출발한 날부터 기록하기 시작한 일기는 조선에 도착해서도 멈추지 않았다. 훗날 그의 손녀가 보관해온 것만도 조선 생활을 담은 일기 4권과 육아일기 2권 그리고 깨알 같은 글씨로 가득 채워진 다이어리 수첩만 24권에 이른다.[27] 그의 일기는 내용상으로 보면 '일지'에 가깝다. 심지어 성경책조차 빼곡히 적힌 메모와 스크랩 자료들로 가득 차 있다. 조선에서의 생활은 물론이려니와 그가 체험한 사건들, 그가 만난 사람들, 그가 대면했던 도전과 시행착오, 매순간 다잡으려 노력했던 신념들까지 고스란히 담겨 있다. 이는 보구여관의 초기 역사를 들여다볼 수 있는 귀중한 자료로도 손색이 없다. 이니, 그 자체로 정보 창고이다. 감리교 여성해외선교회 본부로 보낸 공식 보고서에 미처 담지 못한 세세한 정보들과 살아 있는 이야기들로 가득하다. 현재 보구여관은 흔적도 없이 사라졌지만 그의 기록이 남아 이를 대신하고 있다고 해도 과언이 아닐 정도이다.

로제타는 동양에 대한 서양인 특유의 문화적 편견에 갇혀 있지 않았다. 선교사를 포함해 당시 서양인들은 동양 문화와 종교에 대한 서구적 우월감에 사로잡혀 있었다. 동양이라는 이름 자체를 '문명'이나 '문

---

27 해주에서 여섯 살까지 살았던 손녀 필리스 킹(Phyllis H. King)이 알츠하이머로 기억을 잃어가는 상황에서도 오랫동안 간직해온 로제타의 자료들을 꼼꼼히 챙겨 한국으로 보내주었다. 그리고 2015년 내한 125주년을 기념해 로제타 전기와 일기가 연이어 출간되었다. 박정희가 쓴 『닥터 로제타 홀』(다산초당, 2015)과 양화진문화원에서 발간한 『로제타 홀 일기』 1-6권(홍성사, 2015-2016)이다.

화'와는 거리가 먼 '미개하고, 불결하고, 야만적이고, 미신적인 것'의 상징어쯤으로 여기는 경우가 다반사였다. 하지만 로제타는 달랐다. 조선 가옥에서 서양과 다른 가치를 발견하고는 그 매력에 푹 빠졌다. 닥터 스크랜턴과 메리 스크랜턴이 마련한 감리교 선교 부지의 공간적 가치도 한눈에 알아보았다.[28]

한양도성에 들어선 첫날부터 조선은 그의 마음을 사로잡았다. 야트막하고 아담한 조선식 가옥을 개조한 보구여관의 건축 방식은 조선 대중들에게 이질적인 위화감 대신 친근감을 안겨주어 심리적 거리를 좁히고 전통가옥의 단점을 보완해 생활의 편리를 도모하는 이중효과가 있었다. 신분을 가리지 않고 누구나 들고 날 수 있어야 하는 병원의 경우 심리적 거리를 좁혀 병원 문턱을 낮추는 것이 필요했다. 경제적인 측면에서도 경비는 절감하고 효용가치는 높이는 효과가 있었다. 더욱이 이 시기는 서양인에 대한 의구심과 경계심이 대단히 높은 시기였다. 조선 대중들의 불신이 극에 달해 영아소동이 일어났던 것이 불과 두 해 전이었다.

이를 잘 알고 있었던 메리 스크랜턴은 처음부터 조선인들에게 낮은 자세로 다가갔고 조선인의 마음을 먼저 얻으려 노력했다. 그가 조선인을 두고 "내 백성"이라고 고백한 것은 헛말이 아니었다. 정동을 여성 활동의 중심 거점으로 구상해 이화학당을 조선식 기와집 학교로 설계하고, 보구여관도, 여선교사 숙소도 모두 조선식 기와집을 개조하는 방식으로 설계해 조선인들의 삶 속에 깊이 녹아들고자 했다. 로제타는 메리 스크랜턴의 첫 선택에 담긴 의미를 일찍이 간파했고 이에 공감했

---

28 로제타가 미국으로 보낸 두루마리 여행기에 실린 내용을 기반으로 그의 아들 닥터 홀이 쓴 『조선회상』에도 수록되었다. 셔우드 홀, 『닥터 홀의 조선회상』(좋은 씨앗, 2003), 69.

다. 이들은 기독교가 조선에 '힘을 과시하는 종교'가 아니라 조선인에게 '힘이 되는 종교'가 되어야 함을 잘 알고 있었다.

로제타는 메리 스크랜턴이 마련해둔 숙소에 짐을 풀었다. 서양인의 입장에서 조선식 가옥이 낯설고 불편해보였을 법도 한데, 로제타는 처음부터 매우 흡족해 했다. 학교와 약간 떨어져 있으면서도 공간에 여유가 있고 정갈하게 잘 정돈된 숙소가 마음에 들었다. 경대와 장롱 등 조선식 가구들을 보며 마음이 설레기까지 했다. 도착 다음날 쓴 일기엔 숙소에 대한 자세한 정보와 감상이 고스란히 담겼다. 그는 짐을 풀자마자 병원부터 둘러보았다. 한옥 건물로 된 보구여관은 기대 이상이었다. 진료실과 대기실, 세척소독실, 약방과 창고가 있었다. 수술실은 아직 마련되지 않았으나 빛이 잘 드는 방이 있어 수술실로 사용하기에 안성맞춤이었다. 처음 병원을 둘러본 소감을 그날 일기에 이렇게 적었다.

> 병원과 진료소를 돌아보는 것은 즐겁고 경이로웠으며 기쁨 그 자체였다. 약품이 잘 갖춰진 약방이 있고, 창고와 세척소독실이 있으며 아담한 대기실도 있다. 대기실과 약방 사이에 진료실이 있다. 그리고 앞쪽에 크고 괜찮은 방이 하나 있는데 지금은 도서관으로만 사용되고 있다. 이 방은 조명이 좋아서 내가 원한다면 수술실로 만들 수 있을 것이다. 여기서 조금 떨어진 곳에 두 개의 다른 방이 있다. 그리고 바깥쪽에 입원실로 쓸 만한 방 세 개가 있다. 병원에는 상당한 종류의 약들이 비축되어 있고 꽤 많은 의료 기구들이 잘 구비되어 있다. 병원에서 쓸 수 있는 자금도 200불정도 있다.[29]

---

29 양화진문화원, 『로제타 홀 일기 2』, 105(1890년 10월 14일).

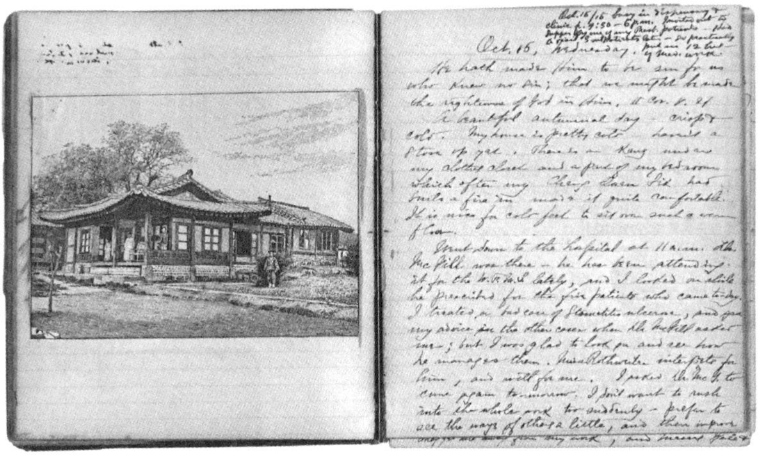

로제타의 일기 속 보구여관

1년이나 주인이 없었는데도 병원은 관리가 잘되어 있었다. 여의사가 없어 입원 환자는 받지 못했지만 시병원의 스크랜턴과 맥길이 공백을 충실히 메운 덕분이었다. 통계적으로도 이는 증명되었다. 두 사람이 치료한 환자만 1천 618명에 이르렀다. 서양 의술을 체험하면서 신뢰도가 높아진 부분도 있었지만 그만큼 두 의사가 최선을 다했다는 의미이기도 했다.[30] 특히 약품과 의료 기구들이 기대 이상으로 잘 구비되어 있었다. 로제타는 가진 돈을 다 털어 부족한 약품을 더 주문했다.

온돌로 만들어진 5개의 병실은 30~35명까지 환자를 수용할 수 있는 크기였다. 서양식 침대가 놓였다면 이 인원을 수용하기란 불가능한 공간이었다. 온돌방은 조선인에겐 더할 나위 없이 따뜻하고 편한 구조였지만 환자를 진료하는 의사의 입장에선 보통 불편한 일이 아니었다.

30 이방원, "보구여관의 설립과 활동", 「의사학」 17권 1호(2008), 40.

더욱이 침대 생활을 해온 서양인 의사에게는 말할 필요도 없다. 그러나 로제타의 생각은 달랐다. 의사의 편리보다 환자의 편리가 우선이고 환자의 심리적 안정이 먼저였다. 침대보다 온돌이 보온성에서 뛰어날 뿐만 아니라 공간 효율성 면에서나 위생 면에서도 훨씬 유용하고 청결하다는 것을 간파했다. 로제타는 근대 서구 문물을 무조건적으로 신봉하지 않았다. 특히 병원에서는 환자에게 해로운지 이로운지가 가장 중요한 기준이었다. 그의 온돌 사랑은 훗날 은퇴 후 미국에 돌아가서도 계속되었다. 가는 곳마다 온돌의 이로움을 전하여 '온돌 전도사' 역할을 톡톡히 했다.

> 이 방들을 병동이라고 부르지만 실은 그렇게 말하기에는 너무 작다. …… 바닥에 까는 조선식 요는 낮이면 개켜놓기 때문에 덮는 담요를 추가로 제공했다. 의사가 환자를 진찰할 때는 바닥에 앉아야 하므로 습관이 될 때까지는 이 자세가 매우 힘이 들 것 같다. 그러나 전반적으로 볼 때 이 방법이 좋은 것 같다. 첫째, 환자들이 조선인들이기 때문이다. 그들은 서양식 침대는 매우 춥다고 생각한다. 내 생각으로는 해롭지 않은 풍속은 고쳐야 할 이유가 없다고 본다. 방바닥은 따뜻해서 잠자기에는 참으로 편안하다. 둘째, 환자가 침대 밖으로 나올 염려가 없다. 방 전체가 하나의 침대나 마찬가지다. 셋째, 온돌방은 청결하여 소독하기가 매우 쉽다. 마지막으로 자선병원의 입장으로는 좀 말하기에 곤란한 이유지만 경제적이다.[31]

로제타는 곧바로 진료를 시작했다. 첫날(15일)은 하워드의 공백을 메

31 셔우드 홀, 『닥터 홀의 조선회상』, 72.

워준 맥길과 함께 진료했다. 기존의 방식과 시스템을 먼저 익히고 이를 존중하는 것이 새로운 시작이 된다고 믿었다. 로제타는 "경험보다 좋은 교육은 없다"는 영국의 경험주의 교육철학을 신념으로 가진 인물이었다. 타인의 축적된 경험을 타산지석으로 삼아 자기성장의 에너지로 삼는 지혜를 발휘했고, 이것이 보구여관의 기틀을 마련하는 데 보이지 않는 힘으로 작용했다.

기대와 달리 맥길의 도움은 짧게 끝났다. 두 가지 요인이 컸다. 하나는 환자들이 남성 의사를 거부했다. 여의사가 새로 왔다는 소식이 전해지자 더 이상 그를 만나려 하지 않았다. 환자와 의사 관계에서조차 내외하는 조선의 관습은 너무도 견고해서 죽음의 고통 앞에서도 무너질 기미가 보이지 않았다. 다른 하나는 남대문에 '상동진료소'를 개원했기 때문이다. 남대문 상동진료소는 감리교가 세운 '4호' 병원이었다.

감리교는 시병원이 자리를 잡고 보구여관까지 독립해 나가자, 사대문이 있는 성문 근처에 빈민들을 위한 병원을 계획했다. 일명 '선한 사마리아인 병원' 프로젝트다. 외국 공관이 즐비한 정동과 달리 성문 밖은 전혀 딴 세상이었다. 돌보는 가족 하나 없이 버려지는 가난한 환자들이 즐비했다. 전염병이라도 돌면 발에 걸리는 것이 환자였다. 의료 선교 책임자였던 스크랜턴은 가장 비참하게 버려지는 전염병 환자들을 차마 외면할 수 없었다. 하지만 시병원은 턱없이 작았고 기존 환자들의 기피 현상도 불 보듯 뻔했다. 궁리 끝에 생각해낸 것이 4대문 근처에 무료 진료소를 열고, 교회 평신도 사역자들과 여성들의 자발적인 조력을 받는 것이었다. 이들은 환자를 돌보는 일은 물론이려니와 죽음을 앞둔 환자들에게 죽음에 대한 두려움 대신 죽음을 받아들이는 법을 가르칠 수 있었고, 죽은 자를 위해 진심으로 장례를 준비해줄 수 있는 이들이었다. 스크랜턴은 외로움과 고통으로 '신음하는 영혼들을 돌보는 것이야말로 의료 선교사가 해야 할 핵심적인 일'이라고 여겼다. 조선 정부의 인정이나 '국왕의 환심보다 민중들의 마음'이 더 중요한 가치라고 강조한 이유이다.

첫 진료소는 1889년 서대문 밖 애오개(현 아현동)에 초가집 한 채를 구입해 개원했다. '애오개'라는 이름에서 짐작되듯이, 이 지역은 어려서 죽은 아이나 연고 없는 시신을 묻는 공동묘지와 전염병 환자들을 수용했던 서활인서(西活人署)가 있던 곳이었다. 말 그대로 죽음이 드리워진 땅이었다. 영아소동으로 계획보다 늦어졌지만 진료소는 개원되었고 맥길은 이곳에서 처음 진료를 시작했다. 7개월간 700명의 환자가 찾아왔다. 매달 100명을 치료한 셈이다. 그러나 얼마 지나지 않아 환자가 점점 줄었고 오가는 시간을 감당할 수 없어 진료소를 폐쇄했다. 다음으로 개원한 진료소가 바로 맥길이 맡게 된 남대문진료소였다. 남대문은 서울 시내에서 가장 번잡한 지역으로 지방에서 올라온 공물들을 수합하는 선혜청(宣惠廳)이 있던 곳이었다. 서울 거주 상인들과 노동자들, 걸인과 부랑민들, 지방에서 올라온 상인들까지 뒤섞여 하루도 조용할 날이 없는 지역이었다. 이는 민간병원이 가장 필요한 곳이라는 뜻이기도 했다.

한마디로 시병원과 보구여관에 이어 4대문에 빈민 진료소를 세우는 '선한 사마리아인 병원' 프로젝트는 조선 정부에서 사회안전망 차원으로 운영하다 폐쇄한 혜민서나 활인서의 사회적 역할과 기능을 자발적으로 이어가는 의미를 가졌다. 정동 시병원은 스크랜턴, 보구여관은 로제타, 남대문 상동진료소는 맥길이 맡아 3각 편대로 함께 움직였다. 환자의 치료법을 공유하고, 약품과 의료 기구를 함께 주문하고, 필요한 경우 환자들의 연계 치료까지 가능한 시스템이 구축되었다.

## '하나의 팀' 보구여관, 사회적 공간을 열다

보구여관은 병원 직원들이 하나의 팀으로 움직였다. 정식으로 훈련받은 전문 인력은 없었지만, 신실한 기독교인이 된 조선인들이 병원 일을 헌신적으로 도왔다. 첫 간호조력자는 '봉선 오마니(봉선 어머니)'로 불렸던 사라였다. 그는 병원 전체를 관리하고 진료 시에는 유능한 조력자가 되어 간호사 역할까지 거뜬히 해냈다. 요리사는 병원 직원들과 환자들의 식사를 책임졌고, 호위병사(기수)는 시장 보는 일부터 환전까지 힘든 일들을 도맡아 해결했다. 로제타는 이들을 깊이 신뢰했다. 미국으로 보낸 두루마리 여행기에 실린 글이다. 첫 병원 직원들이 함께 찍은 사진까지 첨부했다.

함께 보내는 멋진 사진을 보라. 나는 이 병원이 정말 자랑스럽다. 회색 옷을 입고 있는 분이 1887년에 이곳에서 의료 선교 일을 시작했다. 닥터 하워드로 2년 후 건강이 나빠져 귀국한 여의사이다. 병원의 보조원인 사라는 흰 조선옷을 입고 그 오른편에 서 있다. 그녀는 여성 감독 겸 간호사이다. 우리는 그녀를 '봉선 오마니'라고 부른다. 이는 아기 이름이 봉선으로 봉선의 어머니라는 뜻이다. 조선 여성들은 자기 이름을 갖고 있지 않다. 그 옆의 여성이 병원 요리사이다. 군인 복장을 한 기수가 맨 앞에 서 있다. 그는 신용할 만한 우리의 오른팔이다. 장보기, 돈을 바꾸는 일 등 모든 것을 다 한다. 그가 없다면 우리는 뭘 어떻게 해야 할지 모른다. 기수와 봉선 오마니는 주님의 포도밭에서 정직하게 일하는 크리스천이다.[32]

---

32 셔우드 홀, 『닥터 홀의 조선회상』, 73.

보구여관의 직원들(1888년)
서양 복식의 하워드가 마루에, 왼쪽에는 한복차림의 사라(봉선 어머니)가,
그 옆으로 병원 요리사가, 오른쪽 마당에는 기수가 서 있다.

보구여관에서 로제타, 병원 직원, 환자들이 함께 찍은 사진(1890년)

조선 여성들에게 사회적 관계가 형성되는 새로운 공간이 열렸다는 것은 의미가 크다. 봉선 어머니가 '사라'라는 이름으로 불리고, 남녀 직원들이 한 공간에서 대등한 위치로 협력하는 일은 이전엔 상상하기 어려웠다. 내외를 구분하는 관습은 여전히 남아 있었지만, 이전과 전혀 다른 방식의 사회적 관계가 형성되기 시작했다는 것은 보구여관이 갖는 또 다른 역사적 의미이다.

로제타를 포함하여 선교사들이 남긴 기록들을 살펴보면, 이구동성으로 꼭 언급하는 것이 있다. 조선 여성들은 이름 없이 살아간다는 내용이다. 이는 여성들이 아무런 존재감 없이 살고 있다는 의미로 받아들여졌고, 조선 여성들은 누구나 불행하다는 것을 보여주는 증거로 제시되었다. 이에 기인하여 선교사들은 기독교로 개종한 조선 여성들에게 '새사람으로 다시 태어났다'는 의미로 성경에서 따온 이름이나 서양 여성의 이름을 세례명으로 정해주는 종교 의식을 베풀곤 했다. 봉순 어머니의 '사라'라는 이름도 6명의 여성이 함께 세례를 받으면서 얻은 세례명으로 성경에서 따온 이름이었다.[33]

이는 조선 문화를 제대로 이해하지 못한 선교사들의 오해에서 비롯된 신풍속도였다. 조선에서는 남녀를 불문하고 성인이 된 사람의 이름을 함부로 부르지 않는 예법이 있었다. 유교 문화의 조선에서는 그것이 소위 '어른(성인)'에 대한 예의였다. 반대로 이를 어기는 것은 매우 무례한 일로 간주되었다. 공직이나 관직에 나가는 남성들의 경우에는 별도로 호를 지어 사용했고, 일반 남성들은 이름 없이 성씨를 불렀다. 여성들의 경우도 크게 다르지 않았다. 종종 신분이 높은 양반가 여성

---

33 양화진문화원, 『로제타 홀 일기 2』, 179(1891년 1월 25일). 봉선 어머니가 '사라'의 이름으로 두루마리 여행기에 소개된 것을 보면, 두루마리 여행기는 세례식(1891년 1월 25일) 이후에 완성된 것임을 알 수 있다.

들은 '신사임당'처럼 특별한 공을 세우거나 업적을 쌓은 경우 끝에 '당(堂)'이라는 글자가 붙은 호가 내려져 존경의 의미로 불렸지만, 보통의 경우에는 출신지나 자녀 이름을 따서 불렀다.

결혼과 동시에 여성들의 이름이 사라진 이유도 같은 맥락이다. 조선에서는 결혼을 해야만 성인으로 인정되었다. 결혼을 했다는 것은 더 이상 미성년자가 아니므로 함부로 이름을 불러서는 안 된다는 의미가 포함되었다. 심지어 부모도 자식이 장성하여 결혼하면 어릴 적 이름을 부르지 않고 부모가 되었음을 존중하여 아이의 이름을 붙여 '누구 어멈', '누구 아범'으로 불러주는 것이 기본 예의였다. 지금도 여전히 그러한 풍속은 한국 사회에 흐리게나마 남아 있다. 할머니, 할아버지라도 손자, 손녀 앞에서 그 부모의 이름을 함부로 부르지 않는 것이 바로 그 증거이다. 다만 가부장제라는 구조 안에서 남성들의 이름은 직접 불리지 않아도 한 가족을 대표하는 가장의 이름으로 살아 있었지만, 여성의 경우는 사회적 활동 공간이 허용되지 않아 사회적 존재로서의 의미를 얻지 못했다. 개개인이 각자의 이름으로 사는 것이 당연했던 서양에서는 좀처럼 이해하기 어려운 문화였겠으나, 조선에서는 오히려 성인이 된 사람의 이름을 있는 그대로 부르는 것이 무례한 일이었다.

한마디로 조선에서 여성들은 이름이 없었던 것이 아니라 사회적 존재로서의 관계가 형성되지 않았을 뿐이다. 이는 '이름 없이 살아가던 조선 여성들이 기독교를 통해 처음 이름을 얻게 되고, 비로소 새로운 삶을 살게 되었다'는 말을 액면 그대로 받아들여서는 안 된다는 의미이다. 엄밀히 말하면, 기독교가 조선 여성들에게 새로운 이름을 부여하여 사회적 존재로서 살아갈 수 있는 기회를 제공했다는 표현이 더 정확할 것이다. 그런 의미에서 보구여관은 조선 여성들에게 사회적 관계의 시작 공간이기도 했다. 한 공동체에서 각자의 역할이 있어 각자의 이름이 필요했고, 그 필요가 새로운 문화를 만들어냈다.

## 첫 여성 의료 강습반 학생이 된 이화학당 소녀들

로제타가 한국의 의료 현장에서 처음 마주한 현실은 그리 간단치 않았다. 조선말을 습득하지 못한 상황에서 환자와의 소통을 도울 통역사와 진료를 도울 수 있는 전문 조력자가 시급했다. 또한 전문 간호사 하나 없는 열악한 상황에서 로제타는 의사요, 간호사요, 약사요, 병원 사무까지 1인 4역을 감당해야 했다.

> 서울에 도착한 그 이튿날 나는 성장 중인 이 사역을 소개받았고, 처음부터 내 두 손에는 할 일로 가득 찼다. 약품이나 간호 일을 도와줄 훈련된 조선인 조력자는 없었다. 조제약, 연고, 가루약을 만들고, 입원 환자의 체온과 맥박을 재고, 정기적으로 음식과 약을 주고, 궤양과 종기에 붕대를 감아주고, 의사가 반드시 할 필요가 없는 병원 일들을 하는 데 수많은 시간이 걸렸다. 나는 뉴욕에서 나를 도왔던 훌륭한 '디커니스' 간호사들이 그리웠고, 여기에서 이 일들을 도와줄 뿐만 아니라 조선 소녀와 여성들이 이 일들을 할 수 있도록 훈련시킬 간호사가 필요함을 절실히 느꼈다.[34]

임시방편으로 로드와일러가 통역을 돕기는 했지만, 이화학당을 맡

---

34 Rosetta S. Hall, "Woman's Medical Work, Seoul, Korea", *Chinese Recorder and Missionary Journal*, 1893. 9, 403-404.

고 있는 그에게만 의존할 수 없었다. 더욱이 병원 일은 손이 많이 가는 일이어서 그가 간호사 역할까지 한다는 것은 무리였다. 여의사가 왔다는 소식이 전해지자 환자들은 계속 몰려들었다. 첫날엔 4명, 다음 날엔 9명, 그 후 3개월 동안 500명이 넘는 환자를 치료했다.[35] 과반이 초진 환자였다. 진찰 카드엔 50종 이상의 다양한 질병이 기록되었다. 갑상선종, 매독, 회충, 눈병, 귓병, 피부병이 가장 많았다. 심지어 8명 환자에게서 무려 21가지의 질병을 만나보기도 했다. 환자 수는 가파르게 상승해 첫 10개월간 2천 500명에 이르렀고, 6천 건 이상의 처방전을 발행했다.[36] 왕진 환자도 70명이 넘었다. 이듬해에는 진료 환자가 4천 명을 넘어섰다.

특히 매독이나 임질은 남녀를 막론하고 조선인들이 많이 걸리는 질병 중 하나였다. 초기 제중원을 맡았던 알렌도 이는 조선인에게 흔한 질병이라고 기록한 바 있다. 알렌이 보고한 「제중원 일차년도 보고서」에는 입원 환지 기록이 첨부되었는데, 265명의 환자 중 여성은 35명으로 13% 정도였다.[37] 이 자료는 한 해에 불과했지만, 조선 여성들의 질병 분포를 들여다볼 수 있는 하나의 표본이 된다. 20대 7명, 30대 11명, 40대 5명, 50대 6명, 60대 6명이었다. 여성 입원 환자 절반이 20~30대 여성이었다. 병명은 다양했다. 노인 질병은 관절과 안과 관련, 20~30대의 경우는 매독과 자궁 관련 산부인과 질병이 가장 많았다. 로제타가 둘째 날 진료한 환자 중에도 매독 환자가 있었다. 매독 환자의 경우는 철저한 소독이 뒤따라야 해 사후 처리에 시간과 손이 많이 갔다.[38] 하

35 셔우드 홀, 『닥터 홀의 조선회상』, 73-74.

36 *WFMS Annual Report*, 1892, 84.

37 박형우 · 여인석, "제중원 일차년도 보고서", 32-41.

38 양화진문화원, 『로제타 홀 일기 2』, 109(1890년 10월 16일).

나부터 열까지 그의 손이 가지 않으면 안 되었다.

로제타는 신속히 다른 방법을 찾아야 했다. 고심 끝에 학습 능력을 갖춘 조선 소녀들을 훈련시키는 것이 가장 빠른 방법이라고 생각했고, 가장 가까운 곳에서 길을 찾았다. 이화학당 학생들 중 영어를 잘하고, 학습 능력이 뛰어나고, 관심이 있는 소녀들을 선발해 훈련하는 방법이었다. 당시 이화학당에는 7세부터 17세까지의 소녀 26명이 공부하고 있었다.[39] 선교사들과 조선인 교사 2명이 학생들을 가르쳤다. 조선인 교사는 한문과 한글을 맡았으며, 로드와일러는 성경, 지리, 산수를 조선어로 가르치고 상급반 학생들에게는 산수를 영어로 가르쳤다. 또 벵겔은 영어로 쓰기, 읽기, 작문과 체조를 가르쳤다. 커리큘럼으로 볼 때 의료 강습을 시작할 수 있는 기초 교육은 충분한 듯했다.

병원 진료를 시작한 지 열흘 쯤 되었을 때 이화학당에서 학생 2명을 보내주었다. 김점동과 일본인 소녀 오와카였다. 두 소녀는 단짝친구로 로제타의 첫 제자가 되었다. 13세 오와카는 아버지가 서울에서 근무하게 되는 바람에 3년째 이화학당을 다니는 중이었다. 로제타는 두 소녀에게 약을 저울에 달아 조제하고 투여하는 법, 숫자 계량법, 온스의 용량, 가루약을 용량에 맞춰 분배하는 법 등을 가르쳤다. 두 소녀는 재능과 성격이 달라 서로 보완이 잘되었다. 김점동은 숫자 계산이 빠르고, 오와카는 일을 정확하고 깔끔하게 처리했다. 김점동은 "재빠르고 영리하여 훈련시키고 싶도록 탐나는 학생"이었다. 특히 영어를 잘 구사했다. 하지만 약제실 일을 좋아하지 않았다. 반면에 오와카는 "영어를 잘할 줄은 모르지만 꼭 돕고 싶다"며 용기 내어 찾아왔고, 약제실 일을 너무 좋아해 '꼬마 약제사'가 될 것이라는 기대를 갖게 했다. 김점동은

39 셔우드 홀, 『닥터 홀의 조선회상』, 79.

과묵하고 신중한 편이었지만 오와카는 밝고 명랑했다.

두 소녀는 통역은 물론이고 왕진까지 함께 다니며 성실하고 충실한 조력자 역할을 톡톡히 해냈다. 특히 오와카는 김점동의 공백을 채워 낮에도 왕진을 다닐 수 있도록 도와주었다. 당시 조선에서는 낮에 거리에서 소녀들을 보기 어려웠다. '여자는 낮에 다닐 수 없다'는 오랜 관습 때문에 주로 밤에 조용히 다녔다. 대신 남성들은 밤에 집밖을 나오지 않는 예를 갖추었다. 한마디로 조선의 거리는 낮과 밤이 나뉘어 낮엔 남성들이 지배했고 밤엔 여성들이 걸었다. 여성들은 캄캄한 밤에도 긴 장옷으로 얼굴을 가리고 거리를 걸었다. '일곱 살부터 남녀가 한 자리에 있어서는 안 된다'는 오랜 관습이 모든 거리를 지배했다. 김점동은 조선 소녀이기에 예외 없이 이 법을 따라야 했지만, 일본인인 오와카는 조선의 관습을 지킬 필요가 없어 밤낮으로 로제타와 동행할 수 있었다.

> 두 소녀는 이미 내게 큰 도움이 되고 있다. 한 아이가 일본 소녀라는 것은 참으로 다행이다. 일본인이기 때문에 대낮에도 나하고 거리에 다닐 수 있다. 점동이는 밤에만 가마를 타고서야 나하고 거리에 나갈 수 있다. 이 두 소녀를 훈련시키는 것은 나를 돕는 데만 쓰자는 게 아니다. 그들의 시야를 넓혀 장래에 쓰일 수 있는 사람이 되도록 돕고자 하는 것도 목적의 하나이다.[40]

여성 의료인 양성은 조선의 미래를 위해 누구라도 시작해야 하는 꼭 필요한 일이었다. 로제타는 1891년 신학기가 시작되기 전, 겨울방학을 활용해 '의료 강습반'을 시작했다. 수업이 언제 시작되었는지에 대

---

40 셔우드 홀, 『닥터 홀의 조선회상』, 81.

한 정확한 기록은 발견되지 않는다. 다만 1891년 3월 7일 일기에 "지난 휴가 이후 나는 5명의 여학생들에게 생리학(physiology)을 가르치고 있다. 이들은 에스더(김점동), 오와카, 수잔, 봉선 그리고 애니 등이다"라고 기록되어 있다. 김점동은 그해 1월 25일 봉선 어머니와 함께 세례를 받은 후 '에스더'라는 새로운 이름을 얻었다. 이날을 기점으로 로제타가 한동안 아팠던 것으로 보아 의료 강습반 수업은 2월에 시작되었을 것으로 추정된다. 이화학당 소녀 5명을 대상으로 한 의료 강습반은 조선에서 이루어진 첫 여성 의료교육이었다. 1년이 지난 1891년 3월 6일 처음으로 필기시험을 보았다.

> 그들에게는 최초의 필기시험인 셈이다. 모두들 훌륭히 해냈다. 에스더는 아주 잘하고 매우 총명하다. 아주 뛰어나지는 않지만 꾸준히 잘하고 있고, 한 번 배운 것은 잊지 않고 활용을 잘한다. 에스더와 봉선이의 답안지는 거의 만점에 가까워 100점을 줬다. 오와카는 95점, 애니는 80점을 주었고, 수잔은 병이 나서 끝내지 못했다.[41]

제중원에서 기녀 출신 의학생 5명에게 의료 강습을 시도했다가 실패로 끝난 지 6년 만에 비로소 첫 여성 의료 강습반이 꾸려져 성공적으로 안착한 셈이다. 이화학당이 한걸음 앞서 조선 소녀들에게 교육의 기회를 제공했기에 가능했다. 로제타가 의료 강습반 학생들 중에서 가장 관심 있게 지켜본 소녀는 에스더였다. 영특하고 학습 속도가 빨랐다. 처음에는 뼈를 만지는 것도 두려워하더니 곧 뼈를 배우고 싶어 안달했다. 조선인이 혐오스럽게 생각한 해부 실습에 대해서도 먼저 질문

41 양화진문화원, 『로제타 홀 일기 2』, 195(1891년 3월 7일).

을 할 정도로 깊은 관심을 보였다. 무엇보다 매순간 자신의 한계를 뛰어넘으려는 용기를 보여주었다. 로제타는 그가 훌륭한 의사가 될 것이라 직감하고 미국 유학까지 계획했다.

> 그녀는 날마다 나를 감탄케 한다. 특히 생리학을 잘하는데, 다른 학생들보다 훨씬 빨리 배운다. 내가 인체 외부에서부터 피부에 대한 설명을 채 끝내기도 전에 그녀는 벌써 뼈에 대한 공부를 하고 싶어 했다. 처음에는 뼈에 손도 대지 않았고 그림을 쳐다보지도 않았다. …… 에스더는 다른 사람들과 마찬가지로 해부가 역겨웠을 텐데도 그래도 할 수 있을 것 같다고 생각하는 듯했다. 나는 그녀가 좋은 의사가 될 진정한 용기를 충분히 갖고 있다고 믿는다. …… 나는 그녀에게 최선을 다해 모든 것을 가르쳐주고 싶다. 그리고 그녀가 계속 이 길을 간다면, 적당한 때에 미국에 보내 학위를 받게 하는 것도 현명한 처사라 생각된다. …… 그러면 그녀 자신은 물론이거니와 다른 이들을 훈련시키는 사역에도 큰 도움이 될 것이다.[42]

에스더는 서양 의학에 대한 관심이 남달랐다. 로제타가 환자에게 필요한 질문을 하고 증상을 모두 확인할 때쯤이면 벌써 무슨 약을 처방할지 알았다. 수술도 마다하지 않고 곧잘 도왔다. 스스로도 놀랄 만큼 수술 중 피를 닦아내는 일을 두려워하지 않고 거뜬히 해냈다. 그의 단짝 오와카도 의료 기구를 잘 다루고 약물 배합에 재능을 보였다. 하지만 오와카는 그해 여름 아버지를 따라 귀국해 더 이상 함께할 수 없었다.

여성 의료 강습반이 성공적으로 첫발을 뗄 수 있었던 것은 로제타의

---

42 양화진문화원, 『로제타 홀 일기 2』, 209-210(1891년 3월 29일).

교육적 신념과 철학이 주효했다. 그는 외부 수혈에 의존하는 방식으로는 근본적인 해결이 되지 않는다는 것을 경험을 통해 잘 알고 있었다. 로제타는 사범학교를 졸업한 후 교사로 4년간 교육 현장에서 가르친 경험이 있었다. 그 덕분인지 의료에 대한 전문적 식견뿐 아니라 교육의 중요성과 그 가치에 대하여 누구보다 잘 이해했다. 언어를 배울 틈조차 낼 수 없을 만큼 바쁜 진료 스케줄에도 불구하고, 환자 진료와 여성 의료인 양성교육 프로그램을 동시에 진행시켰다. 교육의 힘을 인지했기에 가능했다. 그가 배우고 익힌 교육과정뿐 아니라 교육에 대한 태도와 신념과 철학까지 학생들에게 결정적인 영향을 주었다. 로제타의 교육 배경이 중요할 수밖에 없는 이유이다.

로제타는 어릴 때부터 타인을 위해 봉사하며 살고 싶다는 열망이 강했다. 해외 선교사를 자원한 이유이기도 하다. 고통받는 이들에 대한 관심이 유달리 강했던 부모의 영향이 가장 컸다. 그의 가정은 영국에서 건너온 청교도 집안이었고, 미국에서 2차 대각성운동이 일어났던 1840년대에 감리교인이 되었다. 덕분에 로제타는 청교도 전통으로부터 근면과 정직의 경건 생활을, 감리교 전통으로부터 사회적 약자에 대한 배려와 관심을 조화롭게 배웠다. 특히 그의 아버지는 큰 농장을 운영했지만, 남북전쟁 이전부터 평화주의자였던 퀘이커교 친구들과 함께 비밀조직인 '언더그라운드 레일로드(The Underground Railroad)'에 가입해 위험을 무릅쓰고 탈출노예를 도우며 노예해방운동에 적극 참여했다. 로제타가 태어나기 전 가족이 된 조(Joe)도 그의 아버지가 구해낸 탈출노예였다. 그래서 로제타에겐 어릴 때부터 인종에 대한 편견이 거의 없었다.[43] 타민족에 대한 문화적 편견에서 비교적 자유로울 수 있었

43 박정희, 『닥터 로제타 홀』, 73-82.

던 것도 여기에서 영향을 받았던 것으로 보인다. 실제로 로제타는 첫 제자요 조력자였던 에스더와 오와카에게 조의 사진을 보여주고 그의 이야기를 들려주며, 피부색의 차이가 만들어내는 인종 간의 보이지 않는 벽과 편견에서 스스로 자유로워질 수 있도록 기회를 제공했다.

> 조의 사진을 내 방에 걸어놓고 나는 소녀들에게 조에 대해 말해주었다. 흑인을 본 적이 없는 그들에게는 조의 사진이 매우 이상했을 것이다. 이 상황에서 수은의 성질을 닮아 조급한 일본인과 좀 더 느긋한 성격을 가진 조선인의 차이가 드러나는 예를 볼 수 있다. 오와카가 "조를 좋아하세요?"라고 물으면 나는 "그래요"라고 대답한다. 그리고 "조를 사랑하세요?"라고 물어도 "그래요"라고 대답한다. 그러면 그녀는 "저도 조를 사랑해요"라고 한다. 반면에 에스더는 "나는 조를 사랑하지는 않지만 조가 나의 친절한 의사 선생님을 잘 돌봐줘서 좋은 사람이라고 생각해요"라고 말한다.[44]

로제타는 민족마다 고유한 특징과 어떤 경향성을 갖는다는 19세기 인류학적 전제를 수용했다. 당시 서구 지식인들은 새롭게 떠오르는 학문으로서 인류학의 학문적 성과들을 깊이 신뢰했다. 로제타도 예외는 아니었다. 다만 그것을 서구인들의 문화적 우월성을 뒷받침하는 객관적 근거로 인식한 당대 대부분의 지식인들과 달리, 로제타는 차별적 개념이 아닌 다양성의 개념으로 이해했다는 점에서 결이 달랐다. 창백한 관념에 머무르지 않고 직접 다양한 사람들을 만나본 실제적인 체험이 만들어낸 차이일 것이다. 특히 조와 가족이 되어 함께 생활했던 남다

---

44 양화진문화원, 『로제타 홀 일기 2』, 209-210(1891년 3월 29일).

른 가정환경 속에서 로제타는 자연스럽게 인간의 고통을 깊이 이해하는 법을 배우고, 고통받는 이들과 공감하고 소통할 수 있는 섬세한 감수성을 갖게 된 것으로 보인다.

아버지가 로제타에게 일상에 파고든 인종의 벽을 넘어서게 해주었다면, 어머니는 시야 너머에 있는 고통에 관심을 갖게 해주었다. 여성 해외 선교에 관심이 많았던 어머니 덕분에 로제타는 일찍부터 여성들이 국경을 초월하여 국제적 네트워크를 형성하고 세계 곳곳에서 활동하는 이야기들에 자연스럽게 노출되었다. 당시 서구 여성들의 해외 선교는 종교적 동기로 시작되었지만 그 내용과 역할 면에서는 오늘날 인도주의에 바탕을 둔 '국경 없는 의사회' 같은 NGO 활동에 다름 아니었다. 가정 안에만 머물던 여성들이 해외 러시에 합류하고 나선 것은 미국에서도 처음 경험하는 일이었다. 이들은 한 번도 가본 적 없는 '미지의 나라'도 마다하지 않았다. 로제타가 독신의 삶까지 결심하며 선택한 교사직을 그만두고 의학 공부에 새로 도전하게 된 계기도 인도 선교사였던 한 여성이 교회에서 들려준 연설을 듣고 나서이다. 그는 인도 여성들은 몸이 아파도 남성 의사들에게 진찰을 받을 수 없다는 안타까운 소식을 전했다.

당시 미국에서 교사는 간호사와 함께 여성에게 가장 잘 어울리는 최고의 전문직으로 간주되었다. 중산층 여성이라면 누구나 선호하는 직업이었다. 당대 미국의 여성 교육자 캐서린 비처(Catharine Beecher)는 "법률, 의학, 신학이 남성들을 위한 전문직이듯, 여성들에게는 교직이 명예롭고 경제적으로 유익한 직업"이라고 강론하며 '교육=여성'의 도식을 완성했다. 이는 '신여성(New Woman)' 붐을 타고 미국 중산층 여성들을 완전히 사로잡았다. 로제타도 또래 여성들처럼 당연한 수순으로 알고 사범학교에 입학하여 자연스럽게 교사가 되었다. 하지만 로제타는 개인적 차원의 안정보다 타인을 돕는 도전적인 삶에 더 끌렸다. 결국 20세에 펜실베이니아여자의과대학에서 의학 공부를 시작했다. 당시 미국에서도 의학 분야는 캐서린 비처가 언급했듯이 남성들의 고유 영역으로 간주되었다. 여성이 의학 공부를 선택하는 것 자체가 '여자답지 못한 선택'으로 받아들이는 분위기가 강했다.

펜실베이니아여자의과대학은 1850년 평화를 지향했던 퀘이커교도들이 설립한 첫 여의사 양성 기관으로, 미국 최초의 여자의과대학이라는 타이틀을 가진 학교였다. 100년 역사에도 불구하고 미국 내 모든 의과대학에서 여성에게 입학을 허용하지 않았던 것이 학교 설립의 배경이었다. 퀘이커교도들이 세운 학교답게 평화주의가 깃든 인류애를 강조하고, 평등의 가치를 우선하며, 해외 곳곳에 졸업생들을 의료 선교사로 파견해 의료 사각지대에 놓인 세계 여성들을 돕도록 했다. 유리천장이 있는 공간에서 바늘구멍보다 좁은 가능성을 두고 절대다수를 차지하는 남성들과 경쟁하는 대신, 의사의 손길을 누구보다 절실히 기다리는 해외로 그 지평을 넓힌 것이다. 이는 탁월한 선택이었다.

미국에서는 감리교가 '1호' 여성 의료 선교사를 인도에 파견했는데, 그 주인공인 클라라 스웨인(Clara Swain)도 이 학교 졸업생이었다. 그는 1870년부터 인도에 동양 최초의 여성병원을 설립했다. 로제타는 그를 롤 모델로 삼아 조선에서 여성 의료 강습반을 시작했고, 이를 여자의학전문학교로 키우려고 계획했다. 직접 인도를 방문해 클라라가 설립한 병원과 학교를 둘러보기도 했다. 세계 곳곳에서 의료 선교사로 활동한 이 학교의 졸업생들은 해외 선교지 여성들을 모교로 보내 여성 의료인 양성을 돕기도 했다. 제 민족이 제 민족을 돕게 하고, 여성이 여성을 치료하게 하기 위함이었다. 인도의 아난디 조쉬(Anandi Gopal Joshi), 일본의 케이 오카미(岡見京子), 시리아의 타밧 이슬람불리(Tabat

M. Islambooly)가 모두 펜실베이니아여자의과대학에서 공부하고 본국으로 돌아가 첫 여의사가 되었고 여성 의료 개척자로서의 길을 걸었다.[45] 이는 로제타의 꿈이기도 했다. 그의 첫 학생 에스더가 훗날 미국 유학을 마치고 돌아와 첫 한국인 의사가 된 것은 우연히 일어난 일이 아니었다.

로제타가 의료 선교사가 되기로 결심했을 때 처음 마음에 품었던 나라는 중국이었다. 하지만 바로 실행에 옮기지는 못했다. 그러던 중 졸업 후 뉴욕 빈민가 무료 진료소에서 인턴 과정을 밟던 어느 날, 감리교 여성해외선교회에서 발행한 책자를 읽게 되었다. 짧은 연설문 하나가 그의 시선을 붙잡았다. 좌우명처럼 마음에 간직했던 미국 여성교육의 선구자 메리 라이언(Mary Lyon)의 글이었다.[46] "진정 인류를 위해 봉사하려거든, 아무도 가려 하지 않는 곳에서 아무도 하려 하지 않는 일을 하라." 어느 졸업식에서 한 명연설 중 하나였다. 로제타는 의료 선교사로 자원했고, 여의사가 절박하게 필요했던 조선이라는 미지의 나라로 배정받았다. 로제타는 이 짧은 문구를 평생 좌우명으로 간직했다. 조선에서의 생활이 시작된 이후 쓴 일기에도 여러 차례 등장할 만큼 로제타는 힘들 때마다 이 문구를 꺼내들었다.

> '인류를 위해 봉사하려거든 아무도 가지 않으려는 곳에 가서 아무도 하지 않으려는 일을 하라.' 이 말을 꽤 어렸을 적에 읽었고 자주 생각했던 것으로 기억한다. 그리고 이 말은 내가 하기 싫어하는 일들을 기꺼이 하

45 박정희, 『닥터 로제타 홀』, 110-116.

46 메리 라이언은 1837년 미국의 첫 여자대학인 마운트 홀리오크 여자신학교(Mount Holyoke Female Seminary)를 세운 인물로 여성교육의 선구자라는 명성답게 젊은 여성들에게 큰 반향을 불러일으켰다. 당시 미국에는 120개의 대학교가 있었으나 여성을 위한 대학은 전무했다.

게하고, 하고 싶어 하는 많은 일들은 내려놓게 한다. 여의사가 한두 명 더 생기면 나는 다시 '지역을 넘어(region beyond)' 나갈 준비를 해야 한다.[47]

'중심'이 아닌 '변방'을 찾아 나선 인도주의적 행보와 '고통이 있는 곳에 하나님이 계시다'는 종교적 신념은 조선에서도 유감없이 발휘되었다. 조선에서 여성 의료 강습반을 조직해 재능과 소명이 있는 여성들을 미래의 전문 의료인으로 양성하고자 한 것도 보구여관만을 위한 것이 아니었다. 의학을 공부한 의료인으로서 사회적 책임감과 종교적 소명감을 가지고 질병과 사투를 벌이는 조선에 힘을 보태고, 질병의 고통에서 헤어나오지 못하는 인류를 돕고자 하는 박애정신에서 비롯된 활동이었다.

우리에게 찾아오는 고통받는 육체와 병든 영혼을 구원하는 일뿐만 아니라 에스더, 메리, 수잔과 같은 젊은 여성을 훈련시키는 일은 얼마나 영광스러운가! 그들은 심지어 이 세대에 더 나은 방식으로 가르치기 위해서 더 많은 일을 할 것이고, 다음 세대에 미칠 영향력은 계속 확대될 것이다. …… 어린 소녀 시절 나는 졸업생을 위한 메리 라이언의 한 연설을 읽었고, 그 연설의 한 대목이 이후 나의 인생 전체에 영향을 미쳤다. 이 글을 읽는 모든 소녀와 젊은 여성들에게도 영향이 미치길 바란다. '만약 당신이 당신의 민족을 위해 봉사하고 싶다면, 아무도 가지 않는 곳에 가서 아무도 하지 않는 일을 하라.'[48]

---

47 양화진문화원, 『로제타 홀 일기 4』, 78(1892년 10월 17일).

48 Rosetta S. Hall, "Woman's Medical Work, Seoul, Korea", *Chinese Recorder and Missionary Journal*, 1893. 9, 408.

의료 활동에 임하는 그의 태도는 보구여관이 추구해야 할 가치가 무엇인지 예고했고, 초기 의료교육에 그대로 녹아들었다.

## 미국의 '디커니스운동'과 만나다

사람은 경험으로 세상을 본다. 보구여관이 여성 의료 강습반을 운영할 수 있었던 배경에는 로제타가 경험한 개인적 차원의 교육 환경만 있었던 것은 아니다. 졸업 이후 적극적으로 참여한 디커니스운동이 현실 모델이 되었다. '디커니스운동(Deaconess Movement)'은 19세기 중반 미국에서 시작된 여성들의 사회선교운동이었다. '디커니스(deaconess)'는 기독교 탄생 초기에 가정에 안주하지 않고 스스로 종교의 고된 길을 선택한 여성들을 지칭한 이름이었다. 이들은 여성이라는 이유로 공식 사제는 될 수 없었으나, 자신의 안위 대신 공동체를 위해 살았던 평신도 사제에 다름 아니었다. 디커니스운동은 이를 계승한 것이다. 가정 대신 사회를 선택한 소위 '신세대' 여성들이 안전하게 사회로 진출할 수 있도록 디커니스 홈(Deaconess Home)을 설립해 삶의 보금자리와 체계적인 교육 프로그램을 제공했다. 한마디로 디커니스운동은 여성들의 사회 진출과 경제 자립을 돕는 풀뿌리공동체 운동이었다.

19세기 초반까지도 미국 여성들은 결혼 외에 다른 선택지가 없었다. 가정에서 아이를 양육하고 조용히 남편을 내조하는 가정부인으로서의 삶이 사회로부터 보호받을 수 있는 유일한 선택지였다. 심지어는 공적 공간이라 하여 교회에서조차 발언이 금지되었다. 하지만 19세기 중반부터 변화의 바람이 불기 시작했다. 남성들에게만 주어졌던 고등교육의 기회가 차츰 여성들에게로 확장되었다.

새로운 세대는 부모세대와 다른 삶을 꿈꾸기 시작했다. 고등교육을 통해 독립된 자의식을 갖게 되자 가정이 아닌 사회를 위해, 한 남자의 아내가 아닌 한 사회의 일원으로 당당히 서고자 했다. 소위 '전문직' 여성들의 출현이었다. 특히 사회적 실천과 참여를 기독교의 핵심 가치로 배워온 감리교 전통의 여성들은 한 가정을 돌보는 일에 만족하기보다는 사회적 책임의식을 가지고 공공의 가치를 실현하는 삶을 살고자 했다. 이들은 결혼 대신 독신의 삶을 선택했고, 여성들이 함께 생활하는 공동체를 조직해 전문인으로서 더 나은 사회를 만드는 일에 협력하고자 했다. 그 중심에는 가정과 교회라는 작은 울타리를 넘어 더 큰 공동체인 사회와 세계 인류를 위해 봉사하는 삶이야말로 이 시대 여성들에게 새롭게 부여된 신의 소명이라는 여성들의 각성이 있었다. 디커니스 운동은 종교의 사회적 역할과 책임의식을 각성한 여성들이 탄생시킨, 말 그대로 '여성을 위한, 여성에 의한, 여성의 운동'이었다. 이들을 하나로 묶어준 힘은 종교적 영성이었고, 가장 중요한 요소는 성서의 가르침과 기도를 통한 자기성찰이었다.

이는 자연스럽게 조선의 보구여관으로 이어졌다. 보구여관은 질병을 치료하는 의료 기관을 넘어 미래 비전을 함께 키워나가는 생활공동체 개념으로 정착했다. 의료진, 병원 직원, 의료 강습반, 환자 사이에 형성된 강력한 유대감은 우연히 얻어진 것이 아니다. 환자들을 개체화된 의료 대상으로만 인식하거나 공식 업무로만 만나지 않았다. 단순 치료를 넘어 질병을 유발하는 고통의 근원을 살피고 환자의 자생력을 키워 주체적인 삶을 살 수 있도록 전인적이며 사회적인 접근을 시도했다. 인간에 대한 깊은 이해와 고통에 대한 공감이 없으면 불가능한 일이다. 종교적 성찰을 통해 사람됨의 가치를 깨우치고 여성들을 위한 사회안전망을 구축하고자 했던 것은 디커니스운동의 영향이 컸다. 한 사람이 사회 일원으로 건강하게 살아가기 위해서는 육체적 고통으로부터 자유로워져야 함은 물론이요, 공동체로 복귀할 수 있는 사회적 발판과 영혼의 치유가 함께 이루어져야 한다. 로제타는 이를 디커니스 홈에서 경험했고, 이 경험은 그의 의료사역에서 매우 중요한 이정표 역할을 했다. 조선에 도착한 지 3일째 되던 날인 1890년 10월 16일 로제타가 쓴 일기이다.

> 우리는 매일 아침 식사 후 성경 말씀을 두세 장 읽고 이어 함께 기도하는 모임을 가진다. 우리는 '디커니스 홈'에서 하던 것처럼 돌아가면서 기도 모임을 인도하는데, 네 사람뿐이어서 차례가 자주 돌아온다. 오늘 아침에는 내가 인도했다. 요즘 우리는 고린도후서를 읽고 있다. 식사 기도도 교대로 드린다. 오늘은 9명의 환자를 진료했다.[49]

아침기도회에 참석한 이들이 누군지 구체적으로 이름을 밝히지 않았지만, 함께 모여 매일 아침기도회를 갖고 하루 일과를 시작했음을 알 수 있다. 아침기도회는 함께 성서를 읽고 묵상하고 기도하는 순으로 이루어졌다. 참여 인원이 4명인 것으로 보아 메리 스크랜턴, 로드와일러, 벵겔, 로제타 등 여선교사들이 주축이 된 듯하다. 하지만 시간이 흐르면서 보구여관이 안정 궤도에 오르자, 1892년 일요일 오후 모임이 이어졌다. 여기에는 병원 직원뿐 아니라 환자들도 함께 참여해 가치를 공유했다.[50] 처음에는 평균 출석자가 병원 식구 6~7명에 외부인이 10여명 정도였는데, 얼마 지나지 않아 외부인만 20여명으로 늘었

---

49 양화진문화원, 『로제타 홀 일기 2』, 109(1890년 10월 16일).

50 Rosetta S. Hall, "Woman's Work in the Methodist Episcopal Mission in Korea", *Gospel in All Lands*, 1893. 4, 109.

고 많을 경우 60여명까지 모였다. 8월까지 참석자 누계가 1천 300여명에 이르렀다.

이러한 모임은 종교적 동기로 시작되었지만 의료 활동이 갖는 사회적 가치와 공동체의 중요성 그리고 종교적 소명 등을 동시에 각성시켜 구성원들을 하나로 묶어주는 역할을 했다. 로제타의 일기가 그 증거이다. 그는 항상 하루 일과를 기록하기 전, 맨 앞에 자기성찰에 적합한 성서 구절이나 좋을 글귀들을 적어두었다. 예를 들면 1890년 10월 28일 일기에는 "성경에는 없는 말이지만 디킨슨 부인은 '성공하려 하지 말고 성실하려고 하라'는 말을 자주 했다"라고 썼다. 11월 9일 일기에는 "선한 것을 생각하는 자는 선을 행할 수 있고, 신께서도 그가 하는 일을 도우실 것이다. 선한 생각 없이 선한 일은 결코 일어나지 않는다"라고 기록해두었다. 이 글귀들에 담긴 가치나 신념을 구성원들이 함께 공유했을 것임은 짐작하기 어렵지 않다. 1892년 로제타의 보고에 따르면, 첫 해에 보구여관을 찾은 여성들은 평균 9명 가운데 1명꼴로 글을 읽을 수 있었으나, 두 번째 해에는 5명 중 1명꼴로 그 수가 급증했다.[51] 글을 읽을 수 있는 이들이 증가했다는 것은 병원에서 글을 가르치는 역할도 했을 뿐만 아니라 의식 공유의 속도가 그만큼 빨라졌다는 의미이기도 하다.

이화학당과 기숙사, 보구여관, 선교사 숙소가 한 공간에 밀집된 복합(compound) 구조를 고려할 때, 이 장면은 독신 여성들이 함께 공동 생활을 하는 개신교 수도공동체를 연상시킨다. 로제타가 밝히고 있듯이, 공동체가 한 자리에 모여 아침기도회로 하루 일과를 시작하고 정규적

51 Rosetta S. Hall, "Woman's Work in the Methodist Episcopal Mission in Korea", 109.

인 예배 모임을 통해 중간 점검과 종교적 신념을 공유하는 생활 패턴은 미국 뉴욕 디커니스 홈의 생활 방식과 크게 다르지 않은 것이었다. 조선에 오기 전, 로제타는 뉴욕 디커니스 홈 의료진으로 일했다. 그곳에서 간호사 훈련 과정 강사로 활동한 경험이 있었다. 미국을 떠나올 때도 뉴욕 디커니스 홈에서 마지막 밤을 보냈다. 조선에 도착한 후에는 여성해외선교회 본부에 뉴욕 디커니스 홈에서 함께 손발을 맞췄던 엘라 루이스(Ella A. Lewis)를 조선에 파견해달라고 요청했다. 1892년 1월 루이스가 보구여관 '1호' 간호 선교사로 올 수 있었던 이유이다. 로제타가 쓴 1892년 보고서이다.

> 연초에 '뉴욕 디커니스 홈'의 루이스 양이 나의 의료사역을 돕기 위해 이곳으로 파견된다는 것을 알고 무척 고무되었다. 뉴욕에서 내 사역을 도와주었기에 나는 루이스 양을 잘 알고 있었고, 그래서 그가 이곳에 꼭 필요한 사람임을 강하게 확신했다. 루이스 양은 1월 초 서울에 도착했고, 언어 공부를 시작했다.[52]

루이스는 조선에 온 두 번째 서양 간호사이다.[53] 감리교는 하워드를 첫 여의사로 조선에 파견한 지 5년 만에 첫 간호사를 보냈다. 보구여관이 한국 여성 의료의 첫 단추를 꿴 셈이다. 로제타가 조선으로 파견되자 루이스는 바로 조선 선교사로 자원했다. 디커니스 홈에서 의사와

---

52 Rosetta S. Hall, "Woman's Work in the Methodist Episcopal Mission in Korea", 119.

53 조선에 온 첫 서양 간호사는 영국 성공회가 선교사로 파견한 거트루드 히스코트(Gertrude Heathcote)이다. 1891년 10월에 서울에 도착했고, 1892년 3월 1일 정동에서 개원한 장림병원(Hospital of Advent)에서 일을 시작했다. 장림병원은 1895년 성베드로병원으로 발전했다.

간호사로 만나 함께 활동했던 두 사람이 보구여관에서도 손발을 맞춰 의료 체계와 간호의 기틀을 마련했다는 것은 의미가 적지 않다. 이들이 경험한 디커니스운동이 보구여관의 방향을 설정하고 체계를 잡아가는 데 중요한 자양분이 되었음은 물론이다. 로제타는 조선에 온 이후에도 디커니스 홈에서 자신에게 간호교육을 받았던 여학생들과 서신을 교류하며 소식을 나누었다.[54]

종교라고 해서 종교적 역할만 하는 것은 아니다. 동서양을 막론하고 모든 종교는 사회를 떠나 존재할 수 없고, 사회를 위해 봉사해야 할 의무가 있다. 기독교도 예외가 될 수 없다. 특히 감리교는 18세기 산업혁명으로 근대 산업사회의 도래를 알린 영국에서 탄생했고, 출발부터 사회적 책임을 강조하며 '사회화'된 기독교를 선보였다. 당시 영국은 세계 경제 질서를 선도하는 국가로 급부상했지만, 다른 한편에서는 사회적 취약계층의 급격한 증가로 새로운 문제들에 봉착했다. 이때 등장한 것이 감리교운동이었다. 거리로 내몰린 대중들을 직접 찾아 나섰고, 이들을 위한 사회안전망 구축에 팔을 걷어 올렸다. 그리고 그 중심에 여성들의 자발적 참여가 있었다. 이러한 흐름이 미국으로 확장되었고 여성들의 사회 진출을 적극 도왔다. 종교는 여성들이 사회 활동을 할 수 있는 유일한 통로였고, 사회적 존재로서의 삶을 원했던 여성들은 종교 활동을 통해 이를 실현할 수 있었다. 남성 중심의 사회에서 종교공동체는 독립된 삶을 선택한 독신 여성들에게 스스로를 보호하고, 경제적 자립 기반을 마련하고, 사회적 능력을 갖출 수 있는 기본 터전이 되었다.

디커니스운동의 축적된 역량은 조선에 파견된 로제타와 루이스를

---

54 양화진문화원, 『로제타 홀 일기 3』, 41-45(1891년 7월 24일).

통해 보구여관으로 이어졌다. 보구여관에서 시작된 의료 강습반도 디커니스 홈에서 이루어진 간호교육이 중요한 참고서가 되었을 것임은 짐작하기 어렵지 않다. 뉴욕 디커니스 홈과 훈련 센터에서는 선교사나 의료 봉사활동을 원하는 독신 여성들을 위한 장기적인 교육과정을 함께 운영했다. 동시에 디커니스 홈은 전국 조직인 감리교 여성해외선교회와 밀접하게 연계되어 '인재 풀' 기능을 했다. 독신 여성이 안전하게 사회를 돕고 세계 인류를 위해 일할 수 있는 방법은 선교사가 되는 길이 가장 빨랐고, 글로벌 네트워크를 갖춘 감리교 여성해외선교회는 이를 체계적으로 뒷받침할 수 있는 역량과 효율적이고 전문적인 시스템을 갖추고 있었다. 가톨릭 수도공동체와 다른 점이 있었다면 바로 이 지점이다. '종교적 삶'이 의미하는 지향적 가치가 달랐다. 세속적 삶과 거리를 둔 영성 수련을 기본으로 하는 가톨릭 수도공동체와 달리, 감리교의 디커니스운동은 사회적 헌신과 참여를 통해 종교적 책임을 다하고자 하는 삶을 추구했다. 자발적 참여와 평등 공동체를 지향하는 것도 그 특징 중 하나였다. 한마디로 울타리 없는 생활 중심형 공동체였다.

미국에서 뉴욕 디커니스 홈이 그랬듯이, 보구여관도 의료 활동을 통해 질병으로 고통당하는 여성들을 도울 뿐만 아니라 여성들이 사회적 존재로 살아갈 수 있는 길을 열고 사회적 능력을 갖출 수 있는 기회를 제공했다. 특히 같은 공간에서 공동체 생활을 한 이화학당 소녀들은 결혼만을 정답으로 믿어왔던 부모세대와는 다른 세상을 배우고 다른 삶을 꿈꾸었다. 이들에게 스스로 설 수 있는 자립 기반을 마련해주는 것이 이화학당의 중요한 과제였고, 보구여관의 의료 강습반은 그 대안 중 하나였다.

## 조혼, 꿈꾸는 소녀들의 발목을 잡다

지극히 평범한 사람들도 힘을 모으면 세상 그 어떤 영웅보다 더 위대한 일을 해낼 수 있다. 보구여관은 비좁은 공간, 열악한 의료 장비, 턱없이 부족한 의료 인력으로 매일매일 기적을 만들어냈다. 훈련받은 숙련 간호사 하나 없이 수많은 이름의 질병으로부터 조선 여성들을 구하고, 이들의 발목을 잡는 낡은 사회적 관습과 매일 씨름했다. 조선 여성들의 적극적 호응이 없었다면 불가능한 일이었다. 그래서 로제타는 보구여관을 단순한 여성병원이 아닌 "모든 여성들을 위한 병원(Salvation-for-All-Women Hospital)"이라고 소개했다.

로제타는 의료 강습반 학생들을 각별히 아꼈다. 여메리의 경우는 1891년 초에 조직된 첫 의료 강습반 5명에 이름을 올리지 않았지만 로제타가 큰 관심을 보인 소녀였다. 로제타의 첫 학생인 에스더보다 2살이 많았다. 그가 언제 어떻게 의료 강습에 합류했는지 정확히 보고된 기록은 없다. 다만 1891년 2월 3일 로제타 일기에 그의 이름이 처음 등장했고, 그날 일기는 여메리의 결혼식 이야기로 가득 채워졌다. 마치 사진으로 들여다보는 듯 자세히 기록해두었다. 눈에 띄는 것은 로제타가 그의 부모를 소개하며 이례적으로 분노를 드러낸 부분이다.

> 메리는 열일곱 살 된 예쁜 조선 소녀다. 정이 많고 정말 착한 소녀다. 그녀는 나의 병원 문지기 부부의 무남독녀다. 이들 부부는 무지하며 좋은 것이라고는 찾아볼 수 없는 사람들이다. 자기 딸을 열두 살 되던 해에 어느 부자에게 첩으로 팔았다. 그러나 이때 우리가 메리를 우리 학교로 데려왔으며, 그 부자는 시골로 내려가고 없는지라 그녀는 줄곧 이곳에서 지내게 되었다. 메리가 황(현모)씨와 약혼을 하자, 그녀가 부자의 첩이었

다는 소문이 돌았다. 그녀의 아버지는 어쩔 줄 몰라 하면서 그 부자로부터 선물(돈?)을 받았다는 말을 하고 다녔다. 그래서 메리가 그 부자와 산 적이 없음에도 조선인들의 눈에는 첩으로 여겨졌다.

로제타는 결혼을 앞둔 여메리를 보호하기 위해 여러 선교사들이 발 벗고 나섰고, 이로 인해 큰 곤욕을 치른 이야기를 자세히 기록했다. 부모의 잘못된 선택이 그 시작이었다. 로제타가 소개했듯이, 여메리는 12살 때인 1886년 부모에 의해 한 부유한 남성의 첩으로 팔린 것을 메리 스크랜턴이 데려다 양녀로 삼은 소녀였다. 본명은 여순이였다. 그의 부모는 가족이 함께 살면 딸의 생명이 짧아진다는 어느 점쟁이의 말에 메리 스크랜턴에게 양녀로 허락했다. 순이는 2년 후인 1888년 9월 두 여성과 함께 세례를 받았는데, 이때 '메리(Mary)'라는 세례명을 얻었다. 한자식 표기인 메례(袂禮)로 불리기도 했다.[55]

기숙학교로 시작한 초기 이화학당은 언뜻 보면 고아학교인 듯 보였다. 갈 곳 없는 고아나 의지할 곳 없는 소녀들이 첫 학생들이었다. 부모가 있는 경우라도 학생들을 먹이고 입히고 시집까지 보내주기로 부모와 약속하고 데려온 소녀들이 대부분이었다. 여유 있는 집안의 부모들은 '여자에겐 배움이 필요치 않다'는 전통적 사고와 집 안에 꽁꽁 숨겨 키워온 딸을 낯선 외국인에게 함부로 내줄 수 없다는 두 가지 이유로 소녀들을 학교에 보내지 않았다. 이화학당이 1908년까지 20여 년간 졸업식을 따로 갖지 못했던 이유이다. 결혼하는 날이 곧 졸업하는 날이었고, 결혼식이 곧 졸업식이었다. 물론 그렇다고 해서 이화학당에 입학만 하면 학생들이 부모의 간섭을 받지 않고 마음껏 새로운 교육을

55 나머지 두 여성의 세례명은 마르다(Martha)와 살롬(Salome)이었다.

받을 수 있었던 것은 결코 아니다.

조선의 관습인 조혼이 새로운 배움터에서 다른 꿈을 꾸는 이화학당 소녀들의 발목을 잡았다. 여메리가 어린 나이에 첩으로 넘겨지게 된 것도 처음부터 자격 없는 부모를 만났기 때문이라기보다는 가난과 조혼 풍습이 잘못된 선택으로 이끌었기 때문이다. 조선에서 소녀들의 결혼적령기는 13~14세였는데, 제때 혼인하지 않으면 집안의 수치로 여기고 마을에서도 '다 큰' 성인으로 인정해주지 않았다. 아무리 나이가 많아도 철없고 '덜 큰' 미성년자로 간주했다. 조선 사회의 기준으로 보면, 독신으로 조선에 온 여선교사들도 나이에 상관없이 아직 어른이 되지 못한 '덜 큰' 미성년자에 불과했다. 미성년자는 재주가 출중하고 뛰어난 능력을 가졌다 할지라도 사회적 신뢰를 얻지 못했다. 조선에서 결혼은 성인이 되는 관문이었다. 이로 인해 조선의 부모들은 어린 딸들이 십대가 되면 혼기를 놓치게 될까 전전긍긍하며 서둘러 혼인을 시켰고, 그것이 부모의 도리를 다하는 것이라고 믿었다.

여선교사들은 이화학당의 어린 소녀들이 조선의 오랜 관습에 따라 얼굴 한 번 본 적 없는 남성들에게 팔려가듯 일방적으로 '결혼당하는 것'을 두고만 볼 수 없었다. 그리하여 궁여지책으로 생각해낸 것이 기독교로 개종한 '믿을 만한' 남성들을 찾아 인연을 맺어주고 함께 제 민족을 위해 봉사할 수 있도록 길을 열어주는 것이었다. 여메리가 대표적인 예이다. 그의 결혼은 메리 스크랜턴이 세 번째로 주관한 결혼이었고, 그가 혼인한 '황씨(황현모)'는 시병원에서 닥터 스크랜턴을 도와 함께 일했던 약국 직원이었다. 그에겐 봉양할 부모가 생존해 있지 않아 결혼식부터 신혼집을 정하는 일까지 조선의 관습을 따르기보다는 기독교 방식을 가미한 형태로 진행되었다. 덕분에 결혼 후에도 이들 부부는 선교부 공간을 떠나지 않고 일을 지속할 수 있었다. 2년 후 결혼한 에스더도 같은 길을 걸었다.

조혼 문제는 로제타가 의료 강습반을 계획하면서 가장 염려했던 부분이다. 공부를 마치기도 전에 혼인을 하면 수업은 처음부터 다시 시작되어야 했다. 수업을 마친다 해도 얼마 안 있어 혼인을 하면 그간의 모든 노력이 한순간에 물거품이 되었다. 그래서 로제타는 첫 학생이 된 에스더와 오와카에게 처음부터 '훈련받은 사람은 앞으로 3~4년은 결혼할 생각을 하지 말라'고 미리 못 박아두었다. 결혼은 '경력 단절'이 아니라 '경력 소멸'을 의미했기 때문이다.

수백 년을 이어온 관습은 한순간에 바뀌지 않았다. 의료 강습반을 유지하기 위한 선택지는 두 가지뿐이었다. 기독교인과 혼인을 맺게 하여 일의 지속성을 유지하거나 남편의 사망으로 일찍 홀로된 '소녀 과부'를 의료 강습반에 참여시키는 방법이다. 의료 강습반 학생 5명 중 한 명이던 수잔이 후자의 경우였다.

> 의료 조력자로 훈련시킨 15세 미만의 조선인 소녀 두 사람을 잃었다. 다름 아닌 조혼 풍습 때문이었다. 그래서 루이스 양을 통해 진료소 사역을 훈련받으며 어린이 병실을 맡아줄 젊은 과부를 한동안 수소문했고, 마침내 필요한 사람을 확보했다. 처음 만났을 때 그는 한글을 읽거나 쓰지 못했지만 여학교(이화학당)에서 몇 달 만에 두 가지를 다 배웠다. 그는 기독교인으로 세례명은 '수잔'이다. 자신이 하는 사역이 세상에서 가장 위대한 일이라는 사실을 알고 난 후 그의 표정은 밝아졌다. 나는 일전에 그가 큰 종기에 드레싱하는 것을 지켜본 적이 있는데 그는 외과 의사처럼 해냈다.[56]

---

56 Rosetta S. Hall, "Woman's Medical Work, Seoul, Korea", 404.

소녀 2명을 조혼으로 잃은 로제타는 어린이 환자를 맡아줄 소녀 과부를 영입했다. 그가 수잔이었다. 그는 이화학당에서 공부한 지 수개월 만에 읽고 쓰기를 모두 배웠고, 서양 외과 의사처럼 숙련된 솜씨로 붕대를 감을 만큼 유능한 의료 조력자가 되었다.

조혼은 조선의 소녀들에게 큰 고통거리였다. 배움의 기회도 갖지 못하게 했을 뿐더러 남편이 일찍 사망하는 경우 당장 생계가 막막했다. 일찍이 소녀 과부가 되어도 다시 부모의 집으로 돌아가지 못했기 때문이다. 이는 그 자체로 집안의 수치였기에 평생 '청상과부'라는 이름표를 달고 손바느질로 연명하며 홀로 아이를 키워야 했다. 홀로 된 여성들을 위한 사회안전망은 물론이고 법적·제도적 보호 장치도 전무했다. 문맹인 상태에서 모든 지식과 정보로부터 차단되고 경제 활동도 허용되지 않았다. 심지어 납치를 당해도 법으로 처벌할 수 있는 시스템이 없었다. 오히려 '보쌈'이라는 이름으로 마치 오랜 관습인 양 사회 전체가 묵인했다. 이처럼 가부장제 사회에서 가부장을 잃은 여성은 주인 잃은 강아지 취급도 받지 못했다. 온갖 조롱과 모함의 대상이 되었다. 남편의 도덕적 타락을 염려한 이웃집 아낙들로부터도 이유 없는 견제와 근거 없는 경계를 당하기 일쑤였다. 철저히 사회와 고립된 상태에서 모든 위험에 노출되었다.

보구여관은 소녀 과부들을 조선의 첫 '신식 여성', 즉 '신여성'으로 탈바꿈시켰다. 조선 사회에 소개되기 시작한 서양 의술을 가르쳐 이들의 생계를 돕고, 사회의 전문 인력으로 키워내는 전혀 새로운 역할을 수행했다. 한마디로 조선에서 신여성의 탄생은 보구여관 의료 분야에서 처음 시작되었다고 해도 과언이 아니다.

처음에는 소녀들이 병원 광경에 겁을 많이 먹지만 아주 용감하고 유익하게 성장해서 어떤 면에서도 나를 좀처럼 실망시키지 않는다. 당신들이 우리 수술실을 잠깐이라도 들여다볼 수 있었으면 좋았을 것이다. 얼마 전 우리는 유방암 수술을 진행했다. 루이스가 스펀지로 피를 닦고 도구로 도왔다. 나의 첫 조선인 조력자 에스더에게 마취제 투여를 훈련시켰다. 루시는 어떤 식으로든 필요한 일을 도왔다. 그때 메리가 아파서 우리는 수잔을 호출해 그에게 스펀지에서 피를 세척해 루이스에게 건네주도록 했다. 수잔은 이런 일을 처음 경험했기 때문에 바로 밖으로 나가 아침 먹은 것을 토했지만 다시 돌아왔고 수술이 끝날 때까지 용감하게 도왔다.[57]

1892년 합류한 루이스가 보구여관을 새로운 분위기로 이끌었다. 진료와 의료 강습은 물론 잡무까지 동시에 수행하느라 진땀을 뺐던 로제타는 루이스가 일을 분담하면서 한 단계 높은 수준의 수업을 진행할 수 있었다. 일의 효율성이 높아지니 에스더, 루시, 메리, 수잔 등 조선 소녀들의 수련 생활도 빠르게 자리를 잡아가고 실력도 일취월장했다.

나는 여학교(이화학당)의 최상급반 학생들과 함께 생리학 수업을 계속해왔으며 이들은 아주 공부를 잘했다. 많은 학생들의 필기시험 답안지는 본국에 있는 학생들의 답안지와 비교해도 손색이 없을 정도이다. 최대한 빨리 초급 생리학을 한글로 번역하는 것이 나의 희망이다. 그러면 이 소녀들 가운데 하나가 학교에서 더 어린 학생들을 잘 가르칠 수 있을 것이다. 올해 나는 2명의 조력자에게 기초 약물학(materia medica)과 치료법

57 Rosetta S. Hall, "Woman's Medical Work, Seoul, Korea", 404-405.

(therapeutics)도 가르치기 시작했다. 이들은 이미 실제적인 방식으로 이에 대해 상당히 많이 이해하고 있으므로 이론과 실기를 함께 전달하는 것이 어렵지 않다. 이들은 이제 진료소에서 나를 크게 도와주고 있다. 나는 이들의 도움으로 더 적은 시간에 훨씬 더 많은 일을 할 수 있는데, 이들이 없었다면 불가능했을 것이다. 이들은 사역과 공부를 즐긴다. 이들을 가르치는 것이 즐겁다.[58]

루이스가 조선에 오기 전인 1891년 9월, 약물학과 치료학 수업 준비는 상당량 완성되었다. 그리고 그해 11월 말, 로제타는 격주로 생리학과 약물학 수업을 진행했다. 생리학 수업은 학생들이 눈으로 볼 수 있는 신체 외부부터 가르쳤다. 피부와 모발, 손톱, 발톱, 피지선, 땀샘 등 피부 부속물, 그리고 피부의 변화를 먼저 가르치고, 12월 중순부터는 근육과 뼈와 관절 그리고 개별 뼈에 관해 가르치기 시작했다. 미국에서 가져온 인체 모형으로는 충분치 않아, 남산 근처에서 발견한 뼈들을 병원 직원을 통해 수거해오기도 했다. 이는 수업을 위해 꼭 필요한 일이었지만 동료의 반대에 직면하기도 했다. 3년 먼저 조선에 온 로드와일러는 영아소동을 경험했기에, 뼈를 혐오스럽게 생각하는 조선인들의 분노를 사 공동체 전체가 위험에 빠질 것이라며 극구 반대했다. 그는 영아소동의 공포에서 벗어나지 못하고 있었다. 결국 로제타는 여러 동료 선교사들의 의견을 구하며 이 문제를 해결했다. 의료 분야를 잘 이해하지 못하는 동료 선교사에 답답함을 느낀 로제타는 루이스가 조선에 빨리 합류할 수 있기를 간절히 바라며, 간호는 물론이려니와 과목을

58 Rosetta S. Hall, "Woman's Work in the Methodist Episcopal Mission in Korea", 110.

분담해서 가르칠 계획을 세웠다. 루이스가 도착한 해인 1892년 말쯤엔 생리학 수업에서 혈액순환까지 진도를 마칠 수 있었다.

간호사 루이스의 합류는 시너지 효과를 냈고 열매는 고스란히 환자들의 몫으로 돌아갔다. 왕진 요청이 증가했고, 진료소를 직접 찾는 환자의 수도 빠르게 늘었다. 루이스가 합류한 해인 1892년 진료소를 찾은 환자는 4천여 명에 이르렀다. 1천 400여 명이 초진이었다. 왕진은 140회를 기록했고, 입원 환자는 50여 명으로 입원 기간은 평균 10일 정도였다. 총 치료 환자 수가 1년 사이 500명 정도 늘었다. 1893년부터 로제타는 진료 시작 시간을 오전 10시에서 오후 2시로 변경했다. 주로 오후에 병원을 찾는 조선 여성들을 배려한 조처였다. 덕분에 오전은 공부하는 시간으로 사용할 수 있었고 점심도 제때 먹을 수 있게 되었다(그전까지는 인력이 없어 식사할 틈조차 내지 못했다). 공간도 확장했다. 세 곳의 병동을 추가로 확보하고 그중 하나를 어린이 병동으로 삼았다. 새 수술실 건축도 시작했다.

환자들이 빠르게 증가한 요인에는 루이스와 여메리의 협업도 한몫했다. 루이스가 조선에 도착했을 때 여메리는 이미 소녀 과부였다. 시병원에서 약국 일을 돕다가 그의 남편이 된 '황씨'는 결혼 후 바로 미국 유학을 떠났다. 스크랜턴이 안식년으로 귀국하는 길에 함께 동행한 것으로 추정된다. 하지만 3개월 만에 그곳에서 병사했다는 소식이 전해졌다. 결혼한 지 불과 몇 개월 만에 여메리는 17세 소녀 과부가 되어 보구여관으로 다시 돌아왔고, 사라가 해왔던 일을 이어받아 루이스와 손발을 맞추었다. 덕분에 보구여관은 전도부인과 간호사 역할을 동시에 수행할 수 있는 젊고 유능한 인재를 직원으로 확보하게 되었다. 1893년 로제타의 보고이다.

> 너무 나이가 많아서 새로운 외국 방식을 배우기엔 어려움이 있었던 사라(봉순 오마니) 대신, 이미 결혼한 우리 학생 중 하나인 황메리(여메리)가 우리의 일을 원활하게 해주고 있다.[59]

로제타는 *Chinese Recorder and Missionary Journal*(1893)에 실린 다른 보고서에서도 여메리의 역할을 비중 있게 소개했다.

> 메리는 아픈 자매들을 대상으로 하는 이 사역을 신의 소명으로 여겼고 사랑스러운 전도부인이 되었다. 루이스와 메리는 대기실에서 환자들과 함께 예배를 드리며 기독교에 대한 관심을 불러일으키고 있다.[60]

초기에는 기독교로 개종한 조선 여성들이 서양 선교사들의 결혼 풍습을 따라 혼인 후 남편 성을 사용했다. 황메리로 성을 바꾸어 돌아온 여메리는 신임 수간호사 겸 전도부인이 되어 루이스와 함께 로제타의 진료와 수술을 돕는 한편, 틈틈이 대기실을 찾아 외래 환자들과 입원 환자들을 위로하고 필요한 정보를 제공했다. 특히 마음이 약해진 환자들에게 용기를 주고 이들이 기독교의 가르침을 통해 마음의 평화와 안정을 얻도록 도왔다. 여기서 '전도부인'은 선교사를 돕는 평신도 여성 사역자들을 부르는 말로, 여성들에게 성경을 소개하고 가르친다 하여 영어로는 'Bible Woman'이라고 불렀다. 이는 디커니스를 떠올리게 하는데, 오늘날 병원 채플린(chaplain, 원목)과도 같은 역할이었다. 자신의 생계조차 이어가기 어려운 처지의 소녀 과부들이 '신기한' 서양 의술을

---

59 Rosetta S. Hall, "Woman's Needs and Woman's Works", *The Medical Missionary Record* Vol. 8, 1893, 111.

60 Rosetta S. Hall, "Woman's Medical Work, Seoul, Korea", 404.

배워 숙련된 솜씨로 서양 의료진들과 손발을 맞추고, 타인을 돕는 일에 용기 있게 헌신하는 모습은 누구도 상상하지 못했던 변화였다.

## 상처 많은 조선 여성들, 아픔을 딛고 일어서다

몸의 상처와 질병은 육체의 고통으로 끝나지 않는다. 아니, 출발 자체가 사회적 환경과 밀접하게 연관되어 있다. 보구여관을 찾아온 환자들도 예외는 아니었다. 특히 조선 여성들은 억압적 관습이나 사회적 편견에 의해 이중, 삼중의 고통을 겪는 경우가 많았다. 늘 가정에 갇혀 생활하다보니 폐쇄된 공간에서 적절한 도움을 받지 못해 상황이 악화된 경우도 허다했다. 검증된 정보를 접할 수 있는 사회적 공간이나 공적 채널은 전무했고, 가정에서 소문으로 접하는 정보는 왜곡되기 일쑤였다. 왜곡된 정보는 치명적인 결과로 이어졌다. 전혀 검증되지 않은 비과학적 행태들이 '민간요법'으로 은밀히 통용되는 경우가 많았다. 드러내기 어려운 부인병 질환들은 대책이 없었다.

이런 사회적 환경에서 '여성들을 위한 병원'이라는 타이틀을 내건 보구여관의 탄생은 그야말로 하늘이 준 선물이나 다름없었다. 하지만 보구여관이 처음부터 대중들의 무한한 신뢰를 받았던 것은 아니다. 여성 의료시대를 선언했으나 서양인에 대한 불신이 치료를 가로막았다. 조선 대중들은 처음 접한 서양 의술을 신기해하며 서양 의약품은 신뢰했으나, 서양인 의사를 믿지 못했다. 특히 보구여관에 파견된 의사는 온갖 질병을 다 경험해보았을 법한 나이 지긋한 의사가 아니라 아직 결혼도 하지 않아 어른이 되지 못한, 말 그대로 '애송이' 젊은 처자가 아니던가. 처음부터 보구여관을 지켜보았던 로드와일러는 초기의 어려움을 이렇게 전했다.

> 종종 사람들은 약을 의사가 직접 먹어보라고 주문하기도 했는데, 이는 의사가 자신들을 독살시키려 하는 것이 아님을 확인하기 위해서였다.[61]

보구여관에 대한 신뢰가 싹트기 시작한 계기는 우연히 찾아온 화상 환자를 치료하면서이다. 로제타가 진료를 시작한 지 한 달쯤 되었을 때 혼기가 찬 한 16세 소녀가 지방에서 소문을 듣고 병원을 찾았다.[62] 그의 손은 4년 전 화상으로 손가락 세 개가 손바닥에 엉겨 붙어 있었다. 이 때문에 결혼하지 못했고, 가족들은 이를 부끄럽게 여겼다. 로제타는 손가락을 손바닥에서 분리시키고 환자의 팔에서 피부조직을 떼어 피부가 없는 부분을 덮는 자가이식수술을 시도하고자 했다. 긴 시간이 걸리고 지루한 수술이었다. 하지만 조선에서 피부이식은 안 될 말이었다. 아니, 상상조차 할 수 없는 일이었다. 통역을 통해 반복해서 설명해도 환자는 이해하지 못했고 받아들이려 하지 않았다. 피부조직을 떼어낸다는 말에 겁부터 냈다. 로제타는 자신의 피부조직을 직접 떼어 소녀에게 이식했다. 이화학당의 말썽꾸러기 '봉업이'가 이 모습에 감동해 자신의 피부조직을 기증했다. 로드와일러와 벵겔도 동참했다. 그제야 환자 소녀도, 그의 오빠도 두려움을 떨치고 자신의 피부를 내놓았다. 소녀의 어머니는 감사 편지를 혈서로 보냈다.

만남은 서로 배워 더 큰 세계로 나아가게 만든다. 대학교육을 받은 서양 의사가 처음 보는 조선 소녀에게 피부를 이식한 일은 서열과 반

61 Louisa C. Rothweiler, "Our Work in Korea", *Korean Mission Field*, 1909, 10.
62 양화진문화원, 『로제타 홀 일기 2』, 140(1890년 11월 11일).

상의 차별이 당연시되었던 조선에선 일대 '사건'이었다. 피부이식수술 이야기는 미담이 되어 빠르게 퍼져나갔고, 소식을 전해 들은 이들은 '정'을 넘어서는 '이타심'에 크게 감동했다. 의구심을 버리지 못한 사람들도 차츰 마음을 열고 보구여관을 찾았다. 로제타도 '사랑이야말로 누구와도 소통할 수 있는 유일한 보편언어'라는 확신을 갖게 되었고, 조선 민중들과의 심리적 거리도 크게 좁힐 수 있었다.

서양 의술로 조선 여성들의 보이지 않는 고통을 덜어준 또 하나의 사례는 당시 '언청이 수술'로 불렸던 구순구개열 수술이었다. 로제타는 처음 6개월 동안 네 차례의 수술을 했다. 이는 질병이 아니기에 살아가는 데는 아무 지장이 없었지만 상대방의 얼굴을 확인하지 않고 결혼하는 조선 풍습 때문에 결혼 후에 남편에게 버림받는 여성들이 많았다. 로제타는 수술 후 서로 다른 선택을 한 두 여성을 흥미로운 사례로 보고했다.

이들은 남편이 자신의 얼굴을 외면하고 함께 살기 싫어한다며 수술을 간절히 원했다. 첫 번째 여성은 17세 소녀였는데, 수술 후 회복되어 돌아가니 남편이 반겨 행복하게 지낸다는 소식이 들려왔다. 두 번째 여성은 다른 선택을 했다. 수술 후 회복되니 그의 남편도 아내가 돌아오기를 간절히 원했다. 하지만 그는 남편에게 돌아가지 않았다. 그의 대답은 분명했다. "내가 언청이였을 때 남편이 함께 살기를 원하지 않았기 때문에 이제는 내가 그 사람과 함께 살고 싶지 않아요." 그는 남편이 아닌 자신의 일을 찾아 궁으로 들어갔다. 로제타는 남편에게 통쾌하게 '한 방'을 날린 여성을 내심 응원했다. 동시에 대비되는 두 사례를 통해 남성들의 자기중심적 사고가 여성들의 고통을 가중시키고 있음을 에둘러 꼬집었다.

만약 그리 자주 슬프지만 않다면, 이렇게 얼굴을 보지 않고 아내를 얻는 남자들이 얼마나 자주 낭패를 당하는지 보는 것은 오히려 재미있다. 그러나 나는 여자들도 남편에게 자주 실망했을 것이라고 생각한다. 어떤 환자는 나에게 우물에 빠져 죽으려고 투신한 전력을 알려주었는데, 그녀는 남편을 사랑하지 않았기 때문이다.[63]

이러한 보고는 흥미로운 사례를 넘어 보구여관의 의료진과 직원들이 환자로 만나는 조선 여성들의 고통을 깊이 이해하고 교감했음을 보여준다. 물론 보구여관은 제발로 병원을 찾아오는 환자들만 만나고 교류했던 것은 아니다. 왕진을 청하는 경우도 많았다. 그때마다 신분의 고하를 막론하고 누구나 찾아갔다. 병원에 찾아오는 환자들의 경우는 질병만 볼 수 있지만, 왕진은 환자들의 생활 환경까지 살필 수 있다. 생활 환경에 대한 정보와 지식은 환자를 이해하고 발병 원인을 찾는 데 결정적인 도움을 준다. 무엇보다 질병은 환경과 밀접한 관련이 있는 경우가 많아 예방과 사후 처방에 있어 환자들에게 실질적이고 시의적절한 도움을 줄 수 있다. 청결한 환경을 유지하도록 돕고 개별 위생교육까지 할 수 있다. 나아가 병원에만 머무르면 알 수 없는 조선 사회의 감춰진 부분도 체험할 수 있어 조선 여성들의 삶의 자리를 더 깊이 이해할 수 있는 기회가 되었다. *Missionary Review of the World*(1892. 1.)에 실린 로제타의 글이다.

왕진은 많은 경우에 양반계층 여성들에게 갔는데, '주사'의 딸부터 죽은 영의정의 어머니까지 방문했다. 그러나 다른 환자들은 가장 비참하고 가

63 Rosetta S. Hall, "Woman's Medical Work, Seoul, Korea", 405.

난한 하층민이었다. 나는 돌아가신 대왕대비의 질녀를 방문했는데, 그녀는 서양식 전등이 여기저기 세워져 있고 몇 개의 대궐 마당이 있는 큰 석조건물에 살고 있었다. …… 환자의 속옷은 흰 비단으로 만들어졌다. 가벼운 솜털을 넣은 비단 이불을 덮고 부드러운 요 위에 아름답게 수놓은 베개를 베고 윤이 반들반들 나는 온돌방에서 가장 따뜻한 곳에 누워 있었다. 그날 오후 나는 최하층 짐꾼에 속하는 가난하고 병든 여성을 방문했는데, 5자×8자 크기의 작은 방은 천장이 너무 낮아서 똑바로 설 수가 없었다. 작은 창문 하나는 기름종이로 발라져 있었고, 환자는 작은 요 위에서 거친 무명 이불을 덮고 있었다. 치료하면서 만나는 이런 비참한 많은 환자들의 삶의 여정은 충격적이고 가슴을 아프게 한다.[64]

질병은 신분을 가리지 않고 찾아오지만, 이에 노출되는 환경은 하늘과 땅 차이였다. 철저한 신분제 사회였던 만큼 빈부격차는 말할 것도 없고 치료에 직접적인 영향을 미치는 사회적 환경의 간극은 너무나 컸다. 빈곤과 질병으로 이중고를 겪는 여성들의 비참한 삶을 마주할 때마다 보구여관의 존재 이유는 너무나 명확해졌다.

보구여관 의료진과 직원들이 함께 분노했던 사건도 있었다. 1891년 11월 조선에서 맞은 두 번째 추수감사절, 로제타는 조선 여성들을 식사에 초대했다. 이화학당 교사 이경숙과 사라, 그리고 그의 환자인 "비운의 과부" 김씨였다. 감옥에 갇힌 김씨 부인을 빼내오기 위해 조선어 선생까지 동원해 편지를 보냈다. 그러나 김씨 부인은 초대된 식탁에 끝내 오지 못했다. 그는 종살이하던 조카에게 주인으로부터 도망쳐 결

64 Rosetta Sherwood, "Medical Work for Women in Korea", *Missionary Review of the World*, 1892. 1, 58.

혼하라고 부추긴 죄목으로 한성감옥에서 옥살이를 하던 여성이었다. 그해 12월 5일 로제타의 일기에 따르면, 김씨 부인은 20여 명의 남자 죄수들 틈에 끼어 있었던 유일한 여성으로 집단성폭행을 당해 말 그대로 "거의 죽은 상태의 영혼"으로 병원에 왔다. 그나마도 감옥, 정부, 여러 명의 관계자들을 찾아다니며 백방으로 노력한 끝에 얻어낸 성과였다.

당시 조선에서 남편이 없는 여성은 어떠한 사회적 보호도 받지 못했다. 로제타는 수차례 감옥을 오가며 치료하다가 3주 만에 그를 간신히 병원으로 빼내왔지만 결국 학대후유증을 이겨내지 못했다. 로제타는 그 잔인함에 치를 떨며 "짐승만도 못한 그 인간들을 생각하면 내 모든 영혼이 거꾸로 일어서는 듯하다"고 기록해놓았다. 로제타는 김씨 부인의 사연을 소개한 12월 5일 일기를 여성 인권의 불모지나 다름없었던 조선의 현실에 가장 분노했던 슬픈 날이라고 기록하며, 맨 끝에 조지 맥도널드의 명언을 적어놓았다. "형제를 지켜야 하는 것은 영원히 존속되어야 할 법도이나 늘 사람이 어기는 법이다. 자매는 더욱 분명히 지켜야 한다. 이 안에는 모든 문명과 국가 그리고 개인의 성장이 연관되어 있다." 보구여관의 의료진과 직원들은 여성들이 처한 말도 안 되는 현실에 때로는 분노하고 때로는 깊은 연민을 느끼며 조선 여성들과 하나가 되어갔다.

물론 보구여관은 여성들을 위한 공간이었지만 여성들만을 위한 공간은 아니었다. 환자를 만나는 데 남녀, 신분, 빈부, 종교의 경계를 두지 않았다. 어린이는 물론이고 어머니 손에 이끌려 병원에 오는 가족들도 종종 있었다. 조선 가정에서 가족의 건강은 여성들의 몫이었기에, 오늘날 가정의학과와 같은 역할을 겸하지 않을 수 없었다. 병원에 오기 어려운 가족이나 친지의 경우에는 여성들의 왕진 요청이 있어 의료진이 직접 환자를 방문해 치료했다. 소문을 듣고 타종교인들이 보구여관을 찾는 경우도 적지 않았다. 1893년의 경우, 환자 중 한 달 평균 6명 정도는 천주교 신자였다. 비밀리에 왕진하여 불교 승려를 치료해주기도 했다. 조선은 억불숭유 정책의 일환으로 승려가 한양 도성에 들어오는 것을 금했으며, 이를 어길 경우 사형에 처했다. 이에 관한 로제타의 기록이다.

> 불교를 금하고 있는 현 정권은 서울에서 발견되는 불교 승려들을 사형에 처하고 있다. 나는 승려를 두 번 방문하여 최선을 다해 치료해주었다.[65]

환자 치료에 있어 절망감을 맛보기도 했다. 소독되지 않은 침이나 빨갛게 달군 인두를 막무가내로 사용해 온몸에 흉터와 고름을 안고 마지막 단계로 병원을 찾아오는 환자들이 적지 않았다. 이런 경우는 대부분 신체 일부를 절단해야 하는 지경에 이르거나 사망에까지 이어졌다. 그럼에도 불구하고 조선인들은 도움을 받으면 그냥 지나치는 법이 없었다. 반드시 보답했다. 이는 로제타가 뉴욕 자선병원에서 경험한 것과 크게 다른 것이었다. 로제타가 쓴 1893년 보고서이다.

> 우리(보구여관)는 모든 사람에게 의료 봉사를 하는 것이 정책이다. 돈을 낼 수 있으면 약값만 지불하게 한다. 그러나 …… 가장 가난하게 보이는 환자라도 약값을 물어보지 않거나 돈을 내지 않아도 된다고 기대하는 경우는 극히 드물었다. 일부 환자는 돈을 낼 수 없을 만큼 가난한 것을 알기에 약을 선물로 주려고 애써 강권해야 한다. 입원 환자의 거의 절반이 자

65 양화진문화원, 『로제타 홀 일기 2』, 197(1891년 3월 7일).

비로 치료를 받는다. 나는 뉴욕과 이곳에서 만나는 환자들 사이에 차이점이 있음을 알아차렸다. 그곳에서는 돈을 지불하지 않는 것이 원칙처럼 당연시되었다.[66]

## 동대문에 볼드윈진료소를 분원으로 개원하다

로제타가 일한 지 3년째 되던 1893년, 보구여관은 중대한 변화를 맞았다. 그해 봄 3월 15일 동대문 볼드윈진료소(Baldwin dispensary, 동대문진료소)를 분원으로 개원한 것이다. 보름 뒤인 30일엔 닥터 메리 커틀러(Mary M. Cutler)가 '3호' 의사로 조선에 합류했다. 커틀러는 미시건 대학교 의과대학을 졸업하고, 디트로이트 여성병원의 야간 수간호사와 미시건대학교 대학병원 병동 담당 의사로 근무한 경험이 있었다. 로제타와는 동갑내기로 이후 조선에서 40년을 동고동락했다. 커틀러는 의사이면서 수간호사로 직접 활동한 경험이 있어 두 가지 역할 수행이 모두 가능했다. 당시 의료 강습반에 탄력이 붙어 보구여관에서 간호학교 설립을 구체적으로 구상할 수 있는 기반이 마

메리 커틀러(Mary M. Cutler)

66 Rosetta S. Hall, "Woman's Work in the Methodist Episcopal Mission in Korea", 110.

련되었다.

커틀러가 조선에 왔을 때 로제타는 결혼한 상태였다. 당시 미혼의 여선교사들은 5년간 결혼하지 않겠다는 서약서를 썼고 로제타도 예외는 아니었다. 하지만 메리 스크랜턴의 도움으로 연인이었던 윌리엄 홀(William James Hall)이 1년 만인 1891년 겨울 조선 선교사로 합류했고 이듬해 결혼했다. 의사였던 윌리엄 홀은 로제타가 뉴욕 디커니스 홈에 입주하여 빈민 진료소에서 일할 때 그곳 책임자였다. 로제타는 결혼으로 인해 소속이 여성해외선교회에서 미감리교 선교회로 옮겨졌으나 일은 그대로 이어져 보구여관 의사로 계속 활동했다. 남편이 된 윌리엄 홀은 서울과 평양을 오갔다. 감리교가 평양을 새로운 거점으로 계획하면서 그 기초 작업을 위한 역할이 그에게 주어졌다. 평양은 외국인 거주가 아직 허락되지 않은 곳이었지만 전망이 밝은 곳이었다. 로제타는 보구여관을 맡아줄 후임자가 파견되면 곧장 윌리엄 홀과 평양으로 지역을 옮겨 여성병원을 새로 시작할 계획을 세웠다. 보구여관의 기틀을 다진 경험이 축적되었기에 그에겐 그리 어려운 일이 아니었다.

동대문에 개원한 볼드윈진료소는 미국여성해외선교회가 설립한 예배당 이름을 그대로 따랐다. '볼드윈(Baldwin)'은 건축 기금을 기부한 여성의 이름이었다. 동대문은 갖바치나 백정과 같은 천민 계급에 속한 이들이 주로 모여 사는 곳이었다. 외국 공관이 늘어선 잘 정돈된 정동과 달리 가난한 이들이 많아 병원이 꼭 필요한 지역이었다. 하지만 동대문진료소가 의료 기관으로 제자리를 잡기까지는 적지 않은 시간이 필요했다. 그해 여름에 열린 감리교 연회(Annual Conference)에서 로제타에게 평양 의료 사업의 개척 임무가 주어졌고, 보구여관은 커틀러가 전담하게 되었다. 겨우 언어를 배우기 시작한 커틀러가 보구여관과 동대문진료소를 모두 맡는다는 것은 물리적으로 불가능했다. 로제타는 그해 6월부터 맥길이 책임을 맡은 남대문진료소에 나가 에스더의 도움을 받으며 여성 진료를 시작했다. 9월 중순까지 일주일에 3일은 보구여관, 2일은 남대문진료소에서 일했고, 동대문진료소에서의 진료도 계속 이어갔다.[67] 로제타가 보구여관에서 3년간 치료한 환자는 1만 4천 명이 넘었다.[68] 이듬해에는 1천 500건이, 세 번째 해에는 2천여 건이 늘었다. 로제타는 출산 준비와 평양에서의 사역 준비로 병원 일을 잠시 중단했다가 출산 이듬해에 동대문진료소와 남대문진료소 활동을 재개하는 열정을 보였다. 그의 활동은 그해 5월 평양으로 옮겨가기 전까지 계속되었다.

> 올해 나는 두 개의 진료소를, 하나는 서울 동대문에 다른 하나는 남대문 근처에 새로이 시작했다. 동대문에 있는 진료소는 볼드윈진료소라고 알려져 있는데, 조선의 여성사역을 위해 맨 먼저 공헌한 분을 기리기 위해 그렇게 이름 지은 것이다. 때가 되면 이곳이 서울 동부 지역을 위한 큰 축복의 장소임을 보게 될 것이다. 하지만 이곳은 병원(보구여관)으로부터 도시를 가로질러 3마일이나 떨어진 곳에 있어서 상주 의사와 교사가 1명씩 필요하다. 나는 조선 가마를 타고 그곳에 간다. …… 3마일 가는 데 한 시간이 걸린다.[69]

로제타에 이어 보구여관의 3대 책임자가 된 커틀러는 1893년부터 1912년 평양으로 임지를 옮길 때까지 거의 20년을 일했다. 이는 그가 조선에서 보낸 시간 중 절반에 이르며, 로제타가 일했던 3년보다 6배

---

67 양화진문화원, 『로제타 홀 일기 4』, 127(1893년 6월 27일).

68 양화진문화원, 『로제타 홀 일기 4』, 141(1893년 9월 19일).

69 Rosetta S. Hall, "Woman's Medical Work, Seoul, Korea", 167-170.

동대문 볼드윈진료소(Baldwin dispensary)

이상의 시간을 보구여관에서 보낸 셈이다. 요양이 필요했을 때나 병이 난 로제타를 돌보기 위해 잠시 자리를 비운 경우를 제외하고는 보구여관의 역사와 함께했다.

여성 의료사역이 서울에서 평양으로 확장되면서 의료 인력도 분산되었다. 루이스는 보구여관에 남아 1899년까지 커틀러를 도왔고,[70] 의료 수업을 받은 '1호' 학생 에스더는 로제타와 함께했다. 커틀러가 조선에 온 지 두 달쯤 된 1893년 5월 24일, 에스더는 선교사들의 주선으로 윌리엄 홀의 사역을 돕던 박여선과 결혼했다. 에스더도 남편 성을 따라 박에스더가 되었다. 여메리의 남편처럼 박여선도 봉양해야 할 부모가 생존해 있지 않아, 조선 관습에 매이지 않고 로제타와 윌리엄 홀의

70 그 이후부터 루이스는 전도사역에 투입되었다.

사역에 함께할 수 있었다. 이듬해인 1894년 5월 로제타 부부가 평양에 입성할 때도 이들은 박에스더 부부와 동행했다.

동대문 볼드윈진료소가 다시 문을 열게 된 것은 1897년 12월 9일이다.[71] 11월 10일 닥터 릴리언 해리스(Lillian A. Harris)가 '4호' 의사로 합류한 지 한 달 만이다. 이때 미국으로 잠시 돌아갔던 로제타도 함께 귀환했다. 보구여관 책임을 맡아 고군분투한 커틀러는 2명의 의사가 동반 합류하자 크게 힘을 얻었다. 여성 의료 활동도 새로운 차원으로 발전할 수 있는 계기가 마련되었다. 로제타, 커틀러, 해리스는 동갑내기였고, 해리스는 로제타처럼 디커니스 홈에서 생활한 경험이 있었다. 그는 일찍부터 의사가 될 결심으로 미국 코네티컷 주의 웨슬리언대학교와 오하이오 주의 신시내티여자의과대학에서 공부한 후 신시내티 디커니스 홈에서 추가로 공부했다. 이후 필라델피아여자의과대학을 졸업하고 의사가 되었다. 조선에서는 4년간 거의 닫혀 있었던 동대문 볼드윈진료소를 다시 개원하는 것으로 일을 시작했다. 이듬해인 1898년 8월 5일까지는 주 1일, 이후부터는 주 5일 진료했다. 기혼자였던 박애니가 의료 조력자요, 전도부인이요, 통역자로 그를 도왔다.

특히 1897~1898년은 보구여관뿐만 아니라 조선에 파견된 서양 여의사들이 집중적으로 증원된 시기였다. 앨리스 피쉬(Alice Fish), 매티 잉골드(Mattie B. Ingold), 에바 필드(Dr. Eva H. Field), 시릴 로스(Cyril Ross)가 장로교 선교를 위해 파견된 의사들이었고, 감리교 여성해외선교회에서도 해리스 외에 로제타를 다시 조선에 파견했다. 덕분에 1898년으로 넘어가는 겨울, 서울에 있던 여의사만 8명에 이르렀다. 이후 이

71 *The Korean Work of the Woman's Foreign Missionary Society of the Methodist Episcopal Church, 1897-1898*, 1898, 34.

들은 전국 각지로 흩어져 일하게 되었는데, 훗날 로제타는 함께 있을 때 한 걸음 앞을 내다보고 연대하여 여성들을 위한 의학교육기관을 세우지 못한 것을 매우 아쉬워했다.[72] 이후 장로교는 의료사역을 최소화해 복음 전파에 인력을 대거 투입하기 시작했고, 여의사를 거의 파견하지 않았다. 1900년부터 30년 동안 여성 의료인은 단 2명에 불과했고, 그나마도 선교사 아내였다.[73] 결국 로제타는 1920년에 가서야 첫 여의사 양성 기관으로 경성여자의학반을 개설할 수 있었다.

1894년 5월 평양으로 임지를 처음 옮겼을 때 로제타는 일주일 만에 여성 진료를 시작했지만 청일전쟁으로 한 달 만에 서울로 다시 철수할 수밖에 없었다. 더욱이 서울로 옮긴 지 6개월 만인 그해 11월 남편 윌리엄 홀이 평양으로 돌아가 환자들을 치료하다 감염되어 사망했다. 로제타는 더 이상 버티지 못하고 갓 돌이 지난 아들과 또 다른 생명을 잉태한 채 미국으로 귀국했다. 그리고 3년 후인 1897년 겨울, 두 아이를 데리고 서울로 다시 돌아온 것이다. 그는 조선을 떠나 있는 동안에도 조선을 위해 일했다. 유학을 계획하고 박에스더 부부를 미국으로 데려갔으며, 박에스더가 의학 공부를 시작할 수 있도록 길을 열어주었다. 일찍 생을 달리한 남편의 헌신을 기리기 위해 평양에 '홀 기념병원(기홀병원)'도 세웠다. 다시 서울로 돌아올 때는 박에스더가 공부를 다 마치지 못해 네 살과 세 살이 된 두 아이만 데리고 돌아왔다.

1898년 봄, 로제타는 다시 평양으로 파견되었고, 6월 북부 지역의 첫 여성병원으로 '광혜여원(廣惠女院)'을 개원했다. '널리 은혜를 베풀라'는 의미가 담긴 병원 이름은 아내를 치료해줘 고맙다며 평양감사가 지어

---

72 Rosetta S. Hall, "Foreign Medical Women in Korea", *Journal of the American Medical Women's Association*, 1950. 10, 404.

73 엘리자베스 언더우드, 『한국의 선교역사 1884-1934』(변창욱 옮김, 케노시스, 2013), 75.

준 이름이었다. 로제타는 평양에 도착하자마자 어린 딸이 이질에 걸려 사망하는 또 한 번의 아픔을 겪었다. 그 아픔은 조선 여성을 치료하는 것으로 달랬다. 그리고 2년 후인 1900년, 딸의 죽음을 기억하며 조선에 첫 어린이 단독 병동을 마련했다. 광혜여원은 여성과 어린이를 위한 병원으로 자리매김했다. 이로써 1898년 감리교가 운영하는 여성병원과 진료소는 세 곳으로 확장되었다. 정동에 처음 보구여관을 개원한 지 10년 만에 거둔 열매였다. 1899년 「대한그리스도인회보」에 실린 기사이다.

> 우리 교회에서 여병원을 경향 간에 세 곳에 설치했는데, 정동 보구여관에는 커틀러씨 부인이 보시고, 동대문안 교중에는 해리스씨 부인이 보시고, 평양교회에서는 홀 의원 부인께서 보시는지라. 작년 아홉 달 동안에 병인을 치료한 보단(보고)을 본즉, 정동 보구여관에는 2,879인이오, 동대문안 교회에 병인이 630인인데, 약값을 받은 돈이 45원 87전이오, 평양교회에서 여덟 달 동안인데, 치료한 병인이 2,167인이오, 약값을 받은 돈이 59원 39전이라.[74]

1899년 9월 14일 닥터 엠마 언스버거(Emma F. Ernsberger)가 합류해 보구여관에서 커틀러를 도왔다. 1892년부터 7년간 커틀러를 도왔던 루이스는 로드와일러의 안식년 휴가로 부득이하게 교회사역에 배치되었다. 인력 손실이 컸음에도 동대문진료소는 해리스가 상주 의사로 자리매김하자 환자가 지속적으로 늘어 보구여관을 능가하기 시작했다. 1년 후인 1900년 10월엔 박에스더가 볼티모어여자의과대학을 졸업하고 귀

74 "의원 부인들의 보단", 「대한크리스도인회보」(1899. 9. 21.).

국했다. 그는 남녀를 통틀어 근대 의학을 공부한 조선의 첫 의사라는 역사적 영예를 얻었다. 하지만 타국에서 그의 학업을 충실히 도왔던 남편 박여선은 함께 돌아오지 못했다. 박에스더는 공부하는 과정에서 두 번의 유산을 겪었고, 졸업을 코앞에 두고는 남편까지 결핵으로 사망하는 아픔을 겪었다. 박여선은 볼티모어에 묻혔다.

서양 의학을 공부한 첫 한국인 의사 박에스더(1909년)

1901년 봄, 세 병원의 의료진들이 대거 교체되었다. 홀로 돌아온 박에스더는 평양 광혜여원에서 로제타를 돕다가 서울 보구여관을 맡게 되었고, 언스버거는 보구여관에서 동대문진료소로, 해리스는 동대문진료소에서 평양 광혜여원으로 자리를 옮겼다. 오랫동안 쉬지 못한 커틀러와 건강이 많이 악화된 로제타가 안식년 휴가를 얻어 미국으로 돌아가게 된 상황에서 자리 이동은 불가피했다. 다행히 그동안 보구여관에는 새로운 조선인 간호조력자들이 생겨났다. 이그레이스와 김마르다가 그 주인공들이다. 이들은 1897년 겨울 로제타가 서울로 돌아와 보구여관에서 잠시 일할 때 환자로 처음 만났다. 그레이스의 본명은 복업이었다. 남의 집 종살이를 하던 15세 소녀였는데, 어릴 때부터 다리가 괴사하기 시작해 걷지 못하게 되자 주인에게

평양 광혜여원(廣惠女院, 1908년)

버림받았다. 로제타와 커틀러가 함께 여러 차례에 걸쳐 괴사한 뼈를 제거하는 수술을 했고, 다행히 수술에 성공하여 그는 상처를 회복하고 다시 걸을 수 있게 되었다. 김마르다는 의처증이 심한 남편에게 끔찍한 학대를 받다가 버림받은 여성이었다. 보구여관에 들어왔을 때 그는 오른손 손가락과 코의 일부를 절단당한 상태였다. 커틀러가 외과 치료로 그를 회복시켰고, 이를 계기로 보구여관에서 수련을 받아 간호조력자요 전도부인으로 활동하게 되었다.

하지만 희생 없이 열매도 없다는 말을 증명이라도 하듯, 평양 광혜여원으로 자리를 옮긴 해리스는 1년 만인 1902년 5월 6일 장티푸스 환자를 치료하다 희생되고 말았다. 해리스의 죽음은 동료 선교사들뿐 아니라 조선인들에게도 충격과 슬픔과 감동을 동시에 안겨주었다. 「신학월보」에 실린 기사이다.

> 작년 오월에 평양교회로 가서 주야로 먹기를 겨를치 못하고 병원에 오는 병자들을 고쳐주며 병자들을 찾아다니며 약을 주어 무슨 병이든지 기어이 고치기를 힘쓰는 고로 그 힘에 넘치는 일을 많이 하는지라. 그 친구들이 그의 너무 애쓰는 것을 애처롭게 여기되 말씀하시기를 이 백성들이 나의 하는 일을 받을 만하다 하더니 한 여인의 염병을 고쳐주고 인하여 그 병이 옮아 불의에 별세하니, 슬프고 슬프도다. 우리 사랑하는 해리스 의원이여. 남을 위하여 나의 생명을 버리시니 가히 앙모할 선진이로다. 과연 예수씨의 행적을 본받은 이로다.[75]

여러 지역에 흩어져서 활동하던 선교사들은 1년에 한 번 개최되는 연례 회의에서나 한 자리에 모여 서로 얼굴을 마주할 수 있었다. 해리스의 희생은 평양에서 개최될 예정이었던 연례 회의를 코앞에 두고 날아든 비보였기에, 고향을 떠나 외롭게 생활하던 독신 여선교사들에겐 더 큰 충격과 안타까움으로 다가왔다. 특히 낯설고 물 설은 선교지에서의 죽음은 언제든 자신의 문제가 될 수 있었다. 파키스탄 라호르(Lahore)에서 보내준 감독의 메시지가 유일한 위안이었다.

> 선교지에서 한 사람의 죽음은 본국에서 여섯 사람의 생명과 동일한 가치가 있다.[76]

고결한 죽음은 살아 있을 때보다 더 큰 힘을 발휘한다. 조선에서 짧은 생을 살았지만, 해리스는 동대문진료소를 다시 개원하고 그 기틀을

75 "해리스 씨 의원부인의 행적", 「신학월보」(1902. 8.), 384-386.

76 "In Memoriam", *4th Annual Report of the Korea Woman's Missionary Conference of the Methodist Episcopal Church*, 1902, 31.

마련하는 데 크게 공헌했다. 그는 역사 속으로 사라졌지만 그의 노력과 헌신은 언스버거가 계속 이어갔다. 해리스가 떠난 후 줄곧 동대문 진료소를 맡아 고군분투한 언스버거는 5년째 되던 해인 1904년 1년간 안식년을 얻어 잠시 귀국했다. 그리고는 새 병원을 지을 기금을 마련해 돌아왔다. 그리고 7년 만인 1912년 동대문에 현대식 건물을 완성했고, 해리스의 희생과 헌신을 영원히 기억하고자 '릴리언 해리스 기념병원(Lillian Harris Memorial Hospital, 동대문부인병원)'이라 이름 붙였다.

# 마가렛 에드먼즈, 첫 간호학교를 세우다

변화를 두려워하면 미래는 없다. 20세기로 들어서며 한반도는 입지가 더욱 좁아져 벼랑 끝으로 내몰렸다. 조선 정부는 대한제국으로 국호까지 바꾸며 변화를 시도했으나, 급기야 일본의 보호국으로 전락하는 수모를 겪게 되었다. 일본의 영향력이 급상승하고 이에 대한 민족적 위기감도 커졌다. 하지만 보구여관의 존재 가치는 더욱 분명해졌다. 한반도를 대륙 정복의 발판으로 삼은 일본 정부는 중국에 이어 러시아와 전쟁을 치르면서 전쟁터에서 부상당한 자국 군인들을 치료하고 돌볼 의료 인력, 특히 간호 인력이 필요했다. 이를 공급하기 위해 국가 차원에서 '간호부'라는 이름의 직업여성들을 조직적으로 양성했다. 일본에서 근대 의료는 신성장 분야로 떠올랐고, 국가주의 의료 정책 덕분에 일본 적십자는 짧은 역사에도 불구하고 세계적 수준으로 급성장할 수 있었다.

반면에 생명의 가치를 최우선으로 하는 의료의 본질은 제국주의 확장을 위한 보조 수단으로 전락하게 되었고 의료인이 전쟁 지원에 동원

03

되는 역사의 아이러니를 낳았다. 이는 한반도에 직격탄이 되었다. 조선 정부가 설립한 병원의 의료진들은 일본인 의사들과 간호사들로 빠르게 교체되었으며, 이들은 국가의 명령과 지시에 따라 움직이는 의료 기술자에 다름 아니었다. 일본인 차지가 된 병원들은 일본 정부의 정책 지원과 물량 공세에 힘입어 빠르게 현대식 종합병원 체계를 갖추어 갔다. 이는 단순한 외관 시설의 문제만이 아니었다. 생명 존엄과 인류 봉사라는 의료의 본질적 가치를 훼손하고 병원의 존재 이유를 무너뜨리는 일이었다. 백성들을 돌볼 목적으로 병원을 세운 조선 정부의 본래 취지에도 어긋나는 일이었다. 물론 '빈자들을 위한 사회안전망' 구축에 앞장섰던 보구여관의 방향에도 역행하는 것이었다.

그러나 위기는 새로운 기회로 통하는 지름길이 되기도 한다. 새로운 도전은 다음 단계로 도약할 수 있는 발판이다. 서구식 근대 의학에 대한 대중들의 신뢰와 기대가 점점 높아져가는 상황에서 하루가 다르게 성장해가는 일본식 병원은 큰 도전이 아닐 수 없었다. 이에 대응하여 보구여관은 의료 전문성 확보에 나섰다. 재정 지원도 인력 충원도 여의치 않은 상황에서 쉽지 않은 도전이었지만 반드시 필요한 일이었다. 보구여관의 의료 선교사들이 발 벗고 나섰고 이들의 도전이 또 다른 역사로 이어졌다. 바로 간호학교의 탄생이다. 급변수로 등장한 일본발 의료 분야 성장이 변화의 촉진제 역할을 한 셈이다.

## 방문간호사 마가렛 에드먼즈, 대한에 오다

한 사람의 힘은 결코 작지 않다. 홀로 세상을 바꿀 수는 없어도 그 시작은 될 수 있다. 보구여관의 새로운 도약도 한 사람의 손끝에서 시작되었다. 1903년 3월 18일 안식년 휴가에서 돌아온 두 의사 로제타와 커틀러가 보구여관에 큰 선물을 안겼다. 바로 '2호' 간호 선교사 마가렛 에드먼즈(Margaret J. Edmunds)의 동행이다. 그의 내한 소식은 한 걸음 먼저 도착했다.

> 한국 서울에 세운 여성해외선교회 병원(보구여관)의 담당 의사 커틀러가 몇 달 전 해외 선교 섹션에서 풀어놓은 이야기를 기억하는 사람들이 있을 것이다. 그는 급성환자의 경우 의료 시술이 성공하더라도 온전치 못한 간호에 늘 발목이 잡힌다며 이는 극복하기 어려운 난관이라고 생생하게 전했다. 사실 의료 선교사는 의사인 동시에 훈련받은 간호사 역할까지 하지 않을 수 없다. 이로 인해 의사의 부담은 가중된다. 지금 에드먼즈 양을 한국 서울에 있는 병원에 간호원장으로 파송할 계획이다. 그의 임무는 간호뿐 아니라 본토 여성들을 잘 훈련시켜 중요한 사역을 감당하도록 간호학교를 출범시키는 것이다.[1]

마가렛 에드먼즈(Margaret J. Edmunds)

에드먼즈가 보구여관 초대 간호원장으로 임명된 것은

1 "Is Ready for Korea", *Western Christian advocate*, 1902.

에드먼즈의 여행기가 담긴
*The Mustard Seed*(겨자씨)
겉표지(1928년)
[대한간호협회 제공]

1902년 4월이다. 그리고 5개월 후인 9월 에드먼즈는 뉴욕에서 커틀러, 로제타 모자와 함께 한국으로 향하는 배에 올랐다. 그가 몸담았던 교회의 여성 멤버들은 여비와 한국사역을 위한 자금 750달러를 급히 마련하느라 동분서주했다. 그의 한국행은 그 혼자만의 것이 아니었다.

한국으로 향하는 길은 멀었다. 에드먼즈는 1928년 *The Mustard Seed*(겨자씨)라는 소책자를 통해 당시 여행기를 남겼다. 미국에서 한국으로 오는 가장 빠른 항로는 샌프란시스코 항에서 출발해 배로 한 달쯤 걸리는 일본을 거쳐 들어오는 경로였다. 하지만 배편이 여의치 않아 에드먼즈 일행은 가장 먼 항해 길을 선택할 수밖에 없었다. 영국과 지중해를 거쳐 중국 상해를 통해 제물포에 도착하는 6개월간의 긴 항로였다. 모든 여행이 그렇듯이, 여행길에는 돌발 변수가 많다. 에드먼즈 일행의 여행도 예외가 되지 못했다. 첫 경유지인 영국 런던에서 한 달간 발이 묶였다. 도착해보니 50년 만에 처음 열리는 영국 국왕(에드워드 7세)의 대관식이 시작되려는 참이었다. 출항하는 정기 기선들의 모든 자리는 대관식 손님들 차지가 되었다. 남웨일즈 스완지에서 30일 후에 출항하는 '부정기' 화물선이 유일하게 승선할 수 있는 배편이었다. 다른 선택지는 없었다.

전혀 예기치 않은 상황 덕분에 한국에서 활동할 세 명의 여성 의료인은 런던의 여러 병원들을 방문해 수술에도 참여하고 역사 유적지도 둘러볼 수 있는 뜻밖의 선물을 얻었다. 대신 수중의 돈은 거의 바닥이 났다. 봉급은 현지에 도착한 후에나 지급되기에 그야말로 여행지에서 파산자가 된 셈이다. 지중해에 들어선 후에는 사도 바울에 대한 이야기로 유명해진 많은 섬들과 콘스탄티노플에 있는 대학 그리고 나이팅게일이 영국인에게 영원한 감사를 받았다는 대군영을 둘러볼 수 있었다. 추수감사 절기쯤에는 러시아 항구에 도착했는데, 이곳에서도 "높은 파도, 간조, 공휴일, 러시아 관리 등이 공모하여" 77일간 발이 묶였다. 덕분에 미국 영사의 집에 초대되어 추수감사 만찬을 먹는 특권을 누리기도 했고, 동행한 로제타 홀과 커틀러를 스승 삼아 한글과 한국 문화를 미리 공부할 기회를 가졌다. 이곳에서도 계획했던 항로가 다시 한 번 변경되었다. 일본 고베행을 예약했지만 중국 상해로 가는 배를 타게 된 것이다. 가장 먼 길로 돌아오는 데 6개월 반이 걸렸다.

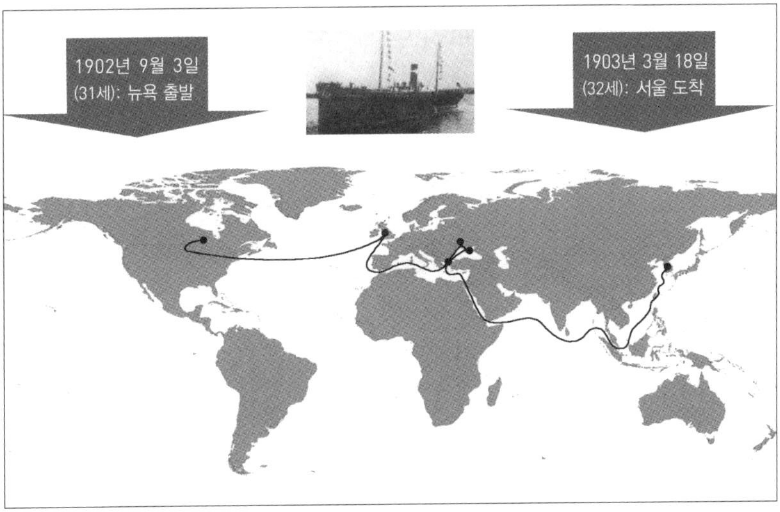


에드먼즈 일행이 6개월 반을 돌아온 항해 경로
[대한간호협회 제공]

> 우리는 1902년 9월 3일부터 1903년 3월 18일까지, 즉 '고요한 아침의 나라'에 도착하기 전까지 모두 6개월 반을 '방랑했다.' 당연히 우리의 안전을 걱정했던 사람들의 진심 어린 환영이 우리를 기다리고 있었다. 오, 기쁘다! 봉급은 아니지만 지난 6개월간의 편지들이 우리를 기다리고 있었다.[2]

에드먼즈는 처음부터 간호학교 설립이라는 특별 미션을 위해 파견된 말 그대로 맞춤형 간호 선교사였다. 오하이오 주 톨레도의 엡워스감리교회(Epworth Methodist Church)를 방문한 커틀러의 강연을 듣고 간호 선교사로 자원한 인물이었다. 조선이라는 작은 나라에서 간호사 양성을 맡아줄 간호원장을 애타게 기다린다는 말에 마음이 움직였다. 당시 에드먼즈는 '킹스 더터스 유니온(King's Daughters Union)'에 가입해 방문간호사(visiting nurse)로 활동하던 중이었다. 뉴욕처럼 톨레도에서도 감리교 여성들은 디커니스운동을 적극 펼쳐나갔다. '킹스 더터스'가 바로 그것이었다. 굳이 번역하자면 '하나님의 딸들'이라는 의미로 '디커니스'와 같은 개념이었다.

에드먼즈는 1871년 7월 25일생으로 캐나다 온타리오 스미스 폴즈(Smith Falls)가 그의 고향이다. 12남매 중 8번째 아이로 태어났는데, 이민자였던 그의 부모는 늘 생활고에 시달렸다. 다정다감한 성격도 아니었기에 자녀들을 따뜻하게 보살피지 못했다. 늘 부모의 사랑이 고팠던 에드먼즈가 간호사의 꿈을 갖게 된 것은 1850년대에 일어난 크리미아 전쟁 당시 총알이 눈앞에서 날아다닌다는 야전병원에서 적군과 아군

---

2 Margaret E. Harrison, *The Mustard Seed: Sown During Pioneer Days in Korea*, 1928, 5.

을 가리지 않고 부상당한 병사들을 헌신적으로 간호했다는 플로렌스 나이팅게일(Florence Nightingale)의 감동적인 이야기를 접하면서이다. 이후 에드먼즈는 자원하여 아픈 이웃을 돕고 밤샘 간호도 마다하지 않았는데, 그의 어머니는 아침에 귀가하는 딸에게 잠을 자게 하는 대신 일을 시킬 만큼 그의 꿈을 이해하지 못했다.[3]

에드먼즈가 간호학교에 입학한 것은 스물한 살 되던 1892년이다. 미시건대학교 대학병원이 세운 간호학교(University of Michigan Nurses' Training School)에서 2년 과정을 마치고 1894년 2회 졸업생이 되었다. 당시 미국의 대학병원이 운영한 간호학교는 이론 중심이 아닌 실습 위주의 교육을 진행했다. 내용은 나이팅게일의 간호이론과 교육과정으로 구성되었다. 12시간 근무하고 12시간 휴식하는 2교대 업무 체계였으며, 일주일에 하루를 쉬었다. 졸업간호사(Graduate nurse)가 된 이후 에드먼즈는 줄곧 톨레도 킹스 더터스 소속으로 일했다. 이렇게 1895년부터 한국선교사가 되기 전인 1902년까지 7년간 일하며 다양한 경험을 쌓았고 리더십도 키울 수 있었다. 이는 한국에서 첫 간호학교를 출범시키는 데 더없이 소중한 자산이 되었다. 에드먼즈에 대한 소개이다.

> 이 중요한 임무를 위해 지금 선택된 이보다 더 나은 인물을 찾기란 매우 어려울 것이다. …… 그는 지적 능력이 높고 탁월한 사회성을 가진 여성이다. 그는 맡은 사역에서 노력해 성공하고, 책임을 다하며, 지위에 따르는 책무를 대담하게 이행할 수 있는 선천적 · 후천적 자격을 모두 갖추고 있다. …… 에드먼즈는 한동안 방문간호사로 이 도시의 킹스 더터스

3 에드먼즈의 성장기는 훗날 그의 아들인 찰스 해리슨(Charles W. Harrison)의 회고록 *The Life and Times of Charles William Harrion*(1980)에 짧게 수록되었다.

유니온에서 일했다. …… 그가 한국으로 떠나게 되면, 이 도시에 절실하게 필요한 디커니스 간호사들에 대한 요구가 훨씬 더 커질 것이다.[4]

에드먼즈가 한국에 필요한 적임자로 인정받게 된 것은 방문간호사로 활동한 경험이 무엇보다 컸다. 잘 갖춰진 병원 시스템 안에서 안정적으로 일하고 병원 매뉴얼에 따라 움직이는 일반 간호사와 달리, 방문간호사는 환자를 만나기 위해 먼 길도 낯선 길도 마다하지 않는 이동식 병원과도 같은 존재였다. 한마디로 '걸어다니는 병원'이었다. 방문간호사의 검은 가방 안에는 붕대, 테이프, 핀셋, 시료, 소독용 알코올, 약 조제 사발, 가위, 온도계, 앞치마 등이 항상 구비되어 있었다.[5] 또한 환자의 아픈 상처만 돌보는 것이 아니라 환자가 처한 생활 환경까지 고려하여 가장 적절한 맞춤형 돌봄을 제공했다. 이를 위해 종합적 판단과 적극적인 대처, 순발력 있는 대응은 필수였다. 물론 방문간호사들은 병원에 소속되지 않고 개별적으로 움직이는 특수한 상황을 고려해 스스로를 보호하고, 효과적으로 일할 수 있는 조직을 만들고, 네트워크를 형성해 활동했다. 에드먼즈가 활동한 톨레도 지역에도 1900년 지역간호협회(Toledo District Nursing Association)가 조직되었고, 이어 방문간호사조력회(Visiting Nurses' Aid Society)까지 만들어졌다.[6]

미국에서 방문간호사는 전문직종임에도 불구하고 노동 강도에 비해 상대적으로 낮은 임금을 받았다. 당시 톨레도에서는 60달러 정도의

---

4 Charles W. Harrison, *The Life and Times of Charles William Harrion*, 1980.

5 Alan M. Kraut, *Silent Travelers: Germs, Genes, and the "Immigrant Menace"*, 1994, 212; Karen Buhler-Wilkerson, *No Place Like Home: A History of Nursing and Home Care in the United States*, 2001, 50.

6 옥성득, "초기 개신교 간호와 간호교육의 정체성: 1903년에 설립된 보구여관 간호원 양성학교와 에드먼즈를 중심으로", 191-192.

지붕으로 다니는 미국의 방문간호사(뉴욕)

월급에 더해 환자 방문 시간에 따라 시간당 50센트씩 초과 근무 수당을 받았다. 1909년 통계에 따르더라도 하루 8~10시간씩 일요일을 제외한 주 6일을 일했으며, 하루 평균 8~10집을 방문했다. 대략 일주일에 50가정을 방문했던 셈이다. 먼 거리를 걸어서 일일이 환자의 집을 찾아다녀야 했던 방문간호사들은 높은 계단을 오르내리는 시간과 에너지를 절약하기 위해 지붕에서 지붕으로 이동하는 위험한 경로를 택하기도 했다.[7] 어렵게 찾아갔지만 환자가 약속을 어기거나 방문을 거부하는 사례도 적지 않았다. 따라서 직업을 경제적 가치로만 본다면 방문간호사는 쉽게 선택하기 어려운 직종 중 하나였다. 이직률도 퇴직율도 높았다. 심지어 이들의 도움에 의존해 살아가는 이민 2세대들조

7 오영인, "미국 혁신주의 시기 간호 패러다임의 변화와 도시빈민가 이민자들: 방문간호사(Visiting Nurse) 릴리안 왈드(Lillian Wald)의 공중보건간호(Public Health Nursing) 개념을 중심으로", 「동국사학」 63집(2017), 315-316.

차 방문간호사를 미래의 희망 직업군 리스트에 올려놓지 않았다.[8] 한마디로 방문간호사는 전문 인력이었지만 직업에 대한 소명감 없이는 지속하기 어려운 '극한 직업'이었다.

하지만 세상에는 경제적 가치가 아닌 사회적 필요로 평가받아야 하는 직업들이 있다. 방문간호사도 그중 하나였다. 이들은 병원 밖에서 일하는 단순한 출장 의료 보조인이 아니었다. 20세기 전환기 미국에서 방문간호사는 특별한 사회적 기능과 역할을 담당했다. 시민전쟁(남북전쟁) 종결 후 미국 정부는 국민들의 들끓는 에너지를 하나로 모아 경제에 올인했다. 안으로는 산업경제를 육성하고, 밖으로는 영토를 확장한다는 새로운 전선을 만들어냈다. 이 흐름을 타고 세계 각처에서 다양한 배경을 가진 이민자들이 '아메리칸 드림'을 안고 미국으로 몰려들었다. 하지만 미국은 새로운 보금자리를 찾아온 이들을 환영할 만큼 충분한 준비가 되어 있지 않았다. 갑자기 들이닥친 이민자들은 도시빈민이라는 새로운 소외계층으로 정착할 수밖에 없었다. 낯선 땅에 성공적으로 입주했으나 도시빈민으로 전락한 가난한 이민자들은 생활고에 시달리는 것은 물론이요, 청결하지 못한 생활 환경과 위험한 노동 현장으로 내몰려 온갖 질병과 사고에 무방비 상태로 노출되었다. 도시는 하루가 다르게 화려해지고 이곳저곳 큰 병원들이 들어섰지만, 이들에게 병원의 담은 높기만 했고 그 길은 멀기만 했다. 가난과 질병이 도처에 깔린 빈민가에 갇힌 이민자들은 빠르게 변화하는 사회로부터 점점 더 고립되었고 의료의 사각지대로 내몰렸다.

아무도 찾지 않고 돌보지 않는 도시 노동자들과 이민자들에게 도움의 손길을 내밀어 사회의 끈이 되어준 것이 바로 방문간호사들이었다.

---

8 Michael M. Davis, Jr., *Immigrant Health and the Community*, 1971, 285.

빈민가의 가난은 곧 질병과 직결되고, 빈민가의 질병은 사회적 환경과 밀접히 연동된다는 사실을 가장 먼저 알아챈 것도 방문간호사들이었다. 미국에서 가난과 질병의 상관관계에 천착하여 질병을 환자 개인의 문제가 아닌 사회문제로 접근하고 '간호'와 '공중보건' 개념을 처음 연결시킨 것도, 이를 조직적이고 체계적으로 실천하기 위한 사회복지관 운동을 처음 시작한 것도 방문간호사들이었다.[9]

몸이 아프면 병원에 가는 것이 근대가 만든 당연한 상식이다. 하지만 장시간 저임금 노동에 늘 시달리는 빈민들과 이민자들에게는 당연한 상식조차 허락되지 않았다. 병원은 경제적으로 감당할 수 없는 곳이었을 뿐더러 심리적으로도 차갑고 비인격적이며 이질적인 곳으로 인식되었다.[10] 힘들게 병원을 찾아도 기계같이 차가운 병원에서 어떤 설명도 듣지 못한 채 기다리는 데 온종일 시간을 허비해야 하는 경우가 다반사였다. 의사들은 알아듣기 어려운 의학 용어로 설명하기 일쑤였고, 환자의 말은 듣지도 않고 검은 알약만 처방해, 병원은 무관심 속에 질병을 방치하는 곳이라는 악명을 얻기도 했다. 이는 병원에 대한 깊은 불신으로 이어졌다. 문화와 언어 장벽도 소통을 막는 큰 요인이었다.

이에 반해 간호사의 개별 방문은 우선 경제적 부담이 적었다. 낯설고 차가운 병원 대신 마음 편한 가정에서 만나다 보니 인격적 관계가 형성되어 심리적으로도 큰 도움이 되었다. 역할 면에서도 단순한 질병 치료와 간호에 그치지 않았다. 기본적인 위생교육은 물론, 알아두면 실생활에 도움이 되는 건강상식에 유익한 정보와 지식까지 제공해주었

9 오영인, "미국 혁신주의 시기 간호 패러다임의 변화와 도시빈민가 이민자들: 방문간호사(Visiting Nurse) 릴리안 왈드(Lillian Wald)의 공중보건간호(Public Health Nursing) 개념을 중심으로", 309-312.

10 Alan M. Kraut, *Silent Travelers: Germs, Genes, and the "Immigrant Menace"*, 8.

다. 심지어 방문간호사가 언어교육까지 감당하는 경우도 있었다. 방문간호사들은 도시빈민의 절대다수를 차지하는 이민자들에게 질병을 치료해주는 의료 행위자요, 사회적 고립과 문화적 갈등에서 오는 불안감을 해소시켜주는 심리 안정제요, 새로운 사회 환경에 적응할 수 있도록 돕는 재활 치료제 역할까지 감당했다.[11]

킹스 더터스 유니온에 가입한 방문간호사들의 활동도 예외는 아니었다. 도시빈민가 환자들을 직접 찾아다니며 그들의 눈높이에서 소통하고 맞춤형 돌봄을 제공했다. 침대보나 옷, 산모용 물품, 의약품 등을 대여해주기도 하고, 매달 일정액에 우유와 계란 등을 사서 가난한 환자들의 궁핍한 생활을 돕기도 하고, 청결한 주거 환경을 유지하여 건강을 지킬 수 있도록 생활 의학상식이나 위생 지식들을 제공하기도 했다.[12] 병원에 쉽게 걸음하기 어려운 빈민계층은 정보로부터 차단되거나 사회로부터 고립된 경우가 대부분이었다. 이는 때로 치명적인 결과를 초래했다. 질병에 대한 이해 부족이나 잘못된 정보로, 또 응급 상황에 대처할 능력을 갖추지 못해 병을 키우는 경우가 많았다. 예방과 위생교육만 제대로 이루어져도 질병으로부터 생명을 보호할 수 있는 여지는 많았다.

전환기 미국이 직면한 도시빈민 문제는 앞서 산업혁명의 발상지였던 영국 사회가 경험한 것과 크게 다르지 않았다. 이에 여성들이 사회개혁운동에 적극 뛰어들었고 다양한 방식으로 빈자들을 위한 사회안전망 구축에 직접 나서게 된 것이다. 감리교 여성들이 발 벗고 나선 톨레도의 킹스 더터스도 도시빈민층, 그중에서도 가장 취약한 어린이들과

11 오영인, "미국 혁신주의 시기 간호 패러다임의 변화와 도시빈민가 이민자들: 방문간호사(Visiting Nurse) 릴리안 왈드(Lillian Wald)의 공중보건간호(Public Health Nursing) 개념을 중심으로", 314.

12 Yssabella Waters, *Visiting Nursing in the United States*, 1909, 248-249.

산모들을 돕는 도시빈민을 위한 사회운동으로 출발했다. 이 운동은 도시마다 지부가 설립되어 미국과 캐나다로 퍼져나갔고 국제 조직으로 확장되었다.

에드먼즈는 간호사의 역할이 얼마나 가치 있고 사회적으로 중요한지 '찾아가는 간호'를 직접 실천하며 체득한 인물이었다. 1903년 11월 18일 보고에서 그 스스로 "병든 빈민을 대상으로 하는 방문간호사이자 오하이오 톨레도 킹스 더터스 유니온의 선교사로서의 사역은 이곳에서 간호사역을 준비하는 데 유익했다"고 증언한 바 있다.[13] 빈민들을 자발적으로 돕는 사회운동에 적극 참여하며 의료 행위가 누구를 위한 것인지, 어떤 가치를 우선적으로 고려해야 하는지 몸으로 배운 방식은 국가의 통제와 지시 아래 움직이는 일본식 간호와 결을 완전히 달리했다. 사회안전망 구축이라는 공공의 가치를 위해 민간 사회가 자발적으로 참여하고 협력한 의료 행위의 최대 수혜자는 소외계층인 빈자와 약자와 여성이 된다. 반면에 의료 분야조차 국가주의의 확장 도구로 활용하고 경제 효율성을 생명의 가치보다 우선하는 국가 시스템에서는 오히려 빈자와 약자와 여성이 최대 피해자가 된다.

## 첫 간호학교, 첫 유니폼, 첫 이름 '간호원'

간호는 예술이다. 화가나 조각가의 작품처럼 힘든 준비 과정을 거쳐야 하고 집중적인 헌신이 필요하다. 하지만 신의 성전인 살아 있는 몸을 다루는 것은 죽어 있는 캔버스나 차가운 대리석을 다루는 것과 비교할 수

13 "Po Ku Nyo Kwan Hospital", *Woman's Missionary Friend*, 1904. 2, 56.

없다.[14]

"사람의 몸은 신이 거하는 성전이다." '백의의 천사' 나이팅게일의 가르침이다. 간호사 에드먼즈는 간호의 가치를 누구보다 먼저 알아보고 간호의 역사를 새로 쓴 나이팅게일의 말을 한시도 잊지 않았다. 그의 말처럼 누군가를 간호하는 일은 '집중적인 헌신'을 요하는 힘든 일이지만 신의 성전을 돌보는 거룩한 일이기도 했다. 에드먼즈는 한국에 도착하자마자 일인 다역을 해내며 간호학교 설립을 차근차근 준비했다. 1903년 11월 18일 에드먼즈의 보고이다.

> 나는 내가 선교사인 것을 매일 감사드린다. 이곳에서 선교사가 된다는 것은 수업을 지도하고, 병자를 간호하며, 양식을 사들이고, 집을 운영하며, 병원 안팎을 보수하고, 본토인 교회를 조직하며, 회계 장부 담당자와 편지 작성자가 되고, 초기 교회에서 자주 일어나는 많은 사소한 문제들을 결정하는 고등 판사로 행동하는 일을 뜻한다. 아픈 빈민을 대상으로 하는 방문간호사이자 오하이오 톨레도 킹스 더터스회 에이전트로서의 사역은 이곳에서 간호사역을 준비하는 데 유익했다.[15]

한마디로 종합예술이 따로 없었다. 한국에 도착하자마자 언어도 익히지 못한 상태에서 에드먼즈는 야전사령관을 떠맡았다. 커틀러와 로제타 두 의사는 돌아오자마자 정동의 보구여관과 평양의 광혜여원으로 각각 복귀했으나, 얼마 지나지 않아 평양으로 갔던 로제타가 건강을

---

14 Margaret J. Edmunds, "Training School for Nurses", *Annual Report of KWC*, 1907, 19.

15 "Po Ku Nyo Kwan Hospital", *Woman's Missionary Friend*, 1904. 2, 56.

보구여관 앞에 서 있는 간호원장 에드먼즈
(입구 한가운데 간호모를 쓴 여성, 1904년)

잃고 쓰러지고 말았다. 보구여관은 커틀러가 복귀한 지 한 달 만에 휴진에 들어갔고, 커틀러는 로제타를 치료하기 위해 다시 '3일 거리 여행길'인 평양으로 떠났다. 결국 그의 공백은 한국 생활 한 달을 겨우 넘긴 에드먼즈가 대신하게 되었다. 봄에 떠난 커틀러는 가을인 11월이 되어서야 돌아왔다.

갑작스런 돌발 변수에 간호학교 출범도 지체되었다. 세 가지 요인이 발목을 잡았다. 첫째, 당장 수업을 할 수 있는 적절한 교재나 책이 없었다. 둘째, 학생들을 가르칠 언어를 몰랐다. 셋째, 의사인 커틀러의 도움 없이 새 학교를 시작한다는 것은 불가능했다.[16] 에드먼즈는 서두르

16 Mary M. Cutler & Margaret J. Edmunds, "Po Ku Nyo Koan: Hospital, Dispensary and Nurses' Training School, Seoul", *Reports Read at the sixth Annual Session of the Korea Woman's Conference of the Methodist Episcopal Church*(이하 *Annual Report of the Korea Woman's Conference*), 1904, 7.

지 않았다. 평소 신념이 '차근차근, 제대로 하자'였다. 이는 간호학교의 교훈으로 정착했다. 커틀러가 돌아올 때까지 한국어를 익히고 교육과정과 교재를 준비하는 일에 전념했다. 공간 마련은 별도의 건물을 세우기 어려워 보구여관의 작은 병실을 보수하고 학생간호사들이 함께 지낼 수 있는 방 2개를 수리하는 것으로 대신했다.

에드먼즈가 '간호학교(Nurses' Training School: 간호원 양성학교/양성소)'를 공식적으로 시작한 것은 1903년 12월 말이다. 이것이 한국 최초의 간호학교로, 6명의 지원자로 첫걸음을 내디뎠다. 개교 첫해를 보낸 후 1905년 처음으로 보구여관에 대한 보고서가 소책자로 발간되었다.

> 간호원 양성학교는 제대로 조직되지 않다가 1903년 12월 말 공식적으로 문을 열 수 있었다. …… 병동에는 112명의 여성과 어린이가 있는데, 각자 평균 38일이나 40일을 머물렀고, 지난 몇 달 동안 간호원장과 학생들 모두 새로운 경험이 가득 찬 시간을 보냈다. 간호원장은 기본 원칙—무엇보다도 간호원 양성학교에 입학한 모든 사람이 행한 엄숙한 서약을 반드시 유지할 것—을 가르치기 위해 극단적인 조치를 취할 수밖에 없었다. 지원자 2명은 실망스러웠으나, 4명은 여전히 신실하며 학교의 신용이 되고 있다.[17]

이 보고서에서는 지원자 이름을 일일이 밝히지 않았지만, 이듬해(1906년) 미국에서 발간된 영문저널 *American Journal of Nursing* 6월호에 소개된 글에는 에드먼즈가 학생들과 찍은 사진이 함께 소개되었

---

17 Mary M. Cutler & Margaret J. Edmunds, "Hospital, Dispensary and Nurses' Training School, Seoul", *Po Ku Nyo Koan*, 1905, 3.

다. 사진에 따르면, 간호교육과정에 성실하게 참여한 이는 이그레이스(Miss Grace Lee), 김마르다(Mrs. Martha Kim), 김엘렌(Mrs. Ellen Kim), 정매티(Mrs. Mattie Chung) 등 4명이었다. 이들 중 이그레이스와 김마르다는 보구여관에서 이미 훈련받고 진료를 도왔던 인물들이다. 환자로 보구여관을 찾았다가 로제타와 커틀러의 치료를 받고 회복된 후 요리, 세탁 등을 돕는 직원으로 처음 인연을 맺었다. 앞에서 소개했듯이, 두 사람은 보구여관을 통해 불행했던 과거의 삶을 치유받고 홀로서기를 시작한 공통점이 있다. 에드먼즈가 한국에 처음 도착했을 때 김마르다는 동대문으로 파견되어 선교회의 여학교 설립을 돕고 있었다. 보구여관에서는 이그레이스, 김베시(Bessie, 본명 배세), 전도부인 테레사가 의사 박에스더를 도왔다.[18] 베시는 박에스더의 동생으로 로제타 홀이 평양에서 여성 의료를 처음 시작할 때부터 언니와 함께 간호조력자로 참여한 인물이다. 이들은 학교 시스템을 갖춘

THE
KOREA METHODIST.

VOL. I, No. 8. SEOUL, KOREA. June, 10, 1905.

**Training School for Nurses.**

In March, 1903, under the auspices of the Woman's Foreign Missionary Society of the M. E. Church, the first training school for nurses in Korea was organized in connection with the Woman's and Children's Hospital in Seoul.

To successfully train native women as hospital nurses is looked upon as a decidedly difficult task on many mission fields. In Korea this has been especially true, and sixteen years of medical work passed before it was decided to make the experiment. In 1902, Miss Margaret J. Edmunds was appointed by the Society to take up this work, reaching Seoul in March of the following year. Miss Edmunds was a graduate of the University of Michigan Training School for Nurses, had had nine years of experience and was eminently fitted for her difficult work. Absolute loyalty to a high ideal, unswerving determination not to allow her nurses to fall below it and untiring patience have proved her to be the woman who could make the undertaking a successful one.

During the years previous to the organization of the Training School, native Christian women were employed as helpers in the hospital. They helped in the dispensary, the ward, the kitchen, the laundry, wherever there was anything to do, under the supervision of the doctor. They also read and taught the Bible to the patients. When the Training School was organized, several of the hospital helpers were candidates for entrance. One of these was Martha, who had come to the Hospital, some years before, minus the fingers and thumb of one hand and

Mattie; unsatisfactory, dropped; Ellen; Grace; Martha; Miss Edmunds; Dr. Cutler.

감리교 월간저널 Korea Methodist에 소개된
보구여관 간호학교(1905년)
오른쪽 두 번째가 간호원장 에드먼즈이다.

18 Esther K. Pak, "Chong Dong Dispensary, Seoul", *Annual Report of the Korea Woman's Conference*, 1903. 5, 13-14.

공식 훈련 과정을 거치지 않았을 뿐 정식 간호사라고 해도 손색이 없을 만큼 의료진과 직접 손발을 맞추며 의료 현장에서 실력을 쌓은 인재들이었다. 공식 학교가 없어 그에 걸 맞는 이름을 얻지 못했을 뿐이다. 이후 베시는 1906년 개교한 '세브란스 간호원 양성소'에 입학하여 1910년 첫 졸업생이 되었다.

에드먼즈는 간호학교를 열면서 가장 먼저 유니폼을 제작했다. 의복은 개인의 몸을 보호하는 일차적 기능 외에 활동복 기능과 신분을 효과적으로 알리는 사회적 기능도 동시에 한다. 평상복과 구분되는 간호사 유니폼은 근대 간호 개념을 알지 못하는 대중들에게 간호의 사회적 기능을 가장 빠르고 효과적으로 각인시킬 수 있는 장치였다. 간호복 착용을 통해 간호사는 환자를 전문적으로 돌보는 전문 기능인임을 알릴 수 있다. 무엇보다 사회가 이들의 전문화된 노동을 존중하고, 이들의 노동과 헌신을 필요로 하는 이들이 쉽게 식별하여 적절하게 도움을 받을 수 있도록 하는 기능을 한다. 이를 위해 간호사 유니폼 마련은 필수였다.

보구여관에서 일하는 한국인 간호조력자들은 궂은일도 마다하지 않으며 언제나 근면하고 성실한 모습을 잃지 않았다. 선교사들도 보고서에서 이들에 대한 칭찬을 아끼지 않았다. 하지만 열심과 성실에도 불구하고, 역할 구분이 명확하지 않아 때로 일의 효율성이 떨어지는 부분이 있었다. 늘 인력이 부족하다 보니 한 사람이 상황에 따라 여러 가지 역할을 동시에 맡게 되어 일의 구분과 분업화가 제대로 이루어지지 않았고 일의 경계도 분명치 않았던 것이다. 따라서 내용적으로나 가시적인 측면에서도 간호사의 전문성을 확보하는 일이 무엇보다 시급했고, 간호복 마련이 가장 확실한 출발점이 될 수 있다고 판단했다. 에드먼즈를 만나기 전까지 보구여관의 한국인 간호조력자들은 평상복인 한복을 입고 진료를 도왔다. 환자는 물론 일반인들과도 구분이 되지 않는 복장이었다. 또한 한복은 옷의 특성상 환자 간호에 불편한 점이 많았다.

에드먼즈는 동서양 복식이 절묘하게 어우러진 창의적인 유니폼을 고안했다. 전통 한복의 느낌이 그대로 살아있도록 그 특징을 살려 저고리 앞깃을 허리까지 길게 늘이고, 활동하기 편하도록 움직임이 많은 어깨와 팔목은 서양식 블라우스처럼 주름을 넣되 소매가 거추장스럽지 않도록 매끈하게 처리했다. 그야말로 한국 의복 문화의 독창성과 서양의 실용성을 동시에 충족시킨 도안으로 환자에게 이질감을 주지 않으면서도 환자 간호에 불편함이 없도록 조화롭게 보완한 작품이었다. 이것이 한국의 첫 간호복이 되었다. 이런 창의적인 유니폼은 한순간에 만들어지지 않았다. 독창성과 활동성을 모두 갖춘 유니폼을 만들기 위

에드먼즈가 도안한 첫 간호복을 착용한 1회 예모식 기념사진(1906년)
[GCAH 제공]

해 에드먼즈는 밤에 꿈까지 꾸면서 도안을 고민했고, 스스로에게 주문을 걸듯 "잠자는 자여 깨어나라"를 반복하며 자신의 양재 본능을 일깨웠다. 그에게 양재 기술과 재능이 있었기에 가능한 일이었다. 도안에 맞는 옷감을 구하는 것도 쉽지 않았다. 오래 기다리고 많이 찾아다닌 끝에 적절한 옷감을 구했고, 귀하게 얻은 옷감인 만큼 자르기 전 실패할까 두려워 무릎을 꿇고 간절히 기도했다고 에드먼즈는 보고한다. 유니폼 마련에 얼마나 공을 들였는지 짐작하기 어렵지 않다. 이화학당 교사였던 선교사 조세핀 페인(Josephin O. Paine)이 견본을 마련해주는 등 동료 선교사들의 도움도 한몫했다.

다음은 '이름 짓기'였다. 당시 한국에는 'nurse'를 부르는 명확한 호칭이 없었다. 물론 보구여관이 탄생한 이후부터 병원 일을 도왔던 한국인 조력자들은 여럿 있었다. 그러나 이들은 의료 강습반을 통해 훈련을 받고 숙련된 솜씨로 의사의 진료를 도왔음에도 불구하고 오랫동안 적당한 이름을 갖지 못했다. 간호 임무에 대한 구체적인 규정과 규칙을 마련하려다 보니 이 문제가 시급히 해결되어야 했다. 에드먼즈는 영어를 할 줄 아는 한국인 전도부인과 그를 통해 알게 된 한 남성 지식인의 도움을 받아 '간호원'이라는 용어를 처음 탄생시켰다.

> 간호복을 만드는 어려움이 사라지자, 우리는 예상치 못한 또 다른 어려움에 직면했다. 젊은 여성들이 간호 임무를 알 수 있도록 규칙과 규정이 필요했다. 영어를 잘하는 전도부인의 조언을 받고, 또한 교육을 받은 한국인 신사와 함께 '규칙 책'을 번역해냈다. 한국말에 'nurse'에 해당하는 단어가 없어서 한자에서 골라올 수밖에 없었다. 그래서 영어의 'nurse'에 해당하는 것으로 '간호원'이란 단어를 선택했다. '간(看)'은 '맡아보다(to take charge of)' 혹은 '지켜보다(watch over)'라는 뜻이고, '호(護)'는 '도와

주다(to aid)', '원(員)'은 '구성원(a member)'이란 뜻이다.[19]

즉 '간호원(看護員)'이라는 단어는 한국에서 영어, 한글, 한자 등 세 언어의 소통을 통해 탄생된 신조어였다. 물론 이를 탄생시키는 데 결정적인 공헌을 한 두 한국인이 영어 'nurse'를 번역한 다른 한자말의 존재를 몰랐을 리 없다. 당시 같은 한자 문화권인 일본에서는 '간호부'라는 호칭을 썼다. '간호(看護)'에 여성을 뜻하는 글자인 '부(婦)'를 붙여 처음부터 여성 직업으로 한정시킨 것이다. 한자를 쓰는 또 다른 나라 중국에서는 '간호'를 '호병(護病)' 또는 '호리(護理)'라고 불렀고, 간호하는 사람을 '호병인(護病人)'이나 '간부(看婦)'라고 불렀다. 1909년 이후에야 '호사(護士)'라는 단어가 정식 명칭으로 자리 잡았다.

눈여겨볼 점은 '간호원'이라는 단어 하나를 만드는 과정에서도 일본이나 중국의 용어를 참조하되 그대로 사용하지 않았다는 것이다. 오히려 단어 하나에도 차이를 두려 애썼다. 일본에서는 남성뿐 아니라 여성도 국가주의 산업에 쉽게 동원될 수 있는 교육 체제를 갖추며 신종 여성 직업에 '부'자를 붙이는 경향이 있었다. 하지만 이 직업들은 대부분 근대 의식을 가진 여성들의 자율적이고 독자적인 영역으로 존재하기보다는 국가에 충성하는 방식으로 국가 통제를 받고 남성들을 지근거리에서 보조하는 부수적 성격이 강했다. '간호부'라는 직업도 예외는 아니다. 러일전쟁을 계기로 한국에 갑작스레 등장한 일본 간호부들 역시 전쟁에 동원된 자국 군인들을 간호하도록 투입된 직업 여성들이었다. 반면에 당시 중국에서 호병인이나 간부는 대부분 문맹인으로 전문성과는 거리가 멀었다. 물론 앞서 살펴보았듯이 조선에서도 간호사 역

19 *Annual Report of the Korea Woman's Conference*, 1904, 10.

할을 해냈던 전통 의녀가 있었다. 하지만 이들은 신분이 관비였기에 그 이름을 그대로 쓰기는 어려웠다. 그래서 '간호'라는 단어에 여성 직업으로 제한시킨 '부'자 대신 남성과 여성 모두를 포괄하는 중립지대의 개념인 '원'자를 붙여 '간호원'이라 이름 지었다. 에드먼즈와 한국인들의 협력으로 만들어진 '간호원'이라는 단어는 해방 후까지 약 85년간 사용되다가 1988년 존경의 의미가 더해진 '간호사(看護師)'로 이름이 변경되었다.

단어 하나에도 역사가 담긴다. 러일전쟁 어간에 탄생된 '간호원'이라는 단어에는 당시 역사가 고스란히 담겼다. 첫째, 간호를 여성 직업군으로 묶어둘 수 없는 한국만의 독특한 문화적 상황이 존재했다. 20세기에 들어섰지만 한국 사회는 수백 년간 내려온 내외법이 여전히 살아 있었다. 이는 생사를 다투는 치료 공간에서도 예외 없이 적용되어, 공적 공간에서 '외간' 남성을 간호하고 돌보는 여성을 상상하기 어려웠다. 이는 언제든 여성도 국가 인력으로 동원될 수 있었던 일본의 상황과 정반대였다. 둘째, 여성을 가리키는 '간호부' 대신 '간호원'이라는 중립적 개념을 선택한 것은 여성을 남성과 똑같은 사회의 일원으로 존중한다는 뜻도 담겼다. 이는 남녀평등을 기독교 정신으로 설파해온 선교사들의 사회의식이 강하게 반영되었음을 의미한다. 셋째, 기독교 선교사들이 민간구제운동으로 시작한 간호 활동은 일본 정부에 의해 강제 이식된 일본식 간호와 성격이 완전히 달라 이를 구별하고자 했다. 간호의 기능은 비슷하지만 우선 가치를 무엇에 두느냐에 따라, 그리고 누구에게 봉사하느냐에 따라 그 성격은 완전히 달라진다.

일본에서 이식된 간호는 국가주의 체제와 결합된 형태였다. 국민의 생명조차 국가 통제 대상으로 삼고 효용성의 가치로 모든 것을 규제하며 의료 기술을 제국주의 확장의 일환으로 도구화했다. 반면에 기독교 선교사들이 한국에서 실천한 간호는 사람의 몸을 '살아 있는 신의 성전'으로, 인간 존엄을 인류의 보편 가치로 인식했다. 전자가 제국주의 확장의 연료로 쓰인 민족적 배타주의에 봉사했다면, 후자는 민족과 인종의 경계를 넘어선 기독교 휴머니즘을 추구했다. 전자가 국민을 통제하는 국가 권력에 종속된 형태로 기능했다면, 후자는 시민사회의 역량을 강화하는 측면으로 작동했다. 에드먼즈는 기술과 가치를 구분할 줄 아는 인물이었다. 그의 회상이다.

> 우리는 어떤 용어로 한국인 'nurse'를 불러야 할까? 이 나라의 전체 역사상 여성은 정식 간호원이 된 적이 결코 없었다. 한국인 양반 학자의 도움으로 한국인 'nurse'를 '간호원'으로 부르기로 결정했다. 이 말이 영어 단어 'nurse'의 높은 이상을 한국인의 마음에 가장 근접하게 전달해줄 것이라고 믿었다. 조직 초기부터 학생간호원 프로그램은 환자에 대한 탁월한 봉사를 위해 간호원 개개인의 영적 · 교육적 · 사회적 삶을 다루는 것을 목표로 삼았다.[20]

에드먼즈는 이 모든 일들을 한국에 도착한 지 1년 만에 해냈다. 제중원에서 기녀 출신 여성 의학생들을 대상으로 간호교육을 처음 시도한 지 18년 만이고, 보구여관에서 여성 의료반이 시작된 지 12년 만에 얻어낸 열매였다. 더욱이 간호학교를 출범시키자마자 이듬해인 1904년 2월 러일전쟁이 일어나 조선 전체가 혼란에 빠졌던 상황을 고려하면 이는 놀라운 추진력이다.

---

20 Margaret E. Harrison, *The Mustard Seed: Sown During Pioneer Days in Korea*, 1928, 6.

주변은 전쟁으로 소란하지만 내면의 잠잠한 영으로 한국에서 소박하게나마 간호사역을 시작했다고 말할 수 있는 것은 나(간호원 양성학교 간호원장 에드먼즈)에게 주어진 특권이다. 간호는 영국과 미국에서 하나님의 축복을 받은 사역이며, 최근에는 일본에서도 널리 자각해 그 영역을 확장해가고 있다. 현재 일본 간호부 양성소는 다른 어떤 나라보다 뛰어난 체제를 뽐내고 있다. 하여 여러 요소들의 종합이 조직을 새롭게 하는 데 가장 좋은 수단이 된다는 것과 어느 사회든 그 사회의 무게는 전적으로 숫자의 힘에 달린 것이 아니라 오히려 멤버 한 사람 한 사람에 대한 긍휼과 용기와 인내 그리고 하나님에 대한 믿음에 있는 것임을 깨닫고 있다. 그래서 한 해 전 우리는 이 나라 여성 가운데 양성학교의 학생들을 모집하기 시작했다. 기독교적 가치에 눈 뜨는 것이야말로 이 나라의 유일한 희망이 되어야 한다.[21]

자기 변화 없는 성장은 없다. 에드먼즈는 미국 선교사였지만, 초기 글로벌 시대를 경험한 사람답게 국제적 감각으로 영국과 일본에서 시행되는 선도적인 간호교육까지 살폈다. 전쟁 중에도 작은 병원에서 한국의 현재를 돌보고 미래를 살릴 간호교육을 차질 없이 진행시킨 것은 놀라운 일이 아닐 수 없다. 간호교육이 미국에서는 남북전쟁 직후인 1870년대에 시작되었고, 일본에서는 1884~1885년, 중국에서는 1888년 첫 간호학교가 출범했다. 한국은 후발주자였지만 그만큼 다른 나라의 다양한 모델들을 참고할 수 있었다.[22] 특히 짧은 기간 급성장한 일본의

21 Mary M. Cutler & Margaret J. Edmunds, “Hospital, Dispensary and Nurses' Training School, Seoul”, 9.

22 옥성득, “초기 개신교 간호와 간호교육의 정체성: 1903년에 설립된 보구여관 간호원 양성학교와 에드먼즈를 중심으로”, 204-206.

간호교육은 주목할 만한 것이었다. 일본은 1904년 2월 러일전쟁을 일으키며 한국 땅인 부산과 제물포에 적십자병원을 세웠다. 일본 정부는 적십자조차 제국주의의 한 방편으로 삼아 '문명과 인도주의 상징'으로 부각시키고, 일본 간호부가 러시아군을 간호하는 사진을 찍어 일본 제국의 아시아 영토 확장에 적극 활용하기도 했다.[23]

물론 에드먼즈는 간호의 핵심 가치는 숫자의 크기나 눈에 보이는 외양에 있는 것이 아니라 한 사람이 가진 생명의 가치를 얼마나 소중히 대하느냐에 달린 것임을 분명히 했다. 한 사람이 가진 생명의 가치를 존귀하게 여기는 것이야말로 기독교가 가르치는 핵심 가치임을 한국의 여성들이, 그리고 한국인들이 깨닫기를 바랐다.

## "작은 도토리 알에서 자란 어린 가지"에서 희망을 보다

한 번도 가보지 않은 길을 가는 것은 누구에게나 쉽지 않다. 예기치 않은 장애와 좌절이 도처에 숨겨져 있기 때문일 것이다. 그럼에도 불구하고 포기하지 않고 그 길을 갈 수 있는 것은 도상에서 발견되는 작은 성장과 희망들이 새로운 믿음으로 이어지기 때문이다. 한국에서 처음 싹을 틔운 간호학교의 정착 과정도 크게 다르지 않았다. 에드먼즈가 간호학교를 시작하기 이전부터 제중원을 맡아 일하며 간호학교 설립을 누구보다 간절히 바랐던 애비슨은 당시 상황을 이렇게 회상했다.

23 옥성득, "초기 개신교 간호와 간호교육의 정체성: 1903년에 설립된 보구여관 간호원 양성학교와 에드먼즈를 중심으로", 202.

> 조선 청년을 교육시켜 양의(洋醫)로 길러내겠다는 생각이 망상으로 간주되던 선교 초기, 조선 여성을 간호원으로 양성하겠다는 생각 또한 얼마나 어처구니없는 일이었겠는가? 글자 그대로 이 길에는 사자가 도사리고 있었다. 그것도 한 마리가 아니라 여러 마리가 이빨을 드러내고, 목적지를 향해 성급한 발걸음을 내딛는 자를 위협하고 있는 격이었다.[24]

애비슨은 간호학교를 세우는 길에 놓인 장애물로 크게 세 가지를 꼽았다. 첫 번째 난관은 '부친들의 태도'였다. 한국 남성들은 딸들이 어떤 종류의 학교가 됐든 학교에 가는 것 자체를 허락하지 않았다. "시집가기 전까지 여자가 해야 할 일은 살림 사는 법을 배우는 일이야", "여자들은 머리가 없어서 공부를 시킨다는 건 말도 안 되고, 더구나 생각이 없는데 교육을 시켜 뭘 한단 말인가"와 같이 핀잔을 주기 일쑤였다. 두 번째 난관은 여성들의 외출을 제약하는 오랜 관습이었으며, 세 번째 난관은 조혼 풍습이었다. 여성은 "12~14세에 결혼을 하면 바로 시댁으로 보내져, 사실상 시어머니의 종노릇을 했으므로 책을 손에 들 시간이 없었다"는 것이다.

이런 상황에서 에드먼즈는 '망상'에 가까운 불가능에 도전했고, "평생의 과업으로 생각하고" 혼신의 힘을 다했다. 애비슨은 어느 한국인이 몇 년간 에드먼즈를 지켜보고 쓴 기록을 자신의 회상록에 소개하며 후세들이 그의 수고와 헌신을 기억해주기를 간절히 바랐다.

> 그녀는 조선에 파견된 바로 이듬해 최초의 조선 간호학교를 개설했다. …… 처음 시도하는 일이라 어려움이 많았다. 여성이 두문불출하는 오

24 Oliver R. Avison,『구한말 40여년의 풍경』, 468.

랜 관습, 교육받은 여성의 절대 부족, 간호 업무에 대한 이해 부족 등 학생 모집을 가로막는 난관이 이만저만이 아니었다. 상황을 확실히 파악한 에드먼즈 양은 다음 구절을 자신의 좌우명으로 삼았다. "Go slow! Be sure!" 그녀는 한글로 된 교재도 없고 설비도 없던 개척시대의 어려움을 극복하면서 사정이 허락하는 범위에서 최상의 간호원을 양성하는 일을 끝내 훌륭히 해냈다.[25]

에드먼즈가 매일 마음에 새겼던 좌우명 "Go slow! Be sure!"는 호랑이처럼 꿰뚫어보고 소처럼 걷는다는 뜻의 사자성어 '호시우행(虎視牛行)'을 떠올리게 한다. 그를 개척자로 우뚝 서게 한 힘은 무엇이었을까. 무에서 유를 창조하듯 처음 길을 낸 에드먼즈는 첫 학생들에게 희망을 걸며 도처에 깔린 난관을 헤쳐나갔다. 그리고 그 시작을 "작은 도토리 알에서 자란 어린 가지"에 비유했다.

우리는 이것(간호원 양성학교)을 작은 도토리 알에서 자란 어린 가지에 비교하기를 좋아한다. 비유하자면 그 씨앗은 약 3년 전(1903년) 의료라는 병 안에 심어졌다. 다섯 개의 싹이 돋아난 흔적이 있지만 네 개의 싹만 보인다. 어린 식물이 살기 위해 분투했음을 보여준다. 하지만 가까이 들여다보면, 네댓 개의 새로운 싹 중에 세 개는 만개할 준비가 되었다는 증거를 내보인다. 우리는 용기를 내어 이 식물이 번성할 것을 감히 예견해 본다.[26]

---

25 Oliver R. Avison, 『구한말 40여년의 풍경』, 495.

26 Mary M. Cutler & Margaret J. Edmunds, "Training School for Nurses", *Po Ku Nyo Koan Report with Addenda, Seoul*, 1906, 10.

보구여관 간호 수련생들(1908년)

선진간호원은 유니폼과 캡을, 후진간호원은 유니폼을, 학습 수련생들은 에이프런만 착용했다. 1907년 이후 사진부터 유니폼 가슴에 가위, 연필, 체온계 등을 꼽는 주머니가 등장한다.

1906년 미국에서 영문 소책자로 발간된 보구여관 보고서에 실린 글이다. 에드먼즈는 첫 학생들이 보여준 "지치지 않는 힘, 응급 상황에서의 신속한 행동, 그리고 더 많은 지식에 대한 강렬한 열망"에 감탄했다. "우리는 체계적인 지도를 바라는 이 나라 청년들의 강력한 요구를 환영하지 않을 수 없다"고 기록할 정도였다. 소수였을지라도 당시 한국 여성들 사이에 근대적 체계를 갖춘 교육에 대한 열망이 얼마나 강했는지 보여주는 좋은 예이다. 이에 호응하여 에드먼즈는 교파를 넘어서는 선교사들의 인재풀을 동원해 체계적인 교육 프로그램을 구성했고, 원칙에 엄격한 인물답게 강력한 리더십을 발휘해 이를 실행해나갔다.

학제는 6년제로 출발했다. 교과과정은 「신학월보」 1907년 2월호에 자세히 소개되었는데, 크게 3단계로 구성되었다. '학습원'으로 2개월의 수습 기간을 마치면 '후진(Junior)간호원'이 되어 간호원 유니폼을 입고 3년간의 수련 과정에 돌입한다. 이 과정을 마치면 간호사 캡이 수여되고 '선진(Senior)간호원'으로 진급하게 된다. 그리고 3년 과정의 선진간호원을 마치면 졸업장과 함께 금배지를 받고 '졸업(Graduate)간호원'이 된다. 한국 여성들은 오랫동안 교육으로부터 배제된 상태로 살았기에 대부분 문맹이었다. 간호교육을 시작하기 전 읽고 쓰기를 비롯한 기초교육의 선행이 반드시 필요했다.

수련 과정을 시작한 학생간호원은 식사, 기숙사, 간호복, 교재 등을 제공받았다. 병원 근무 형태는 업무 시간과 그 성격에 따라 낮번, 밤번, 특별번, 출입번 등 네 가지로 구분되었다. 아침 교대 시간은 7시였다. 야간 근무 간호사가 보고서를 제출하고 아침 식사를 하러 가면, 주간 간호사가 입원 환자에게 아침식사를 제공하는 것으로 근무를 이어받았다. 하루 일과를 시작하기 전 단계로 오전 8시 작은 종이 울리면 병원 직원들과 간호사들 그리고 환자들까지 모여 아침 예배를 갖고 간단한 영어 수업을 했다. 오전 근무는 주로 환자들에게 약 주기, 10시 특별 간식, 수술 환자 붕대 감기, 마사지, 관주법, 찜질하기 등으로 구성되었다. 흥미로운 것은 '길어질 수 있는 환자 이야기 듣기', '방문자가 환자를 피곤하게 하지 않도록 지켜보기' 등도 중요한 일과에 포함되었다. 오후에는 1시간 휴식 시간을 가졌으며, 오후 5시에 저녁 식사를 제공했다. 그리고 오후 7시에 환자 기록을 야간 간호사에게 넘기면 12시간의 주간 근무가 끝나고 수업이 시작되었다.

에드먼즈가 교육생들에게 가장 강조한 것은 '순종, 인내, 친절'이었다. 특히 간호사에게 "첫 계명은 지시에 순종하는 것(Oder is heaven's first law)"임을 잊지 않도록 강조하고 또 강조했다. 병원은 환자와 의료진이 질병의 고통과 죽음 앞에서 늘 사투를 벌여야 하는 공간이었던 만큼 정확한 진단과 신속한 처방이 생명이었다. 뿐만 아니라 언제든 응급 상황이 발생할 수 있어 의료진 간의 효율적인 분업과 협업이 필수 중의 필수였다. 매순간이 전쟁터나 다름없는 병원만의 독특한 환경에서 위험 부담을 최소화하기 위해 엄격한 질서와 이를 유지하기 위한 인내가 반드시 필요했다. 병원에서는 작은 실수도 치명적인 결과로 이어지는 경우가 적지 않기 때문이다. 커틀러와 에드먼즈는 당시 병원 분위기를 이렇게 전했다.

> 여기는 마음이 자주 두려움과 연민으로 무너져내리는 곳인데, 매순간 고통과, 때로는 죽음과 접하기 때문이다. 또한 여기는 자주 빛과 자유가 솟아나오는 곳인데, 무서운 파괴자인 죽음이 쫓겨나가고 건강이 회복되기 때문이다. 여기는 많은 환자들이 최후의 수단으로 찾아와서 오직 지속적인 돌봄과 염려와 걱정 후에 쓰러지거나 회복되는 곳이다. 이곳은 또한 다시 방문하는 많은 사람들이 의사에게 감사하고, 특히 사랑과 신뢰를 가르쳐준 간호원의 얼굴을 다시 자세히 보는 곳이다.[27]

6년제 학제는 한국에서 쉽지 않았다. 조혼 때문에 다년간 미혼을 유지할 수 있는 지원자들이 많지 않았기 때문이다. 이는 로제타가 의료강습반을 처음 운영할 때 앞서 경험했던 문제였으며, 애비슨이 가장 큰 난관 중 하나로 꼽았던 것이기도 했다. 에드먼즈도 곧 결혼 요구에 직면하게 될 소녀들보다 남편을 잃고 일찍이 홀로된 젊은 여성들 중에서 지원자를 찾게 되었다. 이러한 현실 속에서도 한국 여성들은 몸에 밴 성실성과 자질 그리고 놀라운 재능을 보여 의료 선교사들을 감탄하게

---

27 *Po Ku Nyo Koan Report with Addenda, Seoul*, 1906, 9.

만들었다. 다음은 1905년 보고서이다.

> 한국에 만연한 조혼 풍습 때문에 미혼의 젊은 여성을 6년 동안 교육시키는 일이 대단히 어렵습니다. 한국 부인들에게 읽고 쓰는 것을 가르치다 보면 지식 교육을 제대로 할 시간이 없습니다. 시간 개념도 해가 뜨고 지는 것에 맞추어져 있고, 일하는 방식도 주변 환경에 맞추어 하는 습관을 갖고 있습니다. …… 반면에 여기 여성들은 동정심이 많고 아량이 넓으며 아무리 힘들어도 참으며 재치가 있습니다. 또한 주어진 일에는 온 힘을 다해 완수하는데 많은 일에 최선을 다합니다. 손재주가 뛰어나 면포를 접고 붕대를 감는 등 주어진 일을 치밀하게 해나가는 모습이 구경하는 사람들의 감탄을 자아냅니다. 또한 가난하게 태어났기 때문에 작은 것이라도 유용하게 써서 좋은 결과를 만들어내는 지혜가 있습니다.[28]

수업은 일요일을 제외하고 매일 진행되었다. 하루 12시간씩 2교대 근무 체계에서 주간 근무를 마친 오후 7시 30분부터 수업이 시작되었다. 주간 근무를 마친 후에야 저녁 수업이 이루어지기에 간호 수련생들이 학업을 끝까지 마친다는 것은 여간 고된 일이 아니었다. 중도에 포기하는 이들이 적지 않았다. 이러한 교육 환경은 1908년 에드먼즈가 사임할 때까지 지속되었다. 1907년 보고서에는 지원자가 적지 않았으나 일이 너무 고되거나 적성에 맞지 않아 입학자 절반이 수습 기간을 넘기지 못하고 떠났다는 내용이 담겨 있다.[29] 물론 힘든 환경에서조차 놀라운 인내력과 향학열을 확인시켜준 이들도 있었다. 소등 시간인 오

---

28 "Training School for Nurses", *The Korea Methodist*, 1905. 6. 10, 98.

29 Mary M. Cutler, "Po Ku Nyo Koan", *Annual Report of the Korea Woman's Conference*, 1907, 18.

후 10시를 넘기는 등 병원 규칙을 어기면서까지 공부에 매진하는 놀라운 열정은 원칙주의자였던 에드먼즈도 막을 수 없을 정도였다.

수습 기간을 넘긴 간호 수련생들의 성장은 놀라우리만큼 빨랐다. 2년쯤 지났을 때는 한국의 오랜 관습과 병원 규칙이 충돌을 일으키는 경우 특유의 지혜를 발휘할 정도였다. 특히 한국에는 20세기에 들어서서도 양반과 종을 구분하는 신분제 문화가 여전히 남아 있었다. 보구여관 직원들이나 간호 수련생들은 주로 가난하고 신분이 낮은 계층의 여성들이 대부분이었기에 양반계층의 환자들이 간호사의 지시를 존중해야 하는 병원을 찾을 때는 두 세계의 질서가 충돌하는 난감한 상황이 자주 발생했다. 간호 수련생들은 스스로 전통적 세계관에서 벗어나는 것은 물론이려니와 이런 난감한 상황에서 전문 간호사로서의 존재감과 권위를 세우는 방법을 지혜롭게 터득해갔다.

> 이 나라 풍습 때문에 병원 규칙을 어겨야 하는 경우, 특히 양반집 부인이 노비 출신 간호원의 지시를 따라야 하는 경우가 발생할 때에도 이를 슬기롭게 대처하고 은연중 간호원의 권위를 드러내는 법을 배우고 있습니다. 그래서 한국인 환자들이 간호원을 더 선호합니다.[30]

신분의 굴레를 벗고 전문인으로서 당당히 서기 위해서는 전문적 수준의 지식과 역량을 갖추는 것이 우선이었다. 이를 잘 알고 있던 에드먼즈는 체계를 갖춘 전문적 수준의 교육을 확보하고자 동료 의료인들에게 도움을 요청하고 이들의 능력을 적극 활용했다. 간호학교의 첫 해인 1904년에 개설된 강좌에는 세브란스병원 건립에 여념이 없었던

30 "Training School for Nurses", *The Korea Methodist*, 1905. 6. 10, 98.

제중원의 애비슨, 동대문진료소의 언즈버거, 남대문진료소의 맥길, 보구여관의 박에스더, 그리고 평양 선천에서 활동하다 러일전쟁으로 잠시 서울로 돌아와 제중원을 돕던 간호사 에스더 쉴즈(Esther L. Shields), 1903년 10월 한국에 도착해 제중원에서 활동을 시작한 간호사 메리 브라운(Mary E. Brown) 등이 참여했다. 특히 간호 선교사였던 쉴즈와 브라운은 강의를 맡아주었을 뿐 아니라 간호학교를 출범시키는 과정에서 자신들의 경험을 바탕으로 에드먼즈에게 적지 않은 조언과 도움도 주었다. 간호학교 설립은 소속 교파를 뛰어넘어 의료계의 공통 과제였기 때문이다. 이처럼 보구여관이 첫 간호학교를 탄생시킬 수 있었던 것은 에드먼즈의 강력한 리더십에 더하여 의료 선교사들의 적극적인 협력이 있었기에 가능했다. 한마디로 보구여관의 간호학교는 감리교가 주도하고, 세브란스병원의 의료진이 적극 협력해 일군 값진 열매였다.

장로교의 경우, 쉴즈나 브라운 등 간호학교를 세울 선교사 인력이 아주 없었던 것은 아니다. 다만 장로교는 전도 활동을 우선시하고 교육이나 의료 활동을 부차적인 것으로 인식해 간호 선교사들을 병원이 아닌 전도 활동에 투입했다. 물론 처음부터 그랬던 것은 아니다. 간호사역의 필요를 역설했던 애비슨의 노력으로 1895년 안나 제이콥슨(Anna P. Jacobson)을 첫 간호 선교사로 파견했다. 그는 한국 언어와 문화를 익히기 위해 홀로 시골 마을로 들어가 한국인들과 함께 지내는 등 새로운 환경에 적응하려고 남다른 노력을 기울였으나, 풍토병을 얻어 2년을 채우지 못하고 사망했다. 애비슨은 그의 후임으로 쉴즈가 파견되자 간호교육에 다시 기대를 걸었다. 한국어를 빨리 익힐 수 있는 환경을 마련하기 위해 쉴즈를 업무량이 많은 서울의 병원이 아닌 지방에서 근무하도록 했다. 하지만 장로교 선교회는 그를 전도 업무에 묶어두었다.

애비슨도 다른 차원에서 장로교의 선교 정책에 동의할 수밖에 없었다. 남녀유별의 강고한 법칙이 건재한 상황에서 감리교의 보구여관이 여성 의료를 전담했기에, 남성 환자들로 가득 찬 세브란스병원에 굳이 여성 간호 인력을 묶어둘 필요가 없었다. 애비슨이 여성 의료의 필요성을 자각하지 못해서가 아니라 의료 효율성을 위해 집중과 선택, 즉 분업이 필요하다고 생각했기 때문이다. 세브란스병원에 남학생들로 구성된 의학교가 있었다면, 여성과 어린이 전담 병원인 보구여관에는 여학생들로 구성된 간호학교가 세워진 것이다. 두 조합은 나쁘지 않았다. 애비슨은 세브란스병원에 간호 전문 교육기관을 추가하는 것보다 남학생들로 구성된 의학교와 보구여관에서 구상하는 여성 간호학교의 협력을 훨씬 더 효과적이고 현실적인 대안으로 인식한 듯하다. 쉴즈가 에드먼즈보다 6년 앞서 한국에 들어왔음에도 불구하고, 세브란스병원에서 먼저 간호학교 설립을 추진하지 못한 이유이기도 하다. 이는 한국의 독특한 남녀유별 문화가 만들어낸 또 하나의 풍경이었다.

이렇듯 초기에는 감리교와 장로교가 현장 중심으로 협력하고 연대하며 함께 생존하는 방법을 적극 모색했다. 인력과 재정이 충분하지 않은 상황에서 일의 효율성과 지속성을 확보하기 위해서는 연대와 협력이 필수였고, 한국 선교의 개척자였던 두 교파는 지혜로운 선택을 했다. 특히 1905년은 새로운 전기를 마련할 수 있는 기회였다. 감리교와 장로교가 각각 실행해온 활동들을 보다 효과적이고 체계적으로 발전시킬 필요가 있어 공식적으로 연합 논의를 진행했고 실천에 옮기는 과정을 밟았다. 서울과 평양을 비롯해 여러 지역에서 각각 운영되던 학교와 언론기관 등이 먼저 통합의 급물살을 탔다. 의료계도 통합이 절실했다. 의료 연합은 일본 의료계의 급성장이 새로운 변수로 떠오른 상황에서 한국의 의료 환경을 획기적으로 개선할 수 있는 대안이었다.

활발한 찬반 논쟁이 뒤따랐다. 애비슨은 개신교 연합을 강력 지지하며 의료인 양성의 시급함을 호소했다.

> 수백 명의 환자를 치료하고 간호원이나 의사를 양성하지 못하는 것보다 단 100명의 환자를 치료하더라도 10명의 간호원과 5명의 의사를 양성하는 것이 더 낫다. 양성사역은 병자를 치료하는 사역보다 더 많은 시간이 필요하고, 그래서 더 많은 인력과 힘의 절약이 필요하다. 분리된 병원으로 다수의 환자를 치료할 수는 있겠지만, 동시에 교육하는 일은 가능하지 않기 때문에 …… 노력의 결합과 노동의 분업을 진심으로 호소한다.[31]

개신교 연합은 종교 조직의 연합 그 이상의 의미가 있었다. 남학생으로 구성된 의학교와 여학생으로 구성된 간호학교의 '유기적 연합(organic union)'을 의미했으며, 이는 의료의 효율성과 전문성을 높이는데 시너지 효과를 낼 수 있는 필수불가결한 요소였다. 특히 외부 수혈에만 의존할 수 없는 한국의 미래 의학계를 위해서도 이는 더 이상 미룰 수 없는 시급한 과제였다. 현실적 대안으로 떠오른 유기적 연합은 감리교와 장로교 의료 선교사들이 모두 갈망했던 소망이었다. 보구여관의 기초를 놓고 틀을 다지는 데 결정적인 공헌을 한 메리 스크랜턴과 로제타 홀도 의료 환경을 개선할 수 있는 실질적 대안으로 적극 지지하고 나섰다.

에드먼즈는 교육과정에서 이를 실험하며 연합 활동의 좋은 모델을 만들었다. 소속에 상관없이 의료계에 몸담았던 선교사들은 물론이고

---

31 "Union", *Korea Methodist*, 1905. 7, 122.

위생과 청결교육에 적합한 경험 많은 선교사부인들까지 교수진으로 적극 활용했다. 1905년 발간된 「보구여관과 볼드윈진료소에 대한 보고서」에 따르면, 캐나다 토론토의과대학 출신인 제임스 게일(James S. Gale)은 간호사의 자격과 신체의 뼈, 애비슨은 혈액의 순환과 검사, 커틀러는 병원 예절과 찜질, 장로교 첫 여성 의료 선교사로 내한해 감리교의 벙커 선교사와 결혼한 엘러스는 침구류 정리와 환기하는 법, 쉴즈는 특별 수술 준비, 루이스는 위인들의 생애를 통한 가치교육에 투입되었다. 병원 예절, 해부학, 생리학 등의 과목은 간호원장인 에드먼즈가 저녁 시간에 직접 진행했다. 당시 기록을 보자.

> 한글로 된 유일한 의학 교재는 생리학뿐이었지만, 장로교와 감리교 선교회의 유능한 의료사역자들로 강의 과정이 마련되었고 그대로 강의가 이루어졌다. 이런 방식으로 간호학에 관한 클라라 윅스(Clara S. Weeks)의 책 *Textbook on Nursing*을 대부분 다 다루었는데, 이것이 영구적인 형태로 번역되기를 소망한다.[32]

클라라 윅스의 책 *Textbook of Nursing*(1882, 1892년)

한글 교재가 따로 없어 거의 모든 수업이 칠판 강의로 이루어졌다. 동료 선교사들의 조력을 받아 강의를 분담하고, 강의 내용은 미국 교재를 기본으로 삼았다.

보고서에 언급된 클라라 윅스의 책

32 "Training School for Nurses", *The Korea Methodist*, 1905. 6. 10, 98.

1906년 보구여관의 교과목과 강사진

| 강사 | 교과목 |
|---|---|
| 윌리엄 스크랜턴(Dr. William B. Scranton) | 응급처치(2회) |
| 슬레이드(Dr. Slade) | 치아(1) |
| 레이널즈(Mrs. Reynolds) | 식이요법(10) |
| 언즈버거(Dr. Ernsberger) | 산부인과학(10) |
| 질레트(Miss Gillett) | 미국의 기독교 여성들(1) |
| 게일(Dr. Gale) | 해부학개론, 나이팅게일의 생애 회고 |
| 한국인 이씨 | 러시아 병원 체험(1) |
| 커틀러(Dr. Cutler) | 실습 |
| 애비슨(Dr. Avison) | 약물학(3) |

*Textbook of Nursing*(1882, 1892)과 이사벨 햄턴(Isabel A. Hampton)의 책 *Nursing: Its Principles and Practice for Hospital and Private Use*(1893)는 미국에서 가장 널리 주목받았던 간호학 교재였다. 에드먼즈도 학생 시절 이 책들로 공부했다. 미국의 학제와 교재가 한국 간호교육의 실제 모델이 된 셈이다. 소책자 「1906년 보구여관 보고서와 부록」은 교과목과 강사진이 더욱 넓어졌음을 확인시켜준다.

1906년 에드먼즈는 새로운 실험을 시도했다. 그해 세브란스병원이 간호학교를 시작한 것이 기회가 되었다. 1904년 러일전쟁 중 현대식 건물을 마련해 남대문으로 이전한 세브란스병원은 옛 이름인 제중원 대신 기부자의 이름을 따 새롭게 개원했다. 병원 소속도 한국 정부에서 장로교 선교회로 바꾸고 연합으로 운영하는 체계를 갖추었다. 그리고 개원 2년 만에 쉴즈를 책임자로 세워 구리개의 제중원 건물에서 독자적으로 간호학교를 출범시켰다. 보구여관에서 첫 간호학교가 시작된 지 3년 만에 '2호' 간호학교가 탄생한 것이다. 앞서 길을 낸 에드먼즈가 많은 도움을 주었다.

에드먼즈와 쉴즈는 각각 학교를 별도로 운영했지만 밀도 있는 협력 체계를 갖추었다. 두 학교는 교육 공간과 교수진을 공유하는 방식으로 통합교육을 시도해 교수진의 효과적인 확보와 재정의 효율성을 동시에 높였다. 주간 근무는 각자 속한 병원에서 시행하고, 수업은 세브란스병원 간호학교에서 함께 진행하는 방식이었다. 출발부터 단독 건물을 갖게 된 세브란스병원 간호학교는 보구여관보다 나은 교육 환경을 확보할 수 있었다. 보구여관의 경우 처음부터 작은 규모의 민간 한옥을 개조한 공간에서 출발한 데다 20여 년의 적지 않은 시간이 흘렀기에 건물이 많이 허물어졌다. 공간도 비좁아 교육하기에 적절하지 않았다. 매년 비가 많이 오는 여름철이면 공간 수리를 위해 병원문을 닫아야 할 만큼 교육 환경이 취약했다. 학생들의 주거 공간이 부족한 것

보구여관 공간 구조(1904년)
[옥성득 제공]
1. 진료대기실 2. 진찰실 3. 약제실 4.병동 5. 정동제일교회
6. 간호원장실 7. 간호사 숙소 8. 부엌 9. 의사 사택 10. 이화학당 가는 길

은 물론이고, 시설을 갖춘 변변한 수술실도 없어 현장 실습에도 한계가 있었다. 새 병원 건립에 나섰지만 영 속도를 내지 못했다. 당시 상황은 쉴즈의 보고에서도 확인할 수 있다.

> 나와 에드먼즈는 ① 교과목, ② 강의, ③ 실험실, ④ 과외 수업 등의 분야에서 협력하고자 한다. 우리는 두 병원 소속 학생들이 정규 과목이나 과외 수업도 공통과정으로 수업을 받고, 또한 두 병원 의료진들로부터 보다 광범위한 실습 훈련을 받기를 원한다. 우리는 감리교 학생들은 감리교 병원(보구여관)에, 장로교 학생들은 장로교 병원(세브란스병원)에 각각 소속되어 수련을 받지만, 앞서 언급한 분야의 수업과 실습은 연합으로 실시하되 두 곳 병원 시설을 나누어 사용하기로 했다.[33]

세브란스병원이 쉴즈를 복귀시켜 간호학교 설립에 나서게 된 데는 달라진 의료 환경이 한몫했다. 최신 시설을 갖춘 현대식 병원이 들어서자 환자들이 급증했고 간호 인력 수급이 무엇보다 시급했다. 소규모로 운영되었던 보구여관 간호학교로는 인력 수급이 충분하지 않았다. 보구여관과 세브란스병원의 두 간호학교는 에드먼즈와 쉴즈의 계획대로 제중원 건물과 새로 지어진 세브란스병원을 오가며 수련생들을 함께 훈련했다. 특히 에드먼즈는 앞서 터득한 지혜와 경험을 바탕으로 쉴즈와 협력해 두 학교가 '윈-윈(win-win)'하는 생존 전략을 만들어냈다. 두 학교가 연합으로 수업한 교과목들은 1907년 보고서에 그대로 실렸다. 위생학(4회), 이비인후과(7회), 열병(12회), 외과(8회), 봉합 준비

---

33 Esther L. Shields, "Co-operation in Training Nurses", *Korea Mission Field*, 1907. 1, 11.

(2회), 해부학과 생리학(7회), 영양학(10회), 약물학(4회), 지리학(1회), 그리스도의 생애(2회), 플로렌스 나이팅게일의 생애(1회) 등 총 61회의 강의가 열렸다.[34] 한편으로는 분야를 세분화하여 전문성을 확보하고, 다른 한편으로는 간호의 근본 자리가 어디인지 살피며 자기성찰과 인성교육도 소홀히 하지 않았다. 뿐만 아니라 에드먼즈와 쉴즈는 1900년 창간된 미국간호저널 *The American Journal of Nursing*을 적극 활용했다. 기사들을 번역해 교육 자료로 사용하고 한국 간호교육을 소개하기도 했다. 에드먼즈는 존 가우처(John F. Goucher)의 말을 늘 되새겼다. "한 나라의 수준은 그 나라 여성의 수준보다 더 높이 올라가는 경우가 드물다."[35] 가우처는 감리교 목사로 미국 메릴랜드 주 볼티모어에 여자대학을 설립했을 뿐만 아니라 인도, 중국, 일본, 한국 등 아시아 지역 교육 선교를 위해 '통 큰' 기부를 한 인물이었다.

에드먼즈는 원칙주의자였지만 유연한 사고를 통해 변화와 실용적 선택을 만들어냈다. 간호학교를 시작한 지 3년째 되던 1906년, 3년제 속성 과정을 새로 개설했다. 6년제 수련 과정과 별도로 한국 여성들에게 실질적인 도움을 줄 수 있는 방안이 필요했기 때문이다. 1906년 8월 16일자 「그리스도신문」에 실린 광고이다.

> 6년 동안에 공부 과정을 규칙대로 다 하지 못할지라도 저희 집 식구를 잘 보호할 생각이 있어 열심히 공부하고자 하는 여러 여인을 위하여 특별히 속성과 규칙을 세우고 3년 동안에 졸업하게 했는데 …… 공부하기

34 Margaret J. Edmunds, "Training School for Nurses", *Annual Report of the Korea Woman's Conference*, 1907, 21.

35 Margaret J. Edmunds, "Training School for Nurses", *Annual Report of the Korea Woman's Conference*, 1907, 22.

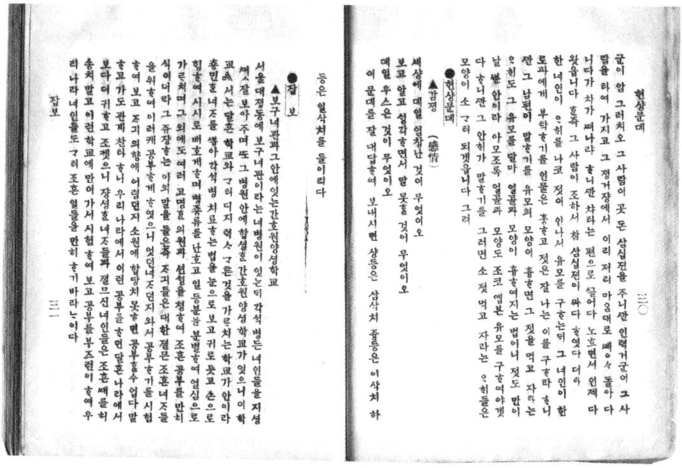

현상문뎨 三〇

군이 암 그러치오 그 사람이 곳 돈 삼십젼을 주니깐 인력거군이 그 사
람을 타여 가지고 그 졍거장에서 이리 저리 마음대로 빼ㅇ々 돌아 다
니다가 차가 떠나랴 ᄒᆞ니깐 차라는 편으로 끌어다 노코면서 인제 다
왓읍니다 ᄒᆞ죡 그 사람이 조하서 참 삼십젼이 싸다 ᄒᆞ엿다 더라
한 녀인이 ᄋᆞ희를 나코 젓이 업나서 유모를 구ᄒᆞ는ᄃᆡ 그 녀인이 한
로파에게 부탁ᄒᆞ기를 언물은 흉ᄒᆞ고 젓은 잘 나는 이를 구ᄒᆞ라 ᄒᆞ니
깐 그 남편이 말ᄒᆞ기를 유모의 모양이 흉ᄒᆞ면 그 젓을 먹고 자라는
ᄋᆞ희도 그 유모를 닮마 얼골과 모양이 흉ᄒᆞ여지는 법이니 젓도 만이
날 뿐 안이라 아모조록 얼골과 모양도 조코 엡븐 유모를 구ᄒᆞ여야겟
다 ᄒᆞ니깐 그 안히가 말ᄒᆞ기를 그러면 소 젓 먹고 자라는 ᄋᆞ희들은
모양이 소 ᄀᆞ터 되겟읍니다 그려

●현상문뎨

▲감졍 (感情)

세상에 데일 엄창난 것이 무엇이오
보고 알고 싱각ᄒᆞ면서 말 못ᄒᆞᆯ 것이 무엇이오
데일 우스온 것이 무엇이오
이 문뎨를 잘 대답ᄒᆞ여 보내시면 상등은 삼삭치 중등은 이삭치 하
등은 일삭치를 들이리다

●잡 보

▲보구녀관과 그안에잇는간호원양셩학교

서울 대졍동에 보구녀관이라는 녀병원이 잇는ᄃᆡ 각식 병든 녀인들을 지셩
껏 잘 보아주며 또 그 병원 안에 합셜ᄒᆞᆫ 간호원 양셩학교가 잇으니 이 학
교에서는 달흔 학교와 ᄀᆞ티 디지 력ᄉᆞ ᄀᆞ튼 것을 가ᄅᆞ치는 학교가 안이라
총민ᄒᆞᆫ 녀ᄌᆞ를 ᄲᅡᆸ아 각식 병 치료ᄒᆞ는 법을 눈으로 보고 귀로 듯고 손으로
힝ᄒᆞ여 시시로 배호게ᄒᆞ며 병쟈류를 난호고 일 등분ᄂᆞᆫ 분별ᄒᆞ여 열심으로
가ᄅᆞ치며 그 외에도 여러 고명ᄒᆞᆫ 의원과 선싱을 쳥ᄒᆞ여 조흔 공부를 만히
식이더라 그 쥬장ᄒᆞ는 이의 말을 들은즉 ᄌᆞ긔들은 대한 졀믄 조흔 녀ᄌᆞ들
을 위ᄒᆞ여 이러케 공부ᄒᆞ게 ᄒᆞ엿으니 엇던 녀ᄌᆞ던지 와서 공부ᄒᆞ기를 시험
ᄒᆞ여 보고 ᄌᆞ긔 의향에 어렵던지 소원에 합당치 못ᄒᆞ면 공부ᄒᆞᆯ수 업다 말
ᄒᆞ고 가도 관계 찬타 ᄒᆞ니 우리 나라에서 이런 공부를 ᄒᆞ면 달흔 나라에서
보다 더 귀ᄒᆞ고 조켓으니 쟝셩ᄒᆞᆫ 녀ᄌᆞ들과 졀므신 녀인들은 조흔 때를 허
송치 말고 이런 학교에 만이 가서 시험ᄒᆞ여 보고 공부를 부조런이 ᄒᆞ여 우
리 나라 녀인들도 ᄀᆞ터 조흔 일들을 만히 ᄒᆞ기 바라ᄂᆞ이다

잡보 三一

「가정잡지」에 실린 기사(1906년 9월)
[한국기독교역사박물관 소장 자료, 대한간호협회 제공]

를 원하시는 이들은 생각할 것이라.

개교 3년 만에 속성 과정을 개설할 만큼 한국 사회에서 간호는 신분제의 깊은 뿌리와 남녀유별의 전통문화 속에서도 여성들이 선택할 수 있는 전문 분야로서 성공적으로 안착했다. 이는 커틀러의 보고에서도 확인된다. 그는 "우리 학교 출신 간호원들에 대한 평판은 아주 좋습니다"라고 보고하면서 서울과 지방 도시에 사는 외국인 가정은 물론이고 한국인 가정에서도 이들에 대한 방문 요청이 급증하고 있음을 고무적으로 평가했다. 사회적 요구에 부응할 만큼 간호 인력이 확보되지 못함을 아쉬워할 정도였다. 민족운동의 요람이었던 상동청년학원이 여성들을 위해 발행한 순한글 월간저널 「가정잡지」에는 보구여관 간호학교가 이렇게 소개되었다.

> 서울 대정동에 보구여관이라는 여병원이 있는데 각색 병든 여인들을 지성껏 잘 보아주며 또 그 병원 안에 합설한 간호원 양성학교 있으니 이 학교에서는 다른 학교와 같이 지리, 역사 같은 것을 가르치는 학교가 아니라, 총민한 여자를 뽑아 각색 병 치료하는 법을 눈으로 보고 귀로 듣고 손으로 행하여 시시로 배우게 하며 병 종류를 나누고 일 등분을 분별하여 열심히 가르치며 그 외에도 여러 고명한 의원과 선생을 청하여 좋은 공부를 많이 시키더라. …… 우리나라에서 이런 공부를 하면 다른 나라에서보다 더 귀하고 좋겠으니 장성한 여자들과 젊으신 여인들은 좋은 때를 허송치 말고 이런 학교에 많이 가서 시험하여 보고 공부를 부지런히 하여 우리나라 여인들도 같이 좋은 일들을 많이 하기 바라나이다.[36]

에드먼즈가 3년간 애쓴 덕분에 간호학교는 의료 기술을 가르치는 단순한 직업학교의 의미를 넘어 사회적 가치를 전수하는 교육기관으로 부각되기 시작했다. 이는 간호사를 전문 지식을 갖춘 여성으로 인정함과 동시에, 간호학교에 대해서도 여성들이 사회적 주체로서 가족과 민족공동체를 위한 활동에 적극 참여할 수 있도록 돕는 교육기관으로 기대를 모았음을 보여준다.

## 1905년 간호 수련생들과 일본 적십자병원을 견학하다

에드먼즈가 간호학교를 시작한 시점은 한국의 운명이 깊은 수렁으로 빠져들던 때였다. 주변국들의 먹잇감으로 전락한 한반도는 청일전쟁에

36 「가정잡지」(1906. 9.), 31-32.

이어 러일전쟁까지 겪으며 급속히 무너져내렸다. 치안은 불안했고 출구는 보이지 않았다. 마치 끝을 알 수 없는 길고 캄캄한 터널 속을 하염없이 걷듯 어둠이 불러들이는 두려움과 절망감이 한반도 전체를 지배했다. 에드먼즈는 혼란 중에도 흔들림 없는 보폭을 유지하며 간호학교의 기틀을 마련해나갔다. 동시에 한국의 미래가 될 학생들의 지속 성장을 위해 더 많은 기회를 만들어내고자 애썼다. 수련생들도 마음을 다잡고 하나라도 더 배우기 위해 큰 도전을 마다하지 않았다. 아니, 국가적 위기감이 더해질수록 학생들의 향학열은 더욱 강하게 불타올랐다.

에드먼즈가 수련학생들과 동행하여 국제 수준에 이른 일본 병원을 방문한 것도 한국이 일본의 보호국으로 전락한 1905년이다. 그해 8월 간호원장인 에드먼즈가 일본 병원을 방문할 계획을 밝히자 간호 수련생 2명이 여행 비용을 스스로 감당하겠다며 동행을 강하게 요청했다. 1906년 보고서에 따르면, 이들은 나가사키, 오메라, 고쿠라에 있는 군인 병원과 민간병원을 먼저 둘러보고, 미감리교 여성해외선교회가 운영하는 여학교와 맹인학교 그리고 다른 곳들도 함께 방문했다. 학생들은 하나라도 더 눈에 담아가려고 애썼다. 50개가 넘는 병실을 보유한 한 병원을 견학한 에피소드는 그들의 열정이 얼마나 강했는지 짐작하게 한다. 방문했던 병실 안을 기억해내는 퀴즈를 냈는데, 동행한 학생들이 상세히 설명하는 것을 보고 에드먼즈가 경탄할 정도였다. 보고서는 이들이 "스스로 더 많이 알게 되고 더 능률적인 간호원이 되었을 뿐만 아니라 근무지에 남았던 동료들에게 많은 것을 전해주었다"고 당시 상황을 의미 있게 전했다.[37]

---

37 "Nurses Visit Japanese Hospitals", *Po Ku Nyo Koan Report with Addenda, Seoul*, 1906, 7.

에드먼즈는 환경이 여의치 않아 작은 공간에서 작은 규모로 간호학교를 싹틔웠지만, 국제사회의 흐름을 적극 수용해 수준 있는 교육기관으로 발전시키고자 노력했다. 일본이 한국의 적국이 되었음에도 불구하고, 학생들과 기꺼이 동행해 이들의 눈과 귀를 열어주고 일본 의료계를 직접 보고 경험할 수 있도록 기회를 제공한 이유이다. 위기를 기회로 바꾸는 지혜와 학생들에 대한 믿음이 없었다면 불가능한 일이었다.

## 처음 선보인 예모식, 신여성의 등장을 예고하다

1906년 보구여관은 의미 있는 역사의 한 페이지를 썼다. 한국의 가장 큰 명절인 설날(1월 25일)을 맞아 첫 예모식(capping ceremony)을 가졌다.[38] 이는 일정 단계의 교육과정을 완수한 수련생들에게 간호모를 수여하는 의식으로 '가관식'이라고도 불렀다. 전문 분야의 수련 과정을 성공적으로 통과했다는 것을 공식적으로 인정하는 의미로 예모식은 개인에게 매우 영광스러운 자리였다. 뿐만 아니라 전문인으로서의 능력과 역할을 공동체가 존중할 것을 공식적으로 확인하고 결단하는 자리이기도 했다. 이날의 주인공은 이그레이스와 김마리아였다. 공식적인 학제로는 3년 과정을 마친 후에 예모식이 이루어지는 것이었으나, 두 사람의 경우는 개교 이전부터 간호사로 활동해온 점이 인정되어 2년 만에 예모식의 첫 주인공이 되었다.

첫 예모식은 보구여관 진료 대기실에서 조촐하게 진행되었다. 메리

38 Mary M. Cutler & Margaret J. Edmunds, "Training School for Nurses", *Po Ku Nyo Koan Report with Addend, Seoul*, 1906, 15.

스크랜턴이 사회자로 나섰고 간호원장인 에드먼즈가 간호모를 수여했다. 감리교 의료 선교사들이 주로 참석했고, 세브란스병원 의사 애비슨, 한국인 목사 최병헌 등이 초대되어 새 역사를 시작한 간호학교를 응원했다. 이후 음력 설날에 예모식을 갖는 새로운 전통이 생겨났다. 이 전통은 한동안 이어졌다.

1907년 1월 30일에 열린 2회 예모식은 새로 출범한 세브란스병원 간호학교와 함께하는 행사로 기획되었다. 예식은 제3의 공간인 정동제일교회 예배당에서 진행되었다. 선교사들을 비롯한 외국인들과 한국인들 300여 명이 참석했다. 세브란스의학교 학생들과 룰루 프라이(Lulu E. Frey), 하란사 등 이화학당 교사들이 행사 진행을 도왔다. 닥터 스크랜턴과 최병헌 목사가 예배를 집례했고 닥터 애비슨과 커틀러가 축하 연설을 했다. 예모식의 주인공은 김엘렌과 정매티였으며, 보구여관과 세브란스병원의 두 간호학교 원장 에드먼즈와 쉴즈가 각각 간호모를 수여했다. 두 주인공이 단 앞에서 무릎을 꿇고, 동료 수련간호사들이 에워싼 채 '봉사의 숭고함'을 상징하는 간호모가 이들의 머리 위에 씌워졌다. 「신학월보」 1907년 2월호는 "참으로 아름다워 이루 다 측량치 못하겠더라"고 예모식의 감동을 전했다. 이날 축하 연설을 맡은 감리교 선교사 조지 존스(George H. Jones)는 예모식의 의미를 이렇게 전했다.

> 기독교가 (한국에) 전래되기 전까지 여성은 부정할 수 없는 공동체의 일원임에도 불구하고 공동체에서 실질적인 일들을 금지당했다. 더 고결하고 더 유익한 삶에 이르는 많은 길들 중에 간호원보다 더 숭고한 봉사를 하는 집단은 없다.[39]

---

39 George H. Jones, "The Capping of the Nurses", *Korea Mission Field*, 1907. 4, 49.

「신학월보」에 존스의 연설이 한글로 소개되었는데, 이는 근대 사상을 수용한 한국의 지식인들이 간호학교의 예모식을 어떤 의미로 받아들였는지 간접적으로 전해준다.[40] 존스는 예모식이 두 가지 차원에서 큰 의미를 갖는다고 소개했다. 첫째, 간호모는 간호의 핵심 가치를 담은 상징이다. 인생에서 겪는 일곱 가지 극난 중 가장 어려운 것이 질병인데, 간호는 질병과 사투를 벌이는 사람들을 돕는 가장 고귀한 봉사라는 것이다. 둘째, 한국 간호사의 탄생에 대한 역사적 의미이다. 유교를 숭상한 한국에서는 '관혼상제'가 가장 중요한 의식인데, '관(갓)'은 권위를 상징하는 것으로 오로지 남성들에게만 허락되었다. 그러나 이제 한국 여성들도 관을 쓸 수 있는 새로운 시대가 열렸다는 것이다. 예모식이 그 증거이며 상징이라고 강조했다. 한마디로 여성도 공동체를 위해, 공공의 가치를 위해 일할 수 있으며, 그 기회와 공간이 열렸다는 것이 예모식이 주는 가장 큰 의미였고 가장 큰 메시지였다. 예모식이 한국에서 여성 전문직의 첫 출발을 알린 공식적이고 상징적인 이벤트가 된 셈이다.

2회 예모식은 한국 여성들의 위상이 달라지고 있음을 직접 확인하는 자리이기도 했다. 한국형 신여성의 등장을 예고한 두 종류의 특별 이벤트가 뒤따랐다. 첫째는 미국에서 문학사 학위를 받은 첫 한국 여성인 하란사가 메리 스크랜턴, 애비슨 선교사부인과 나란히 간호학교 명예회원이 된 것이다. 한때는 학생이었으나 이제는 동료로 나란히 섰다. 의료 전문가는 아니었지만, 세 사람은 강의와 교과서 번역을 돕는 등 간호학교를 위해 적극 협력하고 헌신했다. 둘째는 1회 예모식의 주인공 중 한 사람인 이그레이스의 결혼식이었다. 불행했던 과거와 완전히 결별하고 새 출발을 하는 자리로, 결혼 상대는 감리교 목사인 이하

40 조지 H. 존스, "간호원 례모식", 「신학월보」(1907. 2.).

영이었다. 두 사람의 혼인 이야기는 결혼식 전부터 보구여관에서 큰 화젯거리였다. 영문 보고서에도 여러 차례 소개될 정도였다.

> 그녀의 결혼식과 한국의 일반적인 결혼식의 차이점은 청년이 유니폼을 입은 간호원에게, 그것도 의사 앞에서 직접 청혼했다는 사실에 있다. …… 십중팔구 한국 역사에서 훌륭한 젊은 여성을 자신의 아내로 삼고 싶어 하는 남성에게 감히 찬성이든 반대든 진지하게 자신의 입장을 표현한 일은 유례가 없을 것이다. 나는 그 한국인 간호원이 구혼자에게 매우 부드럽지만 단호하게, 간호원 양성학교를 졸업하기 위해 자신이 수년간 준비해왔다는 것을 알리고 이제 졸업을 앞두고 있다고 설명하게 된 것이 기쁘다.[41]

두 사람이 결혼에 이르게 된 과정은 한국의 풍속도가 크게 달라지기 시작했음을 상징적으로 보여주었다. 두 사람은 결혼 전 서로 얼굴을 마주해서는 안 된다는 오랜 공식을 깨고, 직접 얼굴을 마주보고 서로의 의사를 확인한 후 결혼하게 되었기 때문이다. 결혼 전 서로 만나 의사를 확인하는 것은 오늘날 매우 당연한 일이지만, 당시는 이를 상상조차 할 수 없었다. 더욱이 이그레이스는 노비 출신이었다. 두 사람 사이에는 신분의 벽이 가로막고 있었다. 그럼에도 불구하고 이하영은 직접 보구여관을 방문해 서양 의사 앞에서 공개적으로 이그레이스에게 청혼했다. 이그레이스는 생각할 시간을 요청한 후 수련 과정을 모두 마친 후에야 결혼할 수 있다는 의사를 당당히 밝혔다. 남성이 공개적인

---

41 Margaret J. Edmunds, "Training School for Nurses", *Annual Report of the Korea Woman's Conference*, 1907, 20-21.

간호복을 결혼 예복으로 입은 이그레이스(1907년)
[GCAH 제공]

자리에서 직접 청혼한 것도 놀라운 광경이었지만, 침묵과 복종만을 미덕으로 배운 한국 여성이 직접 자신의 의사를 결정하고 밝히며 자신의 학업을 우선하는 선택을 요청한 것은 더더욱 놀라운 일이었다. 이 사건은 보구여관과 간호학교가 근대 사상과 문화를 공유하는 채널이 되어 남성과 여성의 사회적 관계까지 변화시키고 있음을 보여준 예이다. 한마디로 보구여관과 간호학교는 단순한 의료 기관을 넘어 근대 문물과 신 문화의 플랫폼 역할까지 했다. 이그레이스는 역사상 처음으로 간호복을 결혼 예복으로 입고 결혼한 인물이 되었다. 이그레이스와 결혼할 수 있게 된 이하영은 아내의 요청대로 수련 과정이 일단락되기까지 4개월 반을 더 기다린 끝에 신부를 가마에 태워 함께 집으로 돌아갔다. 이들에게 2개월 휴가가 주어졌다.

간호의 길을 개척한 간호 수련생들에게 기쁜 일만 있었던 것은 아니다. 사랑하는 동료를 잃는 아픔도 겪었다. 2회 예모식의 주인공 중 한 사람이었던 정매티가 갑작스런 질병으로 그해 4월 죽음을 맞았다. 그의 오빠의 특별 부탁으로 미리 만든 간호복이 장례식 예배의 빈 의자에 놓였다. 동료 수련생들과 교사들은 그가 "지난 1월엔 지상의 면류관(간호모)을 받았고, 4월에는 영광의 면류관을 받았다"며 이별하는 슬픔을 서로 위로했다. 한국인 동료들은 그를 오래도록 기억하기 위해 그의 이름으로 병원 침대를 기증하기도 했다. 그해 보고서에 에드먼즈는 이렇게 썼다.

> 한국에 있는 우리에게는 거대하지만 결코 좌절할 수 없는 과업이 있다. 여성의 수준은 날로 높아진다. 그러니 우리 일어나 행동하자. 어떠한 운명에도 굴하지 않는 마음으로 계속해서 성취하고, 계속해서 추구하면서, 땀 흘려 일하고 기다리는 법을 배우자.[42]

1907년 보고에 따르면, 개교 이래 입학 허가를 받은 학생은 총 32명에 이른다. 입학생은 21~31세로 연령 제한을 두었는데, 한국 여성이 30명이었고 일본 여성이 2명이었다. 그중 15명이 수습 과정을 거쳤고, 7명만이 적임자로 인정받았다. 3년 과정을 마치기 전, 1명(정매티)이 근무 중 사망했고, 나머지 2명은 중도 포기했다. 이러한 통계는 초기에 간호교육이 얼마나 엄격하게 이루어졌는지 말해준다.

## 세브란스병원 의료진과 함께 의병들을 치료하다

간호의 가치와 존재감이 가장 빛을 발하는 곳은 고통 한가운데이며 죽음과 마주한 순간일 것이다. 간호 수련생들이 한국 사회에서 주목받기 시작하고 자신들의 존재감을 유감없이 발휘한 것은 1907년이다. 을사늑약에 이어 정미7조약으로 군사력까지 일본에 내준 치욕의 해였다.

---

42 Margaret J. Edmunds, "Training School for Nurses", *Annual Report of the Korea Woman's Conference*, 1907, 22-23.

이에 저항하여 전국에서 의병운동이 일어났고, 수도 한복판인 서울 남산에서도 치열한 전투가 벌어졌다. 당시 상황을 가장 가까이에서 지켜본 애비슨의 증언이다.

> 러일전쟁 후 일본인에 대한 한국인의 적개심은 더욱 높아졌다. 소수의 군인이 중심이 되어 항일 조직을 결성하고 전국을 순회하며 한국 동포들에게 일본에 굴하지 말 것을 호소했다. 이들을 의병이라 지칭했는데, 구성원은 한국 군대의 잔류병과 반일 감정으로 단단히 무장된 민간인들이었다. 이들은 점차 무리를 지어 전국을 누볐고, 일본군은 이들을 소탕하기 위해 추격전을 벌이게 되었다. 일본군의 소탕 작전은 대체로 성공했다. 남은 것은 서울의 남대문과 서소문 사이의 성안에 진을 치고 있는 한국군 1개 연대 병력뿐이었다. 일본 당국은 이 연대도 해체시키기로 작정했다.[43]

청일전쟁과 러일전쟁을 거치며 막강 군사력으로 무장한 일본군에 무기 하나 제대로 갖추지 못한 한국 의병은 속절없이 무너졌다. 죽음으로 끝까지 저항했지만 처음부터 이길 수 없는 싸움이었다. 한국 의병들은 치명상을 입고 신음했고, 처참하게 죽어갔다. 8월 1일 아침, 남산에서 마지막 전투가 있었다. 남대문에 자리한 세브란스병원 근처까지 총알이 날아들었다. 그날 전투가 얼마나 치열했는지와 관련하여 세브란스병원에서 부상병들을 직접 치료한 애비슨과 에드먼즈 등 의료 선교사들이 자세한 기록을 남겼다. 증언록을 종합해보면, 전투는 아침 8~9시경 시작되었다. 에드먼즈는 8시 10분경, 애비슨은 9시경, 쉴즈는 8시 30분경으로 기록하고 있다. 치열한 전장을 뚫고 들어가 한국인

---

43 Oliver R. Avison, 『구한말 40여년의 풍경』, 497-498.

부상병들을 병원으로 직접 데려온 애비슨은 당시 상황을 비교적 상세히 기억했다. 그날 아침 한 무리의 일본군 장교들이 한국군 진지에 들이닥쳤고 책임 장교를 불러내 최후 통첩으로 해산 명령서를 내놓았다. 모욕적 행동에 분노한 한국 장교는 그 자리에서 명령서를 찢어 땅바닥에 내동댕이치고 항거의 표시로 자결했다. 부대장의 죽음에 분노한 부대원들은 일본군에 맞섰고, 이 소식을 전해들은 일본 정부는 병력을 보내 진압을 시도했다. 이를 예측한 한국군은 문을 모두 잠그고 입구마다 바리케이트를 쳤다. 일본군은 영안으로 진입하려고 안간힘을 썼다. 애비슨의 이어진 증언이다.

> 우리 병원은 그곳에서 멀지 않았다. 아침 9시경 우리들은 남대문 가까이에서 울리는 총성을 들었다. 병원과 막사 사이에 남대문이 위치하고 있었기 때문이다. 병원에서 건너다보니 일본 군인들이 남대문 위쪽에서 막사를 향해 기관총을 겨냥하고 있었다. 남대문 주위에 몰려 있던 많은 한국군 군졸들이 병원 건너편에 있는 서울역 쪽으로 달아났다. 군인들이 총격을 피해 병원 마당으로 뛰어들어오기도 했으므로 그들을 통해 무슨 사태가 일어났는지 들을 수 있었다. …… 얼마 후 한국군 병사들이 병영을 떠나 성벽을 뛰어넘어서 남산으로 기어올랐다. 우리는 그들이 도망하는 것이라고 생각했는데, 알고 보니 우리의 짐작은 틀렸다. 서울역에 자리잡은 일본군들보다 높은 곳에 진을 치고 공격하려는 것이었다.[44]

애비슨은 서둘러 병원 직원들을 소집했고 한국군 부상자들을 병원으로 옮길 지원자를 요청했다. 일본군 부상자는 일본 당국이 알아서 처리

---

44 Oliver R. Avison, 『구한말 40여년의 풍경』, 498-499.

할 것이라고 판단했다. 병원 직원들은 하나도 빠짐없이 모두 자원했다. 심지어 병원에 고용된 인부들까지 들것을 들고 따라나섰다. 병원 뜰에서는 여선교사들, 선교사부인들, 한국 간호사들이 적십자 표지를 만들어 지원자들의 셔츠 소매에 꿰매주기 시작했다. 하늘에서는 장맛비가 쏟아졌다. 애비슨과 병원 직원들은 빗속에서 부상자들을 운반하느라 온몸이 흙탕물에 젖고 피범벅이 되었다. 의료진들까지 크게 다친 줄 알고 선교사부인들이 깜짝 놀랄 정도였다. 전투는 오전 내내 계속되었다.

병원으로 실려온 부상자들은 50명가량 되었다. 이들을 데려오는 것도 쉽지 않았다. 일본군은 적십자 표시를 보고는 막사로 가는 길을 터주었으나, 부상병들은 이미 부대를 떠나 민가로 숨어든 경우가 많았다. 민가에서는 하나같이 이들을 숨겨두고 내놓지 않았다. 물어도 모른다고 잡아떼기 일쑤였다. 혹여 일본군에게 넘겨줄까 두려워 가까이 접근하는 것조차 악착같이 막아섰다. 한참을 설득하고 여러 차례 안전을 약속한 후에야 부상병들을 내주었다. 부상병들은 치명상을 입어 대부분 수술이 필요했지만 수술대는 2개뿐이었다. 결국 신음하는 부상병들은 마루에 눕혀진 상태로 수술 순서를 기다릴 수밖에 없었다. 의료진도 턱없이 부족했다. 닥터 제시 허스트(Jesse W. Hirst)와 간호원장 쉴즈가 때마침 휴가로 병원을 비운 상태였다. 애비슨은 보구여관에 전갈을 보내 에드먼즈에게 긴급 지원을 요청했고, 세브란스의학교 학생들의 도움을 받으며 그날 늦은 밤까지 쉬지 않고 수술했다. 다행히 허스트와 쉴즈도 심상치 않은 예감에 예정보다 일찍 돌아왔다. 쉴즈를 대신해 간호 지휘를 한 에드먼즈는 당시 상황을 이렇게 보고했다.

> 발포된 양으로 판단하건대, 치열한 공방전이 계속되었다. 총성이 멈추기 전 한 장로교 의사(애비슨)와 동역자들이 손으로 수레를 끌고 전투 현

장으로 갔다. 곧 감리교 남선교사가 우리가 안전한지 알아보려고 위험을 감수하고 작은 병원으로 왔다. …… 이 형제를 통해 장로교 병원(세브란스병원)에서 만일 감리교 병원(보구여관) 직원의 봉사가 필요하면 우리는 준비하고 있겠다는 말을 전했다. 메시지에 대한 답변이 도착했다. "즉시 오라." 인력거 4대를 불렀다. 우리의 의사(커틀러), 간호원장(에드먼즈), 2명의 상급반 학생간호원이 올라탔다. 극한 슬픔에 빠진 이들과 하나가 된 듯 하늘도 울고 있었다.[45]

아침부터 들려오는 총성에 심상치 않은 기운을 느낀 에드먼즈는 학생간호사들과 함께 만일의 사태를 대비해 부상당한 병사들을 치료할 수 있도록 만반의 준비를 했다. "공중에 날아다니는 총알 소리에 맞추어" 병원 청소까지 해두고 대기했다. 덕분에 애비슨의 긴급지원 요청을 받고 즉시 합류할 수 있었다. 고통의 공감은 일상의 벽도 한순간에 뛰어넘게 하는 힘이 있다. 생사를 넘나드는 전쟁터가 된 서울 한복판에서 에드먼즈는 간호사로서 평생 잊지 못할 순간을 경험했다. 종각의 종이 자정을 알리기 전, 부상자들의 수술이 모두 끝났다. 환자 가족들은 죽음의 시간을 돌아 나오는 경황없는 상황에서도 의료진의 수고와 헌신을 잊지 않았다. 얼마나 고마워하는지 큰 감동이었다. 에드먼즈는 그 순간을 "보기 드문 특권"이라고 표현하며, 휴가를 떠나 그 자리에 함께 하지 못한 쉴즈를 애석하게 여길 정도였다.[46] 사선을 넘나든 환자와 환자 가족들, 의료진들 사이에는 죽음의 계곡을 함께 헤쳐나온 동지로서 일반의 경계를 훌쩍 뛰어넘는 차원 다른 하나 됨의 순간이 있는 듯하

45 Margaret J. Edmunds, "Pioneer Nursing", 1907. 8. 23.

46 Margaret J. Edmunds, "Pioneer Nursing", 1907. 8. 23.

다. 그 경험이 평생을 의료인으로 살게 하는 힘인지도 모른다.

신무기를 장착한 일본군에 맞서 맨몸으로 사투를 벌인 의병들의 저항은 처음부터 승리를 기대한 싸움이 아니었다. 생명을 담보로 한 싸움이었다. 그 길의 운명이 어떤 것인지 확인하는 데는 오랜 시간이 걸리지 않았다. 치료를 시작한 지 8일 정도 지나자 한국 정부를 손아귀에 넣은 일본 정부의 명령에 따라 부상자들은 병원을 떠나야 했다. 애비슨의 증언이다.

> 며칠이 지났던가. 서울지구 일본군 위수사령관으로부터 달갑지 않은 편지 한 통이 날아들었다. 자기네 군병원에서 한국군 부상병을 이감시킬 준비가 되었으므로 적절한 시기에 사람을 보낼 테니 부상병을 인도하라는 내용이었다. 속셈은 뻔했다. 회복되는 대로 처벌하겠다는 것이었다. 그들을 인도하던 날, 우리는 침울했다. 떠나는 병사들도 울고, 보내는 한국 간호원들도 울었다.[47]

죽음의 시간을 함께 건너며 가까스로 살려낸 환자들을 다시 적의 손에 넘겨주어야 하는 현실은 너무나 잔인한 것이었다. 생명을 살리는 것 외에 달리 어떤 선택을 할 수 없었던 의료진은 함께 눈물 흘리며 이를 지켜볼 수밖에 없었다. 에드먼즈는 당시의 무력함을 이렇게 고백했다.

> 우리 한국인 병사들이 병원을 떠날 때 우리 모두는 대단히 슬펐다. 한 가여운 군인은 남게 해달라고 빌면서 울었다. 그 슬픈 행렬이 천천히 병원을 떠나 인력거나 들것에 실려서 알 수 없는 야영지로 운반되어 나갈

---

47 Oliver R. Avison, 『구한말 40여년의 풍경』, 501.

때, 우리는 "우는 자들과 함께 울" 수밖에 없었다.[48]

한국의 운명은 갈수록 더 깊은 수렁 속으로 빠져들었다. 그리고 그 고통의 몫은 고스란히 국민들에게 돌아갔다. 그럼에도 불구하고 역사의 수레바퀴는 어두운 길을 갈지언정 뒤로 가지 않았다. 그 걸음이 지체될 수는 있어도 한 걸음 한 걸음씩 앞을 향해 내디뎠다. '슬픈 행렬'의 순간에도 한국 사회는 새로운 역사를 써 내려갔다. 세브란스병원과 보구여관이 협력하여 부상당한 의병들을 치료하면서, 수세기 동안 미동도 하지 않았던 남녀 사이의 철벽이 한순간에 허물어지는 경험을 했다. 누구도 예상치 못한 변화였다. 일찍부터 한국인 간호사 양성을 간절히 소원했으나 남녀유별이라는 거대한 벽에 부딪쳐 발만 동동 굴렀던 애비슨은 그 역사의 순간을 놓치지 않았다. 더욱이 그 순간은 동료 선교사와 '남녀칠세부동석(男女七歲不同席)'의 오랜 관습에 대하여 이야기를 나눈 지 불과 24시간도 채 지나지 않아 일어났기에 스스로도 놀라 입을 다물지 못할 정도였다. 당시 상황에 대한 그의 증언이다.

여성 간호원들은 남성 환자 돌보기를 꺼렸다. 남녀가 7세가 되면 같이 앉지도 못하는, '남녀칠세부동석'이라는 관습이 있었기 때문이다. 나이가 찬 여자는 집안 사람이 아니면 어떤 남자의 눈에도 띄어서는 안 된다는 풍습이다. 나는 어떻게 이 풍습을 타파할 수 있을까 하고 오랫동안 고심했는데, 그러던 중 한번은 나이 든 선교사 한 분과 이런 대화를 하게 됐다.
"그 관습을 깨려면 최소한 향후 20년은 더 걸릴 거요."
"너무 긴 세월 아닐까요?"

---

48 Margaret J. Edmunds, "Pioneer Nursing", 1907. 8. 23.

"그렇지요. 그러나 오래된 풍습이라 쉽게 변하지는 않을걸요."

그런데 이 대화가 있고 채 24시간이 지나기도 전에 그 변화가 일어났다.[49]

물론 변화는 거저 오지 않는다. 기적처럼 찾아든 변화는 다름 아닌 자신의 나라를 지키기 위해 끝까지 싸운 의병들의 목숨을 건 투쟁 끝에서 나온 것이었다. 이들의 의로운 싸움이 없었다면 애비슨이 토로한 대로 20년은 족히 기다려야 했을지도 모른다. 애비슨의 증언이 이어진다.

나는 전갈을 보내 감리교 여성병원에서 일하는 에드먼즈 양에게 병원의 간호원을 최대한 동원하여 긴급히 지원해달라는 쪽지를 보냈다. 앞뒤 사정은 절망적이었다. 우리 병원의 남성 조수들도 분주히 뛰었지만 일손이 턱없이 부족했다. 젊은 여성 간호원들은 한 번도 남성 환자를 돌본 적이 없었다. 처음에 이들은 모여 서서 수많은 부상병이 한꺼번에 누워 있는 엄청난 광경을 눈앞에 보면서 안타까워할 뿐이었다. 그러다 이 병사들이 바로 자기 민족을 위해, 아니 바로 거기 서 있는 자신들을 위해 싸웠다는 것, 그리고 누구의 손으로든 이들을 돌보아야 한다는 사실에 문득 생각이 미쳤다. 간호원 중 한 사람이 오랜 관습을 깨뜨렸다. 그러자 모든 간호원들이 너나 할 것 없이 그녀를 따라나섰다. …… 한국 여성 간호원들은 그날 밤 내내, 그리고 그 다음날도 종일 부상병들을 간호했다. 정신없이 일하느라 자기가 간호하는 환자들이 남성이라는 사실을 잊을 정도였다. 한 번 해본 일을 또다시 못할 것도 없었다. 또 그렇게 했다. 줄잡아 20년이 걸린다던 변화가 불과 24시간도 안 되어 이루어졌다.[50]

---

49 Oliver R. Avison, 『구한말 40여년의 풍경』, 497.

50 Oliver R. Avison, 『구한말 40여년의 풍경』, 500-501.

막다른 역사의 골목에서 새길을 연 것이다. 전혀 예상치 못한 변화 앞에서 역사의 선물을 받고 기뻐한 것은 애비슨만이 아니었다. 에드먼즈도 그 순간에 경험한 놀라움과 감동과 감격을 잊지 못했다.

> 이 경험은 한국 간호 역사에 획을 긋는 일이었다. 과거에는 집 안에만 갇혀 있던 여성들이 위기 속에서, 심지어 남성들 가운데 서 있을 수 있다는 것을 확신시킨 사건이었다.[51]

때로 역사는 예기치 않은 순간에 예기치 않은 얼굴로 새로운 시작을 보여주기도 한다. 그러나 역사에서 우연은 없다. 우연처럼 다가온 필연이 있을 뿐이다. 보구여관과 세브란스병원이 함께 일군 기적은 그냥 얻어진 것이 아니었다. 두 병원 간의 의료 협력은 하루아침에 이루어진 것이 아닐뿐더러 누군가의 의로운 선택은 현실을 뛰어넘는 또 다른 누군가의 용기를 부른다. 고통에 대한 깊은 공감과 고결한 죽음에 대한 뜨거운 감동은 심연의 바다도 한걸음에 건너게 하는 힘이 있다. 당시 세브란스병원의 의료진들을 돕기 위해 병원을 찾은 선교사부인 하지(J. W. Hodge)는 의연함을 잃지 않는 한국인 부상자들과, 위급한 상황에서도 침착함을 잃지 않고 신속하게 움직이는 의료진 및 간호사들에게 깊은 감동을 받았다. 그의 증언이다.

> 수술실에서는 모두가 활발하고 신속하게 행동했다. …… 누구라도 이 가여운 군인들이 발휘한 의연함에 강한 인상을 받지 않을 수 없었다. 많은 경우에 의사가 필요한 조치를 취할 수 있도록 부상병을 단순히 들어

51 Margaret J. Edmunds, "Pioneer Nursing", 1907. 8. 23.

올리는 것만으로도 극심한 고통을 유발했기 때문이다. …… 애비슨 의사와 그의 지시 아래 현지 직원들이 이루어낸 훌륭한 사역은 극찬하지 않을 수 없다. 흔히 한국인은 응급 상황에서 제대로 능력을 발휘하지 못한다고 말하는 자들에게, 나는 문제의 (이날) 오후에 세브란스병원에 있었더라면 좋았을 것이라고 말하겠다. 왜냐하면 각자 모두가 동포의 고통을 완화시키기 위해 쉬지 않고 노력하고 있었기 때문이다. 특히 한국인 여성 간호원들의 지칠 줄 모르는 기력과 능력은 칭찬받아 마땅하다. 반대 성인 남성들에 대한 간호와 관련하여 평상시 한국인 여성들이 움츠리고 과묵한 점을 고려하면, 철저한 훈련과 기독교적 가르침의 영향이 얼마나 컸는지 알 수 있다. 그로 인해 한국인 여성 간호원들은 서구의 최고 능력을 가진 간호원들에게도 힘든 일들을 아주 훌륭하게 해낼 수 있게 되었다.[52]

하지의 생생한 증언은 에드먼즈가 출범시킨 간호학교가 한국 근대사에서 얼마나 중요한 역할을 했는지 잘 보여준다.

## 첫 졸업간호사가 된 김마르다와 이그레이스

개교 5년째를 맞은 1908년은 보구여관만이 아니라 에드먼즈 개인에게도 큰 변화가 찾아든 해였다. 간호교육의 개척자요 간호학교 창립자인 에드먼즈가 선교사직을 사임하고 결혼을 선택하면서 학교를 떠나게 되었다. 이것이 중요한 변화의 전환점이 되었음은 물론이다. 그해

52 Mrs. J. W. Hodge, "A Glimpse of the Wounded in the Severance Hospital", *Korea Mission Field*, 1907. 8, 122-123.

가을 장로교 선교사 윌리엄 해리슨(William B. Harrison)과 결혼한 에드먼즈는 남편을 따라 임지를 목포로 옮겼고, 1928년 한국을 떠날 때까지 장로교 소속 선교사부인으로 활동했다. 자연스럽게 감리교와도 이별을 고했고, 이후 감리교 기록에서도 사라지게 되었다.

2대 간호원장은 알타 모리슨(Alta I. Morrison)이 맡았다. 모리슨도 디커니스운동에 참여한 간호사로, 내한 전 미국 샌프란시스코에서 아시아 이민자들, 특히 중국인과 한국인을 위해 일한 인물이다. 모리슨은 그해 2월 서둘러 내한했다. 에드먼즈가 결혼을 위해 캐나다 방문을 계획했기 때문이다. 에드먼즈는 간호학교가 모리슨의 리더십 아래서 새롭게 비상할 수 있도록 학교를 떠나는 마지막 순간까지 안간힘을 다했다.

우선 에드먼즈는 어렵게 닻을 올린 간호교육이 난파되지 않고 순항할 수 있도록 안전판을 마련했다. 1908년 3월 20일, 함께 손발을 맞춰온 쉴즈와 '대한졸업간호원회(The Graduate Nurses' Association in Korea)'를 출범시켰다. 이화학당에서 진행된 창립 회의에는 쉴즈, 에드먼즈, 모리슨, 모드 라이스(Maud Rice), 사라 홀먼(Sarah Hallman) 등이 정회원으로, 간호교육에 큰 관심을 가진 5명이 준회원으로 참석했다. 한국에서 탄생된 첫 간호협회였다. 구성원은 모두 외국인 선교사들이었다. 한국인 졸업간호사가 배출되기도 전, 외국인으로 구성된 간호협회가 발족되어 먼저 활동을 시작한 셈이다. 협회를 조직하는 과정에서 주도적 역할을 한 에드먼즈는 선교사직을 그만두기에 더 이상 참여하기 어려웠다. 대신 모리슨이 그 역할을 이어받아 회장인 쉴즈를 도우며 적극 협력해나가도록 길을 열어주었다. 그리고 이듬해인 1909년 10월 7일 열린 첫 연례 회의에는 쉴즈, 모리슨, 크리스틴 캐머런(Christine H. Cameron), 엘라 버피(Ella P. Burpee), 조세핀 캠벨(Josephine P. Campbell) 등이 정회원으로 참석했다.

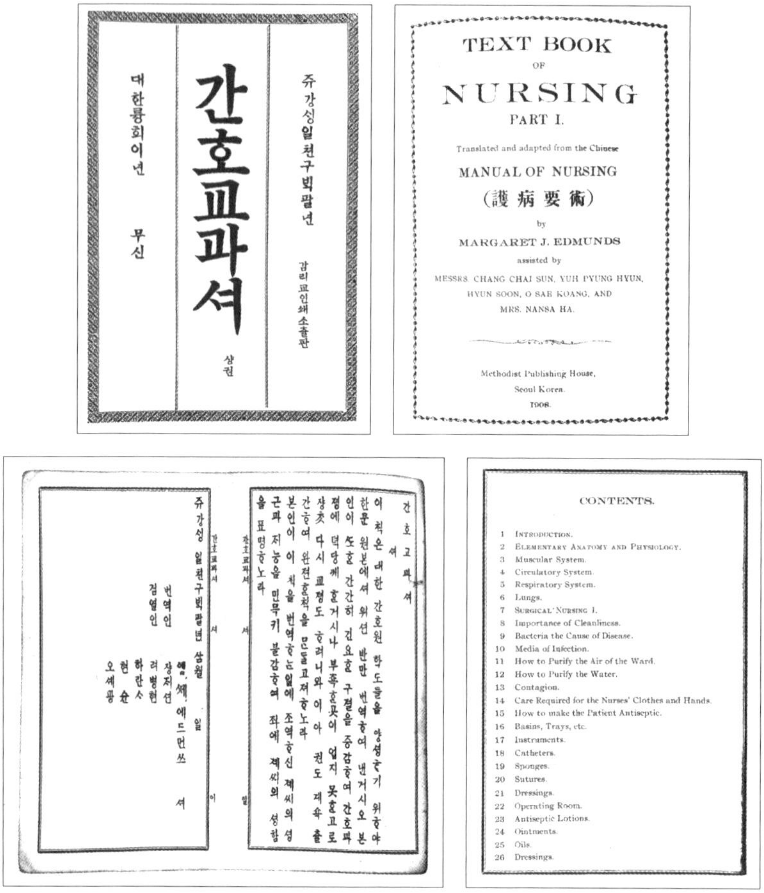
쥬강싱일쳔구빅팔년 감리교인쇄소출판

간호교과셔 상권

대한륭희이년 무신

TEXT BOOK OF NURSING PART I.

Translated and adapted from the Chinese MANUAL OF NURSING (護病要術)

by MARGARET J. EDMUNDS

assisted by MESSRS. CHANG CHAI SUN, YUH PYUNG HYUN, HYUN SOON, O SAE KOANG, AND MRS. NANSA HA.

Methodist Publishing House, Seoul Korea. 1908.

CONTENTS.

1 INTRODUCTION.
2 ELEMENTARY ANATOMY AND PHYSIOLOGY.
3 Muscular System.
4 Circulatory System.
5 Respiratory System.
6 Lungs.
7 SURGICAL NURSING I.
8 Importance of Cleanliness.
9 Bacteria the Cause of Disease.
10 Media of Infection.
11 How to Purify the Air of the Ward.
12 How to Purify the Water.
13 Contagion.
14 Care Required for the Nurses' Clothes and Hands.
15 How to make the Patient Antiseptic.
16 Basins, Trays, etc.
17 Instruments.
18 Catheters.
19 Sponges.
20 Sutures.
21 Dressings.
22 Operating Room.
23 Antiseptic Lotions.
24 Ointments.
25 Oils.
26 Dressings.

에드먼즈가 발행한 『간호교과서』(1908) 겉표지와 속표지, 서문, 차례
[동은의학박물관 제공]

에드먼즈가 수행한 또 하나의 중요한 미션은 첫 한글 간호 교과서를 발행한 일이다. 같은 해 3월 감리교 인쇄소를 통해 나온 『간호교과서(상권)』가 그 열매이다.[53] 미국의 간호 교과서였던 클라라 윅스의 책

53 1910년 하권이 발간된 『간호교과서』는 역사적 가치를 인정받아 2016년 등록문화재 제658호로 지정되었다. 현재 장로교신학대학교 도서관이 소장하고 있다.

*Textbook of Nursing*의 한문 번역판인 『호병요술(護病要術)』(1905)을 전반부만 한글로 번역한 책이었다. 장재선이 초역을 맡았고, 에드먼즈가 영어 원문과 비교하며 한국 상황에 알맞게 편집했다. 그리고 최종 단계로 한글, 영어, 한문 등 세 언어가 모두 가능한 여병현, 하란사, 현순, 오세광이 감수했다. 한마디로 한국의 첫 한글 간호 교과서는 세 언어를 거쳐 탄생된 셈이다. 에드먼즈의 단독 저술이 아닌 집단지성의 열매였으나, '에드먼즈 지음'으로 출판될 만큼 그의 역할이 적지 않았다. 번역과 편찬을 주도한 것은 물론이고 출판도 자비로 진행했다. 에드먼즈는 내한한 지 5년 만에 학교를 떠났지만, 그의 헌신과 공헌은 결코 작지 않았다.

에드먼즈와 이별하게 된 것은 큰 아쉬움이었지만, 그해에는 한국 간호교육에 영원히 기억될 역사가 쓰여지기도 했다. 처음으로 한국인 졸업간호사 2명을 배출한 것이다. 본래 졸업식은 에드먼즈가 떠나기 전인 봄에 계획되었으나, 질병 등의 예기치 않은 문제가 발생해 그해 늦은 가을인 11월 5일 진행되었다. 이로 인해 에드먼즈는 첫 졸업식에 함께하지 못했다.

첫 한국인 졸업간호사에 이름을 올린 두 주인공은 가장 먼저 예모식을 가진 이그레이스와 김마르다였다. 앞서 소개했듯이 두 사람은 절망적 상태의 환자로 보구여관에 첫발을 들여놓았다. 그 후 간호교육의 첫 수혜자가 되었고 마침내 한국 간호의 개척자로 우뚝 섰다. 보구여관을 처음 찾았을 때 김마르다는 인권의 사각지대에 놓여 어떤 법적 보호도 받지 못했던 한국 여성의 대명사와도 같았다. 남편의 지속적인 학대로 코와 오른손 손가락이 잘려나갔고, 아이들마저 모두 빼앗긴 채 버림받았다. 이그레이스는 다리에 장애를 가진 노비 소녀였다. 뼈가 괴사해 더 이상 거동을 못하게 되자 주인에게 버림받았다. 1897

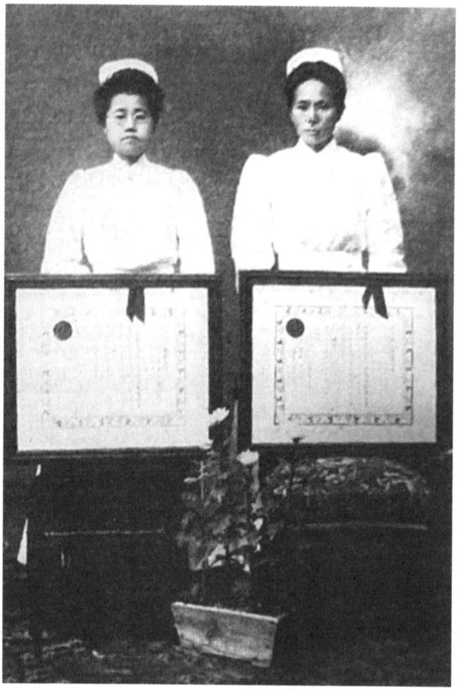

첫 졸업간호사가 된
이그레이스(왼쪽)와 김마르다(1908년)

년 감리교 선교 보고서에는 "상처투성이에 다리를 절며 마루를 간신히 기어 다닐 정도"였다고 기록되어 있다.

가족도, 돌아갈 곳도 없던 두 여성은 보구여관 의료진의 배려와 노력으로 건강을 회복했고, 환자들의 식사와 세탁물을 담당하는 직원으로 병원 일을 시작했다. 그러나 이들은 여기에서 멈추지 않았다. 성실한 인내와 재능으로 환자 간호에 두각을 드러내기 시작했다. 에드먼즈가 감탄할 정도였다.

이 젊은 여성(이그레이스)은 병동 관리자로서 뛰어나게 일을 잘하고, 병원 시트를 만드는 일을 기쁘게 계획하고 도우며, 재봉틀 사용법을 배우고, 시험을 치면 수석을 차지하고, 연고를 섞을 수 있고, 가루약을 보기 좋게 바르며, 일반적인 약의 무게를 달고 측정한다. …… 그녀는 천성적으로 동정적이고, 인정이 아주 많으며 관대하다. 그녀는 손놀림이 놀랄 만큼 능란하고, 가장 만족스러운 정확도를 가지고 삼베용 바늘이나 붕대를 다루며, 가난한 환경에서 성장하여 소량의 물건들을 활용하는 데 천재

적이다.[54]

이그레이스(1906년)
[옥성득 제공]

이그레이스가 간호 일을 처음 배우게 된 것은 15세였던 1897년이다. '복업'이라는 본명을 내려놓고 세례명인 '그레이스'로 살게 된 시점이다. 당시 황(여)메리가 보구여관에서 간호사로 활동하던 중 건강이 악화되어, 이그레이스가 그에게 기초 간호법을 배우기 시작했다. 이그레이스는 간호조력을 제대로 수행하기 위해 일과 학업을 병행하는 도전을 했다. 오후에는 진료소에서 일하고, 오전에는 이화학당에 다니며 기초 과목과 영어를 배웠다. 덕분에 간호학교 입학 전 이미 그는 유능한 간호조력자가 되어 있었다.

학교를 졸업한 후에는 졸업간호사 자격으로 보구여관에서 근무하다가 1910년 목사인 남편을 따라 평양으로 갔다. 그리고 자연스럽게 감리교가 세운 '2호' 여성병원인 평양 광혜여원에서 로제타, 커틀러와 다시 만나 5년간 근무했다. 수간호사로 의사 통역은 물론 수술 시 마취를 담당했다. 1913년 김마르다가 합류할 때까지 1인 3역을 해냈다. 이후로는 김마르다가 수간호사로 병동 담당을, 이그레이스가 로제타 홀의 진료를 도우며 왕진 담당을 맡았다.

평양에서도 이그레이스의 도전은 계속되었다. 평양자혜병원에서 산파 과목을 이수하고, 1914년 총독부가 발급하는 의생(의사)면허를 취득

54 Margaret J. Edmunds, "Training Native Nurses", *Korea Mission Field*, 1906. 8, 154.

3·1운동 100주년 기념으로 수원 박물관에 전시된 이그레이스 사진 (2019년) [수원박물관 제공]

하는 데 성공했다. 한국 여성으로서 일본 정부가 발급한 면허를 취득한 것은 이그레이스가 처음이었다. 이를 기반으로 서울에서 3년간 개인병원을 운영할 수 있었다. 1919년 이후에는 일제의 지속적인 감시 아래 놓였던 남편을 대신해 생계를 꾸렸다. 남편 이하영 목사는 민족운동가로 수원 삼일학교를 설립했으며 3·1운동을 주도한 혐의로 평양형무소에 투옥되었다. 남편의 투옥 기간에 이그레이스는 고난을 함께한다는 뜻에서 콩밥을 지어 자녀들과 함께 먹었다는 일화가 전해진다. 강릉으로 옮긴 후에는 개인병원을 개원하고 여성과 어린이들을 치료하는 산부로 활동했다.

김마르다는 이그레이스보다 한발 앞서 보구여관과 인연을 맺었다. 하지만 그에 대한 정보는 알려진 것이 거의 없다. 의처증에 사로잡힌 남편에게 신체 일부를 절단당하는 등 극단적인 학대를 당했다는 이야기가 전부이다. 보구여관에서 요리, 세탁 등을 담당하다 기독교로 개종하고 간호 일을 배우기 시작한 것은 청일전쟁 어간이다. 사회 전반에 팽배했던 기독교에 대한 의구심과 적대

김마르다(1908년) [옥성득 제공]

감이 호감으로 바뀌며 급반전을 맞은 때였다. 일본의 외교력을 압도하는 서구 열강들이 선교사가 세운 교회, 학교, 병원을 보호하는 모습을 보고는 기독교를 새로운 피난처요 보호처로 인식하기 시작한 것이다. 달라지는 시대적 분위기 속에서 삶의 벼랑 끝으로 내몰린 김마르다도 자연스럽게 기독교에 호감을 갖게 된 것으로 보인다.

김마르다는 학습 속도가 빨랐다. 3년쯤 지난 1897년부터 자신을 기독교로 인도하고 간호의 기초를 가르쳐준 황메리와 함께 환자들에게 성경을 가르치고, 글을 모르는 조력자들에게 읽기와 쓰기를 가르쳤다. 또 병원 직원들을 돌보고 관리하는 사감 역할까지 거뜬히 해냈다. 간호학교를 졸업한 후에는 보구여관에서 수간호사로 근무하며 강의도 맡았다. 처음에는 일반간호학을, 1911년부터는 초급해부학과 생리학을 가르쳤다. 동대문에 릴리언 해리스 기념병원이 세워지자 부간호원장이라는 더 큰 책임을 맡았다. 1913년이 저물어갈 무렵엔 평양 광혜여원으로 근무지를 옮기며 어린 소년을 입양했다. 그리고 평양에서 아

에드먼즈, 커틀러, 김마르다, 이그레이스가 자녀들과 함께 찍은 사진(1920년 9월)

평양 광혜여원이 주관한 제4회 졸업식 기념사진(1913년)
[옥성득 제공]

이 하나를 더 입양했고 1920년까지 머물렀다. 그해 9월 에드먼즈, 김마르다, 이그레이스 등 세 여성이 오랜만에 만나 커틀러와 자신들의 자녀들과 함께 찍은 사진 한 장이 증거로 남아 있다.

이그레이스와 김마르다 이후의 졸업간호사들에 대한 기록은 거의 남아 있지 않다. 에드먼즈 이후 안정적인 체계를 갖추지 못했음을 짐작케 한다. 1909년 12월 3일 정동예배당에서 진행된 2회 졸업식에서는 김엘렌 홀로 졸업장을 받았다. 함께 수련했던 정매티가 예모식 직후 사망했기 때문이다. 3회 졸업식 기록은 없다. 4회 졸업식은 평양에서 진행되었다. 1913년 3월 7일 평양 광혜여원으로 파견된 이희망이 주인공이었다. 이희망은 기본교육을 받지 못하고 입학했던 다른 학생들과 달리, 이화학당을 졸업했기에 3학년으로 편입해 공부했다. 그가 졸업할 당시 1회 졸업생인 이그레이스는 광혜여원의 수간호사로 함께했으며, 서울에 있던 김마르다는 졸업식에 참석하기 위해 평양을 방문했다. 두 사람은 졸업간호사로 참석해 "학교의 간단한 역사"와 "학교의 미래"

서울 정동에서 진행된 제5회 졸업식 기념사진(1914년)
간호원장 나오미 앤더슨, 닥터 메리 스튜어트, 졸업생 이경선, 이메리, 이레나(위 왼쪽부터 시계방향으로)

라는 제목으로 각각 연설했다.[55] 특히 남산감리교회에서 진행된 졸업식에는 간호학생들뿐만 아니라 감리교와 장로교 구분 없이 기독교 여성들이 대거 초대되어 큰 잔치를 벌였다. 5회 졸업식은 1914년 5월 28일에 진행되었고 이경선, 이레나, 이메리 등 3명의 졸업생을 배출했다. 이후로는 몇 월에 몇 명이 졸업했다는 보고만 있을 뿐이다. 이로 미루어 졸업식이 정기적으로 이루어지지 않은 것으로 보인다.

하지만 초기 졸업생들인 김마르다, 이그레이스, 김엘렌 등은 세브란스병원 간호학교 졸업생들과 함께 1910년 6월 '세브란스병원 간호원회(The Severance Hospital Nurses Association)'를 조직해 연합 활동을 이어갔다. 이는 1908년 서양인 간호 선교사들이 대한졸업간호원회를 조직한 지 2년 만에 한국인 간호사들이 탄생시킨 첫 조직이었다. 이들은

55 Rosetta S. Hall, "Graduating Exercises of the Methodist Training School for Nurses at the Pyeng Yang", *Korea Mission Field*, 1913. 5, 118-119.

보구여관과 세브란스병원 간호학교에서 공부한
한국인 간호사들이 조직한 세브란스병원 간호원회(1910년)

같은 공간에서 통합교육을 받은 덕분에 졸업 이후에도 밀도 있는 협력 관계를 유지할 수 있었다. 이듬해에는 동창회를 조직하고 동창회헌법까지 마련했다. 그해 겨울에는 보구여관에서 함께 활동하다가 세브란스병원 간호학교 1회 졸업생이 된 김배세와 함께 환자들을 위한 음식 시연회를 개최했다. 이를 기초로 1912년 모임에서 "환자를 위한 한국 음식"이라는 논문이 발표되었다. 이는 한국 간호사가 쓴 첫 논문으로 중국 지부로 조직된 한국의료협회 1913년도 연례 보고서에 수록되었고, 별도의 팸플릿으로 발간되었다.

## 마가렛 에드먼즈 이후의 변화들

에드먼즈는 1908년 9월 캐나다에서 장로교 선교사 해리슨과 결혼했다. 공식적으로 선교사직을 사임하고 감리교를 떠난 셈이다. 결혼 후 한국으로 돌아온 그는 장로교 선교 구역인 목포에 정착하여 선교사부인으로 새로운 사역을 시작했다. 그러나 결혼 후에도 보구여관을 잊지 않았다. 먼 거리를 마다치 않고 서울을 방문해 측면에서 간호학교를 힘껏 도왔다. 1909년 딸 셀리나(Margaret Selina)에 이어 1911년 아들 찰스(William Charles)를 낳았는데, 그해에도 보구여관을 방문해 간호윤리를 가르치는 열정을 보였다. 물론 그 후로는 간호학교를 더 이상 돕지 못했으나, 보구여관을 떠난 1908년부터 1928년 8월 남편 해리슨이 건강을 잃어 함께 귀국할 때까지 목포, 군산 등 남부 지역에서 20년간 한국 여성들을 위해 일했다.

에드먼즈의 가족사진(1913년경)

에드먼즈에게 바통을 이어받은 모리슨은 1909년 근무 시스템을 바꾸어 8시간 교대제를 도입했다. 이는 에드먼즈가 처음부터 시도하고자 했으나 간호 인력 부족으로 실현하지 못했던 오랜 과제였다. 덕분에 모든 학생에게 이화학당에서 공부할 수 있는 기회가 주어졌다. 그해 통계를 살펴보면, 졸업간호원 2명, 상급반(선진간호원) 1명, 하급반(후진간호원) 3명, 수습간호원 3명이었다. 수습간호원 지원자는 13명에 이르렀다. 물론 지원자가 증가했다고 해서 수련 과정이 느슨해지거나 간호 인력 수급을 위해 지원자의 자격 기준을 낮춘 것은 아니다. 지원자 13명 중 6명만이 입학을 허가받았을 만큼 선발 기준은 엄격했다.

교육 내용도 세브란스병원 의료진과의 협력 관계를 기반으로 지속적인 발전을 도모해나갔다. 특히 1908년에는 세브란스의학교를 졸업한 첫 한국인 의사 7명이 탄생했다. 그중 김필순은 간호학교 교수진으로 참여해 상급반과 하급반 학생들에게 해부학, 생리학, 독물, 구급법 등을 가르쳤다. 선교사는 아니었지만 지역 간호사로 활동한 버피도 세브란스병원 간호학교 부간호원장이 되어 마사지하는 법 등을 강의하며 간호교육을 적극 도왔다. 특히 버피는 미국 매사추세츠 주 보스턴의 뉴잉글랜드 디커니스병원에서 간호교육을 받은 인물로, 가정을 방문하는 '지역간호(district nursing)'를 소개하고 오랜 풍습 때문에 병원에 오지 못하는 사람들이 많은 한국의 상황에서 사망률을 낮추는 하나의 대안으로 제시하기도 했다.

일반간호학이나 수술실 업무에 관한 강의는 세브란스병원의 쉴즈

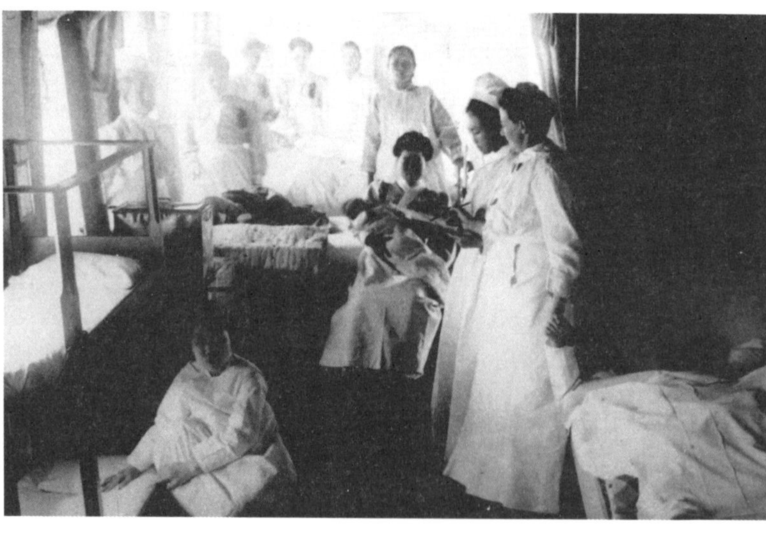

**보구여관 입원실(1908년)**
모자 병동에 신생아와 산모가 함께 있다.

2대 간호원장 알타 모리슨(Alta I. Morrison)의 이임식(1910년)
[GCAH 제공]

가, 산부인과 강의는 언즈버거가, 실용간호학과 붕대 감기 실습 등은 모리슨이 주로 맡았다. 상급반 학생간호원이었던 김엘렌도 해부학 수업을 가르치며 함께 교육에 참여했다. 보구여관과 세브란스병원 양쪽을 오가며 활동했던 김베세는 영어에 재능이 있어 미국에서 발간된 *Practical Nursing*을 한글로 번역해 '간호촬요(看護撮要)'라는 제목으로 1907년부터 「예수회신보」에 연재했다. 두 간호학교에서는 이를 모아 교과서로 사용했다. 간호학 교재를 마련하기 위해 여러 사람이 번역에 참여했다. 김필순이 번역한 다이애나 킴버(Diana C. Kimber)의 『간호원을 위한 해부학과 생리학(Anatory and Phsiology for Nurses)』, 김배세가 번역한 안나 맥스웰(Anna C. Maxwell) · 에이미 포프(Amy E. Pope)의 『간호실무(Practical Nursing: A Textbook for Nurses)』, 에드먼즈가 번역한 『간호편람』 등이 그 열매이다.[56] 보구여관 간호학교는 때로 위탁

56 1906~1909년 사용되었다고 보고된 교재들이다. 이방원, "보구여관 간호원 양성소(1903-1933)의 설립과 운영", 「의사학」, 2012(2011), 366.

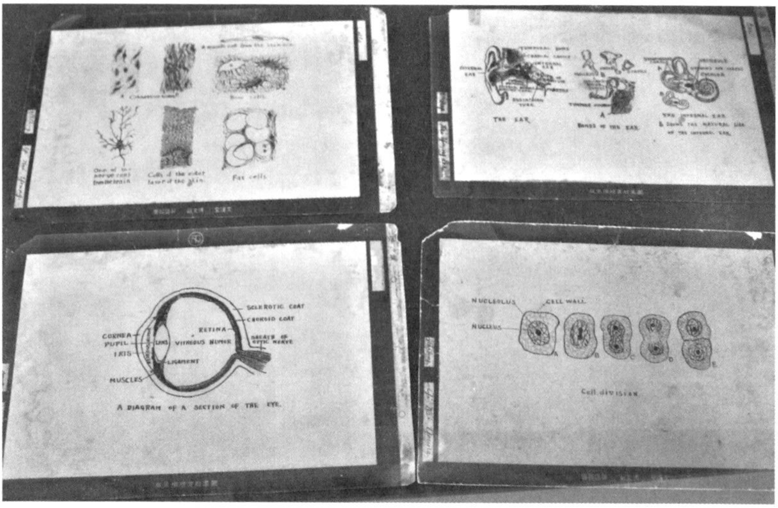


동대문부인병원 간호학교 학습 교재(1920년대)

교육을 수행하기도 했다. 1907년 선교사직을 사임한 스크랜턴은 개인 자격으로 1916년까지 한국에서 활동했는데, 자신이 세운 요양소 사역을 염두에 두고 학생 3명을 후원했다. 장로교 선교사 닥터 버드만(Ferdinand H. Birdman)도 학생 3명을 후원하기로 약속했다.

그러나 시대의 요청에 부응하려는 다각도의 노력에도 불구하고, 모리슨의 리더십은 한계가 있었다. 본래 1년 임기의 임시 책임자로 자원했기에 장기적인 계획을 세우기 어려웠다. 후임자가 나서지 않아 계획보다 1년을 더 봉사했지만 그 이상은 어려웠다. 결국 2년간의 한국 생활을 마감하고 1910년 5월 7일 이임했으며, 샌프란시스코시립병원으로 돌아갔다. 그 후 2년 동안 보구여관에는 간호원장이 파견되지 못했다. 그 공백은 수간호사 경험을 가진 커틀러가 1인 3역을 수행하며 메웠다. 이로써 한 시대를 마감했다.

1912년 보구여관은 동대문부인병원으로 통합되며 새로운 시대를 맞

동대문부인병원(릴리언 해리스 기념병원, 건축 중, 1909년)

았다. 오랜 숙원이었던 현대식 건물이 동대문에 마련되자, 볼드윈진료소와 보구여관이 하나로 통합해 '릴리언 해리스 기념병원(동대문부인병원)'으로 다시 태어났다. 그해 1월 내한한 신임 간호원장 나오미 앤더슨(Naomi A. Anderson)은 평양 광혜여원에 합류해 적응 기간을 갖고, 9월 20일 동대문부인병원이 완공되자 서울 정동에 있던 간호학교를 이관해 간호교육을 계속해나갔다. 그가 직면한 과제 중 하나는 급변하는 정치 환경에 적응해나가는 것이었다. 1차 세계대전이 시작된 1914년, 총독부의 요구에 따라 졸업간호사들과 함께 일본 정부가 주관한 간호부 면허시험을 치르고 총독부로부터 간호실습에 관한 승인을 받았다. 이는 간호학교가 일본 정부의 직접적인 통제 아래 들어갔음을 의미하는 것이기도 했다. 그해 일본 정부는 「간호부규칙」을 제정하고 정부가 주관하는 절차에 따라 면허증을 발급받도록 법제화했다. 이는 간호 분야에 정식 면허증을 발급해 공식 직업군으로 인정하는 모양새를 갖추었지만, 실질적으로는 간호 인력을 국가가 직접 통제하면서 효율적

커틀러 내한 25주년 겸 간호학교 설립 15주년 기념사진(1918년)

으로 동원하려는 기반을 마련한 것이었다. 무엇보다 간호 분야를 남성 의료진을 보조하는 여성 직업군으로 전락시켰다.

동대문부인병원의 시대로 들어선 간호학교는 엘리자베스 로버츠(Elizabeth S. Roberts, 1916~1917), 앤더슨(1917~1919), 엘마 로젠버거(Elma T. Rosenberger, 1922~1923), 메이미 로저스(Mayme M. Rogers, 1923~ 1925) 등이 이끌었다. 특히 일본 정부의 전폭적인 지원을 받는 현대식 병원들이 등장하자, 동대문병원은 병원 업무를 산과와 소아과로 전문화했다. 이로 인해 소아 환자가 급증했고 이는 학생간호사들의 업무량을 가중시켰다. 그런 가운데서도 1923년 졸업생 한신광을 배출했다. 그는 이듬해인 1924년 1월 26일 김금옥, 정종명 등과 함께 '조선간호부협회'를 창립했다. 그후 한신광은 근우회 활동에 참여하는 등 사회운동에도 적극적이었다.

마가렛 에드먼즈(1931년)

조선 왕실이 하사한 이름인 '보구여관'은 1912년 이후 역사 속으로 사라졌지만 그곳에서 싹틔운 간호학교는 1933년까지 그 명맥을 유지했던 것으로 보인다. 미국 선교 보고서는 1930년 중단되었다고 보고하지만, 조정환이 쓴 『조선간호사』는 1933년에 폐교된 것으로 기록하고 있다.[57] 첫 간호학교의 역사적 의미와 간호에 대한 인식 변화에 대하여 로버츠는 1917년 이렇게 보고했다.

> 초창기 간호원들의 사역은 일반 사회의 인식을 바꾸어놓았다. 병자를 다루는 것을 가장 천한 직업으로 여겨왔는데 이제는 의사와 교사와 동급으로 인식하게 되었고, 병들거나 절망 중에 있는 사람들에게 자비와 도움

57 *WFMS Annual Report*, 1938, 60; 이사벨 스투월, 『조선간호사』(조정환 옮김, 조선간호부회, 1933), 289.

에드먼즈에게 수여된 국민훈장 동백장(2015년)

을 베푸는 귀중한 사역으로 여기게 되었다.[58]

첫 여성병원으로 탄생한 보구여관과 첫 간호학교의 설립 역사는 한국 근대사의 첫 페이지를 장식했다. 남녀유별이라는 높은 담장 안에 갇혀 수많은 질병에 포획된 채 살아가던 여성들에게 질병 치료의 기회뿐 아니라 스스로의 능력을 키워 사회적 존재로 살아갈 수 있도록 교육의 기회까지 제공했다. 근대 간호교육의 씨앗은 그 터 위에 뿌려졌다.

에드먼즈가 한국을 떠난 지 87년이 된 해인 2015년 한국 정부는 그의 역사적 공로를 치하하며 국민훈장 동백장을 수여했다. 한국 간호교육의 시작을 연 에드먼즈는 한국을 떠난 후 1945년 10월 12일 별세할 때까지 미국 노스캐롤라이나 주 무어스빌에서 지냈고, 남편이 잠든 켄

58 Elizabeth Roberts, "Medical Work in Seoul", *Fifty Years of Light*, 1938, 7.

간호 표석 제1호 '보구여관 터' 제막식(2016년 12월 9일)
[대한간호협회 제공]

터키 주 레바논의 라이더 공원 묘지에 고요히 묻혔다. 그는 사라졌지만 그가 작디작은 겨자씨에 비유하곤 했던 간호교육은 100년을 지나며 큰 나무로 성장했다.

탄생 100년을 훌쩍 넘긴 2016년 12월 9일, 대한간호협회가 나서서 잊혀져가던 '보구여관 터(서울 중구 정동 30-1)'를 찾아 누구나 볼 수 있도록 표지석을 세운 것은 참으로 다행스럽고 반가운 일이다. 지금은 흔적조차 찾아보기 어렵지만 눈에 보이지 않는다고 그 역사적 가치와 의미까지 사라진 것은 아닐 것이다. 오히려 자본이 생명의 가치를 압도하는 오늘날, 보구여관의 역사와 그 개척자들의 이야기는 간호의 처음자리가 어디인지 그 근본을 살피고 돌아보게 한다.

'보구여관 터' 표지석(중구 정동 30-1)
[대한간호협회 제공]

# [부록]

보구여관 간호학교 연표

| 년도 | 내용 |
|---|---|
| 1887. 10. 31. | 감리교 시병원에서 제1대 여성 의료 선교사 메타 하워드(Meta Howard)가 여성 진료 시작 |
| 1888. 11. | 보구여관 탄생. 단독 건물을 마련해 여성 전담 병원으로 독립 |
| 1889. 09. | 메타 하워드가 건강 문제로 귀국하며 의료 선교사 사임 |
| 1890. 10. 13. | 제2대 여성 의료 선교사 로제타 셔우드(Rosetta Sherwood) 내한 |
| 1893. 03. 30. | 동대문 볼드윈진료소 개설. 3대 여의사 메리 커틀러(Mary M. Cutler) 합류 |
| 1898. 06. | 평양 광혜여원 설립 |
| 1903. 03. 18. | 초대 간호원장 마가렛 에드먼즈(Margaret Edmunds) 내한 |
| 1903. 12. | 간호학교(Nurses' Training School: 간호원 양성학교/양성소) 출범(6년제 학제, 한국 첫 간호학교) |
| 1906. | 3년제 속성 과정 개설 |
| 1906. 01. 25. | 제1회 예모식: 이그레이스, 김마르다 |
| 1907. 01. 30. | 제2회 예모식: 김엘렌, 정매티 |
| 1908. 02. | 제2대 간호원장 알타 모리슨(Alta I. Morrison) 내한 |
| 1908. 11. | 제1회 졸업식: 이그레이스, 김마르다 |
| 1909. 12. 03. | 제2회 졸업식: 김엘렌 / 장소: 서울 정동제일교회 예배당 |
| 1910. 11. | 제3회 졸업식: 정매티 |
| 1911. ~ 1912. | 학교를 평양 광혜여원으로 임시 이전하여 교육 |
| 1912. | 동대문부인병원(릴리언 해리스 기념병원)으로 통합되면서 학교도 이관<br>제3대 간호원장 나오미 앤더슨(Naomi A. Anderson) 내한 |
| 1913. 03. 07. | 제4회 졸업식: 이희망 / 장소: 평양 남산감리교회 |
| 1914. 05. 28. | 제5회 졸업식: 이경선, 이레나, 이메리 / 장소: 서울 정동제일교회 |
| 1914. ~ 1925. | 일본 정부 「간호부규칙」 제정<br>일본 정부의 직접적인 통제에 들어감<br>로버츠, 앤더슨, 로젠버거, 로저스에 의해 교육이 지속됨 |
| 1933. | 동대문부인병원 간호학교 폐교 |
| 2016. 12. 09. | '보구여관 터' 표지석 : 간호 표석 제1호 |

마가렛 에드먼즈 연대기

| 년도 | 내용 |
|---|---|
| 1871. 07. 25. | 캐나다 온타리오 스미스 폴즈에서 탄생 |
| 1892. ~ 1894. | 미국 미시건대학교 대학병원 내 간호학교 입학 및 졸업 |
| 1894. ~ 1902. | 오하이오 주 톨레도의 킹스 더터스 유니온(King's Daughters Union)의 방문 간호사로 활동 |
| 1902. 04. | 미감리교 여성해외선교회에서 한국 간호교육 담당 선교사로 임명 |
| 1902. 09. 03. | 미국 뉴욕에서 한국으로 출발 |
| 1903. 03. 18. | 마가렛 에드먼즈 내한 |
| 1903. 12. | 간호학교(Nurses' Training School: 간호원 양성학교/양성소) 출범(6년제 학제, 한국 첫 간호학교)<br>보구여관 초대 간호원장(superintendent)으로 취임 |
| 1904. | 첫 간호사 유니폼 제작, '간호원' 용어 창안 |
| 1905. 08. | 간호수련생 2명과 일본 병원 방문 |
| 1906. 09. | 세브란스병원 간호학교 설립을 도움 |
| 1908. | 첫 한글 『간호교과서(상권)』 편찬 |
| 1908. 03. 20. | 대한졸업간호원회 조직 |
| 1908. 09. 02. | 캐나다 온타리오에서 장로교 해리슨 목사와 결혼 |
| 1908. ~ 1912. | 장로교 선교 구역 목포에서 선교사부인으로 활동 |
| 1909. 10. 30. | 딸 셀리나(Margaret Selina, 1909~2001) 목포에서 태어남 |
| 1910. | 『간호교과서(하권)』 편찬 |
| 1910. ~ 1911. | 보구여관 간호학교에서 간호윤리 교육 |
| 1911. 07. 21. | 아들 찰스(William Charles, 1911~1985) 목포에서 태어남 |
| 1915. ~ 1928. | 장로교 선교 구역 군산에서 선교사부인으로 활동 |
| 1928. | *The Mustard Seed*(겨자씨) 발간 |
| 1928. 08. 01. | 한국에서 은퇴 |
| 1928. 09. 22. | 남편 해리슨 목사 사망 |
| 1944. 09. 12. | 아들 찰스, 코르넬리아와 결혼(손자 로버트, 손녀 수전) |
| 1945. 10. 12. | 미국 노스캐롤라이나 무어스빌에서 별세 |
| 2015. 04. 07. | 한국 간호교육에 기여한 공로로 국민훈장 동백장 수여 |

# 2부

# 이화간호교육의 선구자
# 이정애

## 여는 글: 이화 역사 속의 이정애

한국 근대 여성 고등교육의 요람이자 세계 최대의 여자대학교로서 명성과 자부심을 갖고 있는 이화여자대학교가 8 · 15해방 직후의 사회적 혼란 및 한국전쟁으로 인한 상처와 폐허를 극복하고 조직과 사역의 안정을 회복한 1956년, 학교 역사 70년을 정리한 『이화 70년사』를 간행했다. 그리고 이 책의 부록이라 할 수 있는 후편 '회고의 추억' 항목에서 학교 역사를 빛내고 작고한 '이화 동문들'을 소개했는데, 제일 마지막으로 2년 전인 1954년에 별세한 이정애(李貞愛)를 소개했다. 다음은 그 전문이다.

> 선생이 세상을 떠나가신 것은 1954년 봄 모란이 한창 피려고 할 무렵이었다. 5월 9일은 그러나 일을 저지르고야 말았던 것이다. 생각이나 행동이 아름답던 한 여인을 우리는 이제 영영 작별한 것이었다. 좋은 경치를 보는 것 같던 여사의 잘난 용모보다도 그 우아한 동양적인 낭자 맵시—그 낭자 쪽이 지녔던 한국의 혼—이는 선생이 우리나라 간호학계의 명성(明星)으로 보다 더 우리에게 무엇을 주고 간 것이었다. '나이팅게일'의 흰 까운을 벗고 1937년 모교인 이화여자전문으로 들어오서서 물자를 구하기 어렵던 그 어려운 전쟁 시기에 2백 명 사생(舍生)을 길러주신 그의 기숙사감 시절로부터 모름지기 우리 여성사회에 바친 공이라 해야 할 것이다. 선생은 우리나라 간호사업계의 선구자로 그 이름이 길이 빛날 것이려니와 이화여자대학의 행림원(杏林院) 초대 간호교육과 학과장으로 교육계의 공헌도 적지 않으셨다. 일찍이 1925년 이화학당 대학과를 나오신 우리 이화의 따님으로 그 후 하와이 여왕병원 퀸즈 컬리지에서 간호학을 전공해가지고 오셨으며 해방 후에는 또 컬럼비아대학에 가시어 다시 수학을 하신 분이었다. 양행(洋行) 나들이가 그 몇 번이었는지 몰랐건만 한국 의

상의 아름다움을 자랑하려 간난(艱難)을 무릅쓰고 한복의 긴 치마로 일관하신 매운 정렬의 여성이었다.

그와 김활란 총장과의 '금란의 우정'은 천하의 우애에 좋은 본보기가 되어주려니와 선생은 우리에게 가지가지의 많은 유훈을 주고 가신 잊을 수 없는 여성이었다. 그는 아름답게 사는 것을 가르쳤던 것이며 친구를 어떻게 사랑한다는 법을 가르쳤던 것이며 인생의 향기를 알려주고 간 고귀한 여성이었다. 6 · 25전란 중의 지하실 고생과 함께 지니고 계시던 유암(乳癌)으로 53세를 일기로 총장과 사시던 가회동 댁에서 떠나셨던 것이다. 사람은 가고 세월은 흘러도 이화동산의 고전적인 몸맵시 속에 한국혼(韓國魂)을 지니고 있던 고운 낭자의 이정애 선생의 모습은 가실 줄을 모르고 천고에 빛날 것이다.[1]

그리고 10년이 지난 후 1967년, 이화여자대학교가 펴낸『이화 80년사』는 책의 부록에 해당하는 제3편 "이화를 빛낸 사람들"이란 항목에서 1920년대 이화학당 시절, 대학과 졸업생으로서 이화여자대학교와 한국 사회의 발전을 위해 봉사한 대표적인 인물들을 소개하는 중에 '이화 동문' 이정애의 삶과 사역을 보다 소상하게 소개했다. 다음은 그 전문이다.

1925년 학당 대학과를 졸업하고 본교 간호학과 창설에 공이 큰 이정애 여사는 1901년 8월 배재학당 출신이며 특히 영어에 능통했던 이명원씨(구한국말 주사)와 전형적인 현모양처 박의신씨 사이에서 태어났다. 개화된 아버지와 미모의 어머니 사이에서 받을 수 있는 최대의 혜택을 받으며 성장한 그는 여섯 살 되던 1906년 여자만을 위한 양규의숙에서 수학한 다음 1910년에 이화학당의 문을 두드렸다. 예쁜 얼굴과 균형 잡힌 몸매에 고운 마음씨와 독실한 신앙을 가진 이상적인 여인의 표본이었던 그는 대학과를 졸업한 1925년에 김옥현씨와 곧 결혼, 딸 하나를 두고 서로

1 『이화 70년사』, 352-353.

별거하게 되었다.

이화에 다니면서 그와 각별한 우정을 나누었던 당시 이전(梨專) 학감 김활란(金活蘭) 선생은 그에게 봉사하는 또 하나의 새로운 생을 개척하도록 권유, 스칼라쉽을 얻어 하와이의 퀸스 컬리지로 유학의 길을 열어주었다. 1930년 남을 돕는 일, 사랑하는 일에 깊은 의의를 느끼고 그러기 위해 간호학을 전공하고 귀국한 그는 곧 백의의 천사가 되었다. 세브란스병원의 간호원장으로 환자를 알뜰히 보살피는 한편 세의전(世醫專)에서 간호학 윤리에 관한 강의를 맡아 간호교육에 노력했다. 한 가지 일을 자기 것으로 삼고 일할 때 추호의 방심이나 싫증을 모른 채 즐겁고 기쁜 마음가짐으로 성실히 계속하는 그는 1937년 친구 김활란 선생의 권유를 따라 세브란스병원을 사임하고 모교의 기숙사 사감으로서 사생(舍生)의 어머니요, 선생님이요, 친구가 되어 특별히 사생들의 건강관리에 주력했다. 이 해 7월 그는 영국 런던에서 열린 국제간호사대회에 우리나라 간호협회 회장의 자격으로 참석하여 '현하 조선의 보건문제'에 대해 보고하는 한편 남 치마 흰 저고리에 하얀 고무신을 신고 그의 아름다움으로 코리아의 국위를 선양했다.

이화에 오면서부터 김활란 선생의 가장 가까운 측근자로서 선생을 돕던 그는 일제의 탄압 속에서 김활란 교장과 함께 비바람 속의 학교 운명을 함께 지켰고, 해방과 더불어 이화여자대학교 건설에 김활란 선생을 도왔다. 1947년 다시 컬럼비아대학에서 2년간 간호학을 연구한 그는 1949년 귀국과 동시 간호교육과 창설에 진력, 6월에는 신설된 동과의 초대 과장이 되었다. 이듬해 6 · 25 발발로 학교가 부산으로 피난하자 그는 오로지 김활란 총장의 충실한 섬기는 지도자로서 마지막 몇 해를 봉사했다. 친구를 위해, 학교를 위해, 더 나아가서는 국가를 위해 성심성의 정열을 쏟은 그는 사회가 안정되고 주위가 제자리를 찾아 움직일 무렵, 인고의 세월에 바쳐진 무수한 아픔이 쌓여, 1954년 5월 9일 마침내 평소에 그가 아끼던 이화인(梨花人)들이 지켜보는 가운데 숨을 거두었다.

외롭게 남은 친구 김활란 선생이 쓴 고인의 비명(碑銘)에 그의 깊은 사랑이 다음과 같이 새겨져 있다.[2]

'티끌 세상에 한 송이 백합
높은 뜻 깊은 사랑 그윽한 향기
우리 맘속에 영원히 풍기리'

이처럼 1956년과 1967년, 두 차례에 걸쳐 간행된 이화여자대학교 통사(通史)이자 정사(正史)에서 이정애는 '이화 역사를 빛낸 자랑스러운 동문'의 한 사람으로 그 이름을 남겼다. 그렇게 기록된 이화여자대학교 역사에서 이정애는 다음 세 가지 수식어로 평가를 받고 있다.

첫째, '한국 근대 및 이화여자대학교 간호학의 선구자'로서 이정애의 역할과 사역이다. 이정애의 일생에서 그의 삶을 대표하는 공적(公的) 직업은 '간호사(nurse)'였다. 서울의 양반 가문에서 출생한 그는 양규의숙을 거쳐 이화학당에서 중등과 및 대학과를 졸업한 후 1928~1931년 미국 하와이 퀸즈대학에서 간호학을 전공하고 돌아와 세브란스병원에서 '백의의 천사'로서 간호사역을 시작하는 동시에 세브란스병원 간호학교에서 간호교육을 담당했다. 이정애는 이화 동문인 이금전과 함께 외국에서 전문 간호교육을 받은 한국 여성으로서 초창기 한국의 간호학계를 대표하는 '신여성(新女性)'이었다. 그런 배경에서 그는 1930년대 한국 의료 및 간호학계뿐 아니라 일반 사회에서도 여성계를 대표하는 인사로 활약했고 1937년 영국 런던에서 개최된 국제간호사대회에 한국 대표로 참여하여 한국 간호계와 보건위생의 실태를 세계에 알렸다. 그리고 해방 후에는 1948~1949년 재차 미국에 유학하여 뉴욕의 컬럼비아대학교에서 간호행정학을 연구하고 돌아와 후에 이화여자대학교 의과대학 및 약학대학으로 발전한 행림원 의약학부의 초대 간호교육과 학과장으로 취임하여 오늘의 이화여자대학교 간호대학의 기틀을 만들었다.[3] 그런 배경에서 이정애는 이화여자대학교 역사에서 '우리나라 간호학계의 명성(明星)', '우리나라 간호사업계의 선구자' 내지 '이화여자대학 간

2 『이화 80년사』, 676-677.
3 간호대학25년사 편찬위원회 엮음, 『이화여자대학교 간호대학 25년사』, 1981, 18.

호교육과 초대 학과장'이라는 칭호와 수식어를 얻게 되었다.

둘째, '이화여자대학교 김활란 총장의 친구'로서 이정애의 여성의 연대이다. 1916년 이화학당에서 선배와 후배, 교사와 학생으로 만나면서 시작된 두 사람의 관계는 이정애의 53년 삶에서 38년을 함께했을 뿐 아니라 이정애의 인생 행로에서 '친구 이상'의 결정적인 역할을 감당했다. 1928년 결혼에 실패하고 실의에 빠져 있던 이정애에게 간호사의 길을 가도록 미국 유학의 길을 열어준 것도 김활란이었고, 1937년 세브란스병원 부간호원장직을 사임한 이정애를 이화여자전문학교 기숙사 사감으로 불러들여 동고동락하면서 멸절 위기의 이화를 지켜내고, 해방 후 학교를 재건할 때 이정애로 하여금 재차 미국 유학을 떠나 간호행정학을 연구하고 돌아와 행림원 간호교육학과를 창설하게 하는 일을 맡긴 것도 김활란이었다. 그래서 생애 후반 이정애는 별세하는 마지막 순간까지 섬기는 지도자로서 김활란의 '옆자리'를 지켰다. 김활란도 이런 이정애의 변치 않은 우정과 희생을 '금란지교(金蘭之交)'에 비교하면서 별세한 친구를 추모하는 사업으로 망우리에 금란동산을 조성하고, 금란교회와 영란여자중·상업고등학교(현 이화미디어고등학교)를 설립했으며, 신촌에 금란여자중·고등학교를 설립했다.[4] 그리고 무엇보다 김활란 총장은 "우리나라 간호학계의 선구자이자 김총장의 절친한 친우인 이정애 선생이 별세하자 그를 추모하는 뜻에서 간호학과의 발전에 박차를 가해 1955년 48명의 신입생을 받아들임으로"[5] 오늘의 이화여자대학교 간호학과를 만들었다. 이로써 보면 이화여자대학교 간호학과는 김활란과 이정애 사이에 형성된 연대의 산물이라 할 수 있다.

셋째, '아름다운 한국 여인의 표상'으로서 이정애의 자태와 삶의 흔적이다. 이미 앞서 살펴보았듯 이화여자대학교 역사책에서 이정애는 "생각이나 행동이 아름답던 한 여인", "좋은 경치를 보는 것 같던 여사의 잘난 용모보

---

4 김정옥, 『이모님 김활란』(정우사, 1977), 209, 272-273; 김활란, 『그 빛 속의 작은 생명: 우월 김활란 자서전』(여원사, 1965), 328-329.

5 민숙현·박해경, 『한가람 봄바람에: 이화 100년 야사』(지인사, 1981), 559.

다도 그 우아한 동양적인 낭자 맵시—그 낭자 쪽이 지녔던 한국의 혼", "고운 마음씨와 독실한 신앙을 가진 이상적인 여인의 표본"으로 묘사되었다. 또한 여러 가지 관계로 이정애와 친교를 나누었던 그의 주변 사람들도 그를 "알맞은 체격과 단아한 자태"(유각경), "마음과 외모의 조화된 청초미(淸楚美)"(손인실), "어디까지나 교양 높은 전형적 동양부덕(東洋婦德)을 구비했다는 점, 고도의 예술적 취미를 가지셨다는 점"(장면), "꽃에 비해 백합같이 청초하고 산에 비해 설봉같이 고결하며 또한 뭇새 중에 백학같이 고고한 자태"(이유태), "우아한 고전미"(심재순), "모습도 아름다웠거니와 그보다 속에서 은은하게 우러나오는 인품의 향기"(김일순), "언제나 청초한 그 모습"(이영복)으로 기억했다.[6] 이정애의 아름다움은 변함없는 한복 차림에서 드러났다. 그는 한국에 있을 때만 한복을 입은 것이 아니라 외국 유학이나 여행 중에도 한복을 '고집'했다. 1937년 국제간호사대회 참석차 영국 런던을 방문했을 때도 "남 치마 흰 저고리에 하얀 고무신을 신고 그의 아름다움으로 코리아의 국위를 선양"했고 일제 말기 강제로, 혹은 자발적으로 일본 옷을 챙겨입어야 했던 시기에도 그는 한복을 고수했다. 또한 1948~1949년 미국 컬럼비아대학교에서 유학할 때도 "한국 옷 그대로, 낭자머리 그대로, 고무신 그대로 미국 학생들 틈에서 공부"했는데 당시 그 모습을 지켜본 모윤숙은 "진정한 한국의 향수(鄕愁)를 수놓은 꽃"을 보는 듯, "한없이 싸늘하면서도 고전적 온정미(溫情味)에 뜻을 숨겨 아련히 그 미(美)를 발휘하는 데는 어느 재조(才操)라도 따라갈 수 없는 신기한 감(感)"을 느꼈다고 진술했다.[7] 그는 옷만 아니라 머리까지도 조선시대 '쪽진 머리'를 고집했으니 이를 두고 노천명은 "컬럼비아대학에까지 가서 배우고 온 분이면서도 항시 쪽을 찌는 사상에는 양귀비 꽃 같은 조국애(祖國愛)가 안받쳐져 있는 것"이라 풀이했다.[8] 그의 한

---

6 고 이정애여사 전기편찬회 엮음, 『우리 친구 이정애』(이화여자대학교출판부, 1959), 74-85.

7 모윤숙, "그의 5주기에", 『우리 친구 이정애』, 43.

8 노천명, "5월의 여왕 고 이정애 여사의 1주기를 맞아서" 「동아일보」(1955. 5. 10.).

복과 쪽진 머리에는 사라져가는, 혹은 소멸 위기에 처한 우리 민족의 문화와 전통에 대한 포기할 수 없는 애정이 스며 있었다. 그것은 '조국애' 혹은 '민족혼(民族魂)'의 표현이었다. 그가 생애 말년, 부산 피난 시절부터 문화재와 골동품 수집에 취미를 갖게 된 것이나 서울로 올라온 후 투병 생활 중에 친구들과 서도회(書道會)를 만들어 먹을 갈아 글을 쓰고 난을 친 것도 우리 민족의 문화예술, 그 아름다운 전통의 향기 속에서 자신의 마지막 숨을 거두려는 소박한 바람 때문이었다.

이렇듯 이화 역사에서 이정애는 '백의의 천사'로서 간호사역과 간호교육, 김활란 총장을 비롯한 친구들과의 연대, 그리고 생활과 생각에서 드러나는 '조선 여인의 아름다운 자태' 등으로 묘사되고 있다. 그런데 이 세 가지 모습과 사역은 이화여자대학교의 교훈인 '진(眞) · 선(善) · 미(美)'의 다른 표현이라 할 수 있다. 이정애는 진리를 탐구하고 실천하는 학문 영역으로 간호학을 택했다. 그는 미국 유학을 통해 서구의 진보된 간호학을 배우고 돌아와 간호사로서 '참된 자세'가 어떤 것인지를 후배와 제자들에게 보여주며 가르치는 것으로 자신의 사명을 삼았다. 그가 한국의 근대 간호학의 선구자로 불리는 이유이다. 또한 이정애는 김활란과의 38년 변함없는 우정을 통해 '선한 친구'의 모습을 보여주었다. 특히 생애 말년에 총장 공관에 함께 살면서 보여준 이정애의 친구를 위한 희생적 사랑은 기독교 신앙과 윤리의 실천, 그 자체였다. 그리고 이정애는 그를 아는 모든 사람들에게 '아름다운 여인'으로서 강렬한 인상을 남겼다. 그의 충실한 제자이자 후계자였던 이영복 교수는 "그 모습 전체가 위엄과 미(美)의 화신(化身)"이라고 증언했으며[9] 생애 말년 그와 깊이 있는 친교를 나누었던 여류시인 노천명은 "생활의 시인", "생활의 예술화(藝術化)"라는 표현으로 아름다움을 추구했던 이정애의 삶을 증언했다.[10]

9 이영복, "美의 化身, 이정애 여사", 『우리 친구 이정애』, 62.

10 노천명, "생활의 예술화", 『우리 친구 이정애』, 66.

그렇게 이정애는 간호사 혹은 간호학자로서 병원과 학교에서 진리(眞)를 탐구하며 그것을 실천했고, 주변 사람들에게 친구로서 바른(善) 삶이 어떤 것인지 보여주었으며, 생활습관과 자세에서 민족의 전통문화와 예술에 담긴 아름다움(美)을 추구했다. 그런 점에서 이정애는 진정한 의미의 '이화인'이었다. 이정애는 53년 인생 가운데 40년을 정동과 신촌의 이화동산에서 살았다. 이정애에게 이화동산은 인생의 참된 가치인 진과 선과 미를 탐구하고, 경험하고, 실천할 수 있었던 학문과 훈련과 생활의 장(場)이었다. 물론 그것이 가능했던 배경에는 이화동산에서 맺어진 김활란과의 변함없는 우정이 있었다. 그런 김활란은 그 친구의 우정을 독점할 수 없음을 고백했다. 김활란은 이정애 별세 5년 후(1959년), 그를 추모하는 문집을 편찬해내면서 '우리 친구'란 제목을 붙였다.

> 나는 이정애를 우리 친구라고 부르게 된 사실을 퍽이나 기뻐한다. 그는 친구를 좋아하여 어릴 때부터 일생 동안 사귀고 가까이 지낸 친구들이 수없이 많았다. 그처럼 여러 친구 중의 한 사람으로서 그와 유명을 달리하는 오늘 그를 '우리 친구'라고 부를 수 있음은 나뿐 아니라 그의 친구인 여러분에게도 기쁨이 아닐 수 없으리라. 어느 한 사람이라도 혼자서 정애의 우정을 독차지하는 수는 없었다.[11]

'우리 친구' 이정애는 병원에서는 간호사로 환자들의 친구가 되었고, 학교에서는 기숙사 사감과 교수로서 학생들의 친구가 되었으며, 집에서는 김활란을 비롯하여 함께 사는 식구들은 물론이고 수없이 많았던 방문객들의 친구가 되었다. 그렇게 '우리 친구' 이정애가 이화동산에서, 이화 역사 속에 남긴 삶의 흔적을 추적해서 그 가치와 의미를 오늘에 되살려 재현하는 것, 그것이 이 글을 쓰는 목적이다.

---

11 김활란, "우리 친구 이정애", 『우리 친구 이정애』, 34.

# 이정애,
# 그는
# 누구인가

## 이정애의 생애 흔적을 찾아서

이화 역사에 '뚜렷한' 흔적을 남긴 이정애이지만 막상 그의 생애를 추적해서 전기로 재구성하기란 쉽지 않다. 자료 부족이 첫 번째 이유이다. 53세의 길지 않은 생을 살다간 이정애는 생전에 자신에 대한 기록을 남기지 않았다. 자서전은 물론이고 회고록 성격의 글도 쓰지 않았다. 그 흔한 '자필 이력서'도 발견할 수 없는 형편이다. 그렇다 보니 그의 삶과 생각에 대한 정보는 김활란을 비롯하여 그와 가깝게 지냈던 '친구들의 증언'에 의존하는 수밖에 없다. 그런 식으로 1954년 5월 11일 그의 장례식에서 '고 이정애 선생 약력'이 처음 낭독되었고 1년 후 1955년 5월에 노천명과 모윤숙이 이정애의 1주기를 맞아 추모하는 글을 「동아일보」와 「한국일보」에 발표했다.[1] '친구 이정애'의 전기 출

1 노천명, "5월의 여왕 고 이정애 여사의 1주기를 맞아서", 「동아일보」(1955. 5. 10.); 모윤숙, "보고 싶은 정애 여사에게 그 1주기에 드리는 글", 「한국일보」(1955. 5. 11.).

04

판에 가장 적극적인 인물은 김활란이었다. 그는 노천명에게 전기 집필을 부탁했다. 그러나 노천명은 집필을 마치지 못하고 1959년 1월 별세했다. 이에 김활란은 1959년 5월, 이정애의 5주기를 맞이하여 추모 문집 형태로 『우리 친구 이정애』를 간행했다. 이 책은 김활란을 비롯하여 이정애와 가깝게 지냈던 20여 명 친구와 후배들의 추모 글을 수록했고 부산 피난 시절부터 이정애와 가깝게 지냈던 김동길이 "이정애 선생의 약력"을 썼다. 그리고 이 책의 부록으로 이정애의 유품에서 발견된 1953~1954년 일기와 노트 기록, 그리고 친구들과 주고받은 편지들을 수록했다.[2] 이 책과 거기 실린 글들을 통해 이정애의 생애와 생각의 면면이 어느 정도 소상하게 드러났다. 비

이정애(李貞愛)

2 그런데 『우리 친구 이정애』에 수록된 1953~1954년 이정애의 일기를 원본(이화여자대학교 도서관 소장)과 비교한 결과 원문 그대로 활자화한 것이 아님을 확인할 수 있었다. 대외적인 공개를 염두에 두지 않고 기록한 일기 원본에는 그동안 외부에 드러나지 않았던 이정애의 극히 개인적인 '내면세계'와 '내적 갈등'이 고스란히 담겨 있었다. 때로는 함께 살고 있던 김활란과 동거인들을 향한 불평 및 비판적인 진술도 종종 눈에 띄었다. 외부인들에게는 '아름답고 우아하고 빈틈이 없는 여인'으로 비쳤던 그였지만 외부에 표출할 수 없었던 '인간적 고뇌와 갈등'이 그에게도 있어 일기에 숨김없이 기록했던 것이다. 그래서 김활란을 비롯하여 가까운 친구들은 1959년 추모 문집을 내면서 그의 일기에서 외부 독자들에게 오해를 불러일으킬 만한 내용은 제외하고 일반에 공개한 것으로 보인다. 그러나 오히려 일기의 이런 부분이 '완벽한 인물'로 묘사되었던 기존의 '영웅사관(英雄史觀)'을 극복하고 인간으로서 누구나 겪어야 할 고뇌와 갈등을 함께 경험하면서 그것을 극복하려 애쓴 '인간 이정애'의 진솔한 모습을 보여주기 때문에 가치와 의미가 크다고 할 수 있다.

록 목적했던 전기 출판까지는 이루어지지 못했지만 '숭고했던' 친구의 삶을 세상에 알리려는 김활란의 의지와 노력이 있어 이만큼이나마 이정애에 대한 자료와 증언이 문서 기록으로 남게 되었다. 여기까지가 '친구' 김활란의 몫이었다. 김활란은 이후 10년, 먼저 떠난 친구를 그리워하며 지내다가 1970년 세상을 떠나 망우리 금란동산 친구 곁에 묻혔다.

그다음 작업은 후배와 제자들의 몫이 되었다. 병원과 학교에서 그에게 가르침과 지도를 받았던 후배 간호사들에 의해 '친구 이정애'가 아니라 '선생님 이정애'를 조명하는 작업이 시작되었다. 그런 배경에서 대한간호협회 기관지 「대한간호」는 이정애의 10주기를 맞아 1964년 6월 "고 이정애 선생을 말한다"는 제목의 좌담회 기사를 수록했다.[3] 이 좌담회에는 1931년 세브란스병원에서 이정애로부터 간호사 훈련을 받았던 홍신영과 이영복을 비롯하여 구경애, 권정숙, 신인순, 이귀향, 권춘숙, 윤수복 등 이정애의 '1세대 제자'들이 참석해서 '엄하면서도 자애롭고 우아했던 선생님'의 모습을 회고하며 증언했다. 이들 간호학계의 후배와 제자들은 한국 근대 간호학계의 선구자로서 '이정애 선생'의 생애와 업적이 제대로 조명되고 평가받기를 기대했다. 그런 맥락에서 친구 김활란처럼 그들도 이정애 전기가 나오기를 고대했다. 그런 간호학계의 바람은 10년 후 1976년 김항명(金恒明)의 전기소설 『여성실화: 아름다운 순교 이정애』 출간으로 어느 정도 성취되었다. 방송극을 주로 집필하던 희곡작가 김항명은 앞서 김활란이 펴낸 『우리 친구 이정애』를 비롯한 문서 자료들과 이정애의 생존한 친구와 후배, 그리고 제자들의 증언을 토대로 이정애의 생애를 재구성했다. 김항명은 이 작품을

3 "10주기를 맞이한 고 이정애 선생을 말한다", 「대한간호」(1964. 6.), 68-75.

통해 '한국의 백의의 천사 나이팅게일'로서 이정애를 조명하는 데 초점을 맞추었다.

> (이정애) 여사가 50여 년이란 긴 세월을 사는 동안 그녀는 단 한 번도 다른 분야에 종사한 일이 없다. 오직 병원에서 환자들과 생사고락을 같이 하겠다는 그 집념이 그녀를 그렇게 만들었던 것이다. 인술부재(仁術不在)와 불모의 의학풍토 하에서 한 시대를 넘겨다 본 여성이야말로 우리들의 선각자라 아니 할 수 없으며 구원(久遠)의 화신(化身) 나이팅게일의 이름으로 길이 새겨도 부족한 여사의 업적일 것이다.[4]

계속해서 김항명은 같은 내용을 "백의의 선각자 이정애"라는 제목으로 바꾸어 1977년부터 1978년까지 2년 동안 대한간호협회 기관지 「대한간호」에 연재했다.[5] 이런 김항명의 작업을 통해 적어도 간호학계에서는 이정애의 생애와 사역에 대한 전반적인 이해가 이루어졌다. 작품이 소설 형태를 취했기 때문에 일반 독자들도 친숙하게 접할 수 있었다. 그 결과 이정애에 대한 '대중적' 인식이 확산된 것도 사실이다.

그럼에도 김항명의 저술이 갖고 있는 한계 역시 분명했다. 무엇보다 소설이 갖고 있는 근본적인 한계, 즉 역사적 사실과 창작의 허구 사이의 간극을 피할 수 없었다. 작가는 실명소설 혹은 전기소설이라는 개념으로 문서 기록과 증언을 바탕으로 해서 객관적인 입장에서 글을 쓰려 노력했다. 하지만 문서든 증언이든 자료가 뒷받침되지 못하는 부분에서는 작가의 상상과 판단에 의존할 수밖에 없는데, 거기서 작가는 상

4 김항명, "머리말", 『여성실화: 아름다운 순교 이정애』(명서원, 1976), 8.
5 김항명, "백의의 선각자 이정애", 「대한간호」(1977-1978).

상을 넘어 '과장'과 '허구'에 이르는 글을 쓸 위험이 존재한다. 그리고 소설 특성상 대중적 호기심과 흥미를 염두에 두고 집필하는 과정에서 미모의 이정애에 대한 '비행사 안창남의 구혼'과 '일본 황족 지치노부미야의 구애' 같은 부분들을 지나치게 과장하여 서술함으로써 이정애의 실체적인 모습과 내면세계를 탐구하는 데 오히려 장애 요인이 된 느낌도 지울 수 없다. 그리고 소설에 등장하는 이정애의 주변 인물들 가운데에는 실명으로 밝힌 경우가 대부분이지만 그때까지 살아 있는 인물인 경우 익명 혹은 가명으로 처리한 경우가 적지 않아 역사적 진실에 접근하는 데 어려움이 있는 것도 사실이다. 또한 큰 흐름에서 문서 기록보다는 생존자의 증언에 의존하다 보니 경험자의 '개인적이고 주관적인' 기억과 판단이 반영된 기록이 나올 수밖에 없었음도 부인할 수 없다. 결과적으로 김항명의 작품은 계몽적 소설로는 성공했다고 할 수 있지만 역사적 전기로서는 한계와 문제를 안고 있음이 분명하다. 역사적 사실과 진실을 탐구하는 역사학도로서 그의 작품을 자료 비평과 사실 검증을 하면서 읽어야 할 이유가 여기에 있다.

그렇게 김항명의 전기소설이 나온 후 30년 세월이 흘렀다. 이정애가 별세한 지는 60년이 넘었다. 그 사이 이정애에게 직접 가르침을 받았던 '1세대 제자'들도 대부분 세상을 떠나 '선생님 곁'으로 갔다. 이정애를 추모하는 심정이 가득했던 이들로부터 "우리 이정애 선생님은 ……" 하면서 교육을 받았던 '2세대 제자'들도 이제는 현역에서 은퇴하고 '3세대 제자'들에게 자리를 넘겨주는 때가 되었다. 그렇게 세월이 흘러 이정애를 기억하고 추모하는 사람들이 점차 사라져가는 오늘 이 시점에서 새삼스럽게 이정애를 다시 끄집어올려 그에 대한 평전(評傳)을 쓰려는 이유는 무엇일까? 마치 할머니 얼굴을 모르고 태어난 손녀가 어머니로부터 할머니 이야기를 듣는 형국이다. 특히 이화여자대학교 간호대학에서 현재 강의를 듣고 있는 20대 학생들에게는 이정애가 4대조, 즉 '증조할머니'가 되는 셈이다. 이처럼 어떻게 보면 '먼 조상' 이정애 이야기를 오늘에 다시 하는 이유는 다음 두 가지로 설명할 수 있겠다.

첫째, 이화간호학의 '뿌리'를 찾아가는 역사적 탐구의 사명감이다. 뿌리는 근본이자 근원이며, 본질이자 바탕이다. 뿌리가 있어 줄기와 가지가 있고 거기서 열매가 맺힌다. 이화여자대학교 간호학과가 공식적으로 출발한 것은 1955년이지만 그 이전에 간호학과 설립을 위한 꾸준한 시도와 준비 작업이 있었음은 '역사적 사실'이다. 마치 땅속에 있어 드러나지 않은 뿌리처럼, 출산 전 어머니 자궁에서 지낸 태아의 10개월처럼, 이화여자대학교 간호학과는 뿌리와 태아기에 해당하는 '전사(前史)'가 있다. 거슬러 올라가면 이화간호교육의 기원을 1888년 정동 이화학당 구내에 설립되었던 여성 전용 병원 보구여관, 그리고 1903년부터 그 안에서 시작된 미감리교 여선교사 에드먼즈의 간호교육에서 찾을 수도 있겠지만 '한국인 여성에 의한 전문 간호교육'의 기원은 1931년 미국에서 간호학을 전공하고 돌아온 '이화 출신' 이정애의 간호교육에서 찾아볼 수 있다. 그렇게 이정애로부터 시작된 이화간호교육의 맥은 해방 후 이화여자대학교 행림원 간호교육과를 거쳐 이화여자대학교 간호학과로 연결되었다. 그런 맥락에서 이화간호교육의 역사적 근원으로서 이정애의 생애와 사역, 그리고 거기에 담긴 역사적 · 정신적 가치와 의미를 재조명하려는 것이다.

둘째, 이화간호교육의 뿌리에 대한 역사적 탐구 과정에서 찾아낸 '이정애의 가치'를 되살려내기 위함이다. 역사를 공부하는 이유는 두 가지, 기억과 전망이다. 먼저 '돌아보아' 과거를 탐구하여 정확한 사실을 규명하고 그 속에 담긴 역사적 가치와 의미를 발견한 후 그것을 오늘에 살 뿐 아니라, '내다보아' 미래 세대에게 정신적 유산으로 넘겨주는 작업이다. 그런 의미에서 이번 작업은 단지 60년 전에 작고한 이정애의 생애를 역사적·과학적으로 규명하고 정리하는 것으로 끝날 것이 아니다. 그가 생전에 병원과 학교에서, 그리고 생활에서 후배와 제자, 친구들에게 삶으로 보여주고 싶었던 정신적 메시지가 무엇이었는지를 규명해내는 작업까지 나아가야 한다. 그리하여 "죽었으나 그 믿음으로써 지금도 말하는"(히브리서 11:4) '믿음의 선진(先進)' 이정애가 오늘과 내일을 살아갈 후배와 후손들에게 들려주려는 이야기를 듣고 그 속에 담긴 교훈과 지혜를 계승하고 실천하는 것이 그의 삶과 생각을 재조명하려는 이유가 될 것이다. 그런 이유와 목적을 갖고 이미 출간된 그의 절친한 친구 김활란이 편찬한 추모 문집과 김항명의 전기소설은 물론이고, 그의 유품에서 나온 일기와 편지, 노트 기록, 친구와 후배들의 증언 자료, 그리고 새로 발견된 과거 신문과 잡지의 기사들을 꼼꼼히 살펴보고 읽어가면서 그 활자와 여백 사이에 스며 있는 이정애의 흔적을 추적해나가기로 한다.

## 어린 시절의 '아버지 사랑'

이정애 말년의 '영적 친구' 김동길은 이정애의 출생과 가족 배경을 이렇게 소개했다.

> 이정애 선생은 1901년 8월 17일 새벽 두 시, 새문안 오궁골에서 출생했다. 아버지 이명원(李明遠) 씨는 구(舊) 한국의 주사(主事)를 지낸 일도 있으나 뜻하는 바가 있어 상투를 깎고 배재학당(培材學堂)에 입학하여 새로

운 학문을 닦았으며, 영어가 능할 뿐 아니라 서양인들과의 교제도 넓어서 이정애 선생이 출생하던 무렵에는 경인(京仁)철도를 가설하던 외국인들과 더불어 일을 하던 중에 있었다. 어머니 박의신(朴義信) 여사는 남편을 섬기고 자녀를 키우는 것을 지상(至上)의 사명으로 여기는 전형적 한국 여성이었으며, 선생의 뛰어난 용모는 그의 모친의 젊은 시절을 방불케 하는 점이 적지 않다고 한다. 젊은 내외는 일찍이 세례를 받고 기독교 신자가 되어 단란한 가정을 이루고 있던 터이며, 생활도 퍽 여유 있는 편이었으므로 그는 누구보다도 행복한 환경에서 즐거운 유년시절을 보낼 수가 있었다.[6]

부친 이명원은 1878년 6월 30일 황해도 해주에서 출생했는데 전주 이씨(全州李氏) '양반 가문' 출신이었다.[7] 그가 태어난 시기는 대원군의 10년 쇄국통치가 막을 내리고 고종황제 통치시대가 열리면서 개방과 개혁을 통한 근대화가 본격적으로 추진되던 때였다. 곧 그 시기는 양반 상류계층으로부터 하류 민중계층에 이르는 수직적인 관계와 가치를 중시했던 유교 이념을 바탕으로 수립·유지되었던 봉건사회 질서 및 체제가 붕괴되고, 대신 수평적 만민평등사상과 천부인권(天賦人權) 개념을 바탕으로 근대적 시민사회가 형성되어가던 시대적 과도기였다. 이런 시대 상황에서 이명원은 부모의 고향, 유교적 가정 환경을 포기하고 서울로 올라와 미국 선교사가 설립한 정동의 배재학당에 입학했다. 그가 입학한 배재학당은 한국 최초의 근대 교육기관으로서 훗날 딸이 입학할 이화학당과 '남매학교' 관계를 맺으며 서구 학문과 기독교

6 김동길, "이정애 선생의 약력", 『우리 친구 이정애』, 18.

7 이정애의 일기, 1953년.; "李貞愛 訃告", 「한국일보」(1954. 5. 9.).

신앙의 도입 및 전파, 그리고 민족 근대화와 독립운동을 주도했다. 배재학당은 1885년 4월 내한한 미감리교 선교사 헨리 아펜젤러(Henry G. Appenzeller)가 그해 6월 고영필과 이겸라, 두 학생에게 영어를 가르치는 것으로 시작되었다.[8] 아펜젤러를 찾아왔던 최초의 두 학생처럼 배재학당의 초창기 학생들은 대부분 '영어를 배워서 출세하겠다'는 목적과 의도를 갖고 찾아온 '정치 지망생'들이었다. 어떤 의미에서 그들은 '시대의 변화'를 일찍이 간파하고 노선 변경을 시도한 이들이었다.

이명원 역시 다른 학생들처럼 '영어를 배워 출세하러' 배재학당에 들어와 신학문과 성경을 배웠고, 그 과정에서 기독교 세례를 받아 유교에서 기독교로 개종을 단행했으며, '상투를 자름'으로써 봉건적 인습과 단절했다. 또한 이명원은 '영어를 잘한' 관계로 한말(대한제국) 정부 주사(主事)로 채용되어 경인철도(1899년 완공) 공사 현장에서 통역으로 활약했고 미국인이 경영하는 평북 운산금광에서 통사(通詞)로도 활약했다.[9] 그렇게 외국인들과 교류하면서 터득한 기술과 사업 능력을 바탕으로 이명원은 일제강점기(1920~1930년대)에는 광산업에 종사했는데 평북 구성과 함남 정평, 황해도 수안과 해주, 강원도 인제, 경기도 수원, 충북 제천 등지에서 개인 혹은 공동으로 광업 회사를 경영했다.[10] 그 결과 이명원은 '거부(巨富)' 소리는 듣지 못했지만 경제적으로 '여유

8 Henry D. Appenzeller, "Fify Years of Education Work", *Within the Gate*, 1934, 84; 이덕주, 『배재학당사(통사)』(학교법인 배재학당, 2013), 56-57.

9 "司法稟報(乙) 18: 美國人銃器發射로 因해 죽은 金奉文 事件에 對한 調査報告(光武三年七月十二日)", 『各司謄錄 近代篇』.

10 "鑛業權移轉 彙報", 「朝鮮總督府官報」 제314호(1928. 1. 19.); "鑛業權設定 彙報", 「朝鮮總督府官報」 제458호(1928. 7. 9.); "鑛業權移轉 彙報", 「朝鮮總督府官報」 제624호(1929. 2. 1.); "鑛業權設定 彙報", 「朝鮮總督府官報」 제804호(1929. 9. 4.); "共同鑛業代表者改定 彙報", 「朝鮮總督府官報」 제1790호(1932. 12. 24.); "共同鑛業權者脫退", 「朝鮮總督府官報」 제4110호(1940. 10. 2.); 中村資良, 『朝鮮銀行會社組合要錄』(1933).

있는' 사업가로서 시민사회운동과 구제 사업에도 재정적 지원을 아끼지 않았다. 그는 중앙기독교청년회(YMCA) 총무 윤치호와 가깝게 지내면서 기독교청년회와 부속 학관 사업을 후원했고, 윤치호와 김일선이 발기하여 1922년 설립한 경성고아원(京城孤兒院)에도 큰돈(150원)을 희사하여 재정 기반을 마련하도록 지원했으며, 한글 성경 인쇄와 반포 사업을 주관하는 대영성서공회(大英聖書公會)를 후원하기도 했다.[11] 그렇게 이명원은 '가진 만큼 나눌 줄 알았던(noblesse oblige)' 기독인 사업가로 살았다.

이명원은 네 살 아래(1882년생)인 박의신과 결혼해서 맏딸인 이정애를 1901년 8월 17일 얻었고 계속해서 이상옥(李象玉), 이상철(李象哲), 이상언(李象彦), 이성애, 이경애 등 모두 3남 3녀를 두었다. 이정애보다 일곱 살 아래(1908년생)인 남동생 이상옥은 배재고등보통학교와 세브란스의학전문학교를 졸업한 후 세브란스병원 의사로 시작해서 미장로교 선교회에서 운영하는 청주 소민병원(蘇民病院) 원장, 감리교 선교회에서 운영하는 원산 구세병원(救世病院) 산부인과장을 거쳐 일제 말기에는 세브란스의학전문학교와 이화여자전문학교 교수로 봉직했다. 그리고 해방 후에는 서울 동대문의 이화여자대학교 부속병원 원장을 거쳐 1951년부터 국가 기관인 서울 철도병원 원장으로 봉직했다.[12] 이정애의 여동생 이성애는 해방 후 이화여자대학교 직원으로 근무했다. 이명원과 박의신 부부가 맏딸 이정애를 얻을 때 살았던 서울 새문안 '오궁골'은 지금 경희궁과 서울역사박물관 건너편, 신문로 2가 89번지(새

---

11 『尹致昊日記』(1916. 6. 27.); 『尹致昊日記』(1917. 1. 8.); "京城保育院認可", 「동아일보」(1922. 5. 28.); "京城保育院에 寄附, 李明遠氏外", 「동아일보」(1923. 2. 8.); "人事", 「조선중앙일보」(1934. 1. 9.).

12 『大韓年鑑』(1955), 715.

아버지 환갑 때(뒷줄 오른쪽이 이정애, 1938년)

문안로 42)에 있는 피어선빌딩 일대에 있던 마을이다. 이명원은 서울에 처음 올라와 공부했던 정동의 배재학당에서 멀지 않은 이곳에서 대한제국 정부의 주사 혹은 통역으로 활동하며 집을 마련했던 것으로 보인다.

그러나 이정애 출생 직후 이명원 가족은 서대문(새문) 밖 송월동으로 집을 옮겼다. 이명원은 지금의 서대문 금화초등학교 길 건너편, 서대문

장로교회 아래 종로구 송월동 71-8번지에 큰 집을 짓고 1939년 10월 18일, 갓 환갑이 지난 향년 61세로 별세하기까지 그곳에서 살았다.

이정애의 동생들은 모두 송월동에서 태어났다. 따라서 이정애의 어린 시절 기억은 송월동 기와집에서 아버지로부터 받았던 극진한 보살핌과 사랑으로부터 시작된다. 이정애는 이화여자전문학교 기숙사 사감으로 봉직하던 때 아버지를 여의었는데 누구보다 그 사랑을 그리워하며 애도했다. 다음은 부산 피난 시절인 1951년 10월, 아버지의 12주기를 맞아 편지 형태로 적은 추모의 글이다.

> 낙이 무엇인지 분간조차 잘 되지 않습니다만 어렴풋이나마 짐작이 된다면 부모님의 사랑이 그 아닌가 하옵니다. 아버님께서는 남달리 자손들을 사랑하셨고 그중에도 이 값없고 쓰잘 데 없는 몸을 끔찍이도 사랑하시고 아껴주셨지요. 염천에 그을지 말라고 햇볕을 쫓아다니며 덮어주시던 아버님. 엄동에 고운 손 얼세라, 애처로워하시며 묻어주시던 자애. 자상하시던, 엄하시고 또 부드러우시던 아버님. 이 하늘 밑에는 다시 찾을 수 없고 만날 수도 없는 우리 아버님의 인격을 이제야 더욱더 뚜렷하게 깨닫고 사모하며 그리워합니다.[13]

이정애가 이 글을 쓴 것은 다리 골절상을 입고 투병 생활을 시작하던 때라 병상에 누워 지내는 시간이 많았는데, 그런 중에 12년 전 작고한 아버지의 '자식 사랑'에 대한 그리움이 사무쳐 그 마음을 글로 표현한 것이다.

---

13 고 이정애여사 전기편찬회 엮음, "열두 번째 날", 『우리 친구 이정애』, 142.

## 양규의숙과 서당 교육

조선시대 가부장적 봉건사회에서 여성은 무시당하고 억압받는 존재였다. 그런 상황에서 여성교육은 절대적 금기 사항이었다. '여자가 배워서 좋을 것 없다', '여자는 그저 살림 잘하고 애 낳아 잘 기르면 된다'는 사회적 통념이 지배하던 시대에는 여성이 글을 읽고 자기 생각을 발표한다는 것은 상상할 수조차 없었다. 그러나 시대가 바뀌면서 환경도 변했다. 그 변화의 바람은 서울 정동에서 불기 시작했다. 배재학당을 설립한 아펜젤러와 같은 해인 1885년에 미감리교 여성해외선교회 파송을 받아 내한한 여선교사 메리 스크랜턴은 미감리교 의료 선교사로 함께 내한한 아들 윌리엄 스크랜턴과 정동에 정착해서 아들은 병원을, 어머니는 여학교를 시작했다. 메리 스크랜턴은 서대문 성벽 바로 아래, 6천여 평 학교 부지를 확보한 후 그 안에 있던 낡은 초가집 20채를 헐고 기숙사와 식당, 교실과 교무실, 정원까지 완비한 '200여 칸짜리' 웅장한 기와집을 짓고 학교를 시작했으나 학생을 구하기가 쉽지 않았다. 여성교육에 대한 부정적 사회 분위기 때문이었다. 서양 여성에게 딸을 맡기려는 부모를 만나기 어려웠다. 일반 시민들이 학교 안으로 돌을 던지고 선교사들에게 행패를 부리는 일도 빈번했다. 그래서 한동안 학교는 길거리에 버려진 전염병 환자의 딸이나 고아, '그냥 먹여주고 재워주고 입혀준다'니까 갖다가 맡긴 빈곤층 자녀 십여 명으로 명맥을 유지했다.[14]

그러나 아펜젤러의 배재학당처럼 메리 스크랜턴의 여학교도 1887년 봄에 고종황제(정부)로부터 '이화학당'이라는 교명을 하사받고 궁궐 수

---

14 Mary F. Scranton, "Woman's Work in Korea", 4-5.

비병이던 기수가 파견 나와 학교와 학생들을 보호하기 시작하면서 학교를 바라보는 사회적 시선과 여론이 바뀌기 시작했다. 일반 사회에는 이화학당이 '영어도 잘하고 노래도 잘하며 똑똑하고 나라와 임금을 사랑하는 학생들이 다니는 학교'로 알려지게 되었다. 그렇게 이화학당의 명성이 높아지면서 입학생들도 늘어나 1910년대에 접어들어 등록 학생 수는 200명 수준을 기록했다. 바로 이 무렵 이정애는 이화학당 학생이 되었다. 그런데 그가 이화학당에서 처음 신학문을 배운 것은 아니다. 이화학당보다 먼저 다닌 학교가 있었다. 이에 대해 김동길은 다음과 같이 기록했다.

> 여섯 살 되던 해에 선생은 양규의숙(養閨義塾)이라고 하는 여자만을 위한 학교에 입학하여, 산술이니 국어니 하는 새 학문을 배우는 한편, 밤에는 냉동(冷洞) 어느 글방에 다니며 천자문(千字文), 무제시(無題詩) 같은 한문 공부를 하기 시작했다. 1912년[15] 봄에는 이화학당(梨花學堂) 중등과에 입학이 허락되어 흰 저고리 검정 치마를 입으니, 그 잘생긴 얼굴과 균형 있는 몸매가 뭇사람의 주의를 끌 만했고, 특히 학교에서의 성적이 월등하므로 한 반의 동무들은 누구나 그를 부러워 마지않았다.[16]

이정애는 여섯 살 때(1907년) 양규의숙에 먼저 들어가 신학문을 배우고 1910년 이화학당 중등과에 입학했다. 그가 이화학당보다 양규의숙

15 『우리 친구 이정애』를 처음 인쇄할 때는 이정애의 이화학당 입학년도를 '1910년'으로 표기했으나 인쇄되어 나온 후 책갈피에 넣어 배포한 '정오표'에는 '1912년'으로 바로잡았다. 따라서 이 글에서는 이정애의 이화학당 입학년도를 1912년으로 표기했다. 이 외에 '정오표'는 이정애의 이화학당 관련 사항에 대해서 몇 가지 부분을 교정했다.

16 김동길, "이정애 선생의 약력", 『우리 친구 이정애』, 18.

을 먼저 다닌 이유는 무엇일까? 그것은 1902년 이후 이화학당이 입학생 기준을 "십 세 이상 무병(無病)한 아이"로 규정했던 때문이었다.[17] 이화학당은 학생 모집이 어려웠던 설립 초기에는 나이와 결혼 여부를 불문하고 찾아오는 학생들을 모두 받아들였지만 학생 모집이나 교과과정 운용에서 안정적인 기반을 확립한 1900년대에 들어서는 '고등교육(higher education)' 중심으로 운영하기로 하고 10세 이하를 위한 초등과정은 이화학당 지교(支校)로 운영하는 서울 지역 교회 부속 여학교들, 예를 들어 아현여학교(아현교회), 동대문여학교(동대문교회), 공옥여학교(상동교회), 왕십리여학교(왕십리교회), 용두동여학교(용두동교회) 등에서 담당하도록 조정했다. 이에 따라 이화학당은 10세 이상 학생들을 받아들여 중등과(4년)와 고등과(3년), 대학과(4년) 등 3개 학과로 운영했다.[18] 이런 배경에서 이정애는 여섯 살 때 양규의숙에 들어가 초등과정을 공부한 후 10세가 된 후 '중등과에 입학이 허락되어' 이화학당에 입학했던 것이다.

그렇다면 이정애가 이화학당 지교인 아현여학교나 공옥여학교가 아닌 일반(무종교) 사립학교인 양규의숙을 다닌 이유는 무엇일까? 이 부분에서는 아버지 이명원의 결단이 작용한 것으로 보인다. 양규의숙은 명칭과 취지에서 느낄 수 있듯 상류 지식인과 양반계층 집안의 소녀들을 염두에 두고 설립되었다. 6세부터 18세 사이의 여아들에게 한글과 한문, 산술, 지지, 재봉 등을 가르쳤는데 실제적인 수업은 남성 숙장이나 학감 대신 조선증 부인 이씨와 김린 부인 이씨 등 개화파 양반 가문

17 "리화학당 개학", 「신학월보」(1902. 9.); "梨花學堂 女學員 募集廣告", 「皇城新聞」(1908. 9. 17.).

18 Lulu E. Frey & Jessie B. Marker, "Ewa Haktang", *Annual Report of KWC 1910*, 12.

의 부인들이 담당했다.

이처럼 이정애는 어려서부터 가정에서 현모양처로 불렸던 어머니로부터, 그리고 아버지의 손에 이끌려 들어간 양규의숙과 서당에서 동양과 한국의 문화 전통을 배웠다. 훗날 이정애가 미국 유학까지 다녀와 병원 간호사로, 학교 교수로 '신여성'의 표상이 되어 살았지만 평생 한복과 쪽머리를 고집하며 '아름다운 조선 여인'의 모습을 견지한 것은 어린 시절 가정이나 양규의숙, 서당에서 받은 '전통 교육'의 결과물이라 할 수 있다. 그리고 생애 말년에 투병 생활을 하면서도 서도(書道)와 묵화(墨畫), 골동품 수집과 같은 '문예 활동'에 전념한 것 역시 한국과 동양의 고유 문화와 전통, 그 속에 담겨 있는 '우리 것'을 되살리고 이어가려 한 노력이었다. 이처럼 양규의숙과 서당에서 기초 학문과 고유 전통에 대한 학습을 마치고 드디어 10세가 되어 이화학당에 입학한 이정애가 "흰 저고리 검정 치마를 입으니, 그 잘생긴 얼굴과 균형 있는 몸매가 뭇사람의 주의를 끌 만했고, 특히 학교에서의 성적이 월등하므로 한 반의 동무들은 누구나 그를 부러워 마지않았던" 것은 당연했다. 이화학당 중등과의 또래 학생들 중에 이정애는 외모나 실력, 행동거지에서 단연 돋보이는 존재가 되었다.

## 이화학당 중등과 입학

이화학당 입학 연령(10세)에 이르기까지 이정애가 가정과 양규의숙, 서당에서 기초 학문과 한문, 동양고전과 가족예법을 배우는 동안 한국의 정치 · 사회 현실은 갈등과 혼란, 좌절과 분노의 격랑에 휩싸여 큰 홍역을 치르고 있었다. 1890년대 말부터 드러나기 시작한 개방과 개혁을 둘러싼 한국 사회 내부의 진보/보수파 사이의 갈등과 분쟁은 더욱 격화되었고 그것은 정치적 · 사회적 혼란을 가중시켰다. 또한 이런 내부적인 문제보다 심각한 것이 외세, 특히 일본의 한반도 침략과 지배 야욕이었다. 10년 전(1894년) 청일전쟁에 이어 1904년 러일전쟁에서도 승리한 일본은 1905년 고종황제와 한국 정부를 겁박하여 을사늑약(乙巳勒約)을 체결, 국권의 상징인 외교권을 강탈했다. 그리고 '보호'라는 명분하에 통감부를 설치하고 정치와 사회, 경제와 문화 분야에서 내정간섭을 본격화했다. 뒤늦게 실수를 깨달은 고종황제가 국권 회복을 위해 1907년 헤이그 만국평화회담에 밀사를 파견했지만 오히려 그것을 빌미로 일본은 고종황제를 퇴위시킨 후 순종을 즉위시키고 정미7조약(丁未七條約)을 체결, 국권의 또 다른 상징인 군대를 해산한 후 정부 관리 임용권까지 강탈했다.

이처럼 어려운 환경과 조건에서도 이화학당 선교사들과 한국인 교사들은 착실하게 학교를 발전시켜나갔다. 그 사이 이화학당의 지도력에도 많은 변화가 이루어졌다. 우선 53세 나이로 내한해서 이화학당을 설립한 메리 스크랜턴의 뒤를 이어 1890년 로드와일러, 1892년 페인이 교장으로 수고했고, 1907년 페인의 갑작스런 별세로 프라이가 교장으로 취임해서 1921년 3월 별세하기까지 15년 동안 봉직했다. 프라이가 별세한 후에는 '2세 선교사'인 앨리스 아펜젤러(Alice R. Appenzeller)가 교장으로 취임해서 일제 말기(1939년) 총독부의 압력으로 교장직을 김활란에게 넘겨주기까지 15년 동안 이화학당과 이화여자전문학교를 지휘했다.[19] 따라서 이정애가 이화학당에서 공부한 시기(1912~1924년)에

19 이화100년사편찬위원회 엮음, 『이화 100년사』(이화여자대학교출판부, 1994), 756-768; Mary E. Church, "Ewha High School", *Fifty Years of Light*, 1938, 15-16; Jeannette C. Hulbert, "Ewha College", Fifty Years of Light, 1938, 21-25.

는 프라이와 아펜젤러가 학교를 지휘하고 있었다.

통감부는 1908년 「사립학교령」을 반포하고 한국의 사립학교들이 일본의 보통학교(4년)나 고등학교(3년) 체제로 개편할 것을 요구했다. 이에 이화학당은 중학과 단일 과정으로 운영되던 교과과정을 초등과(4년)와 중등과(3년), 고등과(4년) 등 3개 과정으로 운영하기로 했다. 그러면서 초등과 입학 연령을 다시 10세로 낮추었다. 명칭은 '초등과', '중등과', '고등과'로 했지만 그것은 미국의 중학교(grammar school)와 고등학교(high school), 초급 대학(college) 과정과 같았다.[20] 이로써 10년 과정의 이화학당 고등교육 체제가 완성되었다.

그리고 강제합병 1년 후(1911년) 총독부는 한국의 사립학교도 소(보통)학교-중학교-고등학교-대학교로 이어지는 일본의 공립학교 체제로 개편하고 정부 인가를 받을 것을 요구하는 「사립학교규칙」을 반포했다. 이에 이화학당은 1912년 학제와 교과과정을 대폭 개편하는 내용의 「이화학당규칙」을 총독부에 제출하여 인가를 받았다. 이에 따르면 이화학당은 1904년부터 폐지했던 초등 과정을 부활시켜 8세부터 입학할 수 있는 보통과(4년)를 신설했고 과거 중학과를 고등과(4년)로, 고등과를 중학과(3년)로 명칭을 바꾸었으며, 대학부(5년)를 신설했다.[21] 그렇게 개편한 각 과정의 교과목과 수업 내용은 다음과 같았다.[22]

이 과목들이 이정애가 이화학당에 들어와 10년 동안 배운 수업 내용

---

20 "梨花學堂 女學員 募集廣告", 「皇城新聞」(1908. 9. 17.); Lulu E. Frey & Jessie B. Marker, "Ewa Haktang", *Annual Report of KWC 1910*, 11-14.

21 "Ewha Haktang", *Annual Report of KWC 1911*, 13; "Woman's Conference Report", *Official Minutes and Reports of th Korea Annual Conference of the Methodist Episcopal Church*, 1912, 105; "Ewha Haktang", *Annual Report of KWC 1915*, 45.

22 1912년 「이화학당규칙」.

1912년 이화학당의 개편된 교과목 수업 내용

| 교과목 | 보통과 | 고등과 | 중학과 |
|---|---|---|---|
| 성경 (수신) | 성경사설, 마가복음, 마태복음, 누가복음 | 성경, 구약사기 | 성경 |
| 국어 (일본어) | 독방, 해석, 회화, 서취, 작문, 습자 | 독방, 회화, 작문, 서취, 해석, 번역 | 독방, 문법, 회화, 작문 |
| 조선어와 한문 | 독방, 해석, 회화, 서취, 작문, 습자 | 독방, 작문, 서취, 해석, 척두문(尺頭文) | 독방, 해석, 문법, 작문, 서취 |
| 수학 | 가감승제, 소수, 주산, 분수 | 분수, 비례, 백분, 개평방, 산술, 가정부기, 대수, 인수분해 | 대수 |
| 이과 | 자연계, 사물현상, 이용 | 자연계, 사물현상, 이용, 생리학, 위생학, 지문학(地文學), 동물학, 식물학 | 물리학, 가정에 관한 화학 |
| 지지역사 | – | 본국지지, 외국지지, 본국역사, 외국역사 | 만국역사, 교회사기 |
| 음악 | 찬송가 | 찬송가 | – |
| 도화 | 자재화(自在畵) | 자재화, 용기화(用器畵) | – |
| 체조 | 유희, 보통체조 | 보통체조 | – |
| 가사 | 간이재봉, 수예 | 보통의복, 재봉방, 보통의식, 제조, 가내에서, 쇄소법, 셋방(洗方), 편물, 염색법, 조선의복, 복제법, 수법, 음식제조법 | – |
| 영어 | – | 발음, 독방, 역해, 철자, 회화, 서취, 습자, 독·작문, 역해, 문법 | – |
| 교육학 | – | – | 교육학 |
| 가정학 | – | – | 음식제조법, 수법(繡法), 채화(菜花), 재봉법, 조선음식 제조법 |

이었다. 「사립학교규칙」에 의해 정규 과목으로 가르칠 수 없었던 성경은 수신(윤리) 시간에 배웠고 음악(창가) 시간에는 찬송가를 배웠으며 세계역사 시간에 교회사를 배웠다. 그리고 이화 학생들은 매일 수업을 시작하기에 앞서 반별로 기도회를 가졌고 방과 후에는 학생선교회, 이문회(以文會), 공주회(公主會), 십자기회(十字旗會), 무흠회(無欠會), 헌신

단(獻身團)과 같은 학생 자치단체 활동을 통해 종교 · 봉사 활동에 참여했다. 그렇게 해서 종교교육에 대한 통제와 탄압이 한층 강화된 일제강점기에 들어서도 이화학당은 기독교 학교로서의 정체성을 지켜나갈 수 있었다.

그리고 또 한 가지 중요한 것은 1911년부터 고등과 졸업생을 위한 대학과 수업이 시작되었다는 점이다. 1912년 「이화학당규칙」에 '중학과'로 표기된 과정은 고등과 졸업생들이 지원하는 대학 예과에 해당했다. 그렇게 1911년 7명으로 시작된 대학과의 학생은 1913년 17명으로 늘어났고, 1914년 4월에 이화학당 김앨리스와 신마실라, 이도로시 등 3명이 이 대학과의 제1회 졸업생이 되었다.[23] 대학과 졸업생들은 대부분 '의무적으로' 졸업 후 모교 교사가 되어 이화학당 후배들을 가르쳤다. 졸업생뿐 아니라 고등과를 졸업하고 대학과에 진학한 학생들도 보통과와 대학과 수업을 맡는 경우가 많았다. 그것은 이화학당 특유의 '교비생(校費生)' 제도 때문이었다. 집안 형편이 어려운 학생들이 고등과나 대학과 과정을 선교사 장학금이나 학교 장학금으로 졸업한 후에는 일정 기간(보통 3년) 모교나 다른 기독교 학교에서 교사로 의무 봉사를 해야만 했다. 그래서 이화학당에는 젊은 '학생교사(student teacher)'들이 많았다. 이정애가 고등과 수업을 받고 있던 1915년 당시 이화학당 교사진은 다음과 같았다.[24]

대학 과정까지 설치하여 한층 안정적인 체제를 구축한 이화학당은

23 "Ewha Haktang", *Annual Report of KWC 1913*, 40; "Ewha Haktang, Seoul", *Annual Report of KWC 1914*, 76; "이화학당 대학부 제1회 졸업생", 「기독신보」(1916. 4. 5.); 이화100년사편찬위원회 엮음, 『이화100년사』, 136.

24 "Ewha Haktang", *Annual Report of KWC 1915*, 48, 62; 강매, 『정동제일교회 삼십년사』(1915); 민숙현 · 박해경, 『한가람 봄바람에』, 443-444; 이화100년사편찬위원회 엮음, 『이화100년사』, 143.

1915년 이화학당의 교사진

| 분류 | 이름 |
|---|---|
| 선교사 | 프라이(Lulu E. Frey), 아펜젤러(Alice R. Appenzeller), 헐버트(Jeanette Hulbert), 브라운리(Charlotte Brownlee), 파이(Olive F. Pye), 터틀(Ora M. Tuttle), 우드(Ola A. Wood), 맥개리(Grace H. McGary), 월터(A. Jeannette Walter) |
| 여교사 | 하란사, 김앨리스, 신마실라, 이화숙 |
| 남교사 | 이성회, 김극배, 안형중, 홍선표 |
| 학생교사 | 김메례, 허애덕, 홍에스더, 윤심성, 신준려, 박순애, 이인애 |

1913년부터 새로운 과정으로 유치원을 시작했다. 1910년대에 들어 이화학당 안에서 유치원부터 대학까지 5백 명이 넘는 학생들이 공부하며 생활하게 됨에 따라 수업 공간과 시설 확충이 불가피했다. 1886년 메리 스크랜턴이 초가집들을 헐고 지은 '2백 간짜리' 한옥 건물은 학생 수가 1백 명 수준에 달하자 수용 공간이나 효율 면에서 많은 문제점을 드러냈다. 그래서 페인 교장 시절인 1900년 한옥 건물을 헐고 그 자리에 120명을 수용할 수 있는 9백 평 규모의 2층 벽돌 건물 '메인홀(Main Hall)'을 지었다. 그러나 1910년대에 들어서 이화학당 전체 학생 수가 2백 명을 넘어 3백 명에 육박하자 이 건물도 좁게 되었다. 이에 프라이 교장은 1914년 이화학당에 붙어 있던 이왕직(李王職) 소유 토지를 구입하여 1915년 2층 벽돌 건물 '심슨기념관(Simpson Memorial Hall)'을 지은 후 보통과와 고등과 수업을 새로 지은 심슨기념관으로 옮겨 실시하는 한편 메인홀은 대학과 교실 및 기숙사로 활용했다.[25]

프라이 교장의 다음 과제는 계속 학생 수가 늘어나는 대학과를 위해 단독 건물을 마련하는 것이었다. 마침 심슨기념관 북쪽에 있던 2백 평

25 "Ewha Haktang, Seoul", *Annual Report of KWC 1914*, 73-74; "Ewha Haktang", *Annual Report of KWC 1915*, 46.

규모의 '손탁호텔(Sontag Hotel: 1920년 지금의 서울 중구 정동에 건립되었던 서양식 호텔)'이 매물로 나와 1917년 그것을 매입한 후 교실로 개조해서 얼마간 사용하다가, 시설이 낡아 1922년에 헐고 그 자리에 7백 평 규모의 3층짜리 붉은 벽돌 건물을 짓고 '프라이홀(Frey Hall)'로 명명했다.[26] 이후 이화학당 대학과는 1925년 총독부로부터 이화여자전문학교로 인가를 받고 신촌에 새로운 부지를 확보한 후 1935년 그곳으로 옮겨가기까지 정동 이화학당 구내의 '프라이홀'에서 수업을 받았다. 다음은 프라이 교장이 손탁호텔을 매입한 직후 1917년 6월 감리교 연회에 제출한 이화학당 관련 선교 보고이다.

> 지난 1년 중에 우리가 붉은 날로 표시해야 할 날은 웰치 감독께서 우리 학교와 붙어 있는 땅, 우리가 오랫동안 탐내왔던 (손탁호텔) 부지를 구입하라고 지시하는 전보를 받은 날입니다. 바로 며칠 전에 대금을 지불했고 며칠 내로 계약서가 우리 손에 들어올 것입니다. 현재 1.5에이커밖에 안 되는 부지 안에 있는 본관(메인홀)과 교실(심슨기념관) 그리고 낡은 진료소(보구여관) 건물에서 엄청난 양의 사역을 해야만 하는 우리로서 새로운 부지 확보가 얼마나 시급한 일인지 이해할 수 있을 겁니다. 지금 보통학교에 111명, 고등학교에 120명, 대학교에 50명, 유치원에 50명, 보육학교에 12명, 총 352명이 다니고 있습니다. 금년에는 더 늘어날 예정입니다. 기숙사에서는 학생 186명과 교사 12명이 생활하고 있으며 별도 가옥 세 채에서 외국인 교사 9명이 살고 있습니다. 대학 기숙사생들을 곁에 붙

26 "Report of Ewha Haktang", *Annual Report of KWC 1917*, 16-17; Alice R. Appenzeller, "The First Women's College Building. A Significant Step in Higher Education", *KMF*, 1922. 12, 268.

어 있는 손탁호텔의 방 두 곳으로 옮기면서 조금 숨통이 트였습니다.[27]

이 프라이 보고서에 나오는 '고등학교 학생 120명' 가운데 이정애가 포함되어 있었다. 이정애는 '입학 연령' 기준 때문에 기다리고 기다리다가 1912년 중등과(고등학교)에 입학하여 메인홀에서 수업을 받기 시작했고 1916년 심슨기념관이 마련된 후에는 그곳으로 옮겨 수업을 받았다. 그리고 3 · 1운동을 겪은 후 대학과에 진학해서는 프라이홀에서 수업을 받고 그곳에서 졸업했다. 이정애에게 정동의 이화학당은 감수성 예민한 10대 소녀 시절, 10년을 고스란히 선교사와 교사, 선배, 후배들과 어울려 지내면서 질 높은 수업과 다양한 경험을 통해 미래를 그려나갔던 '꿈의 무대'였다. 그리고 또한 이화학당은 다양한 친구들과 만나 사귈 수 있었던 '우정의 무대'이기도 했다. 이정애가 그렇게 이화학당에 들어가서 만난 친구들 가운데 평생 '운명적인' 관계로 우정을 나누게 될 김활란이 포함되어 있었다.

## 이화학당 고등과 입학과 3·1운동

1917년 3월 이화학당 중등과를 졸업한 이정애는 곧바로 고등과에 입학하여 이화학당에서 학업과 기숙사 생활을 계속 이어갔다. 가정 형편이 유복했던 이정애는 선교사 장학금으로 공부하는 교비생이 아니었기에 졸업 후 모교에서 의무 기간 '학생교사'로 봉사할 필요는 없었다. 그래서 곧바로 고등과에 입학해 학업에 전념할 수 있었다. 그런데 그

---

27 "Report of Ewha Haktang", *Annual Report of KWC 1917*, 16-17.

가 고등과에 입학한 1년 후인 1918년, 총독부는 「사립학교규칙」을 발표하여 한국의 사립학교 학제를 일본의 공립학교 체제로 바꾸도록 요구했다. 이에 따라 이화학당도 기존의 보통과(4년), 중등과(4년), 고등과(3년), 대학과(5년)로 연결되었던 학제를 개편하여 4년 과정의 보통학교(8세 이상), 4년 과정의 고등보통학교(12세 이상), 그리고 '중학교'로 명칭을 바꾼 1년 과정의 대학 예과, 4년 과정의 대학 본과로 정비했다. 하지만 이 가운데 보통학교와 고등보통학교만 총독부가 인가를 내주어서 '이화여자보통학교'와 '이화여자고등보통학교'라는 명칭으로 학생들을 받아들였다. 다만 대학과는 1925년 '이화여자전문학교'로 총독부 인가를 받기까지 옛 학제를 유지하며 예과(중학교) 1년, 본과 4년 체제로 수업했다. 그 결과 1918년 이후 같은 이화에서 고등과 수업을 받는 학생들은 '구학제(舊學制)' 고등과 수업을 받는 학생과 '신학제(新學制)' 고등보통학교 수업을 받는 학생으로 구분되었다. 이들은 각각 '이화학당 고등과 학생'과 '이화여자고등보통학교 학생', 줄여서 '이화여고보 학생'으로 불렸다. 이정애는 '구학제' 과정으로 들어온 이화학당 고등과의 마지막 학생이었다. 그렇게 이정애가 이화학당 고등과 3학년으로 진급하던 1919년, 거족적 항일 민족운동인 3·1운동이 일어났다.

3·1운동이 일어나자 이화학당에서는 교사와 학생, 졸업생들이 다양한 형태로 이 운동에 적극 참여했다. 그래서 그 피해도 컸다. 이화학당의 3·1운동 참여 배경에는 기숙사 사감이자 총교사였던 하란사의 영향력과 지도력이 있었다. 항일 민족의식이 강했던 하란사는 일찍이 일본을 거쳐 미국 유학을 하면서 국제 문명과 정치의 흐름을 이해했다. 하란사는 1916년 6월 미감리교회 4년 총회에 배재학당 교장 신흥우와 함께 한국교회 평신도 대표로 참가했다가, 미국 시카고대학교에서 1년 유학하며 재미교포들을 만나 이화학당 학생들의 음악 수업을 위해 파

이프오르간 구입 비용 마련 모금운동을 벌였다. 그렇게 해서 하란사 선생이 마련한 파이프오르간은 뒤늦게 들어와 1918년 여름 정동제일교회에 설치되었다.[28] 한국에 설치된 최초의 파이프오르간이었다. 그때부터 이정애와 김활란을 비롯한 이화학당 교사와 학생들은 매주 정동제일교회 주일예배에 참석해서 오르간 반주에 맞추어 찬송을 불렀다. 정동제일교회 고딕예배당 안에 울려퍼지는 파이프오르간 소리는 이화학당 학생들의 귀에 '천상의 소리'로 들렸다. 그 소리에 매혹되어 오르간을 배우겠다는 학생들이 늘어났으니 후에 이화여자대학교 음악과 교수로 활약한 김영의와 김복실, 김메례가 대표적이었다.[29]

하란사는 국제 정세와 해외 독립운동에 관한 정보를 정동제일교회 손정도 목사, 배재학당 신흥우 등과 공유하며 독립운동을 모의했다. 하란사가 계획했던 것은 두 가지, 파리 평화회담에 한국민족 여성대표로 참석해서 독립을 호소하는 것과 해외 민족운동단체들과 연대하여 본격적으로 독립운동을 전개하는 것이었다. 그런 목적에서 2월 하순 서울을 떠난 하란사는 3월 초 중국 베이징에 도착하여 먼저 와 있던 손정도 목사, 현순 목사 등과 만나 일을 논의하던 중, 유행성 독감이 폐렴으로 발전하여 결국 회복하지 못하고 3월 17일 미감리교 여성해외선교회에서 운영하던 베이징 부영의원에서 별세했다.[30] 그 무렵 국내에서는

---

28 "부인 하란사씨의 청연, 내지 교회의 오르간", 「신한민보」(1916. 12. 7.); "부인 하란사씨의 연조 청하는 글", 「신한민보」(1916. 12. 21.); "Report of Ewha Haktang", *Annual Report of KWC 1917*, 22-23.

29 Mary E. Young, "What the King Did not Know", *KMF*, 1938. 4, 70.

30 하란사의 죽음이 '일본 스파이' 배정자에 의한 독살이었다는 소문이 돌았지만 당시 관련 기관 및 관계자들의 증언에 의하면 독감과 폐렴이 사망 원인이었던 것으로 보인다. "朝鮮人の行動に關する件(機密第120号) 不逞團關係雜件- 朝鮮人の部 在支那各地 1", 『日本外務省資料』(1919. 3. 20.); 현순, "三一運動과 我의 使命", 「玄楯自史」 43; "三愛國女史의 追悼會", 「獨立新聞」(1920. 1. 22.); "하란사 부인은 도중에서 별세", 「신

3·1독립만세운동이 한창 진행 중이었고 그의 '애제자' 박인덕과 신준려, 김활란 등 이화학당 교사들은 독립운동 주모자로 체포되어 투옥되었거나 피신 중이었다. 교실과 기숙사에서 그의 지도를 받았던 이화학당 학생들도 다수 투옥되었고 학교는 휴교 중이어서 하란사의 장례식이나 추모회도 제대로 열리지 못했다.

그러나 이런 하란사의 '민족의식'과 '독립정신'을 이어받은 이화학당 교사와 재학생, 졸업생은 학교에서뿐 아니라 서울과 지방에서 만세운동에 적극 참여했다. 3월 1일, 그날은 토요일이어서 수업은 없었고 기숙사 학생들은 밀린 빨래를 하거나 바느질을 하고 외출 혹은 휴식을 취하던 날이었다. 그러나 그날 기숙사 분위기는 달랐다. 정오 사이렌 소리가 들리자 학생들은 탑골공원 만세시위에 참가하려고 기숙사 밖으로 뛰쳐나왔다. 그러나 미리 알고 있던 프라이 교장은 직원들을 시켜 학교 대문을 걸어 잠그고 학생들을 나가지 못하도록 막았다. 평소에도 교내에서 학생들이 장난을 치며 소란을 피우면 뛰쳐나와 "아이들아! 무슨 일이냐? 아이들아!" 하며 학생들의 부상을 걱정했던 프라이 교장이었기에 혹여 학생들이 시위에 참가했다가 부상당하거나 체포되어 악형을 받을 것을 우려하여 학생들의 교외 진출을 극력 막았던 것이다. 대문 앞을 막아선 교장과 학생들 사이에 실랑이가 벌어졌다. 당시 광경을 김활란은 이렇게 회고했다.

> 교장선생님의 완강한 태도에 몇몇 학생들은 분개했다. 한 학생은 선생을 밀쳐내려고 달려들었다. 그렇게 너무도 강경하게 바티는 선생과 옥신각신하던 학생들은 드디어 그 뜻을 굽히지 않았다. 서로서로 손을

---

한민보」(1919. 4. 24.).

잡아 담을 넘겨주고 또 넘어 거리로 달려나간 것이다. 그리하고 그 역사적인, 그리고 거족적인 시위대열에 참여하고 많은 학생들이 투옥된 것이다.

그렇게 해서 학교를 벗어난 이화 학생 10여 명은 탑골공원에서 시작된 만세시위에 가담했다.[31] 학생들이 이끈 1천여 명의 만세시위대는 둘로 나뉘었다. 서쪽으로 방향을 잡은 시위대는 남대문을 거쳐 덕수궁과 외국 공사관이 있는 정동을 향했다. 그렇게 정동에 들어선 시위대가 미국 공사관을 지나 프랑스 공사관(현 창덕여자중학교)으로 향하던 중 시위대 일부가 이화학당 교내에 진입하여 만세를 불렀다. '담을 넘어' 탈출했던 이화 학생들이 시위대를 이끌어 들인 것으로 보인다. 이에 기숙사에 남아 울분과 실의에 빠져 있던 학생들도 나와서 함께 만세를 불렀다. 그렇게 해서 이화학당 학생들은 만세를 '교내에서' 마음껏 부를 수 있었다. 예정에 없었던 이화학당 교내 시위는 이화 학생들에게 '독립운동 참여 의지'를 강하게 심어주었고 그것은 3월 5일 만세시위 참여로 이어졌다.

이화학당 교사와 학생들이 대거 독립만세운동에 참가하고 체포되어 옥고를 치르는 상황에 이정애는 어디서, 무슨 일을 했는가? 이 부분에 대하여 김동길은 다음과 같이 기록했다.

그가 이화학당 고등과에서 공부하던 1919년, 독립을 애원하는 동포의 만세 소리가 삼천리강산을 뒤흔들었을 때, 그의 마음이라고 뜨거워지지

31 이와 관련해서 『이화100년사』는 "서명학 · 류관순 · 김복순 · 김희자 · 국현숙의 '5인 결사대'는 10여 명의 다른 학생들과 기숙사 뒷담을 넘어 남대문 쪽으로 달려갔다"고 기록하고 있다. 이화100년사편찬위원회 엮음, 『이화100년사』, 160.

않았을 리 없다. 그는 초하룻날 전국에 발송할 편지와 신문을 등사하노라고 밤을 새웠고, 친구들이 옥에 갇힌 동안에는 맛나는 음식과 편한 잠자리를 사양했다. 투옥된 어느 친구 어머니의 생활비를 보태기 위하여, 바느질품을 팔아 매달 오원씩을 보내주었다는 이야기는, 듣는 사람의 눈시울을 뜨겁게 한다.[32]

생존 시 이정애의 증언에 근거한 기록으로 보이는데, "초하룻날(3월 1일) 전국에 발송할 편지와 신문을 등사하느라고 밤을 새웠다"는 기록은 검증이 필요하다. 이를 반증할 만한 자료나 문서가 없기 때문이다. 그러나 "친구들이 옥에 갇힌 동안에는 맛나는 음식과 편한 잠자리를 사양했다"는 증언은 이정애의 성품을 보아 충분히 가능하다. 그리고 이정애가 "투옥된 친구의 어머니를 돕기 위해 삯바느질을 했다"는 이야기도 그렇다.[33] 학교에서 단짝으로 지냈던 친구가 만세시위 현장에서 체포되어 경찰서에 구금되자 이정애가 그를 대신해 가난한 친구 어머니를 도와 삯바느질을 했을 가능성은 충분하다. 그 당시 독립만세운동

32 김동길, "이정애 선생의 약력", 『우리 친구 이정애』, 18-19. 여기서도 처음 책을 인쇄할 때 "그가 이화학당 중등과를 졸업하게 되던 1919년"으로 되어 있던 것을 '정오표'에 근거하여 "고등과를 공부하던 1919년"으로 바꾸었다.

33 한편 김항명은 이정애의 전기소설 『여성실화: 아름다운 순교 이정애』에서 3 · 1운동에 관련된 이정애의 활약에 대하여 ① 이화학당 친구 '순임이'를 비롯한 친구들과 함께 독립선언서와 독립운동 전단을 인쇄(등사)하여 배재학당의 김준일, 강인규에게 전달했고, ② 3월 1일 '순임이'를 비롯한 친구들과 함께 탑골공원 만세시위에 참가했다가 일본 경찰의 폭력에 머리를 다쳐 피를 흘리며 친구들의 부축을 받고 학교로 돌아와 이마에 붕대를 감고 사흘간 치료를 받았고, ③ 시위 현장에서 체포되어 경찰서에 끌려간 친구 '순임이'의 어머니를 찾아가 위로한 후, ④ 그때부터 '순임이'가 석방되기까지 한 달 동안 동대문 밖 순임이네 집을 왕래하며 바느질을 도와 '순임이' 어머니의 생활을 도왔다고 기술했다. 상상과 과장이 반영된 소설이라 검증하기 힘든 부분이 많은 것은 사실이다. 김항명, 『여성실화: 아름다운 순교 이정애』, 19-31.

으로 감옥에 갇힌 교사와 학생들을 위해 이화학당 학생들이 자진해서 옥바라지를 하고 그 가족을 돕는 일은 흔했다. 그때 고등과 졸업반이던 서은숙은 1년 후배 김동준과 함께 서대문형무소에 갇힌 교사 박인덕과 신준려의 빨래를 해주는 등 옥바라지를 했는데 이들은 이화학당 기숙사에서 맺어진 소위 '사랑 언니동생' 관계였다.[34] 그런 맥락에서 이정애도 '사랑 자매' 관계는 아니었지만 옥에 갇힌 친한 친구를 위해 그 어머니의 생활을 '삯바느질'로 도왔던 것으로 보인다. 3·1운동과 관련한 이정애의 활동 기록은 이것이 전부이다. 이정애로서는 수감된 친구들을 생각하며 극도로 '절제된' 생활을 하면서 수감된 친구의 가족의 생계를 돕는 일에 참여하는 것으로 자기 몫을 감당했다.

## 고등과 졸업과 대학 진학

3·1운동으로 인한 '격랑'의 1919년이 지나고 1920년이 되었다. 그러나 사회 분위기는 여전히 불안했다. 게다가 1920년 3월 1일, 유관순이 옥중에서 '3·1운동 1주년 기념' 만세운동을 벌인 것처럼 서울 시내 여러 학교에서 '1주년 기념' 만세운동이 일어났다. 경찰 당국은 학생들의 집회를 다시 금했고 그 때문에 이화학당은 예정된 3월 졸업식도 거행하지 못했다. 1919년에 이어 2년째 졸업식을 하지 못했다. 이정애는 그해(1920년) 고등과 졸업 예정자였다. 그는 교내 행사로 치러진 조촐한 의식에서 졸업장을 받는 것으로 졸업식을 대신했다.

그리고 곧바로 대학 예과에 진학했다. 비록 졸업식은 거행하지 못했

34 김징자 엮음, 『우리 서은숙 선생님』(이화여자대학교출판부, 1987), 57.

이화학당 고등과 졸업(왼쪽에서 세 번째가 이정애)

지만 학사 일정과 수업은 정상적으로 진행되었다. 3·1운동이 일어난 후 3개월 동안 강제 휴교를 했다가 1919년 9월 가을 학기 개강을 했을 때만 해도 등록 학생 수가 고등과와 대학과를 합쳐 100명도 되지 않았다. 그런데 1920년 4월 새 학기에는 150명이나 등록했다. 이화학당 교사와 학생들이 독립만세운동과 관련해서 투옥되거나 희생된 사례들이 신문지상으로 계속 보도되었기 때문에 이화학당 선교사들은 행여나 부모들이 자녀의 등교를 막지 않을까 우려했는데 그것은 기우였다. 1920년 8월, 미국에서 인쇄된 미감리교 여성해외선교회 연례 보고서에 나오는 이화학당 선교 보고이다.

강제로 문을 닫아야 했던 몇 달간의 어둠이 지난 후 우리는 학교 문을 열고 학생들을 기다렸는데 첫날부터 학생들이 몰려들어 마침내 150명이나 등록했다. 기다리는 날 동안 우리는 눈에 보이는 것보다 보이지 않는

> 것에 대한 믿음으로 버텼는데 우리가 틀리지 않았음을 확인하고 감사했다. 우리가 방학에 들어간 3월까지 긴장감은 계속 이어졌다. 며칠 동안의 봄 방학을 가진 후 새 학기를 시작했는데 과연 어떤 일이 벌어질까 걱정을 많이 했다. 그런데 짧은 휴식기를 가졌음에도 예상 밖으로 새 학기는 아주 밝게 시작되었다. 언제나 하나님께서는 우리가 기도한 것 이상으로 응답해주신다. 새로 들어온 학생만 125명이었다. 그래서 전에 사용하던 공간을 배로 늘려야 했고 가장 어려운 것은 매일같이 찾아오는 지원자들을 돌려보내는 일이었다. 이처럼 지원자들이 급증한 것은 한국에서 여성을 대상으로 고등교육을 실시하는 곳은 우리가 유일하기 때문이다. 우리는 유치원 사범과와 고등여학교에 대학교까지 갖추고 있다. 요즘처럼 학부형들이 결혼 적령기에 접어든 딸들을 데리고 와서 우리에게 가르쳐달라고 요청한 적은 없었다.[35]

학생 수가 늘어남에 따라 교사진도 확충되었다. 다음은 이정애가 1920년 대학 예과에 입학할 당시 대학 예과와 본과 교과목이다.[36]

이 외에 국어(일본어)와 한문, 체조와 미술 수업도 받았다. 이렇게 학교가 안정을 되찾아가는 상황에서 김활란도 1920년 1월 이화학당으로 돌아왔다. 그는 1920년 6월, 여름방학을 이용하여 '이화전도대'를 조직, 전국을 순회하며 전도강연회를 열기로 했다. 이런 그의 뜻에 대학 본과 학생인 홍에스더와 김합라, 윤성덕, 김폴린, 그리고 유치원 보육과

---

35 *Annual Report of the Woman's Foreign Missionary Society of the Methodist Episcopal Church* (이하 ARWFMS), 1920, 67.

36 「1920년 이화학당 요람」; 최숙경, 『한국 여성 고등교육의 개척자 프라이』(2013, 이화여자대학교출판부), 176.

1920년 이화여자대학교의 대학 예과 및 본과 교과목

| 교과목 | 예과 | 본과 |
|---|---|---|
| 성경 | 예수행적, 사복음, 모세5경, 성경역사, 성경사기 | 성경예언, 성경시(시편), 교회사기, 주일학교 |
| 영어 | 작문, 회화, 작문, 해석, 문학, 설명, 문학, 변론 | 수사학, 영문학 |
| 이과 | 지문(地文), 화학, 생물학, 생물학 | 지리, 천문 |
| 수학 | 대수, 산술, 부기, 기하 | - |
| 역사 | 상고사, 중고사 | 영국사, 미국사, 근세사, 시사형편 |
| 교육학 | 유년학, 교육학 | 교육학, 교육실습 |
| 철학 | - | 윤리학, 심리학 |
| 음악 | 코러스 | 코러스 |

학생인 김애은과 김신도가 동의했다.[37]

그렇게 김활란을 단장으로 하여 조직된 7인 전도대는 6월 21일(월요일) 저녁, 홍보 및 경비 마련을 위해 서울 중앙기독교청년회관에서 '구령회(救靈會)', 즉 전도 집회를 열었는데 이화학당 교사와 학생, 선교사와 교인 1천여 명이 참석하여 대성황을 이루었다.[38] 그렇게 이화학당 선교사와 학생뿐 아니라 범 기독교계의 지지와 후원을 받은 '이화전도대'는 6월 23일 아침 서울 남대문역에서 이화학당 교사와 학생들의 전송을 받으며 북행 열차에 올랐다. 이후 전도대는 평양과 안주, 북진, 영변, 운산, 박천, 정주, 곽산, 선천을 거쳐 신의주까지 갔다가 양시, 비현, 차련관, 강서를 거쳐 서울로 돌아오는 28일간의 대장정을 소화했다. 이처럼 여자대학생으로 구성된 이화전도대의 '북선(北鮮) 전도 여

37 김활란, 『그 빛 속의 작은 생명: 우월 김활란 자서전』, 92-93; 김폴린, 『주님이 함께 한 90년』(1989, 보이스사), 117.

38 "이화전도대의 구령회 개최", 「매일신보」(1920. 6. 23.).

행'은 기독교계뿐 아니라 일반 사회로부터 지대한 관심과 지지를 받았다. 그래서 이들의 전도 행적은 기독교계 신문「기독신보」뿐 아니라「동아일보」와「조선일보」,「매일신보」 같은 일반 언론에도 상세하게 소개되었다.[39] 이처럼 이화전도대의 북한 지역 순회 강연을「동아일보」와「매일신보」 등 일반 언론에서 자세히 보도해줌에 따라 후배들과 함께 전도대를 결성했던 김활란 단장은 '전국적인 유명인사'가 되었다.

이렇듯 3·1운동을 기점으로 김활란이 이화학당 경계를 넘어 기독교계뿐 아니라 일반 사회에서 '한국 여성계'를 대표하는 지도자로 부각될 때 그를 바라보는 이정애의 시선은 어떻게 바뀌었을까? 이정애는 1917년 중등과 졸업 때 자신의 졸업 연설을 열성적으로 지도해준 선배 김활란에게 '마음을 열고' 그를 감사와 존경의 눈으로 바라보기 시작했다. 1920년 3월 졸업식도 없이 고등과 졸업장을 받은 이정애가 대학 예과에 진학했을 때 김활란도 마음으로 축하해주었다. 그리고 그해 6월, 이화전도대 활동으로 김활란은 전국적인 유명인사가 되었다. 그

---

39 "이화전도대의 구령회 개최",「매일신보」(1920. 6. 23.); "梨花傳道隊, 하긔휴가를 리용하야 각디방으로 젼도코자",「동아일보」(1920. 6. 21.); "이화전도대, 平壤의 南山峴禮拜堂에서 講演會와 音樂會開催",「동아일보」(1920. 7. 1.); "梨花傳道隊 傳道演說禁止",「동아일보」(1920. 7. 1.); "梨花傳道隊 平壤南山峴禮拜堂에서 강연",「동아일보」(1920. 7. 3.); "梨花傳道隊 金活蘭領率下에 寧邊來하여 講演會",「동아일보」(1920. 7. 10.); "北鎭에서 梨花傳道隊 活躍",「동아일보」(1920. 7. 12.); "梨花傳道隊 博川에서 傳道",「동아일보」(1920. 7. 12.); "郭山에서의 梨花傳道隊 動靜",「동아일보」(1920. 7. 14.); "梨花傳道隊, 新義州禮拜堂에서 講演",「동아일보」(1920. 7. 20.); "梨花傳道隊消息, 楊市에 到着하여 講演",「동아일보」(1920. 7. 20.); "梨花傳道隊再報, 定州基督青年會主催로 講演",「동아일보」(1920. 7. 21.); "梨花傳道隊動靜, 江西郡 基督教堂에서 福音宣傳",「동아일보」(1920. 7. 23.); "梨花傳道隊 來枇峴講演",「동아일보」(1920. 7. 28.); "신도의 전도 금지",「동아일보」(1920. 7. 28.); "이화전도대 평남 북진착",「기독신보」(1920. 7. 21.); "전도대 取締尤甚",「기독신보」(1920. 7. 28.).

무렵 이정애는 김활란의 생활 환경 속으로 파고들었다. 김활란의 증언이다.

> 그(이정애)와 내가 조금 가까워진 것은 내가 대학 졸업 후 선생이 되고 난 뒤였다. 이정애는 대학 예과에 있었고 나는 나이 어린 선생이었다. 그때는 교실 수효가 대폭으로 부족하고 기숙사도 넘치기만 하여서 우선 급한 대로 '손탁호텔'이라는 건물을 사가지고 별로 수리도 하지 않은 채 그 우중충한 건물을 대학교 학생 기숙사로 쓰기로 하여 그리로 몰려갔었다. 그리고 나는 그곳 사감으로서 학생들과 함께 있기로 작정이 되었다. 내게는 나의 방 시중을 드는 아이가 따로 있었지만 정애는 틈틈이 내 방을 돌보아주곤 했었다. 그렇다고 그가 눈에 뜨이게 필요 이상의 친절을 보이거나 한 것은 아니다. 그의 조신한 태도는 그의 존재를 크게 드러내는 일이 없었다.[40]

이화학당의 전임 교사였던 김활란은 학교 복귀 후 기숙사 사감도 겸직하게 되어 숙소로 사용하는 기숙사 방을 치워주는 학생 도우미가 있었다. 그런데도 이정애는 자발적으로 김활란의 방을 정리하는 일을 맡아 했다. 이정애의 일은 방 청소나 책상 정리에서 그치지 않았다.

> 그 무렵의 내 생활은 간단했고 여유가 없었다. 옷도 변변치가 않았고 몇 벌 있대야 형편없는 것들뿐이었다. 그는 주말이면 규칙적으로 내 방엘 들려서 옷 건사를 했다. 세탁할 것이 있으면 세탁하고 수선할 것이 있으면 수선해주었다. 그리고 그렇게 손질한 옷들을 살뜰하게 챙겨서 내

40 김활란, 『그 빛 속에 작은 생명: 우월 김활란 자서전』, 191.

손 닿기 좋은 곳에 채곡채곡 재켜두는 것이다. 나는 미안하기도 했고 그지없이 고맙기도 했지만 그렇다고 그 정표를 두드러지게 할 줄도 모르는 성미인 채로 그의 알뜰한 정성을 받기만 했었다.[41]

옷 세탁과 바느질은 집에 함께 사는 식구, 특히 가정주부가 하는 일이었다. 이정애는 김활란의 방에 들어와 그런 일을 스스럼없이 했고 김활란은 그런 이정애를 '미안해 하면서도 고맙게' 받아들였다. 이정애는 김활란에게 대학의 조교 이상이었다. 그러면서 이정애와 김활란은 학교에서 선배와 후배, 교사와 학생 관계를 뛰어넘어 생활에서 도움을 주고받는 가족 관계로 발전했다. 그 결과 두 사람은 좀 더 서로를 알게 되었고 그와 함께 두 사람 사이의 정신적 거리도 좁혀졌다. 1920년 봄부터 1922년 여름까지, 이정애가 이화학당 고등과를 졸업하고 대학 예과에 입학해서 예과 2년 과정을 마치고 졸업하기까지, 김활란이 10개월간의 3·1운동 유배 생활을 마치고 이화학당에 복귀한 후 미국 유학을 떠나기까지 2년 사이에 이루어진 변화였다.

## 기숙사에서 만난 친구

김활란은 1965년 펴낸 자서전, 『그 빛 속의 작은 생명』에서 "가장 다정했고 아름다운 여인이었던 친구 이정애"에 대한 이야기를 여러 차례, 그리고 자세하게 소개했다. 우선 김활란의 이정애에 대한 인물평이다.

---

41 김활란, 『그 빛 속에 작은 생명: 우월 김활란 자서전』, 192.

> 그는 조용하고 깊고 차가운 듯하면서도 부드러운, 참으로 빼어난 미모의 여인이었다. 그는 반듯한 이마에, 깊은 호수처럼 잔잔하면서도 열정이 숨겨진, 그리고도 어딘 듯 한편에 스러지지 않는 우수를 담은 눈과 조각 같이 이지적인 코와 단정한 입매 등, 버릴 곳이 없는 아름다운 얼굴과 전체에서 흐르는 숙명적인 '여인다움'을 지닌 사람이었다.[42]

이어서 김활란은 이처럼 '숙명적인' 아름다움을 지녔던 이정애와의 첫 만남을 다음과 같이 증언했다.

> 그(이정애)는 내가 대학을 졸업하기 전 같은 기숙사에 있던 하급반 학생이었다. 그 무렵의 나는 예쁜 학생으로 인기 있는 그를 별로 눈여겨보지도 안은 채 범연했고 그이는 그이대로 나를 좋아하지 않았단다. 훗날 나이들이 들은 연후에 자주 주고받은 얘기지만, '내 보기에 활란 선생은 아주 무뚝뚝하기 짝이 없고, 무척 잘난 척하는 것 같잖아! 도도해 보이기가 여간 아니구……. 난 고만 뱃장이 뒤틀립디다' 하는 얘기로 몇 번인가를 웃었다.[43]

김활란과 이정애, 두 사람은 이화학당 기숙사에서 처음 만났다. 여기서 주목할 것은 두 사람이 처음 만난 이화학당 기숙사라는 생활 공간이다. 이화학당 역사에서 기숙사는 단지 학생이 숙식만을 해결하는 공간이 아니었다. 학생들과 교사들의 만남과 교제, 학습과 훈련이 이루어지는 종합적인 생활교육 공간이었다. 이화학당은 설립 초기부터 기

---

42 김활란, 『그 빛 속에 작은 생명: 우월 김활란 자서전』, 190-191.
43 김활란, 『그 빛 속에 작은 생명: 우월 김활란 자서전』, 191.

이화여자대학교 기숙사 앞에서 김장하는 기숙사생들(1935년)
[이화여자대학교 홍보팀 제공]

현재의 이화여자대학교 진선미관
[이화여자대학교 홍보팀 제공]

숙사가 학교 전체 분위기와 문화를 주도했다. 이화학당은 설립 초기부터 전교생이 기숙사에서 생활하는 것을 원칙으로 삼았던 기숙학교(boarding school)였기 때문에 지방에서 올라온 학생뿐 아니라 서울에 사는 학생들도 특별한 사정(기숙사비를 낼 수 없는)이 없는 한 입학하면 집을 떠나 기숙사에서 생활해야만 했다. 그래서 학생들은 교실에 있는 시간보다 기숙사에서 선배와 후배, 동급생들과 함께 지내는 시간이 더 많았다. 이화학당이 일제강점기 성경 교육과 종교 활동을 통제하는 상황에서도 기독교 학교로서 정체성을 유지할 수 있었던 것은 이처럼 '방과 후' 기숙사에서 선교사와 사감 선생이 지도하는 신앙교육과 신앙훈련 때문에 가능했다. 그런데 기숙사에서 생활하는 학생들은 보통과에서 대학과까지 연령층이 다양했고, 또한 여학생들만 생활하는 공간이었기 때문에 엄격한 생활 규칙을 요구했다. 다음은 이정애와 김활란이 이화학당 기숙사에서 생활하던 시기, 1920년 「이화학당 요람」에 실린 '기숙사 규칙'이다.[44]

1. 기숙생은 만 10세 이상 학생을 받아들임. 단 기혼자와 선과생(選科生)은 기숙을 불허함
2. 학생 면회는 매주 화요일, 목요일 하오 4시로 5시까지, 토요일은 하오 3시로 5시까지로 함
3. 면회시 남자는 반드시 사무실에서, 또한 사감부인과 같이 있어야 허락
4. 기숙생은 외출할 때 교장의 허락을 반드시 받아야 함
5. 기숙생은 매월 1차 소용품(所用品)을 구입하러 외출하되 교장의

---

44 「1920년 이화학당 요람」; 최숙경, 『한국 여성 고등교육의 개척자 프라이』, 180-181.

허락이 있어야 함

6. 서울 학생으로 기숙하는 자는 매월 마지막 주 금요일이나 혹 토요일 오후에 본가 혹은 친척의 집에 가되 일요일 저녁까지 혹 월요일 아침 상학 전까지 교장에게 허락을 받아야 함
7. 어느 학생이던지 외출하는 때는 일몰 전에 돌아오되 즉시 교장에게 알려야 함
8. 기숙사에 있는 여교사가 외출할 때는 그 씨명과 주소지를 교장 사무실에 보고하며 또는 오래되거나 혹 밤을 지날 경우에는 필히 교장의 허락을 받을 것
9. 본 학당 정복은 흰 저고리(白上衣)에 검은 치마(黑裳)를 입되 외출할 때에 입기를 주의할 것
10. 비단옷과 서양구두(洋鞋)와 패물을 엄금함
11. 학생마다 자기 침실, 교실 및 기타를 소제할 것
12. 각 학생에게 오는 서신은 일일이 검사를 함(어느 학생이던지 부형 외에 남자에게 오는 서신은 불허함)
13. 일주일에 3차 교내에 진찰소를 열고 자유로이 진찰을 받되 약값 및 진찰료는 학생이 자부담(단 교비생은 약값 및 진찰은 무료이고 안경 혹 수술은 자부담)
14. 모든 학생은 기도와 예배에 필히 참석할 것
15. 공과에 결석한 때는 교장에게 용서표(容恕票)를 받되 필히 그 달 말 안으로 제출할 것

"군대보다 엄했다"는 소리를 들었던 이화학당 기숙사 규칙이었다. 기숙사에서 사감 선생은 '절대적인' 존재였다. 이정애가 입학했을 당시(1912년) 기숙사 사감은 일본 가츠이여학교에서 유학하고 온 김활란(최

활란)이었다. 그가 1914년 결혼하고 학교를 떠난 후에는 미국 유학 출신으로 감리교부인성경학원 교수로 일하던 하란사가 이화학당 사감으로 부임해왔다. 총교사를 겸했던 하란사는 학생들 사이에 '욕쟁이 선생님', '호랑이 어머니'로 불릴 정도로 엄하게 학생들을 다루었다. 그렇다 보니 갓 입학한 어린 학생들이 기숙사 생활에 적응하기 쉽지 않았다. 여기서 어린 학생들에게 도움을 주는 '방 언니' 제도가 생겨났다. 즉 처음 기숙사에 들어와 '집에 가겠다', '엄마가 보고 싶다'며 우는 학생들을 먼저 들어온 언니들이 업어주고 달래면서 머리도 빗겨주고 버선도 기워주며 기숙사와 학교 생활에 적응하도록 도와주었다. 하란사는 그런 '방 언니' 풍습을 '방장제(房長制)'로 발전시켰다. 즉 한 방에 서너 명, 많을 때는 일고여덟 명씩 수용하는 기숙사 방마다 방장을 두어 자율적으로 생활하도록 유도한 것이다. 이런 선배 방장을 후배들은 '방 언니'라고 불렀는데 그것이 '사랑 언니'로 발전했다. 이정애와 같은 해(1912년) 이화학당에 입학한 김폴린의 증언이다.

> 내가 이화에 오던 해는 사랑법이 유행이었다. 이것은 선교사 선생에게 배운 듯싶다. 특정한 학생에게 취미를 두고 서로 가까이 하며 내 것, 네 것 가리지 않고 의복도 바꾸어 입으며 사랑한다는 표시로 심장 모양의 은반지도 해주고 그 당시에 유행이었던 버클이 달린 넓고 번쩍이는 은각띠, 금각 띠도 사서 주는 등 사랑하는 사람이 많았다. 특히 식당 당번인 학생들은 깨끗한 흰 앞치마를 두르고 번쩍번쩍 하는 각띠를 띠고 다니는 것이 유행이었다.[45]

45 김폴린, 『주님과 함께 한 90년』, 92.

평남 강서에서 올라온 김폴린은 이정애보다 나이가 세 살 위였지만 이화학당 시절은 물론이고 졸업 후에도 마음이 통하는 '친구'로 지냈다. 마찬가지로 이정애보다 나이가 한 살 많았지만 오히려 이정애보다 1년 늦게(1913년) 들어온 서은숙도 기숙사의 '사랑 언니'에 대해 다음과 같은 증언을 했다.

> 기숙사에선 선교사들에 의해 '사랑하는 언니 동생' 사이가 맺어지곤 했는데 이 같은 사이는 입학하는 학생 가운데 마음에 드는 학생을 골라 맺는 수도 있지만 대부분은 시골에서 올라온 후배들의 불편을 덜어주기 위해 사감이 정해주는 경우가 많았다. 이 같은 '언니 동생' 사이가 가끔은 말썽을 일으키는 수도 있었지만 기숙사 안에서 서로의 관계를 인정해주었으므로 소풍 때나 자유 시간에 끼리끼리 노는 것도 자연스러웠다.[46]

서은숙이 이화학당에 들어와서 처음 만난 기숙사 '방 언니'가 같은 고향(인천), 같은 학교(영화여학교) 출신 김활란이었다. 김활란은 서은숙이 입학했을 때 "인천에서 후배 여러 명이 왔다고 해서 하복순과 함께 인천서 올라온 신입생을 자기들 방에 나누어 데리고 있기로 했다."[47] 서은숙은 이화학당 졸업 후에 미국 유학을 하고 돌아와 이화여자전문학교 보육학과 교수 및 해방 후 이화여자대학교 이사장으로 봉직하면서 김활란의 든든한 후원자가 되었고 김폴린, 이정애와도 친한 친구가 되었다. 그렇게 이화학당에서 만난 김활란과 김폴린, 서은숙, 이정애는

46 김징자 엮음, 『우리 서은숙 선생님』, 50.
47 김징자 엮음, 『우리 서은숙 선생님』, 36.

일제강점기는 물론 해방 후까지 '변치 않는' 우정으로 친구 관계를 유지했다. 이처럼 이화학당 기숙사는 선배와 후배, 친구를 만나 '사랑의 만남과 교제'를 나누는 공간이었다. 그렇게 기숙사에서 형성된 선후배, 친구 사이의 '끈끈한' 우정과 협동심을 바탕으로 이화학당 특유의 '공동체 의식'이 형성되었다.

이정애가 김활란을 처음 만나 사귀기 시작한 곳이 그런 이화학당 기숙사였고 일제 말기 극도로 힘들고 어려웠던 시절, 둘이 함께 살면서 서로 위로하고 격려하며 난국을 헤쳐나갔던 곳도 이화여자전문학교 기숙사였다. 그런데 두 사람이 기숙사에서 만난 첫인상은 서로 간에 호의적이지 않았다. 입학하자마자 '예쁜 학생'으로 뭇 학생과 교사들의 사랑을 받았던 이정애를 김활란은 '별로 눈여겨 보지 않고' 범연한 척 무시했고, 이정애도 자신보다 두 살 밖에 차이가 나지 않았지만 이미 이화학당뿐 아니라 사회적으로도 유명인사가 되어 칭송을 받고 있던 김활란이 '도도하고 잘난 척하는' 것 같아 마음에 들어 하지 않았다. 그러나 그렇게 서로 '애써 무시하고 무관심한 듯' 만났던 두 사람은 이화학당, 특히 같은 기숙사 공간에서 10년간 생활하는 동안 그 관계가 바뀌었다. 의례적인 선후배 관계를 넘어서, 기숙사 방에서 형성되는 '사랑 언니동생' 관계까지 뛰어넘어 마음과 뜻과 힘을 함께하는 친구가 되었다.

## 결혼과 이혼 후 만난 간호

이화학당의 지도력이 프라이에게서 월터에게로, 다시 아펜젤러에게로 이동하는 과도기에 이정애는 대학 예과를 졸업하고 본과에 진학했다. 1920년 고등과를 졸업할 때는 3·1운동 여파로 여전히 불안한 사회 분위기 때문에 공개적인 졸업식 없이 졸업장만 받았는데 1922년 졸업식은 제대로 진행되었다. 3·1운동 이후 3년 만에 재개된 공개 졸업식이었다. 이정애의 나이 스물 한 살이었다. 이정애는 대학 본과에 진학하면서 이화학당 기숙사를 나와 송월동 집에서 통학한 것으로 보인다.

우선 당시 사회통념상 결혼 적령기를 넘긴 '과년(過年)한' 나이의 여성이 집을 나가 밖에서 산다는 것이 용납되지 않았던 사회 분위기에서 "집에 들어오라"는 부모의 간곡한 요청이 있었을 것이다. 더욱이 3·1운동 때 다수의 이화학당 교사와 학생들이 독립운동에 가담하고 투옥되거나 도피 생활을 하고 있다는 소식을 접한 부모가 이정애의 귀가를 강력히 요구했을 가능성도 크다. 어쩌면 1919년 3월 중순 학교가 휴교 상태가 된 이후, 그리고 그가 대학 예과에 진학한 이후 통학생이 되었을 가능성도 배재할 수 없다. 그러나 이정애가 기숙사 생활을 포기한 중요한 이유는 김활란의 미국 유학에서 찾아볼 수 있다. 그렇게 '서로 아는' 친구가 된 김활란이 1922년 7월, 미국 유학을 떠나면서 이정애는 더 이상 기숙사에 머물 필요를 느끼지 못했을 것이다. 그런 배경에서 이정애는 기숙사를 떠나 송월동 집에서 대학을 다닌 것으로 보인다.

이정애가 이화학당 대학 본과에 진학했을 때 같은 학년으로는 조영숙과 김메불, 김도라, 김몽원이 있었고 1년 위로 이순도가 있었으며 2년 위로 황애덕과 김동준, 김로다, 최덕세가 있었다. 그리고 가장 상급반에는 김활란 및 이정애와 가깝게 지내던 서은숙과 김폴린이 공부하고 있었다.[48] 그렇게 10여 명이 대학 본과 수업을 받고 있었는데 처음엔 낡은 손탁호텔을 개조한 교실에서 공부하다가 1923년 새로 3층짜리 프라이홀을 지으면서 훨씬 쾌적하고 여유 있는 공간에서 수업을 하게 되

48 이화100년사편찬위원회 엮음, 『이화 100년사』, 137.

었다. 그리고 당시에는 아직 전공과목을 명확하게 구분하지는 않았지만 1911년 대학을 시작하면서 암묵적으로 '영문과'와 '음악과'란 이름으로 구분해서 문과 수업을 받는 학생과 음악 수업을 받는 학생으로 나뉘었다. 이정애는 문과 수업을 받았는데 대부분 수업이 선교사들의 영어 수업으로 진행된 관계로 당시 이화학당 학생들이 그러했듯 그도 '영어를 잘하는' 대학생이 되었다.

주말에 그가 친구들과 외출하면 그를 지켜보는 주변의 시선이 뜨거웠다. 구애와 청혼을 받는 경우도 적지 않았다. 그 시절 이정애에게 구혼했던 유명인사 가운데 비행사 안창남도 있었다. 이정애보다 나이가 한 살 많았던 안창남은 서울 출생으로 휘문고등보통학교를 다니다가 3·1운동을 겪은 직후 학교를 중퇴하고 비행사가 되기 위해 일본으로 건너갔다. 오사카 자동차학교를 거쳐 오구리 비행학교에서 비행기술을 익힌 후 여러 차례 비행 실습과 시험을 거쳐 1921년 비행사 자격증을 취득했으며 1922년에는 도쿄-오사카 간 우편 비행 대회에 참가하여 최우수상을 받았다. 그러자 「동아일보」에서 성금을 모아 그를 초청했고 이에 안창남은 1922년 12월, '한반도 지도'를 그려 넣은 프로펠러 쌍엽 비행기 '금강호(金剛號)'를 타고 모국 방문 비행을 했다.

안창남은 12월 10일부터 13일까지 세 차례 여의도와 노량진 상공, 서울-인천 왕복 비행을 했는데 "조선의 비행기가 조선의 하늘에서 처음으로 나는" 광경을 서울과 지방에서 올라온 수만 관중이 지켜보았고 그중 여학생만 수천 명에 달했다.[49] 그 무렵 자전거 선수로 이름을 날

---

49 "조선 비행계의 제일인, 안창남군의 웅지", 「동아일보」(1922. 11. 23.); "반도의 인사가 모힌 여의도의 비행장에 금일 쾌기를 자랑할 안창남군의 대비행", 「동아일보」(1922. 12. 10.); "오만 관중을 열광케한 안창남씨의 고등비행", 「동아일보」(1922. 12. 11.); "안창남씨 환영회", 「동아일보」(1922. 12. 14.).

렸던 엄복동과 더불어 "떴다 보아라/안창남 비행기/내려다 보아라/엄복동 자전거"라는 노래가 생기기도 했다. 그렇게 시중의 인기를 한몸에 받았던 안창남이 우연히 서울 시내 본정통(현 명동)에서 친구들과 함께 극장 구경을 하고 나오던 이정애를 보고 '반한' 것이다. 마침 안창남의 여동생 안숙경이 이정애와 이화 동문이어서 안창남은 동생을 통해 만나달라는 편지를 보냈고, 만나서는 결혼해달라고 구혼까지 했다. 그러나 이정애는 공부를 계속해야 한다는 이유를 대고 그의 청혼을 거절했다.[50] 이 무렵 이정애는 안창남 외에도 여러 남성들로부터 구애나 청혼을 받았던 것으로 보인다. 이에 대하여 김동길은 "비행사 안창남씨를 위시하여 적지 않은 수효의 남성들이 이 꽃 같은 처녀에게 마음을 두었으나 다 뜻을 이루지 못했다"고 기록했다.[51] 이정애는 뭇 남성들의 구애나 청혼을 학업 핑계로 거절했다. 그는 결혼보다는 미국으로 유학을 떠난 친구 김활란과 같이 고등교육을 마치고 여성 지도자의 길을 가고 싶었던 것이다.

그러나 부모의 생각은 달랐다. 나이 스물을 넘긴 딸의 결혼을 서둘렀다. 아버지 이명원은 배재학당 출신의 기독교인이기는 했지만 유교적 가치와 인습을 모두 폐기한 급진 개혁파는 아니었다. 유교의 실용적인 가치와 전통을 중요시하는 온건 개화파라 할 수 있었다. 그도 여성교육을 인정했지만 그것은 '현모양처'가 되기 위한 훈련이어야 한다고 생각했다. 그런 배경에서 이명원은 딸을 서양 학교에 보내기 전에

50 김항명, 『여성실화: 아름다운 순교 이정애』, 77-86. 이후 안창남은 일본으로 돌아갔다가 1923년 간토오(關東) 대지진 때 일본에서 한국인 학살이 자행되자 잠시 귀국한 이후 1924년 중국으로 망명하여 중국군에서 복무했으며 조선청년동맹에 가입, 독립운동에 참여했다. 그는 여운형의 주선으로 비행학교를 설립하고 비행사를 양성하다가 1930년 비행 중 엔진 고장으로 사망했다.

51 김동길, "이정애 선생의 약력", 『우리 친구 이정애』, 19.

양규의숙과 서당에서 전통교육을 먼저 받도록 했던 것이다. 그의 아내 박의신도 유교적 환경에 익숙한 '순종형' 가정주부였다. 그런 환경에서 이정애는 당시 고등교육을 받은 '신여성' 사회에 유행처럼 번지고 있던 '자유연애'나 '자유결혼'은 엄두도 내지 못했다. 안창남을 비롯한 남성들의 구애나 청혼을 받아들이지 못한 이유이기도 했다. 그렇다고 결혼을 거부하고 학업이나 직업에 전념하겠다는 독신주의자도 아니었다. 결국 이정애는 봉건시대 풍습에 따라 부모, 특히 아버지가 짝 지어준 남성과 결혼할 수밖에 없음을 알았다.

그렇게 해서 이정애는 이화학당 대학 본과 3학년에 재학 중이던 1924년 10월 18일, 아버지가 추천한 남성과 결혼했다. 결혼 상대는 일본 유학을 다녀와 조선식산은행(朝鮮殖産銀行)에 근무하는 김옥현이었다. 김옥현이나 그의 가정 배경에 대한 정보나 자료는 극히 빈곤하다. '결혼에 실패'한 이후 이정애가 주변 사람들에게 유독 '전 남편'에 대한 이야기만은 기피했기 때문이다. 다만 당시 정황으로 보아 광산업을 하던 이명원이 사업 관계로 금융업 관련 인사들을 자주 만나게 되었고, 그런 과정에서 당시 사회에서 안정적인 직장으로 여겨지던 식산은행 직원을 딸의 배우자로 추천한 것으로 보인다. '효녀' 이정애는 아버지의 뜻에 따르기로 했다. 나이는 열 살 위였지만 '기독교인으로서 홀어머니를 모시고 사는 은행원'이라는 말에 이정애의 마음이 움직였다.[52] 그렇게 해서 두 사람은 정동제일교회에서 기독교식으로 결혼했는데 「동아일보」가 이들의 결혼을 미리 보도했다.

> 김옥현씨와 리정애 양의 결혼식은 명 십팔일 하오 네시에 시내 정동제

52 김항명, 『여성실화: 아름다운 순교 이정애』, 95.

일예배당에서 거행한다더라.[53]

광산업을 하는 기업가의 '이화여자대학교생' 딸과 든든한 직장으로 알려진 식산은행 직원의 결혼식이라 부러운 축하를 받기에 충분했다. 결혼한 당사자는 물론이고 맏딸에게 '안정적인 직업'의 남편을 얻어주었다고 생각한 이명원 · 박의신 부부도 딸의 '행복한 미래'를 예측했다. 그러나 결과는 그렇지 못했다. 이정애는 결혼 직후 남편과의 '성격과 이상(理想)'의 차이를 느꼈다. 이정애는 결혼한 후에도 학업을 지속하기를 원했다. 대학 본과를 마치기까지 1년밖에 남지 않은 상황이었기 때문에 일본 유학을 다녀온 남편이 대학 졸업 때까지는 학교에 다니는 것을 양해할 줄 알았다. 그러나 아버지보다 더 보수적인 사고를 가진 남편은 결혼한 이정애가 가정주부로서 집안 살림에만 전념하기를 원했다. 결국 이정애는 결혼과 함께 학교 수업을 중단해야만 했다. 학업 문제만이 아니었다. 이정애는 가정 생활과 인생관에서도 남편과 '큰 차이'가 있음을 확인했다. 결혼 생활이 행복하게 느껴지지 않았다. 경제적이거나 물질적인 문제가 아니었다. 정신적이고 심리적인 문제였다. 그에게 결혼은 불행의 시작이었다. 그렇게 이정애가 우울한 심정으로 결혼 생활을 시작할 무렵 그가 다녔던 이화학당 대학과에도 큰 변화가 이루어졌다.

이화학당은 1922년 반포된 총독부의 「신교육령」에 의거하여 전문학교령에 준하는 대학, 즉 전문여학교로 인가를 받기로 했다. 초등 과정인 이화여자보통학교와 중등 과정인 이화여자고등보통학교는 총독부 인가를 받았기 때문에 상급학교 진학이나 취직에 지장이 없었지만 인

---

53 "신랑신부", 「동아일보」(1924. 10. 17.).

가를 받지 못한 대학과 출신들은 선교부에서 운영하는 기독교학교에 '비정규직' 교사로 봉사하는 것밖에 사회 활동 기회가 없었다. 이에 이화학당은 대학도 총독부 인가를 받아 졸업생들이 상급학교(제국대학)에 진학하고 일반 관공립학교 교사로 활동할 수 있도록 길을 열어주기로 했다. 그래서 총독부 인가를 받기 위해 이화학당 구내에 대학과 독자 건물로 프라이홀을 지었고 신촌에 7만 평 부지를 확보한 후 신교사 건축을 준비하는 한편 졸업생들을 외국에 내보내 학위를 받도록 했다. 그런 준비 작업을 거쳐 이화학당은 1925년 3월, '재단법인 미감리교조선부인선교부 유지재단' 명의로 총독부에 '이화여자전문학교 설립 인가' 신청을 했고 총독부로부터 5월 30일 "전(全) 조선에 여자학교로서는 대학의 인가를 맡기가 처음"으로 설립 인가를 받았다.[54] 그렇게 해서 '이화여자전문학교(梨花女子專門學校, Ewha Women's College)' 시대가 열렸다. 총독부 설립 인가를 받은 이화여자전문학교는 곧바로 이사회를 소집하여 초대 교장(학장)으로 앨리스 아펜젤러를 선출했고 7월 13일 총독부에 승인 신청을 내서 9월 29일 인가를 받았다. 이화여자전문학교 초대 교장으로 취임한 아펜젤러 교장은 1925년 선교 보고에서 전문학교로 총독부 인가를 받은 것이 졸업생들에게 어떤 의미를 지니고 있는지를 이렇게 설명했다.

> 이번에 새로 총독부로부터 우리 전문학교의 영문과와 음악과가 인가를 받았다는 것은 이 두 학과 졸업생들이 고등학교 교사 자격을 얻게 되었음을 의미한다. 우리 학교는 도쿄여자전문학교(Tokyo Union Christian

54 "梨花專門 許可", 「동아일보」(1925. 5. 24.); "梨花大學部도 인가를 얻어", 「檀山時報」(1925. 6. 24.).

College for Woman)[55]와 같은 등급으로 인정을 받았다. 교과목을 그렇게 많이 바꾼 것은 아니다. 그러나 이제부터 우리 졸업생들은 일본의 다른 인가받은 학교에 가서도 동등한 자격을 인정받게 되었다. 졸업증이 없으면 교사 1명도 마음대로 채용할 수 없는 나라에서 이런 자격을 얻었다는 것은 상당히 중요한 의미를 지닌다. 우리는 옛 학제 대학부를 더 이상 운영하지 않기로 했다. 오랜 수업을 했어도 (구학제) 졸업생들의 장래를 장담할 수 없었기 때문이다.[56]

이화학당 선교사들이 정부 인가를 받으려고 노력했던 것은 졸업생들로 하여금 졸업 후 사회에 진출할 때 '비인가' 학교 출신이라며 불이익을 받지 않도록, 시비를 걸지 못할 자격과 실력을 갖추도록 도와주기 위함이었다. 그렇게 대학 과정이 전문학교로 체제를 바꾸게 됨에 따라 이화학당은 기존의 예과와 본과로 운영되던 대학과는 폐지하기로 했다. 그러면서 대학 예과와 본과의 재적 학생들을 조기 졸업시키기로 했다. 그리하여 1925년 3월 졸업식에서 예과의 김메례와 양한형, 박마리아, 본과의 이순도, 조영숙, 김메불, 김도라, 김몽원, 이정애가 졸업장을 받았다.[57] 5개월 전에 결혼한 이정애가 졸업식에 참석해서 졸업장을 받았는지 여부는 확인할 수 없다. 다만 그는 대학에서 전문학교로 학제를 조정하는 과정에 혜택(?)을 입어 예정되었던 졸업을 1년 앞당겨 '1925년 이화학당 대학 본과 졸업생'이 되었다.

---

55 이 학교도 선교사들이 세운 학교로서 후에 도쿄여자대학으로 발전했다.

56 Alice R. Appenzeller, "Changing at Ewha Haktang", *Annual Report of KWC 1925*, 48.

57 Alice R. Appenzeller, "Changing at Ewha Haktang", *Annual Report of KWC 1925*, 49; 이화100년사편찬위원회 엮음, 『이화 100년사』, 137.

그러나 대학 졸업이 그에게 기쁨이 되지 못한 것은 시간이 흐르면 흐를수록 더욱 불행을 느끼게 만드는 결혼 생활 때문이었다. 가정에서 남편과의 갈등과 충돌은 더욱 심화되었다. 1925년 말에 딸 은숙을 출산했으나 부부관계는 나아지지 않았다. 이화학당에서 10년 동안 '자유와 과학 교육'을 받았던 이정애의 육아법 때문에 남편이나 시어머니와 불화를 겪는 일이 많아졌다. 가정 생활에서 행복을 느끼지 못하기는 남편도 마찬가지였다. 남편의 외출과 외박이 잦아지면서 부부 사이의 신뢰가 무너졌다. 결국 이정애는 갓난아이를 안고 시집을 나왔다. 어린 손녀를 안고 돌아온 딸을 친정 부모는 말없이 받아들였다. 그렇게 이정애의 결혼 생활은 1년 2개월 만에 파탄으로 끝났다.[58] 이후 2년간의 별거 생활 끝에 1928년 두 사람은 합의이혼을 했다. 이후 딸아이의 양육은 친정어머니 몫이 되었다. 그 사이 이정애는 이화학당 유치원 사범과에 들어가 1926년 졸업한 후 강원도에서 잠시 교편 생활을 했는데, 평생직장으로 생각했다기보다는 "어느 한 친구의 학비를 대주느라고" 한 일이었다.[59] 결혼 실패로 인한 충격에서 벗어나보려는 시도이기도 했다.

그러나 결혼 생활의 실패는 이정애에게 큰 상처를 남겼다. 김동길의 표현대로, 이정애는 "여기서 받은 타격과 상처를 그는 평생을 지니고 살았다."[60] 결혼 실패 후 이정애는 급격하게 자신감을 잃었다. 학업이나 생활에 대한 의욕도 잃었다. 아주 친한 친구를 만나는 일 외에는 바깥 출입도 삼가했다. 특히 남성들은 절대 만나려 하지 않았다. 김활란은 미국 유학을 떠나면서 헤어졌다가 5년 만에 다시 만난 이정애의 당

58 김항명, 『여성실화: 아름다운 순교 이정애』, 101-121.
59 "좌담회: 10주기를 맞이한 고 이정애 선생을 말한다", 「대한간호」(1964. 6, 70.).
60 김동길, "이정애 선생의 약력", 『우리 친구 이정애』, 19.

시 모습을 이렇게 회고했다.

> 결혼에 실패한 후 그(이정애)는 한때 남성 전체에 대해서 환멸을 느끼고 도대체 상대를 하려고 하지 않았다. 그러나 달이 가고 해가 거듭하면서 그는 극복하기를 노력했다.[61]

그렇게 결혼 실패 후 극도의 좌절과 고독, 상실감에 빠져 있던 이정애를 구출해준 것은 간호였다. 특히 미국 유학을 마치고 돌아온 김활란은 실의에 빠진 이정애에게 미국 유학의 길을 열어주었다.

61 김활란, "우리 친구 이정애", 『우리 친구 이정애』, 36.

# 이화 간호교육의 선구자

## 진정한 친구, 김활란과 서은숙

김활란은 이정애가 대학 본과에 진학한 것을 보고 1922년 7월 미국 유학길에 올랐다. 김활란은 1925년 6월 보스턴대학교 대학원에서 "종교와 철학의 관계성"이라는 제목의 논문으로 석사학위를 받고 졸업했다. 유학의 길을 떠난 지 3년 만에 석사학위를 받고 돌아오는 김활란에 대한 사회적 관심은 컸다. 「동아일보」는 김활란의 사진과 함께 "다년간 형설의 공, 금의환향의 김활란 양, 미국서 보스턴대학 종교철학과를 졸업하고 온다"는 제목의 기사를 실었다.[1] 김활란은 곧바로 이화학당에 복직하여 1925년 가을 학기부터 강의를 시작했다. 그런데 그가 돌아와 보니 이화학당 대학과는 없어지고 이화여자전문학교로 명칭과 체제가 바뀌어 있었다. 그는 영문과(문과) 교수로 임명되어 교육학과 철학, 성

1 「동아일보」(1925. 7. 13.).

05

경, 종교 과목을 맡아 강의하는 한편 아펜젤러 교장의 부탁으로 기숙사 사감직도 맡게 되었고 1926년 봄 학기부터는 학감직까지 맡게 되었다.

이처럼 3년 유학 생활을 마치고 유명한 인사가 되어 모교로 돌아온 김활란을 환영하는 모임에 이정애의 모습은 보이지 않았다. 김활란이 이화에 돌아온 그 시기 이정애는 임신한 몸으로 갈등과 고뇌의 결혼 생활을 감내하고 있었다. 딸을 출산하고, 시집을 나와 남편과 별거 생활을 하는 동안에도 이정애는 김활란을 만나지 않았다. 학업을 지속하지 못하고 결혼까지 실패한 여인이라는 자책감과 자괴심 때문에 김활란을 찾아갈 수 없었던 것이다. 김활란도 귀국해서 굳이 이정애를 찾지 않았던 것 같다. 결국 두 사람의 관계는 이대로 정리될 것 같았다. 그런 상황에서 이정애와 김활란의 관계를 다시 이어주고, 이정애로 하여금 재기의 기회를 맞도록 이끈 인물이 서은숙이다. 이정애보다 2년 앞서 1925년 대학 본과를 졸업한 서은숙은 졸업과 함께 월터를 따라 평양으로 갔다. 이화학당 교장직을 아펜젤러에게 넘겨준 월터는 안식년 휴가를 떠나 자리를 비운 미감리교 여성해외선교회의 그레이스 딜링햄(Grace L. Dillingham)을 대신해 평양 정의여학교 교장직을 맡게 되었는데, 이때 평양으로 가면서 대학 본과 졸업생 서은숙과 조영숙을 함께 데리고 갔다. 그렇게 해서 서은숙은 월터를 따라 평양에 가 정의여학교 교사로 사역하다가 2년 기간을 마치고 1927년 여름 서울로 돌아와 이화여자전문학교로 이름을 바꾼 모교 교수로 근무하게 되었다.

그렇게 서울로 돌아온 서은숙은 서대문 밖 교남동에 집을 마련하고 생활했는데 이정애의 친정집이 있던 송월동과는 이웃 동네였다. 서은숙은 평양에 가 있는 동안에도 이정애와 편지 왕래를 하면서 친구로 지내고 있었다. 그런 관계로 이화로 돌아온 후 서은숙은 이정애를 자주 만났다. 서은숙의 증언을 담은 기록이다.

(서은숙은) 이제 다시 이화에서의 옛 생활을 되찾았다. 평양에 있으면서 잦은 편지 왕래가 있었던 황온순 씨, 이정애 씨와도 자주 만나 곧잘 평양 이야기를 나누었다. 대학과 2년 후배인 이정애 씨는 졸업하자마자 결혼했고 딸 하나를 낳은 후 그때까지도 가정을 꾸려나가고 있었다. 그러나 결혼 생활이 행복하지만은 않아 서은숙 선생에게 '이혼을 해야 되겠다'는 말을 자주 했다. 그리고 미국에 유학 가 있는 김활란 선생의 이야기도 많이 했다. 서은숙 선생과 친분이 두터웠던 이정애 씨는 그때까지 김활란 선생과는 그다지 가까운 사이가 아니었으나 존경심이 깊었던 모양이었다. 이정애 씨의 가정 사정을 상담한 서은숙 선생은 결론적으로 이혼을 해야 한다고 충고했다. 서은숙 선생의 충고 때문만은 아니었겠으나 이정애 씨는 결국 딸을 남겨두고 이혼을 했다.[2]

서울로 돌아온 서은숙이 이정애와 함께 자주 만났던 황온순은 황해도 연백 출신으로 이화학당 중등과를 거쳐 1924년 이화여자고등보통학교를 졸업하고 이화학당 유치원 사범과에 진학, 1926년 졸업한 후 서울에서 유치원 교사로 사회 생활을 시작했다. 황온순은 이정애와 동갑이었고 서은숙은 나이가 두 살 위였지만 셋은 이화학당 기숙사에서 함께 생활하며 친구처럼 가깝게 지내는 사이가 되었다. 이들은 대학 졸업 후에도 서로 편지 왕래를 하면서 우정을 나누었다. 그래서 서은숙이 평양에서 돌아온 후에 "세 사람은 교담동 서 선생 집에 모여 곧잘 가투(歌鬪, 노래를 적은 카드) 놀이를 즐기며 세상 이야기를 나누었다."[3] 그런 만남과 대화 중에 서은숙은 결혼 후 이정애가 겪었던 심적 갈등

2 김징자 엮음, 『우리 서은숙 선생님』, 81-82.

3 김징자 엮음, 『우리 서은숙 선생님』, 99.

과 고통을 알게 되었고, 이혼을 해야겠다는 이정애의 생각에 선뜻 동의했다. 그렇게 이정애는 서은숙에게 속마음을 털어놓았고 김활란을 향한 그리움도 표했다. 이정애로서는 아직 이혼 문제를 상의할 만큼 김활란이 가까운 사람이란 확신이 없었던 것이다.

그렇게 김활란과 이정애 사이에 멀어졌던 '거리'를 다시 좁혀준 인물이 서은숙이었다. 평양에서 돌아온 서은숙은 같은 직장에서 일하는 김활란에게 이정애의 딱한 사정과 근황을 알렸다. 그러면서 '불쌍한' 친구를 만나주기를 원했다. 김활란도 미국 유학을 떠나기 전 기숙사에서 이정애의 보살핌을 받았던 터라 '사랑의 빚'을 지고 있었다. 김활란은 미국에서 돌아온 후 서대문 밖 옥천동에 집을 마련하고 어머니와 중국에서 들어온 조카들(김유옥과 김정옥)을 데리고 살았다. 김활란이 새 집을 마련한 옥천동은 이정애가 살고 있던 송월동에서 길 건너편, 영천시장 위쪽 동네였다. 둘은 가까이 살면서도 만나지 못했던 것이다. 그렇게 해서 김활란이 어느 날 이정애를 찾아가 만났다. 훗날 김활란은 이정애와의 재회를 이렇게 증언했다.

> 내가 미국에 있는 동안 그는 별로 편지를 하지 않았었다. '그래, 타국에 가 있는 사람한테 편지나 자주하면 어때서 그렇게 뜨음히 지냈어?' 하고 편지 없었던 것을 나무래자 그는 청초한 웃음에다 불평을 반쯤 섞어 대답했다. '편지 자주하면 뭐해요? 내편에는 사연도 많고 소식도 많은데 몇 번에 한 번이나 올까 말까한 답장이 그렇게도 사무적이고 맛없는 내용이기만 한 걸……. 어쩌면 그리도 정을 나타낼 줄 모르던지…….'"[4]

4 김활란, 『그 빛 속의 작은 생명』, 193.

그렇게 두 사람 사이의 대화가 재개되었다. 대화가 재개되면서 만남도 잦아졌고 멀게 느껴졌던 거리감도 사라졌다. 김활란의 미국 유학 이전, 이정애의 결혼 이전 관계로 돌아간 것이다. 이정애는 한동안 발걸음을 끊었던 이화동산을 찾아가 김활란을 비롯하여 서은숙과 김폴린, 김애마, 김영의 등 친구 교사들을 만났다. 그러면서 이정애의 얼굴에 화색이 돌기 시작했고 미래에 대한 꿈도 꾸기 시작했다. 그는 친구 관계를 회복한 김활란에게 '더 공부해서 사회에 이바지하고 싶다'는 속마음을 털어놓았다. 김활란은 그런 그의 재기 의지를 적극 받아들이고 길을 열어주었다. 다시 김활란의 증언이다.

> 그러나 그의 결혼 생활은 불행했다. 그는 한국 여성의 전형적인 불행을 겪고 있었던 것이다. 그는 딸아이 하나 낳고 이혼을 감행했다. 그리고 공부를 더 하고 싶다는 뜻을 내게 전했다. "이제까지 애써 배운 것도 헛되지 않게 하고 싶고, 거기다가 좀 더 직접적으로 이 사회에 공헌할 수 있는 학문을 꼭 익히고 싶습니다." 그의 간절한 뜻은 내가 1927년 태평양문제연구회 참석차 하와이를 갔을 때 하와이 간호대학의 스칼라쉽을 구한 것으로 이루어졌다. "아직도 이 사회에서는 간호원에 대한 인식이 얼마나 고맙지 않은 것인가를 알아야 해. 각오가 없이는 문과와 전혀 계통이 다른 그 일과 그렇게 가볍게 맞서지 않는 것이 좋을 것 같은데……." 그 무렵 그 사회의 일반적인 인식을 두고 그렇게 염려는 했지만, 사실 나 자신도 할 수만 있다면 의사나 간호원이 되고 싶어 했기 때문에, 그가 하와이 호놀룰루의 '쿠인즈 칼레지'로 떠나는 장도를 진심으로 축복해주지 않을 수 없었다.[5]

---

5 김활란, 『그 빛 속의 작은 생명』, 193-194.

김활란은 1925년 7월, 미국 유학을 마치고 귀국하는 길에 하와이에 들러 태평양문제연구회에 참석한 적이 있었는데 1927년 7월에도 하와이 호놀룰루에서 개최된 태평양문제연구회에 또다시 한국 대표로 참석했다. 이처럼 김활란은 두 차례 하와이를 방문하면서 그 지역 선교사와 교계 지도자, 청년운동 지도자들과 교분을 쌓았고 그런 과정에서 퀸즈대학 장학금을 얻어 친구 이정애에게 유학의 길을 열어준 것이다. 이정애가 미국 유학의 기회를 얻게 된 데는 친구 서은숙의 역할도 크게 작용했다. 평양에서 돌아온 서은숙은 처음 이화여자전문학교 문과 교수로 일반 과목을 강의했는데, 이화학당 유치원사범과가 1928년 이화여자전문학교 보육학과로 편입되면서 학과 과장으로 취임한 에드나 밴플리트(Edna M. Van Fleet)는 서은숙을 보육학과 후계자로 키우기 위해 자기 모교인 신시내티여자의과대학 유학을 주선해주었다. 그렇게 해서 미국 유학을 떠나게 된 서은숙이 김활란을 찾아가 이정애에게도 미국 유학의 기회를 주도록 부탁하여 김활란을 통해 이정애의 유학 길이 열렸던 것이다. 그 결과 이정애와 서은숙은 "비슷한 시기에 유학을 했고 또 비슷한 시기에 귀국을 해서"[6] 우정을 이어갈 수 있었다.

김활란은 이정애에게 미국 유학의 길을 열어주면서 간호학을 권했다. 김활란의 전공은 교육학과 철학이 되었지만 그도 한때 의사나 간호사가 되고 싶었던 적이 있었다. 이화학당 고등과와 대학과 시절 오랫동안 앓았던 늑막염 때문이었는지도 모른다. 그는 교육자가 된 후에도 사람의 질병을 치료하거나 예방하는 의학 및 간호학에 대한 관심을 포기하지 않았고 그것을 친구 이정애에게 부탁한 셈이다. 그런데 김활란은 이정애에게 간호학을 권하면서도 조심스러워했다. 이유는 간호학이 지금

---

6 김징자 엮음, 『우리 서은숙 선생님』, 99.

까지 이정애가 공부했던 문과와 전혀 다른 계통이었을 뿐 아니라 간호사에 대한 부정적 인식이 팽배했기 때문이었다. 조선시대 봉건사회에서 의원(醫員)을 도와 환자 치료를 돕던 의녀(醫女)는 무당이나 기녀(妓女) 수준의 천한 직업이었다. 병든 환자, 때로는 시체를 다루어야 했기 때문이었다. 개화 시기 서양 의술이 들어온 후에도 간호사에 대한 편견은 여전했다. "'여자가 남정네 엉덩이에 주사침을 놓는다니 이 무슨 망측한 일이냐'며 화류계 여성처럼 백안시하고 천시하던 때였다."[7] 그런 분위기에서 '양반 출신 집안'에서 곱게 자란 이정애에게 간호학을 권하는 것이 조심스러웠던 것이다. 그러나 이정애는 김활란의 제안을 순순히 받아들였다. 그로서는 결혼 실패와 좌절, 고뇌의 경험을 통해 사회적 편견과 장애물에 물러서지 않고 도전하는 용기와 의지를 갖게 되었기에 간호학이라고 하는 미지의 세계를 향해 출발할 수 있었다.

## 하와이 퀸즈병원 간호학교 유학

이정애 개인으로서는 결혼 실패 후 2년 동안 깊은 시련과 실의에 빠져 있다가 친구 서은숙과 김활란의 주선으로 재기의 기회를 얻어 떠나는 미국 유학이었다. 중단했던 공부를 계속할 수 있게 되었고 이화학당 재학 시절부터 품었던 '배운 것으로 사회에 이바지하겠다'는 신조도 지킬 수 있게 되어 기대가 되는 유학길이었지만 다른 한편으로는 낯선 환경과 미래에 대한 두려움도 없지 않았다. 특히 자기가 좋아해서 선택한 것이라기보다는 친구의 부탁과 권면으로 전공하게 된 간호학이

7 "여명의 개척자들(15): 이정애", 「경향신문」(1984. 6. 16.).

라 그에 대한 불안도 컸다. 김활란이 언급한 대로 간호학은 이정애가 지금까지 공부한 문과와 전혀 다른 계통일 뿐 아니라 간호사에 대한 사회적 편견과 선입견이 여전해서 그런 장애물을 극복하고 과연 해낼 수 있을까 하는 불안감이었다. 그러나 그렇게 불안감을 안고 출발한 미국 유학길이었지만 그 결과는 그 개인뿐 아니라 한국 간호학계, 특히 한국 간호 역사에서 중요한 의미를 지닌 사건으로 기록되었다. 다음은 그가 하와이 유학을 마치고 돌아온 지 2년 만인 1933년, 조선간호부회(朝鮮看護婦會)에서 펴낸 『간호사(看護史)』에 나오는 대목이다.

> 조선간호부회원 중에 전문학교 교육을 밧은 조선인 간호부가 둘이다. 이정애(李貞愛)씨는 1925년에 이화학당 대학부를 졸업하엿스며 하와이도(島) '호놀룰누' 여왕병원(女王病院, Queen's Hospital) 간호부 양성소에서 졸업하고 현재 세브란스병원에 일직원(一職員)으로 근무하며, 이금전(李金田) 씨는 1927년에 이화전문학교를 맞추엇스며 세브란스병원 간호부 양성소를 수료한 후에 가나타(加奈陀) '토란토'에서 공중보건간호과를 전공하고 조선에 도라와 경성 태화여자관(泰和女子館) 일직원이 되어 유용한 보건간호사업을 위하야 지금 근무하고 있다. 이와 갓치 고등교육을 밧은 간호부들이 속히 증가되여 그들이 갓가운 장래에 그들의 간호사업에 잇서서 지도권을 가지게 되기를 바란다.[8]

『간호사』는 1933년 당시 외국에서 전문학교(college) 수준의 간호학을 공부하고 돌아와 간호사로 활동하는 인물은 이정애와 이금전 두 사람뿐인데 이들로 인해 '한국 간호사업의 지도권'이 서양인(선교사)에게

8 라빈니아 딱크 · 이세벨 스투워트, 『간호사』(조정환 역술, 조선간호부회, 1933), 300.

서 한국인에게로 이양되는 전환기에 이르렀다고 선언했다. 개신교 의료 선교가 시작된 후 50년 가까이 선교사로 온 외국인 의사와 간호사들이 지휘·관리해왔던 간호사역과 간호교육이 이제 선교사들의 나라에서 '동등한' 학위를 받고 돌아온 한국인 간호사들의 손으로 넘어오고 있음을 지적한 것이다. 그것은 간호학을 공부하기 위해 유학을 떠나던 이정애가 미처 생각하지 못했던 결과였다.

이렇듯 이정애와 함께 '한국인에 의한 한국 간호사업의 개척시대'를 연 이금전(李金田, Francis Lee Whang)은 이화여자전문학교 영문과를 거쳐 1927년 세브란스병원 간호학교(당시는 '간호부 양성소')를 졸업한 후 중국에 건너가 2년 동안 베이징 연경대학에서 공부하다가 미감리교 여성해외선교회의 주선으로 캐나다 토론토대학교 유학의 기회를 얻었다. 마침 1929년 7월 캐나다 몬트리올에서 국제간호사대회(World Convention of Nurses)가 개최되었던 바 이금전은 세브란스병원 간호사 이효경과 함께 한국 대표로 참석했고, 대회 후 캐나다에 남아 토론토간호협회 장학금으로 토론토대학교에서 공부한 후 1931년 한국인으로는 처음으로 공중보건학(Public Health Diploma) 학위를 받고 돌아와, 미감리교와 감리교 여성해외선교회가 연합 경영하는 서울 태화여자관과 동대문부인병원을 중심으로 아동 및 공중 보건위생사업을 전개했다.[9] 이후 이금전은 일제강점기와 해방 후 한국 간호학계와 보건위생학계의 지도자로 큰 활약을 보였다.

---

9 Elma T. Rosenberger, "Public Health and Baby Welfare Work", *Annual Report of KWC 1929*, 59-60; Elma T. Rosenberger, "Public Health and Child Welfare Work in Korea", *Fifty Years of Light*, 32; "만국간호부대회 출석 조선대표 출발", 「중외일보」(1929. 6. 9.); "國際會合과 朝鮮人의 活動(第1回)", 「東光」 17호(1931. 1), 63; "제7회 본 협회 총회에서 표창되어 순금 메달을 받으신 우리의 모범 다섯 어른", 「대한간호」 속간 1호(1953).

그런데 이금전이 토론토대학교에서 받은 학위는 '보건위생학'이었다. 반면 이정애가 받은 학위는 정식 '간호학(Graduate Nurse Diploma)'이었다. 따라서 한국인 여성이 외국에 나가 '간호학' 학위를 받은 것은 이정애가 최초였다. 물론 이정애보다 앞서 재미교포 가운데 미국 대학에서 간호학을 전공하고 간호사로 활약한 이들이 없지 않았지만 공부를 마치고 귀국해서 한국에서 사역한 '유학 출신' 간호사로는 이정애가 처음이었다. 그래서 그에게 한국 간호학의 선구자라는 명칭이 붙은 것이다. 이정애는 그런 역사적 의미가 숨겨진 하와이 유학길을 1928년 여름에 출발했다. 당시 미국 유학생들의 여정이 그러했던 것처럼 그는 경부선 열차로 부산까지 가서 거기서 배를 타고 일본을 거쳐 하와이로 갔는데, 요코하마에서 출발한 "배를 타고 여행하는 도중에, 그는 동행하던 일본 황족 '지찌부노미야(秩父宮)'에게서 청혼을 받았으나 즉석에서 거절"했다는 에피소드가 전해진다.[10]

---

10 김동길, "이정애 선생의 약력", 『우리 친구 이정애』, 20. 이 부분에 대하여 김항명은 지치부노미야가 항해하는 20일 동안 배 안에서 끈질기게 구혼했을 뿐 아니라 하와이 호놀룰루에 도착해서도 간호학교 기숙사에 들어가 있는 이정애에게 일본 영사관을 통해 끈질기게 구혼하다가 이정애가 끝내 거절하자 실망하고 일본으로 되돌아갔다며 그 과정을 길게 (소설처럼) 기술했다(김항명, 『여성실화: 아름다운 순교 이정애』, 144-202). 그러나 이런 기술은 검증이 필요하다. 이정애에게 구혼했다는 지치부노미야 야스히토(秩父宮雍仁)는 1926년 죽은 다이쇼(大正) 천황의 넷째 아들로 다이쇼의 후임인 쇼와(昭和) 천황 미치노미야 히로히토(迪宮裕仁)의 동생이었다. 야스히토는 일본 황족이 다니는 학습원을 거쳐 1920년 일본 육군사관학교를 졸업하고 육군 소위로 임관했으며 1922년 성인식을 하면서 '지치부노미야(秩父宮)'라는 궁호(宮號)를 받았다. 따라서 이정애가 하와이로 가던 배 안에서 그를 만났다면 당시 그는 육군 장교 신분이었다. 그런데 지치부노미야는 이정애와 하와이에 함께 항해한 것으로 알려진 1928년 9월 28일에 도쿄에서 마츠다이라 세츠코(松平節子)와 결혼했고 12월에는 육군대학에 입학하여 고급장교 훈련을 받기 시작했다(山階会, 『山階宮三代(下)』 1982, 291). 일본 황궁과 귀족 전통에서 황족의 결혼 문제는 개인 선택이 아니라 일본 황궁과 정부가 개입해서 치밀하게 준비하고 결정하는 사안이었던 만큼 지치부노미야가 하와이로 가는 배

이정애가 하와이에 도착해서 간호학 수업과 간호사 훈련을 받은 학교에 대하여 그동안 '퀸즈칼리지' 혹은 '퀸즈대학' 간호학과로 기술된 적이 많았는데 그 정확한 명칭은 『간호사』 기록에 나오는 대로 '호놀룰루 여왕병원 간호부 양성소'였다(이 학교의 영어 명칭은 'Queen's Hospital School of Nursing'으로서 번역하면 '퀸즈병원 간호학교'였다). 학교 명칭에서 보듯 이 학교는 퀸즈병원 부속기관으로 설립된 간호사 양성 기관이었다. 간호학교의 모체가 되는 퀸즈병원은 하와이가 미국에 병합되기(1898년) 전, 하와이 왕국의 4대 국왕 카메하메하 4세(Kamehameha IV)와 그 왕비 엠마(Emma Naea Rooke)가 설립한 왕립병원이었다. 카메하메하가 하와이를 통치할 무렵 프랑스와 영국, 미국, 독일 등 서구 열강들의 군함과 상선들이 하와이를 자주 침공 혹은 방문했는데 그 과정에서 유럽 선박을 통해 전파된 서구 질병으로 하와이 본토인들의 희생이 늘어났다. 특히 1853~1854년에 천연두로 토착민 2천 500여 명이 사망하는 참화를 겪은 후 국왕은 병원 설립에 착수하여 1859년 호놀룰루 중심가에 병원을 설립하고 3년 전 결혼한 엠마 왕비를 기념하여 '퀸즈병원'이라 칭했다. 하와이 귀족 가문에서 태어나 양아버지(Thomas Rooke)가 영국 의사였던 관계로 왕비도 병원 설립을 위한 모금운동에 적극 참여했고 설립 후에는 병원 확충을 위해 노력했다. 영국성공회교인이었던 카메하메하 국왕 부부는 퀸즈병원을 기독교 병원으로 육성했는데, 왕실의 지원을 받은 퀸즈병원은 하와이뿐 아니라 태평양 연안에서 제일 큰 병원으로 발전했다. 하와이 왕국이 붕괴된 후에는 하와이 지역의 사회지도급 인사들로 구성된 재단이사회에서 경영을 맡았

---

안에서 처음 만난 '조선 여인' 이정애에게 '한눈에 반하여 절절하게' 공개 구혼했다는 기록은 신빙성이 약하다. 다만 일본 황족인 그가 조선 한복을 곱게 차려입고 배 안에서 절제된 행동을 보인 이정애에게 호감을 표했을 가능성은 충분하다.

하와이 퀸즈병원(Queen's Hospital)

고 1967년 '퀸즈메디컬센터(The Queen's Medical Center)'로 이름을 바꾸어 오늘에 이르고 있다.[11]

퀸즈병원이 설립된 시기는 나이팅게일이 영국 런던에서 '나이팅게일 간호학교(Nightingale School for Nurses)'를 설립하고 근대 간호교육을 시작한 때(1860년)이기도 했다. 그래서 초창기 퀸즈병원에서는 영국과 미국에서 나이팅게일 간호학을 배운 간호사들이 들어와 병원사역을 하면서 본토인을 간호사 보조로 훈련시켰다. 그렇게 해서 퀸즈병원은 나이팅게일 간호교육 전통을 따랐다. 한동안 그렇게 미국과 영국에서 간호학을 공부한 간호사들이 들어와 간호사역을 하면서 교육 훈련도 시켰다. 그러나 1914년 1차 세계대전 발발로 유럽에서 간호사가 매우 부

---

11 Jason Y. Kimura, *The Queen's Medical Center*, 2010, 1-7.

족하게 됨에 따라 외부에서 간호사를 초빙해오기가 힘들게 되었다. 이에 퀸즈병원 재단이사회는 1915년 병원 부속으로 독자적인 간호교육기관을 설립하기로 하고 1년 준비 끝에 1916년, 3년 과정의 간호학교를 설립했다. 퀸즈병원 간호학교의 처음 영어 명칭은 'Queen's Hospital Training School for Nurses'였는데 1920년대에 들어서 'Queen's Hospital School of Nursing'으로 바뀌었다.[12] 하와이의 유일한 간호학교로 여기서 배출된 간호사들이 퀸즈병원은 물론, 하와이와 태평양 연안의 여러 나라 병원으로 파견되어 나갔다.

퀸즈병원 간호학교는 나이팅게일 간호교육 체계를 따랐다. 퀸즈병원 간호사 복장은 푸른색 블라우스에 흰 에이프런, 흰 모자였다. 모든 학생들은 오전 7시부터 오후 7시까지, 식사 시간 2시간을 제외하고는 수업과 실습에 전념했다. 학과 수업은 병원 의사와 수간호사들이 주로 담당했는데 화학과 식품학은 하와이대학교 교수들이 와서 강의하기도 했다. 오전 네 시간 학과 수업 외에 나머지 시간은 병원 실습으로 채워졌는데 학생들은 내과(medical)과 외과(surgical), 산과(obstetric), 부인과(gynecological), 이비인후과(eye and ear), 정신과(nervous and mental), 정형외과(orthopedic ward), 격리병동(isolation pavilion)과 병실 화장실(dressing room), 환자식 조리실(central diet kitchen), 수술실(surgery)에서 실습했다. 입학해서 4개월 수습 기간이 끝나면 교재비와 생활비 보조로 매달 8달러가 나왔고, 2학년은 10달러, 3학년은 12달러를 지급받았다. 퀸즈병원 간호학교의 교훈은 '오니파아(onipa'a)'였다. 이는 하와이 왕국 카메하메하 왕조의 좌우명이기도 했는데 '끈기(steadfast)', '단호(firm)', '불굴(resolute)', '요지부동(immovable)', '결단(determined)' 등을

---

12 Jason Y. Kimura, *The Queen's Medical Center*, 109-119.

의미했다. 그래서 퀸즈병원 간호학교의 학생 교육과 훈련은 거의 '군대식'으로 진행되었다. 교수와 학생 사이는 물론 선후배 간호사와 학생 사이에도 위계질서가 엄격했고 전교생이 기숙사 생활을 했는데 방과 후 기숙사에서도 개인 생활보다는 공동체 생활을 우선했으며 일상에서도 청교도적인 도덕 훈련을 강조했다.[13] 그렇게 빈틈없는 수업과 엄격한 훈련을 거쳐 병실과 일반 생활에서 실수하지 않는 간호사, 책임과 직무에 충실한 간호사를 육성하는 것이 퀸즈병원 간호학교의 교육 목표였다.

이처럼 '사관학교' 같은 하와이 퀸즈병원 간호학교에서 3년간 체계적이면서도 내실 있는 간호교육을 받으면서 이정애는 '완벽한' 간호사가 되었다. 결혼 실패로 인한 자책감에 사로잡혀 삶의 의욕을 잃고 방황하던 모습은 더 이상 찾아볼 수 없었다. 마치 사관학교를 졸업하고 임관한 장교처럼 제복 입은 간호사로서 절도 있는 생활과 책임을 다하는 '나이팅게일의 후예'가 되었다. 실의와 절망 대신 귀국 후 펼쳐질 미래의 삶과 사역에 대한 희망으로 부풀어 올랐다. 그렇게 이정애는 하와이 퀸즈병원 간호학교에서 간호학 학위를 받고 1931년 1월 귀국했다. 다만 이정애는 귀국 후 새로운 일터, 세브란스병원으로 갔다. 그렇게 해서 '간호사'로서 이정애의 새로운 삶이 시작되었다.

하와이 퀸즈대학 졸업식 사진
(1928년 겨울)

13 Jason Y. Kimura, *The Queen's Medical Center*, 118-121.

## 세브란스병원과 간호학교 근무

이정애가 하와이에서 돌아와서 일하게 된 세브란스병원은 한국 최초의 근대식 병원이었다. 미국인 실업가 루이스 세브란스(Louis H. Severance)로부터 1만 달러 후원을 받아 남대문 밖에 새로운 병원 부지를 확보하고 2년 공사 끝에 1904년 9월 현대식 2층짜리 벽돌 건물을 짓고 병원을 옮겼다. 그때부터 '세브란스병원(The Severance Hospital)'이라 불렸다. 그러면서 미감리교와 감리교 선교회에서도 세브란스병원에 의료 선교사를 파송하기 시작했고 후에 호주장로교와 캐나다장로교, 미장로교 선교회도 공동 운영에 참여하여 세브란스병원은 선교 연합 병원으로 발전했다.[14]

선교 연합 병원으로서 세브란스병원을 건립한 애비슨이 그다음으로 추진한 것이 의학교육과 간호교육, 즉 한국인 의사와 간호사 양성사역이었다. 선교사들의 한국인 의사 양성사역은 이미 알렌과 빈튼 시절에도 있었지만 그것은 개인적인 교습 형태였고, 체계적인 교수와 실습 체계를 갖춘 의학교육은 남대문 밖 세브란스병원에서 시작되었다.

세브란스병원의 간호교육도 애비슨의 관심과 후원으로 시작되었다. 미장로교 여성해외선교회가 파송한 첫 번째 간호사는 안나 제이콥슨(Anna P. Jacobson)으로 1895년 4월 내한하여 구리개의 제중원에서 애비슨을 도와 간호사역을 시작했다. 그러나 그가 사역을 시작한 직후 서울과 지방에 콜레라와 천연두 등 전염병이 창궐하여, 언어를 익히기도 전에 제이콥슨은 환자들을 돌보는 격무에 시달리다가 결국 건강

14 Harry A. Rhodes, *History of Korea Mission of the Presbyterian Church in the USA*, 1934, 115-119.

을 해쳐 1897년 1월 목숨을 잃었다. 그런 상황에서 안식년 휴가를 얻어 귀국한 애비슨은 가는 곳마다 병원에 간호사가 필요하다고 호소했다. 이런 그의 호소에 펜실베이니아 주 루이스버그 출신으로 필라델피아병원 간호학교를 졸업한 후 세인트티모시병원에서 간호사로 사역하고 있던 쉴즈가 응하여 한국 선교를 지원, 1897년 10월 내한했다. 쉴즈는 처음 5년간 구리개 제중원에서 사역했고 1902년부터 2년간 장로교 선교회가 설립한 평북 선천의 미동병원에서 사역한 후 서울 세브란스병원으로 복귀했다.[15] 그렇게 서울 세브란스병원으로 돌아온 쉴즈는 간호사 양성사역을 시작했다. 그러나 한국에서의 간호사 양성교육은 쉴즈가 선천에 가 있는 동안(1902~1904년) 미감리교 여성해외선교회가 운영하는 보구여관에서 먼저 시작했다.

하와이에서 간호사가 되어 돌아온 이정애가 이화학당을 설립한 미감리교 여성해외선교회가 세운 보구여관 간호학교가 아니라 세브란스병원에서 간호사역과 간호교육을 시작하게 된 이유는 무엇일까? 그것은 두 가지로 설명할 수 있다. 하나는 그가 하와이에서 유학하는 동안 미감리교 여성해외선교회가 운영하던 여성병원의 기능과 역할에 변화가 생긴 것이고, 다른 하나는 세브란브병원 관계자로부터 '공부하고 돌아와 함께 일하자'는 제안을 받은 것이다. 우선 이정애가 이화학당 중등과에 입학할 당시(1912년) 정동의 미감리교 여성해외선교회 부지 안에 함께 있던 보구여관은 동대문으로 옮기면서 이름도 '동대문부인병원'으로 바뀌었다. 본래 동대문에는 미감리교 여성해외선교회가 보구여관 다음으로 1892년에 설립한 여성 전용 진료소로 볼드윈진료소가 있

15 Yun Kwan Cheigh, "In Appreciation of Miss Esther Lucas Shields", *KMF*, 1937, 255-257.

었는데 20년 만에 그것을 헐고 그 자리에 2층짜리 현대식 벽돌 건물을 새로 지으면서 '동대문부인병원'이라 했다. 선교사들은 이곳을 10년 전(1902년) 동대문에서 사역하다가 풍토병으로 숨진 여성 의료 선교사 해리스(Lillian Harris)를 기념하여 '릴리언 해리스 기념병원'으로 불렀다.[16]

새롭게 출발한 동대문부인병원의 원장과 간호부장으로는 2년 전(1910년)에 함께 내한한 스튜어트와 앤더슨이 취임했다. 특히 동대문부인병원 간호부장으로 취임한 앤더슨은 '동대문부인병원 간호원 양성소'로 이름을 바꾼 간호학교를 통해 매년 5~10명씩 간호사를 배출했는데 1921년 앤더슨이 건강 문제로 선교사직을 사임하고 귀국한 후에는 로버츠가 간호학교 사역을 맡아 보았다. 그렇게 보구여관의 여성 진료와 간호교육 사역을 인계받아 수행하던 동대문부인병원은 1930년 대대적인 구조조정과 사역 개편을 단행했다. 특히 동대문부인병원에서 간호교육을 담당했던 로버츠는 그동안 선교사들이 담당했던 간호사역과 간호교육을 한국인 간호사들에게 넘겨야 한다는 입장을 취했다. 그는 1929년 선교 보고에서 "내가 바라는 것은 우리의 한국인 졸업간호원들이 병원의 간호사역과 간호교육을 책임지고 담당하는 것"이라고 밝혔다.[17] 그런 배경에서 선교사들이 주관하던 동대문부인병원의 간호교육은 중단되었다.

이처럼 보구여관의 뒤를 이은 동대문부인병원이 산부인과 전문 병원으로 전환되고 간호교육을 중단하기로 결정한 직후 이정애는 하와이 유학을 마치고 귀국했다. 이정애는 간호사역과 함께 간호교육에 대한

---

16 Mary S. Stewart, "Lillian Harris Memorial Hospital and Baldwin Dispensary", *Annual Report of KWC 1912*, 52-54.

17 N. Berneta Block & Elizabeth S. Roberts, "East Gate Hospital", *Annual Report of KWC 1929*, 55.

강한 의지를 품고 귀국했는데 그 사이 구조조정을 단행한 동대문부인병원에는 그가 사역할 공간이 크지 않음을 알았다. 그런 상황에서 이정애는 세브란스병원으로부터 청빙을 받았다. 퀸즈병원 간호학교 유학 시절에 하와이를 방문한 세브란스병원 관계자로부터 '졸업하고 귀국하면 세브란스병원에 와서 일해달라'는 요청을 받은 것이다.[18] 그래서 이정애는 귀국 즉시 1931년 1월부터 세브란스병원 부간호원장으로 취임하여 간호사역과 간호교육을 동시에 추진할 수 있었다. 이정애가 부임할 당시 세브란스병원의 9에이커 부지 안에는 180개 병상을 갖춘 진료 병동과 격리 병동, 치과병원, 의학전문학교와 간호학교, 기숙사 건물들이 구비되어 있었다.

그리고 이정애와 함께 일할 세브란스병원 간호사로는 30년 넘게 세브란스병원에서 사역하고 있던 쉴즈를 비롯하여 에드나 로렌스(Edna M. Lawrence)와 엘라 섀록스(Ella J. Sharrocks) 등이 장로교 여성해외선교회 소속이었고, 감리교 여성해외선교회의 하우저(E.B. Hauser)와 캐나다장로교 여성해외선교회의 마블 영(Mabel B. Young)도 세브란스병원으로 파송을 받아 근무하고 있었다. 병원 내 간호사역을 총 관리하는 간호원

---

18 김항명의 전기소설에서는 이정애가 하와이 퀸즈병원 간호학교에 입학한 지 얼마 되지 않아, 안식년 휴가를 얻어 미국에 갔다가 휴가를 마치고 서울로 귀환하던 중 하와이에 들른 세브란스병원 원장 '리프맨'으로부터 '학교를 졸업하고 고국에 돌아오거든 우리 세브란스에서 일해달라'는 요청을 받은 것으로 기록하고 있다(김항명, 『여성실화: 아름다운 순교 이정애』, 180-182). 그러나 여기서 언급된 '리프맨'이 누구인지는 분명치 않다. 당시(1928~1930년) 세브란스병원 원장은 애비슨이었다. 한편 1929~1930년에 유럽과 미국을 일주하며 서구 의료학계를 순방한 후 귀국 길에 하와이에 들른 세브란스의학전문학교 학감 오긍선 박사나, 1930년 8월에 하와이 호놀룰루에서 개최된 범태평양 외과학대회에 한국 대표로 참석한 세브란스병원 의사 이용설 박사가 이정애를 만나 함께 일하자고 부탁했을 가능성도 있다. "世醫專門學監 吳兢善博士 歐米視察", 「동아일보」(1929. 9. 3.); "國際會合과 朝鮮人의 活動(第1回)", 「동광」 17호(1931. 1.).

장은 1922년부터 마블 영이 맡고 있었고 '세브란스병원 간호원 양성소'라는 명칭으로 운영되고 있던 간호학교 교장은 여전히 쉴즈가 맡고 있었다.[19] 따라서 세브란스병원 부간호원장으로 부임한 이정애는 병원에서는 애비슨 원장과 마블 영 간호원장, 쉴즈 간호학교 교장과 함께 세브란스병원에서 간호사역과 간호교육에 임했다. 여기에 그의 '직장 동료'인 한국인 의사와 간호사들도 물론 많았다. 그렇게 이정애가 세브란스병원에서 사역을 시작한 두 달 후인 1931년 3월 19일에 거행된 세브란스의학전문학교 및 간호학교 졸업식에 대한 「기독신보」 기사이다.

> 시내 세브란스의학전문학교에서는 제9회 졸업식을 지난 19일 목요일 오후에 남대문 예배당에서 거행했는데 이번 회의 졸업생 39명 중 19명은 세브란스병원에서 견습하게 되고 2명은 미국으로 가서 더 연구하기로 되었으며 그 나머지는 조선 각지 선교 경영의 여러 병원과 사설 병원 의사로 취직하게 되었다고 한다. 그리고 동병원 간호부 양성소에서 졸업하는 간호부의 수효는 20명이라 한다.[20]

이 졸업식에 '신입 직원' 이정애도 물론 참석했다. 그는 귀국 직전 퀸즈병원 간호학교 졸업식 때 입었던 간호복과 모자를 쓰고 세브란스병원 간호학교 졸업생들의 예모식에 참석했다. 미국에서 선교사들과 동등한 간호학 학위를 받고 돌아온 이정애의 '우아한' 모습은 졸업생과 재학생들의 흠모와 존경을 불러일으키기에 충분했다.

---

19 "The Severance Union Medical College", *The Korea Missions Year Book*, Seoul: The Christian Literature Society, 1928, 211-214; Harry A. Rhodes, *History of Korea Mission of the Presbyterian Church in the USA*, 432.

20 "세부란쓰의학전문학교 졸업식", 「기독신보」(1931. 3. 25.).

## 백의의 천사, 조선의 나이팅게일

세브란스병원에서 이정애가 수행한 사역은 두 가지, 병원에서 간호사로서 의사의 진료 활동을 돕고 치료받는 환자들을 돌보는 것과 간호학교에서 간호사 후보생들을 교육하고 훈련하는 것이었다. 이 두 가지 사역을 통해 이정애는 간호사로서 위상과 역할이 어떠한 것인지를 보여주었다. 하와이 유학을 마치고 돌아와 세브란스병원에 등장한 이정애를 바라본 주변인들의 첫인상은 '아름다운 간호사'의 모습이었다. 이정애의 제자였던 이필순은 이화학당 "중학교 시절 세브란스병원 입원 학우를 위문했을 때 제복뿐만 아니라 모든 점이 '백의의 천사'이던 선생을 보고 나도 병이 들어 세브란스병원에 입원해보기를 간절히 바랐다"라고 진술할 정도였다.[21] 흔히 병실의 간호사에게 붙여지는 '백의의 천사'라는 칭호를 받기에 충분했던 이정애의 아름다운 모습이었다. 세브란스병원 간호학교 입학 시험장에서 이정애를 처음 만난 후 마지막까지 충실한 제자로 남았던 이영복도 그를 "미의 화신"이라 칭하며 그에 대한 첫인상을 이렇게 증언했다.

> (이정애) 선생은 아름다웠습니다. 아마 '너무 아름다웠다'라는 표현이 오히려 적절할 것입니다. 눈같이 흰 '유니폼'에 출신교인 하와이 '쿠인즈' 병원 간호학교의 독특한 '캪'을 쓴 그 갸름한 얼굴과 오똑한 코, 상냥하면서도 무서운 듯한 눈, 우리 학생들에게는 그 모습 전체가 위엄과 미의 화신으로 보였습니다. 그 표정이나 음성이나 태도에 있어서 단 한 번이라도 흩으러짐을 보지 못했습니다. 웃음 한 번 예사로 웃어버리지 않고 손

21 고 이정애여사 전기편찬회 엮음, 『우리 친구 이정애』, 78.

짓 한 번 함부로 해버리는 일이 없는 참으로 맺고 끊는 듯한 그 모습은 정말 잊혀지지 않습니다.[22]

이영복과 같은 시기, 세브란스병원 간호학교에서 이정애에게 교육을 받았던 윤수복도 비슷한 증언을 했다.

나는 세브란스에 입학시험 보러 갔을 때 그만 첫눈에 반해버렸습니다. 정말 그분 모습을 보고 반하지 않는다면 좀 어떻게 된 거 아녀요? 그분은 복장(uniform)을 입으시되 구김살 하나 없이 단정하게 입으셨는데 그것 역시 간호란 직업에 위엄을 더해주는 것 같이 생각되었어요. 그때는 세브란스 간호원들 차림새가 고상하다고들 했으며 사실상 어디 가나 수수하면서도 깨끗한 인상을 남에게 주는 것이었어요.[23]

이정애가 복장이나 언행에서 단정하고 아름다운 모습을 견지한 것은 어려서 집안에서 배우고 훈련받은 '양반집 규수'로서의 습관이기도 했지만 그보다는 간호사라는 직업에 대한 자부심과 자긍심을 드러내 보인 것이기도 했다. 이영복은 이정애의 그런 모습을 나이팅게일과 비교하여 평가했다.

흔히 우리들이 후로렌스 나이팅겔을 말할 때 그분 업적을 들어 말하게 되며 그중에도 크레미아 전장에서의 활약에 대해서 크게 평가하지만 내가 보기는 그분을 정말 돋보이게 한 원인은 당시 영국 사회에서 좋게 인식

22 이영복, "美의 化身, 이정애 여사", 『우리 친구 이정애』, 62-63.
23 "좌담회: 10주기를 맞이한 고 이정애 선생을 말한다.", 「대한간호」(1964. 6.), 71.

되지 못했던 간호계에 그와 같이 명망 있는 가문에 태어난 분이 당시 여성에게서는 드물게 보는 높은 교양을 지녔으며 그 위에 간호사업을 했다는 것이라고 보는데 고 이정애 선생 역시 그와 비슷한 데가 있다고 봅니다.[24]

영국 런던의 귀족 가문에서 출생한 나이팅게일이 당시 영국 사회에서 천한 직업으로 분류되던 간호사가 되어 크리미아 전쟁 현장에서 인류 박애의 선한 행위를 보여줌으로써 간호사에 대한 사회적 인식을 바꾸어놓은 것처럼 유족한 양반 가문 출신 이정애도 간호사가 되어 간호사라는 직업에 대한 사회적 편견을 무너뜨리는 데 일조했다는 평가이다. 그래서 이정애에겐 '백의의 천사'와 함께 '조선의 나이팅게일'이라는 칭호가 붙었다.

세브란스병원 간호학교 부간호원장 겸 교수 시절(가운데가 이정애)
[연세대학교 간호대학 제공]
왼쪽은 사감 겸 실습 조교 김정선, 오른쪽은 소장 겸 간호원장 넬슨이다.

이런 이정애는 미국 유학을 하고 온 첫 번째 한국인 간호사였다는 점에서도 후배 간호사나 제자들에게 자부심을 안겨주었다. 우선 선교병원에서 일하는 직원들 간에도 선교사 간호사와 한국인 간호사 사이에 간극이 없지 않았는데, 함께 일하던 선교사 간호사들도 영어를 능통하게 하면서 같은 '미국 학위'를 갖고 있던 그를 무시하지 못했다. 또한 병원에서 의사와 간호사가 상하·주

24 "좌담회: 10주기를 맞이한 고 이정애 선생을 말한다.", 「대한간호」(1964. 6.), 70.

종 관계를 맺기 쉬운데 한국인 의사들은 미국 유학 출신으로 실력을 갖춘 그에게 함부로 대하지 못했다. 후배들은 그 사실을 이렇게 증언했다.

> 이춘숙: 세브란스병원 간호학교는 일찍부터 선교사들이 교육을 시작했고 또 잘 유지해왔지만 한국인으로서 완전한 자격을 갖춘 간호원이 지도자로 있기는 그분이 처음이었지요.
>
> 신인순: 그렇습니다. 그래서 의사들도 별로 환영을 하지 않았어요. 고분고분하지 않다는 거죠. 그 덕에 현재 간호원들은 덕을 많이 보게 되었다고 생각합니다. 간호계에 미친 영향은 크다고 볼 수 있으니까요.[25]

그렇게 이정애는 병원에서 한국인 간호사들과 간호사 후보생들의 대변자였고 후견인이었다. 이런 그의 모습과 활동을 보고 천한 직업으로 여겼던 간호사로 헌신하겠다는 지망생들이 나올 것은 당연했다. 그 결과 간호사는 교육받은 여성들이 선망하는 직업으로 분류되었다. 이정애는 그런 간호사 지망생들에게 철저한 직업의식을 강조했다. 1936년 2월, 각급 학교 졸업식이 거행되던 시기에 「조선중앙일보」는 학업을 마치고 직장에 나가는 후배들에게 전하는 직장 선배들의 조언을 연재한 적이 있는데 간호계를 대표하여 이정애의 글을 수록했다.

> 수년 동안을 일터에서 직접 백여 명의 간호부와 더부러 지내며 매일같이 그들을 데리고 하는 말입니다마는 아니 오면 모르되 일단 직장에 나

25 "좌담회: 10주기를 맞이한 고 이정애 선생을 말한다", 「대한간호」(1964. 6.), 70.

> 선 이상 어디까지나 충실과 성의를 가지고 보아야 할 것은 두말 할 것도 없을 줄 압니다. 일에 자미를 두지 않고 정력을 내지 않는다는 것은 결국 자기 자신에 직접 해로운 줄 압니다. 여기서도 괴롬 당하는 일인데 첫재 일에 책임감을 가지는 동시에 내 사사(私事)로운 일을 더 귀중이 여기며 작구 거기 매이게 하며 발서 맡은 일에 지장이 있게 하는 것은 크게 삼가야 할 일인 줄 압니다. '어머니가 아푸니 집에 가야겠소', '오라버니가 장가를 가니 가보아야겠소' 하며 허가를 받으러 옵니다. 때와 경우를 알아 이런 일이 중하지 않다고는 말할 수 없겠으나 어떻든 이런 종류의 것은 내 사사로운 일에 지나지 않는 것이니 될 수 있는 대로 우리는 여기 시간을 쓰지 않도록 하야겠습니다.[26]

직장에서 직업을 수행함에 있어서 가장 중요한 덕목이 책임감인데 그것은 공(公)과 사(私)를 구분할 줄 아는 지혜에서 비롯됨을 강조했다. 직장에서 추구하는 공동선을 위해 개인적인 욕구를 절제하고 희생하면서 자신에게 맡겨진 사역에 충실할 때 직업인으로서 성공과 보람을 느낄 수 있다는 말이다. 그러한 책임감에 충실할 때 환자의 생명을 다루는 간호사라는 직업에서 실수와 오류를 피할 수 있을 것이다. 그래서 이정애는 간호사로서 성공 비결을 인내와 책임감으로 정리했다.

> 그뿐 아니라 서투르고 못된 것을 잘 연마하고 닦아서 일에 익숙하야 제법 쓸 만하게 되고 보면 다른 곳으로 옮겨가고 또는 출가를 하느니 해가지고 보든 일이야 어찌 되든 간에 그냥 내어던지고 가버리는 일이 또한

26 이정애, "내 적은 일은 다 잊어버리고 책임감 있게 일하라!", 「조선중앙일보」(1936. 2. 18.).

적지 않습니다. 이것은 순전히 책임감이란 관념이 굳게 뿌리를 박지 못한 까닭에 오는 경박한 일이라고 볼 수밖에 없습니다. 이렇게 직장에 나서 가지고 맡은 일을 중이 역이지 않고 내 사사로운 일에 저무두룩 매여가지고 보는 일에 늘 지장이 있어간다면 과연 앞으로 여성들의 직업전선에 이상(異狀)이 오지 않으리라고도 단언할 수 없겠습니다. 그저 꾸준히 일을 해나가는 인내성과 강한 책임감을 가지고 나오기 바라는 바입니다.[27]

간호사로서 갖추어야 할 이러한 '직업윤리'와 '직업의식'은 이정애의 간호교육에 그대로 반영되었다. 병원에서는 '백의의 천사'로서 봉사하고 희생하는 간호사의 모습을 보여주었다면 간호학교 교실에서는 선진 학문을 공부하고 돌아와 그 지식과 기술을 후배와 제자들에게 전수하기 위해 노력했다. 그때 이정애에게 배웠던 제자들의 증언이다.

신인순: 그분이 처음 세브란스에 오셨을 때 나는 학생 기숙사 일을 맡아 보았는데 그분이 가르치시던 기초간호학 과목을 쫌 도와서 같이 가르친 일이 있었습니다. 그때 고 이정애 선생께서는 하와이에서 간호대학을 마치시자 곧 나오셨을 때로서 가장 새로운 방법으로 교육을 하셨기 때문에 학생들 간에 인기가 대단했습니다. 뿐만 아니라 지금 생각하니 한 사람 한 사람에게 친절한 개인적인 지도를 많이 하신 것으로 생각됩니다. 어찌나 정밀하고 용의주도하신지 나도 그때 간호학 실습을 철저하게 익힌 셈이 되었어요.

---

27 이정애, "내 적은 일은 다 잊어버리고 책임감 있게 일하라!", 「조선중앙일보」(1936. 2. 18.).

이귀향: 그때, 나도 임상실습을 가르친 일이 있는데 고 이정애 선생께서 유아 통목욕을 시키는 방법을 가르치시던 모습이 아직도 눈에 선합니다. 그때는 이 방법이 아주 새로운 애기 목욕법이었어요. 그 후 내가 조산원 개업을 했던 일이 있는데 통목욕법은 한국 실정에 더욱 실용적인 방법이라는 생각이 들었습니다.

권정숙: 그러니까 저는 학생으로서 그분에게 간호학 실습을 배웠는데 그때 배운 간호법은 참 철저했다고 생각합니다. 근 30년이 지난 오늘에 와서도 일하는 데 있어서는 그때 배웠던 기억들이 확실히 떠오르니까요. 요새 방법들과 비교해볼 때도 별로 손색이 없다고 생각이 돼요. 왜 그것을 하는지 그 원리에 대해서 뚜렷한 인상을 받았던 것 같습니다.[28]

그는 하와이에서 배운 선진 지식과 기술만 가르친 것이 아니었다. 지식과 기술보다 중요한 것이 간호사로서 지녀야 할 윤리의식과 직업의식이었다. 그는 간호학교에서 '간호윤리'를 중점적으로 강의했는데, 제자들은 간호윤리 수업을 그의 대표적인 강의로 기억하고 있다. 이영복의 증언이다.

매주 한 번씩 돌아오는 간호윤리 시간을 우리는 몹시도 기다렸었습니다. 이 시간에 들려주시던 선생의 말씀 한 마디 한 마디가 여러 모양으로 우리들의 마음을 움직여주었습니다. 자신의 경험에 비치어 우리들에게 간곡히 부탁하실 때의 그 신실성, 날카로운 비판력으로 우리들을 책망하실 때의 그 차거움, 어떤 때는 꼭 내가 생각한 일, 내가 저지른 일을 꼬집

28 "좌담회: 10주기를 맞이한 고 이정애 선생을 말한다.", 「대한간호」(1964. 6.), 68-69.

어내는 듯한 통찰력, 재미있는 예화를 들려주실 때의 그 아기자기한 실감, 참으로 이 시간을 통하여 우리들은 더 깊고 더 높은 간호정신을 선생에게로부터 물려받은 줄 압니다.[29]

간호사로서 지켜야 할 책임윤리, 그것이 간호사라는 직업의 바탕이 되는 '간호정신'이었다. 이춘숙도 비슷한 증언을 남겼다.

고 이정애 선생께서 저희들 간호윤리를 가르치셨는데 특히 간호원과 환자, 간호원과 의사, 간호원 동료 또는 그의 동직자 간의 대인관계에 대해서 아주 자세하게 예를 들어가면서 가르치시던 일이 생각납니다. 참 엄격하게 가르치시고 주장하시든 일에 대해서 학생이 만약 잘못을 가지고 선생님께 의논하러 가면 눈물이 날 정도로 자애롭게 지도하시던 분이예요.[30]

이정애는 간호사 후보생들에게 직장인이기 전에 직업인(간호사)으로서 기본 소양과 윤리의식을 먼저 갖출 것을 강조했다. 이정애는 병원 안에서 일어나는 다양한 인간관계의 문제와 상황에서 도덕적 책임감과 윤리의식을 지키고 실천하는 간호사를 양성하는 것이 목적이었다. 다시 이영복의 증언이다.

그때 세브란스병원 간호학교는 병원부속기관으로 경영되고 있었습니다. 학제상 그처럼 불리한 점은 있었어도 당시 여자고등보통학교 졸업자들로서 입학자의 수준은 매년 올라가고 있었습니다. 뚜렷한 소명감에 이

29 이영복, "美의 化身, 이정애 여사", 『우리 친구 이정애』, 63.
30 "좌담회: 10주기를 맞이한 고 이정애 선생을 말한다.", 「대한간호」(1964. 6.), 73.

끌리어 오는 이들도 많았고, 경제적인 혜택을 바라보고 오는 이들도 있었고, 직업의식에 눈을 뜨고 오는 이들도 많았습니다. 배우고자 모여든 이 젊은 여성들은 참 선생을 원했으며, 참 이해 있는 지도자를 갈망했습니다. 물론 외국 선교사 간호원들을 비롯한 몇 명 지도자들이 있어서 엄격한 제도하에 틀에 잡힌 기술적 훈련을 하고 있었으나 학생들의 세계와는 거리가 멀었던 것입니다. 즉 우리들의 자립적인 움직임, 다른 방면의 여성교육과 여성 직업과의 보조, 날로 발전되는 외국의 간호교육의 경향, 개개 학생의 특수한 문제 등을 의론하고 호소할 '우리들의 선생'이 요구되었든 것입니다. 여기에 우리의 이정애 선생이 찾아오셨습니다.[31]

학생들의 눈높이에서 구체적인 예를 들어가며 자세히 가르치고 지도하며 들어주는 이정애를 학생들은 '우리들의 선생'으로 여기고 따랐다. 그리고 이정애의 교수 활동은 강의실의 학과 수업에 머물지 않았다. 오히려 병원에서 이루어지는 실습 교육에서 학생들은 많은 가르침을 얻었다. 이어지는 이영복의 증언이다.

아침 일곱 시 반부터 병원 생활은 분주히 시작됩니다. 간호학 시간이 있는 날은 출근 즉시로 간호 실습실에 나오십니다. 실습을 하는 한 '그룹'은 10명 미만인고로 거의 개인 지도를 받으나 다름없습니다. 두 시간을 꼭 서서 하게 마련입니다. 처음에는 다리가 아파서 주저앉고 싶은 때도 많았으나 선생님이 한결같이 꼿꼿이 서서 피곤한 빛도 없이 계속 하시므로 우리들도 어느듯 그러한 습관이 들어버렸습니다. 선생은 자세 분명치 않은 것, 비뚜러진 것은 미워했습니다. 간단한 침상 준비를 하는 일이라

31 이영복, "美의 化身, 이정애 여사", 『우리 친구 이정애』, 62.

> 도 홋이불의 금(線) 하나라도 비뚜러지면 다시 고쳐야 합니다. "간호원은 관찰력이 빨라야 해요. 그리고는 판단력이 곧 움직여야 되고, 그리고는 곧 기민한 행동이 뒤따라 움직여야 됩니다." 자주 들려주시던 이 말씀, 날이 갈수록 더 강하게 우리들을 깨우쳐주고 있습니다.[32]

간호사로서 흐트러지지 않은 '바른 자세', 그것이 이정애가 병실에서 제자들에게 보여준 선생의 모습이었다. 그렇게 후배와 제자들에겐 실수를 용납하지 않은 엄격한 교사였음에도 병실에서는 "날마다 입원 환자들을 하나하나 방문해 늙은이에게는 늙은이 대우로, 젊은이에게는 젊은이답게, 어린이들에게는 어린이 마음에 들게 그 많은 환자들을 기억하고 문안해나가는 데는 누구나 놀라 마지않았던"[33] 자애로운 간호사의 모습을 보여주었다. 물론 학생들에게도 그런 자애로운 모습을 보여주었다. 그는 강의와 실습 지도 외에 학생들의 개인 지도와 상담에도 많은 시간을 할애했다.

> 선생은 이렇게 분주한 가운데도 틈틈이 시간을 내셔서 우리 학생들의 개인 지도를 해주셨습니다. 조리 있고 부드럽게 일러주시는 남녀교제 문제에 대한 충고와 조언은 참으로 인상적이었습니다. 선생은 특히 이 문제에 있어서 보통 이상으로 강한 윤리적인 견해를 말씀하셨습니다. 해서는 안 된다고 공적으로 엄격하게 선언하신 일이라도 저질러놓은 사람을 사적으로 대하실 때는 너그러이 이해해주시고 덮두드려주시는 선생이었습니다.[34]

---

32 이영복, "美의 化身, 이정애 여사", 『우리 친구 이정애』, 63.
33 이영복, "美의 化身, 이정애 여사", 『우리 친구 이정애』, 63.
34 이영복, "美의 化身, 이정애 여사", 『우리 친구 이정애』, 64.

교실이나 병실에서는 엄격한 선생이었지만 개인적으로 문제를 안고 찾아간 학생들에게는 자애스런 언니이자 어머니였다. 해방 후 연세대학교 간호대학장을 역임한 홍신영은 "간호학교 1학년 때 실습이 너무 힘에 겨워 여름방학에 집에 가서는 그만 공부를 중단하겠다고 편지를 보낸 일이 있었는데 그걸 보신 선생님께서 회답을 주셨는데 꼭 다시 오라고 명시했든 것이 사실이지만 그 전체 문장을 통하여 사람의 마음을 움직이는 무엇이 있었는가봐요. 결국은 계속했으니까요"라고 회고했다.[35]

이정애는 자유와 재능을 발휘했던 이화학당 시절의 경험을 살려 간호학교 학생들의 자치 활동을 적극 후원했다. 그런 맥락에서 간호학교 학생회 잡지 「백합」 발행을 지도했고 학생들의 셰익스피어 희곡 '베니스의 상인' 공연을 지도하기도 했다. 성실한 지식과 기술 전달, 엄격한 훈련이나 질책, 자상한 안내와 가르침, 그것은 모두 제자를 향한 스승의 사랑이었다.

그렇게 이정애는 하와이 유학을 마치고 돌아오자마자 세브란스병원과 간호학교에서 간호사역과 간호교육을 통해 자신의 능력과 재능을 마음껏 펼칠 수 있었다. 이정애는 자연스럽게 한국 간호계를 대표하는 인사로 부각되었다. 그런 배경에서 1933년 2월 여성잡지 「신가정」은 "경성이 낳은 새 여성" 15인을 선정하여 간단히 소개한 적이 있는데 그 가운데 이정애가 포함되었다.

> 유난스럽게 감앟고 반짝이는 눈은 씨의 총명한 재화를 나타내고 있다. 아름다운 얼골과 경쾌한 표정을 가진 씨는 일즉 리화전문을 마치고 하와

35 "좌담회: 10주기를 맞이한 고 이정애 선생을 말한다.", 「대한간호」(1964. 6.), 73.

이 퀸즈병원 간호부 양성소에서 연구하고 돌아와 지금은 세브란스병원 부간호원장으로 조선의 나이팅겔이 되어 있다.[36]

이정애에게 세브란스병원은 결혼 실패 후 실의에 빠졌다가 친구 김활란의 주선으로 미국 유학을 떠나면서 갖게 된 "공부를 더 해서 사회에 이바지하고 싶다"는 꿈과 비전을 실천할 수 있는 직장이었다. 그러나 아쉽게도 그의 세브란스병원 사역은 오래 지속되지 못했다. 그는 1937년 자의반 타의반 사표를 쓰고 세브란스병원과 간호학교를 떠났다. 그렇게 해서 이영복의 표현대로, "선생의 일생을 하루에 비한다면 세브란스병원 간호학교에서 일하시던 5년간이야말로 햇볕이 가장 뜨거운 한낮이"[37]며, 이 시간이 지났다.

## 런던 국제간호사대회 참석

이정애는 1937년 3월 세브란스병원 간호학교를 사임하고 이화여자전문학교 기숙사 사감으로 자리를 옮겼다. 그가 다시 이화로 옮기게 된 배경과 과정은 후에 자세히 살펴볼 것이다. 그는 이화여자전문학교로 직장을 옮긴 직후 간호사로서 국제회의에 참석할 기회를 얻었다.

---

36 김자혜, "경성이 낳은 새 여성", 「신가정」(1933. 2.), 90. 이 글에서 이정애와 함께 소개된 '경성 출신' 여성 지도자는 유각경(여자기독교청년회 총무)과 손정규(여자시학관), 방신영(이화전문 교수), 허영숙(의사), 김신실(이화전문 교수), 최의순(동아일보 기자), 유서문(피아니스트), 이금전(공중위생연구가), 문인순(경성여자고보 교사), 김이수(미용연구가), 송금선(동덕여고 교사), 안수경(동대문부인병원 의사), 남수희(치과의사), 손메례(금주운동가) 등이었다.

37 이영복, "美의 化身, 이정애 여사", 『우리 친구 이정애』, 61.

1937년 7월 영국 런던에서 개최된 제7회 국제간호사대회에 한국 대표로 참석한 것이다. 국제간호사대회는 1899년 스위스 제네바에서 "전 세계 간호사들이 연대하여 간호사의 사회경제적 지위를 향상시키고 국가와 국제적 보건 정책 개발에 이바지하는 것"을 목적으로 창설된 국제간호사협회(International Council of Nurses: ICN)에서 개최하는 국제대회로서, 1913년 영국 런던에서 제1회 대회가 열린 후 4년 주기로 나라와 도시를 바꿔가며 개최되었다. 이런 국제간호사대회에 한국 대표가 참석한 것은 1929년 7월 캐나다 토론토에서 개최된 제5회 대회가 처음이었는데 동대문부인병원의 이금전과 세브란스병원의 이효경, 장로교 여선교사 엘리자베스 셰핑(Elisabeth J. Shepping) 등 3명이 참석했다. 1929년 대회에 참석한 한국 대표들은 국제간호사협회에 한국이 회원국으로 가입할 수 있도록 호소하고 노력했지만 '조선은 독립국가가 아니라 일본의 식민지'라고 주장하는 일본의 훼방으로 정식 회원국이 되지는 못했다.[38] 이후 이유는 알 수 없지만 1933년 대회에는 한국 대표가 참석하지 못했다. 그리고 1937년 대회에 이정애가 한국 대표로 참석하게 된 것이다. 이정애의 런던 대회 참석은 한국 간호학계뿐 아니라 일반 사회에서도 관심과 주목을 받았다. 그래서 그의 런던 여행은 일반 언론에 자세히 기사화되었다. 먼저 「동아일보」 기사이다.

> 만국 대표들이 모이는 국제적 회합에 이 땅 여성의 기염을 세계적으로 올릴 분이 나왔다. 이는 현재 이화여자전문학교의 사감으로 계시는 이정애 씨로 씨는 오는 7월 19일부터 24일까지 영국 서울 '런던'에서 열리는

38 "만국간호부대회", 「동아일보」(1929. 6. 9.); "만국간호부대회 출석 조선대표 출발", 「중외일보」(1929. 6. 9.); "國際會合과 朝鮮人의 活動(第1回)", 「東光」 17호(1931. 1.), 63-64.

제7회 국제간호부회의에 조선간호부협의회의 대표로 참석하야 '현재 조선의 보건문제'라는 제목 밑의 중차 시급한 조선의 보건상황을 상세히 설명키로 되었다. 씨는 열과 성에 넘치는 35세의 여사로 일즉이 이화여고와 이화여자전문학교를 우수한 성적으로 졸업하고 1928년에는 멀리 하와이 호놀룰루 모대학 병원에서 5개 성상이나 간호학에 대하여 연구한 후 1932(1931)년 금의환향했다. 귀국한 후에는 세브란스병원에서 간호부장으로 4년간이나 근무하다가 금년 4월에 이화여자전문학교 사감선생으로 전임하야 학원의 보건 일에 성심성의 진력하며 '조선간호부협회 부회장'과 '국제간호부협회 조선지부 이사'까지 겸했다 한다. 동 여사는 오는 7월 3일에 경성역을 떠나 시베리아로 경유하야 영경 '런던'에 행할 터이라 하며 회기가 끝나면 구라파의 선진 각국 중요 도시를 순회하며 각국의 보건사업과 학교위생시설을 시찰할 작정이라 한다.[39]

이정애를 런던에 파견한 조선간호부협회는 1924년 1월, 김마르다와 한신광, 정종명 등이 창설한 한국 최초 간호협회였다. 1910년대에 이미 선교사 간호사들로 조직된 간호원회가 있었지만 순수 한국인 간호사들로 조직된 것은 1924년 조직된 조선간호부협회가 처음이었다.[40] 민족주의 성격이 강했던 이 간호부협회는 1925년 핀란드 헬싱키에서 개최된 제4회 국제간호사대회에 일본 적십자사에서 대표를 파견했다는 기사를 읽고[41] 1929년 캐나다 몬트리올에서 열린 제5회 대회에 이금전과 이효경을 한국 대표로 파송했으며 1937년 대회에 부회장인 이

---

39 "朝鮮의 保健을 國際 看護婦 會議에 提出 李貞愛氏", 「동아일보」(1937. 6. 10.).

40 "조선간호부협회 창립", 「동아일보」(1924. 1. 25.); "간호부협회 창립기념식", 「동아일보」(1925. 2. 2.).

41 "국제 간호부대회", 「동아일보」(1925. 3. 23.).

정애를 파견한 것이다. 그의 런던 여행을 「조선일보」도 보도했다.

오는 7월 19일부터 일주일 동안 영경(英京) 런던에서 열리는 제7회 국제간호부회의에 조선간호부협회 대표로 출석하는 현 리화여전 사감 리정애 선생은 5일 오전 3시 5분 경성역을 떠나는 '히까리'로 시베리야 경유 여정에 오르게 되었다. 이 국제간호부회의는 임이 본지에 기보한 바와 같이 전세계 35개국 대표가 모히여서 각각 자기나라의 간호방면의 발전 상태를 발표 또는 토의하는 회합으로 리 선생은 '동양 간호부의 건강상태'라는 제목으로 조선 간호계의 상황을 설명하게 될 터인데 이날 마침 안식년이 되어 귀국하는 선교사단과 동행하게 될 터이라고 한다.[42]

이정애는 안식년 휴가를 얻어 귀국한 미감리교 소속 여선교사인 평양 연합기독병원의 여의사 버네타 블록(Berneta Block)과 이화학당 교사로 사역하던 미르타 스토버(Myrta O. Stover) 등과 함께 여행했다.[43] 선교사 잡지인 *The Korea Mission Field*도 이정애의 런던 여행 소식을 전했다.

오랜 동안 간호사로 일했던 이화전문학교 사감 이정애(Miss Lee Chungai) 양이 영국 런던에서 개최되는 제7회 세계 간호사대회(World Convention of Nurses)에 참석하기 위해 7월 초 출발할 예정이다. 그 대회는 7월 19일부터 한 주간 열릴 예정이다. 이정애 양은 한국 간호사들을 대표하여 회의에 참석해서 이 나라 보건 발전을 위해 수고하는 한국 간

42 "이정애양도 일행과 동행", 「조선일보」(1937. 7. 5.).
43 "Notes and Personals", *KMF*, 1937. 9, 198.

호사들의 활동에 관하여 발표할 예정이다.[44]

심지어 총독부 기관지란 소리를 듣고 있던 「매일신보」도 이정애의 런던 여행 소식을 전했다. 특히 「매일신보」는 이정애가 여행을 떠나기 전 친구인 이화여자전문학교의 김활란, 서은숙과 함께 신문사를 방문해서 인터뷰한 내용까지 소상하게 전했다.

> 제7회 세계간호부대회가 오는 7월 19일부터 일주일간 영국 론돈에서 개최되는 대에 조선녀성을 대표하야 리화녀자전문학교의 리정애씨가 참석하기로 되엿다 함은 기보한 바와 갓거니와 씨는 5일 오전 세시 3분경 경성역발 '히까리'로 시베리아 철도를 경유하야 대회에 참석하게 되엿다. 씨는 이번 대회에 참가하는 인사를 하러 동교 부교장 김활란 씨와 함께 보육과 서은숙 씨와 함께 4일 본사를 래방하여 다음과 가치 이야기했다. '이번 대회에 참가하는 것을 기회로 될 수 있는 대로 조선녀성을 소개하고 조선의 간호사업을 소개하고 오겠습니다. 대회를 처음 참가하는 것이라 연구 자료로서 한 두어가지 논문을 발표하려고 가지고 갑니다. 오는 길에는 구주 각국의 이 방면을 시찰하고 9월경 도라올가 합니다.'[45]

이정애는 런던 여행의 목적을, ① 한국의 간호사업 소개, ② '조선 여성' 소개, ③ 유럽과 미국의 간호사업 현장 시찰 세 가지로 세웠다. 이런 여행 목적과 여정이 여러 신문과 잡지에 소개됨으로써 그의 런던 여행은 '전국적인' 관심사가 되었다. 그런 사회적 관심과 주목을 받으

---

44 Y. H. Kim, "The Protestant Church in Chosen", *KMF*, 1937. 8, 176.

45 "연구자료 모흔 논문을 휴행 세계간호부대회에 참가할 이정애씨 5일 출발", 「매일신보」(1937. 7. 5.).

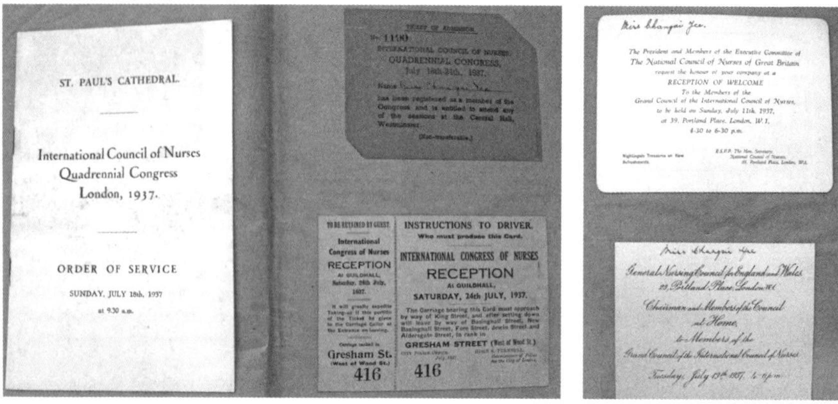


영국 런던 여행 스크랩(이화여자대학교 중앙도서관 소장)

면서 이정애는 안식년 휴가를 떠나는 여선교사들과 함께 1937년 7월 5일 서울역을 출발했다.[46] 그는 기차로 평양과 신의주를 거쳐 하얼빈에서 시베리아 횡단 철도를 타고 모스크바와 베를린, 네덜란드를 거쳐 일주일 만에 영국 런던에 도착했다. 이후 이정애의 런던 일정을 정리하면 다음과 같다.[47]

이정애는 7월 19일 개회된 국제간호사대회에 일주일 앞서 영국에 도착하여 영국간호협회를 비롯한 영국의 간호단체들이 주최한 연회와 만찬에 참석하는 것으로 런던 일정을 시작했다. 대회가 시작된 후에는 오전에 회의에 참석하고 오후에는 영국 정부와 황실, 병원과 간호단체에서 주최한 연회와 만찬에 참석했다. 이정애는 비록 대회 기간 중 출국하기 전에 준비했던 한국 간호사업에 대한 연구 논문 발표와 보고를 할 수 없었지만, 영국의 선진 의료계 및 간호계의 시설과 현장을 방문

46 "看護婦代表 李貞愛氏 出發", 「동아일보」(1937. 7. 5.).

47 이 일정표는 이정애가 여행하면서 사용한 초대장과 팸플릿, 입장권, 승차권 등을 모아두었던 스크랩북을 기초로 작성한 것이다.

1937년 이정애의 영국 런던 국제간호사대회 참가 일정표

| 일자 | 내용 |
|---|---|
| 7월 11일(일) | 영국간호사협회(The National Council of Nurses of Great Britain) 주최 환영 만찬 참석 |
| 7월 13일(화) | 잉글랜드 웨일즈 간호사협회(General Nursing Council for England and Wales) 초청 환영회 참석 |
| | 성바르톨로뮤병원(St. Bartholomew's Hospital) 초청 만찬 참석 |
| 7월 14일(수) | 영국 연합간호사회(The United Nursing Services Club) 임원(M. E. Medforth, R. Darbyshire, Dempster, A. M. Bushby) 초청 만찬 참석 |
| 7월 15일(목) | 세인트토머스병원(St. Thomas Hospital) 재정이사 스탠리경(The Hom, Sir Arthur Stanley) 초청 만찬 참석 |
| | 세인트토머스병원 나이팅게일 간호학교(The Nightingale Training School of St. Thomas Hospital) 환영회 참석 |
| 7월 17일(토) | 나이팅게일 국제재단(Nightingale International Foundation) 초청 만찬 참석(벳포드 대학) |
| 7월 18일(일) | 국제간호사협회(International Council of Nurses) 국제간호사대회 개회 예배(세인트폴대성당) 참석, 예배 후 나이팅게일 묘소 참배 |
| 7월 19일(월) | 국제간호사대회 개회식(웨스트민스터 센트럴홀) 참석, 회원 번호 1190호 |
| | 영국 정부 보건성 장관 초청 만찬(랭카스터하우스) 참석 |
| 7월 20일(화) | 오전 회의 참석, 오후에 영국 메리 여왕 초청 연회(버킹엄궁) 참석 |
| 7월 21일(수) | 오전 회의 참석, 오후에 영국 전염병원 간호사협회(The Infectious Hospitals Matrons' Association and the League of Fever Nurses) 초청 연회(빅토리아호텔) 참석 |
| 7월 22일(목) | 회의 참석 |
| 7월 23일(금) | 오전 회의 참석, 오후에 영국 황실 시종장(The Lord Great Chamberlain) 초청 만찬(웨스트민스터궁) 참석 |
| 7월 24일(토) | 국제간호사대회 폐회, 오후에 영국 정신병원 간호사협회(The Mental Hospital Matrons Association) 주최 연회(베들레헴왕립병원) 참석 |
| 7월 25일(일) | 영국성공회 시티성당 주일 예배 참석 |
| 7월 26일(월) | 주영 일본대사 요시다시게루(吉田茂) 부부와 오찬 |
| 7월 29일(목) | 셰익스피어 페스티벌 '햄릿' 공연(셰익스피어기념극장) 참관 |

하면서 많은 것을 배우고 깨달았다. 특히 개회식 전날 대회 참석자들과 함께 나이팅게일의 묘소를 참배하면서 큰 감동을 얻기도 했다. 그리고 7월 24일 대회를 마친 후에는 일본의 외교 거물급 인사인 주영일본대사 요시다 시게루(吉田茂) 부부의 초청을 받아 오찬을 나누었으며, 평소에 관심이 많았던 셰익스피어 연극(햄릿)을 셰익스피어극장에서 관람하고 셰익스피어 생가도 방문했다.

그렇게 런던 일정을 마친 이정애는 한 달 정도 영국에 더 머물며 스코틀랜드의 글래스고, 에든버러 등지의 대학과 유명 병원, 역사 유적지들을 탐방했다. 그리고 8월 21일 런던을 출발, 대서양을 건너 미국과 캐나다를 유람했고 귀국 길에 하와이 호놀룰루에 들러 자신이 공부한 퀸즈병원 간호학교를 방문한 후 일본을 거쳐 9월 20일 서울에 도착했다.[48]

영국에서 귀국하는 길에 들른 하와이에서(1937년)

귀국한 이정애를 통해 국제간호사대회의 결과도 국내 언론에 소개되었다. 특히 「동아일보」는 대회 기간 중 버킹엄궁에서 개최된 영국 황실 초청 연회에 '조선 대표'로 참석한 이정애가 한복을 입고 메리 여왕과 후에 여왕이 될 엘리자베스 공주를 만나는 장면을 촬영한 사진

48 "看護婦代表 李貞愛氏 歸國", 「동아일보」(1937. 9. 22.).

을 소개하면서 이정애의 '민간 외교' 활동에 의미 있는 평가를 내렸다.

> 세계간호부대회가 영국 서울인 런던에서 열리었는데 끝나는 날 3일 전인 7월 21일(사실은 7월 20일)엔 영국 황후폐하께옵서 대표자 80명을 궁실로 초대하시어서 정중하고도 자미 잇는 다과회가 있었다. 조선에서 대표로 간 이정애씨는 이 다과회에 참석하였다 한다(사진은 조선옷 입은 이정애씨가 황후폐하와 담화하는 광경. 중앙 백복 입은 이가 황후폐하).[49]

버킹엄궁 연회만이 아니었다. 이정애는 대회 기간 중 각종 회의는 물론이고 대회 전후로 이루어진 각종 의료 및 간호 단체 초청 만찬과 연회에도 쪽머리에 한복을 입고 참석했다. 그렇게 한복을 고집한 이유는 평소 한복이 그의 생활 복장이기도 했지만 세계 여러 나라 대표들이 참석한 국제대회에서 의복을 통해 '한민족'의 정체성을 보여주려는 민족의식의 표현이었다. 그는 중국이나 일본 대표들과 나란히 하여 회의

영국에서 열린 국제간호사대회에 참석한 이정애(1937년)

49 "世界看護婦大會 代表 英國皇后陛下御招待",「동아일보」(1937. 9. 25.).

나 연회에 참석하는 경우가 많았는데, 특히 일본 대표가 입었던 기모노와 대비되는 한복을 입음으로 '조선은 일본과 엄연히 다른 민족'이라는 것을 외국 대표들에게 각인시키려 했다. 그가 출국하기 전 「매일신보」를 통해 "조선 여성을 소개하겠다" 했던 약속을 이런 식으로 지켰다. 이런 이정애의 민간 외교는 그의 제자들에게도 자부심과 자긍심을 안겨주었다. 홍신영의 증언이다.

> 고 이정애 선생께서 1937년에 런던에서 열리는 국제간호원대회에 만국간호협회 대표로써 참석하셨을 때도 여러 나라 대표들이 파티에서의 능숙한 회화, 또 게다가 고상한 인품에 매혹되어 모두들 어느 나라 대표로 왔느냐고 물었다고 합디다. 그러니 그분은 국가적인 위치에서 보더라도 외교면에 큰 효과를 거두었다고 할 수 있지요.[50]

서양인들에게는 낯선 한복을 입은 뛰어난 미모의 '동양 미인'에 대한 관심으로, 모임 때마다 이정애 주변에는 사람들이 모여들었다. 이정애는 어디서 왔느냐며 궁금해 하는 그들에게 능숙한 영어로 "한국에서 왔노라" 하고, 한국과 한국 간호학계의 현실에 대해 소개할 수 있었다. 비록 정회원이 아니라 정식 대회에서는 준비했던 논문을 발표할 수 없었지만 수없이 많은 '장 밖' 모임에서 민간 외교 활동을 펼쳤다. 제자 구경해도 비슷한 증언을 했다.

> 그때 한국 간호협회는 독립국이 아니라 정회원 자격도 없었고 뿐만 아니라 재정적으로도 국제회의에 참석하는 대표에게라도 할지라도 그를

50 "좌담회: 10주기를 맞이한 고 이정애 선생을 말한다.", 「대한간호」(1964. 6.), 71-72.

위한 여비라던가 기타 일체 비용을 부담할 형편이 못되었습니다. 그러니 우선 각국 대표를 만나서 아무리 독립국은 아니라 하더라도 우리 간호 상태가 일본의 그것보다 위에 있다는 것을 역설하기도 해야겠고 그러기 위해서는 될 수 있는 대로 많은 나라의 대표와 만나 이야기할 필요가 있었던 겁니다. 그러나 자연히 돈이 들게 되게 되겠는데 이 선생님도 자기 돈을 준비해 가신 것이 별로 없고 하여 그곳에 가 있던 모 유지에게서 딸라를 빌려서 모든 일을 치렀으며 귀국 후에 그 돈을 갚는 데 수개월이 걸렸다고 합니다.[51]

그렇게 런던 국제간호사대회는 이정애는 물론 그를 대표로 파송한 한국 간호학계 모두에게 민족적 자존심이 걸린 대회였다. 더욱이 그가 런던 여행을 했던 1937년은 일본이 중일전쟁을 일으키고 '전시체제'로 전환하면서 한반도에 한층 혹독한 '황민화통치(皇民化統治)'를 펼치기 시작한 때였다. 총독부는 '내선일체(內鮮一體)'와 '일시동인(一視同仁)' 같은 구호를 내세워 한민족의 정통성을 말살하고 한국의 역사와 문화를 일본의 그것에 흡수 통합시키려는 강압 정책을 펼쳤다. 관공서는 물론이고 학교에서도 일본어만 사용하고 한국어는 쓰지 못하도록 통제했으며, 학생은 물론 교사들에게도 일본식 군복을 입히던 때였다. 그런 때 이정애는 일본 대표도 참가한 국제대회의 모든 모임에 한복을 입고 '조선 대표'로 참석했다. 후에 일본 총리를 지낸 요시다 시게루 일본대사가 초청한 오찬 자리에도 그는 한복을 입고 나갔다. 그렇게 이정애에게 '한복'은 민족의 자존심이자 저항의식이었다.

---

51 "좌담회: 10주기를 맞이한 고 이정애 선생을 말한다.", 「대한간호」(1964. 6.), 72.

## 이화여자전문학교 기숙사에서의 돌봄

이정애의 새로운 직장이 된 이화여자전문학교는 그가 하와이 유학을 떠날 때와는 전혀 다른 모습으로 변해 있었다. 그가 하와이 유학을 떠날 때만 해도 이화여자전문학교 학생들은 정동 이화학당 구내의 작은 프라이홀에서 수업을 하고 있었다. 그러나 유학을 마치고 돌아왔을 때는 10년 전 신촌에 마련해두었던 6만여 평 부지에 새 교사 건축이 이루어지고 있었다. 프라이와 아펜젤러, 김활란 등이 꾸준히 미국을 오가며 모금한 10만 달러 기금으로 학교 부지를 조성한 후 1933년부터 교사 건축을 시작했다. 그리고 2년 후에는 본관(파이퍼홀)과 음악관(케이스홀), 대강당(에머슨홀), 체육관(토머스부인기념관)을 짓고 운동장까지 조성했으며, 1935년 3월 봄 학기부터 정동을 떠나 신촌의 새 컴퍼스에서 수업을 시작했다. 그리고 이어서 보육관과 영학관, 기숙사, 가사 실습소 등을 짓고 1936년 5월 이화학당 창립 50주년 기념식을 겸하여 새 캠퍼스 봉헌 예배를 드렸다. 새로 지은 건물들은 모두 화강암으로 지은 석조 건물들로 울창한 소나무 숲속에서 아름다운 모습을 연출했다.

1936년 5월에 봉헌한 이화여자전문학교 기숙사도 화강암 4층 건물로 지었는데 이화여자전문학교 교훈인 '진·선·미'에 따라 진관(眞館), 선관(善館), 미관(美館) 3개 건물이 반원형으로 잇대어 있었다. 진관은 미감리교 여성해외선교회, 선관은 본관 건축비를 대준 파이퍼 부인, 미관은 캐나다연합교회 여성해외선교회 지원을 받아 지었으며 각 동마다 50명씩 수용했다. 기숙사 안에는 학생들이 생활하는 생활실 외에 사감실과 사무실, 면회실, 집회실, 위생실, 식당, 취사장, 목욕실, 세탁장, 찬모방, 세수간, 창고 등이 구비되어 있었다. 학교를 신촌으로 옮긴 후 가사과 학생이 증원되고 보육과와 전수과가 설치되자 기숙사도 과

기숙사 사감 시절 금강산에서(1930년대)

별로 학생들을 수용했다. 세 건물의 출입문을 모두 개방하지 않고 가운데 건물인 선관 문만 이용했는데, 실기 연습 때문에 새벽부터 오후 늦게까지 출입이 잦은 음악과 학생들을 선관에 배치하고 책을 많이 읽어야 하는 문과 학생들은 남쪽 미관, 그리고 학생 수가 가장 많았던 가사과와 보육과, 전수과 학생들을 진관에 배치했다. 그리고 졸업 후 일본 대학에 진학하려고 수험 준비를 하는 학생들은 독방을 주어 공부에 전념하도록 배려했다.[52] 기숙사 사감으로서 이정애의 활약에 대한 김동길의 증언이다.

> 선생이 사감으로 시무하는 동안에 기숙사는 눈부신 발전을 했고 일제가 소위 전시체제를 부르짖어 살림이 여간 어려운 때가 아니었지마는 2백여 명 되는 사생들의 생활을 물질적으로나 정신적으로나 유감없이 훌륭하게 이끌어나간 것은 그가 이런 방면에도 상당한 재능을 가지고

52 민숙현 · 박해경, 『한가람 봄바람에』, 132.

있었음을 증명하는 것이다. 닭도 치고, 돼지도 먹여서 생활에 보태는 한편, 기숙사 시설을 확충하는 데 크게 힘을 들여 사무실과 각 방을 연락하는 확성기 장치는 전체 학생들을 통솔하는 데 많은 도움이 되었고 배꽃의 표식도 정다운 백설 같은 각종 사기그릇은 그것으로써 음식을 대접받는 뭇사람의 마음에 이화에 대한 친근한 느낌을 더욱 간절하게 했다. 그것뿐이 아니니다. 밤이 깊으면 무서운 것도 무릅쓰고 진관 선관 미관을 꼭 한 번씩 돌아보아 이상이 없다는 사실을 확인한 후에야 자리에 누었다는데 혹시 고단한 학생들의 단잠을 깨울까 염려하여 언제나 가벼운 신발을 골라 신고 다녔다는 것은 유명한 이야기이다.[53]

그렇게 이정애는 기숙사 학생들을 세심하게 돌봐주었다. 그 시절 기숙사에서 생활했던 학생들에게 이정애는 '따사로운 어머니의 손길'이었다. 학생들만 기숙사 생활을 즐긴 것은 아니다. 학생들을 관리하고 지도할 사감으로서 이정애도 기숙사 생활에 만족했다. 마치 병원에서 환자들을 돌보듯 고향과 집을 떠나 기숙사에서 생활하는 학생들을 어머니처럼 돌보면서 보람을 느꼈다. 그런데 그렇게 기숙사 학생들을 하루 종일 돌보다 보니 당주동 집에서 출퇴근하는 것이 불편했다. 기숙사에서 학생들과 함께 생활하는 것이 효율적이었다. 함께 살던 김활란도 출퇴근이 불편하긴 마찬가지였다. 더욱이 김활란은 총독부의 압력을 견디지 못한 아펜젤러 교장의 강권적인 부탁으로 1939년 4월부터 이화여자전문학교 교장으로 취임해 학교에서 보내는 시간이 많아졌다.

이에 이정애는 기숙사 진관 아래층 응접실을 거실로 개조해서 김활

53 김동길, "이정애 선생의 약력", 『우리 친구 이정애』, 20.

란과 함께 살기 시작했다. 그렇게 기숙사에 숙소를 마련하고 생활하게 되면서 둘이 함께 지내는 시간도 많아졌다. 둘 모두에게 만족스러운 변화였다. 교장인 김활란이나 사감인 이정애 모두 학생들을 가까이서 지켜보면서 학교 업무도 신속하게 처리할 수 있어서 좋았다.

> '미니', '금동이', '복동이'라고 부르는 강아지 세 마리와 '나비'라고 부르는 고양이 한 마리를 데리고 아래층에 살고 계신 교장과 사감 선생님. …… 학생들에게는 정신적인 지주가 가까이 있어서 든든했지만 한편으로는 모든 행동거지가 조심스러웠다.[54]

그 무렵 대중잡지 「삼천리」에서 서울 시내 여학교 기숙사 생활을 일반인들에게 소개하기 위해 기숙사 사감들의 일기를 발췌해서 소개한 적이 있는데 1939년 6월호에는 이정애의 일기가 실렸다.

> 2월 X일
>
> 밖은 아직 어두운데 층하(層下)에 발자최 소리가 빈번하다. 아마 음악과 아이들이 벌서 이러난 모양이다. 그놈들은 벌서 다섯 시만 되면 이러난다. 겨울 눈보라 치는 밤이라도 그렇게 일즉 이러나서 공부를 하는 것이다. 기숙사에서 음악관까지 내려가려면 한참 걸니것만 싯컴언 밤이 도모지 무섭지 않은지 곳잘들 내려간다. 그들에겐 공부할 생각 외엔 아모 생각도 없는 듯 하다. 문과 가전과생들보다 배나 바뻐 한다. 때로는 방에서까지 성악 연습을 한다. 악보를 펴들고 '웅웅' 소리를 내는 탓으로 다른 과생(科生)들이 짜증을 내는 일이 종종 있다. 방에선 조용하라고 일너 주

54 민숙현 · 박해경, 『한가람 봄바람에』, 132.

이정애 친필 일기 표지

다가도 잠시도 쉬지 않으려는 그들 마음을 살펴서 웬만침만 해두는 적이 있다. 졸업반 애들은 손끝에 못이 백였다고들 한다.

3월 X일

세월도 빨으지. 작년 졸업생들이 울며불며 짐을 싸 가지고 떠나든 때가 어제 같것만 그동안 벌서 한 해가 흘너가서 또 서러운 이별을 해야만 할 때가 닥처 왔나부다. 이별이란 어느 때 어느 곳을 막론하고 슬픈 것이지만 해마다 떠나보내야 하는 이 노릇은 정말 못 견딜 일이다. 떠나는 자나 떠나 보내는 자나 그 마음이 별 다를 리 없겠지만 가는 사람보다 남어있는 사람의 마음이란 형언할 수 없는 것이다. 그러기에 속담에 '드러온 자리는 몰나도 나간 자리는 안다'고 했겠지. 금년엔 더구나 70명을 내보내야 하겠으니 집이 텅 비인 것 같겠다. 지금부터 그런 것을 생각하면 마음 한 구석이 텅 빈 것 같어서 쓸쓸하다. 그 우에 아랫반 애들은 졸업반 언니들을 위해서 벌서부터 선물을 준비하지 않는가. 외출도 다른 때보다

요새 밧삭 더 늘어가고 도라올 때면 보통이 하나식에 뭣을 사들고들 들어온다. 도라와서들 '넌 뭐 샀니?' 하고 뭇는 아이가 있는가 하면 '너부터 먼저 말해봐' 하고 되처 뭇는 아이, '난 아주 멋진 걸 샀지' 하는 아이, '난 절대 비밀이야' 하는 아이, 엇잿든 야단들이다. 그들은 이렇게 동무를 주는 것으로 즐거울 수 있고 위안을 어들 수 있는 듯 싶다. 참 재미있는 시절! 행복된 때라고 느껴진다. 나도 그런 때가 있었든가 싶게 부러웁다.

3월 X일

소등(消燈) 후, 사내(舍內)를 한 박휘 쭉 도는 것이 날마다 있는 일이라 오늘 저녁도 그렇게 하기를 마지 않었다. 아이들은 다—들 자리에 들어 고요히 잠든 모양이었다. 나는 '진', '선', 이 두 기숙사를 둘러 '미관' 2층에까지 조용조용 그들의 곱게 든 잠을 깨우지 않을 양으로 걸어 갔다. 그때 어느 방에 불이 켠 대로 있음을 발견했다. 처음엔 소등시간 뒤에 불을 켜고 뭘 할까, 혹 급한 병자라도 나지 않었는가 하고 여러 가지 생각에 겁이 나서 문을 급히 열었다. 그랬드니 문과생 하나가 책상을 마조하고 안저서 뭣을 쓰고 있고 다른 아이들은 다— 잠들고 있는 것이었다. 나는 남 자는 데 방해도 되려니와 또 사(舍)의 규칙을 어기고 불을 안 끈 것이 안돼서 '자질 않고 뭘 하고 있어. 낮엔 뭘 하고 인제야 공부하느라고 그래?' 하고 꾸중을 했다. 그랬드니 그 아이는 쓰든 것을 책상 우에 슬몃이 미러 놓으며 '선생님 용서하십시요. 지금 한것 조용하고 또 달이 저렇게 밝어서 뭐래도 쓸 수 있을 것 같어서 누었다가 이러났습니다' 하군 다시 말없이 불을 끄고 자리에 들 가는 것이다. 나도 문을 사르지 닷고 도라서서 나왔다. 아닌 게 아니라 달은 참 밝었다. 마당에 나서니 소나무 가지에 큰 호박 만큼한 달이 둥둥 달니워 있는데 어떻게 밝은지 기숙사 뒷산과 학교 앞 넒은 마당이 낮보다 더 환하고 소나무들은 더 파—랗고 마을 집웅과

머—ㄹ니 앞을 흘너가는 강물도 파랗게 잘 보였다. 정말 뭣이라도 쓸 수 있을 것 같은 마음이 생길 밤이라고 중얼거리며 조곰 전에 문과생이 하든 말을 되푸리하면서 내 방을 향했다. 봉천행(奉天行) 열차가 신촌역을 막 떠나는 모양으로 활기찬 기적에 달빛까지 떨니는 듯하다.

3월 X일

오늘은 오후 3시부터 학교 본관 소강당에서 졸업생 초대회가 있어서 금년 졸업반 전명(全名)이 죄다 나가게 되였는데 그들은 자기네들이 가진 중에서 가장 아름다운 옷들을 뒤저내 입고 참석했다. 남치마에 노랑저고리 입은 아이, 아래위를 분홍으로 입은 아이, 엇잿든 교복 입을 때보다 훨씬 엡버들 보였다. 오늘만은 마음대로 낏것 채려도 괜찮은 학교 규칙임으로 새 옷에 화장까지 곱게 한 아이들도 있었고 또 노랑 화장 저고리에 빨간 갑사치마, 꽃신 신은 아이도 있어서 동무들과 선생들까지 눈이 휘황해졌었다. 나는 그들이 공부만 하고 다른 건 통 모르는 줄 알었드니 엡부게 채리는 법식도 꽤 알고 있었든 모양이라 생각했다.[55]

쓴 그대로 수필인 이정애의 일기를 통해 당시 이화여자전문학교 학생들의 열정과 우정과 낭만, 그리고 이들을 자식처럼 돌보는 사감 선생의 따뜻하고 세심한 사랑을 읽을 수 있다.

그렇게 1930년대 후반, 새로 조성된 이화여자전문학교 신촌 캠퍼스의 기숙사 분위기는 낭만과 열정으로 충만했다. 학생들로 하여금 자유롭게 공부하고 생활할 수 있도록 기숙사 분위기와 환경을 조성하고 지키는 것이 이정애 사감의 몫이었다. 이정애는 거기에 더해 일제 말기

55 "女學校 寄宿舍監 日記",「三千里」 제11권 제7호(1939. 6.), 153-155.

더욱 어려워진 학교 경제 상황에서 2백 명 학생들의 숙식 문제와 생활 일체를 책임졌다. 이정애는 그 큰 살림을 무리 없이 꾸려나갔다. 친구 김활란을 비롯한 동료 교수와 선교사들의 전폭적인 지지와 후원이 있어 가능했던 일이었다. 그렇게 이정애는 세브란스병원을 떠나 이화여자전문학교 기숙사에서 사랑하는 친구, 그리고 딸 같은 학생들과 함께 '행복한' 생활을 할 수 있었다. 그러나 그 기간도 오래지 못했다. 살아남기조차 힘들었던 일제 말기, 혹독한 시련의 때가 다가왔기 때문이다.

## 멸절 위기에서 이화 지키기

1937년은 한국 근대사에서 일제 말기가 시작되는 시기였다, 이때부터 1945년 8 · 15해방을 맞기까지 8년은 일본의 군국주의와 전체주의 통치로 인해 우리 민족의 정체성과 역사와 문화 전통이 소멸될 위기에 처한 종말론적 상황이었다. 일본은 1937년 상하이를 침공, 중일 전쟁을 일으키면서 전시체제라는 명분으로 「국가총동원령」을 선포하고 한반도를 전시물자 동원을 위한 후방기지로 삼아 각종 물자와 인력을 약탈했다. 그러면서 소위 '황민화정책'이라 하여 한민족을 일본 천황의 백성으로 만든다는 목적 아래 문화와 종교, 사상 분야에서도 한민족의 고유한 전통과 가치를 말살하고자 일본 종교와 문화를 한민족에게 강요했다. 그런 배경에서 기독교학교와 교회에까지 일본의 국가 종교 신도(神道)의 사찰인 신사(神社)에 참배할 것을 강요했고 거부하면 투옥하거나 추방했다.

총독부는 교육 분야에서도 통제 정책을 강화하여 1938년 3월, 「제3차 조선교육령」을 선포하고 공립학교뿐 아니라 사립학교에서도 일본어만 사용하도록 지시했다. 그리고 일본어를 모르는 교사나 교수, 특히 미국 유학을 다녀온 교수들을 '일본 연수'라는 명목으로 1년간 일본에 보내 일본 언어와 역사, 문화와 종교를 배우는 교육 프로그램을 이수하도록 요구했다. 그렇게 해서 이화여자전문학교에서도 1937년부터 한치진과 김상용, 이의승, 김신실, 최이순, 방신영 교수 등이 차례로 일본을 다녀왔고 마지막으로 1939년 4월부터 1940년 1월까지 김활란과 이정애, 서은숙이 다녀왔다.[56] 총독부가 이런 일본 연수 프로그램을 실시한 이유는 선교사들이 세운 기독교계 사립학교라도 미국식 교육에서 벗어나 일본식 교육 환경으로 바꾸려는 의도였다. 그러나 연수 결과는 그들이 원하는 것과 달랐다. 단기 연수 프로그램이 수십 년 교육 경력의 이화여자전문학교 교수들의 의식을 바꾸어놓을 수는 없었다. 대표적인 예로 김활란은 일본 연수를 다녀온 직후 1940년 4월「삼천리」기자와 나눈 대담 기사에서 1천만 원을 모금, 이화여자전문학교를 미국의 종합대학 수준으로 육성할 계획을 밝혔다. 그러기 위해 기존의 문과와 음악과, 가사과, 보육과 외에 새로 체육과, 상사학과(商事學科), 사회사업과를 신설하고 의과(醫科)까지 설립하겠다는 의지를 밝혔다.

일본에서 연수하는 동안 김활란과 서은숙, 이정애는 일본 정부가 실시하는 정규 프로그램 외에 선교사들이 설립한 기독교계 학교들을 주로 시찰했는데, 도쿄에 있던 성누가전문학교를 방문한 후 간호학과 중심의 의과 설립을 구상했다. 이들이 방문한 학교는 1920년 미국 성공회(聖公會) 선교사들이 '성누가국제병원 부속 고등간호학교'라는 이름으로 설립해서 1927년 '성누가전문학교'로 이름을 바꾼 여자고등교육기관으로, 현재 도쿄에 있는 '세이루카국제대학(聖路加國除大學, St. Luke's

56 이화100년사편찬위원회 엮음, 『이화100년사』, 281.

International University)'의 전신이다. 이 학교를 방문한 후 김활란은 이화여자전문학교에도 의사 양성보다는 간호사와 공중위생 보건원 양성을 중심으로 한 의과를 설립하겠다는 구상을 했다. 물론 동행했던 서은숙과 이정애도 동의했다. 김활란으로서는 이런 여성의학과가 한국에 필요하기도 했지만 친구 이정애가 세브란스병원을 떠나면서 '잠시 벗어두었던 간호사 유니폼과 캡'을 다시 입고 쓸 수 있는 기회를 주고 싶기도 했다. 그렇게 해서 '억지로' 떠난 일본 연수였지만 김활란과 이정애, 서은숙 세 친구에게는 오랜만에 학교 행정과 일상 업무에서 벗어나 휴식을 취하면서 미래를 계획할 수 있는 좋은 기회가 되었다. 그렇게 일본에서 세운 의과 설립에 대한 구상은 해방 후, 이화여자대학교의 의과대학 및 간호대학의 모체인 행림원 설립으로 실현되었다.

그러나 김활란과 이정애, 서은숙이 일본 연수를 마치고 귀국했을 때 학교 상황은 더욱 열악한 환경으로 바뀌어 있었다. 열악한 정도가 아니라 위기 상황이었다. 무엇보다 이화학당을 실질적으로 운영하고 있던 선교사들이 추방 압력을 받고 있었다. 중국을 침공하여 아시아 전쟁을 수행 중이던 일본은 그 전선을 태평양 지역으로 확대하며 미국과의 전쟁도 준비하면서 한국에서 활동하고 있던 미국과 영국 등 서양 선교사들을 추방할 계획을 세웠다. 선교사들을 추방하려는 것은 선교사들이 그들이 벌이려는 전쟁 상대국 국민이기도 했지만, 선교사들로 하여금 한국교회와 기독교 학교 및 병원에서 손을 떼게 하고 궁극적으로는 선교부 재산을 몰수하려는 야욕 때문이었다. 그런 배경에서 총독부의 아베 노부유키(阿部信行) 총독은 1940년 9월, 조선호텔에 각 교파 대표 선교사 30여 명을 초치한 후 노골적으로 한국의 선교 사업에서 손을 떼고 귀국하라고 요구했다. 그리고 한 달 후, 서울의 미국 공사 게일로드 마시(O. Gaylord Marsh)도 악화된 미일 외교 관계를 언급하며 한국에 있는 선교사들에게 귀국할 것을 통보했다. 이런 상황에서 미국의 선교 본부도 선교 사업 중단을 결정하고 선교사들에게 철수할 것을 지시했다. 그리하여 1940년 11월, 한국에 남아 있던 2백여 명의 선교사 가족들은 미국 정부가 보낸 수송함 마리포사(Mariposa)호를 타고 인천을 출발, 귀국 길에 올랐다.[57] 그렇게 해서 이화여자전문학교에서 가르치던 아펜젤러 명예교장을 비롯하여 문과 교수 컨로우, 보육과 교수 브라운리 등 선교사 교수들도 귀국 길에 올랐다. 일본 외사과 경찰들의 압력으로 이화여자전문학교 교수나 학생들은 떠나는 선교사들을 위한 정식 환송회도 열지 못했다. 선교사들이 인천항에 정박해 있는 마리포사호를 타기 위해 이화를 떠나는 11월 15일 아침, 교장실에서 선교사와 교수 몇 명이 만나 작별 인사를 한 것이 고작이었다.

일본 경찰의 감시와 압력으로 이화여자전문학교 교수들은 인천항을 떠나는 선교사들을 배웅할 수도 없었다. 또한 선교사들을 통해 들어오던 선교부 보조금이 일체 중단되었음은 물론 학생 수가 급격히 줄어들면서 학교 운영 자금이 압박을 받았다. 이에 김활란은 당주동 집을 처분하고 학교 뒤편 신촌 언덕에 작은 집을 마련하여 어머니와 조카들을 그리로 옮겨 살도록 했다. 또한 집을 신촌으로 옮기면서 당시 이화여자전문학교 문과 졸업반(1942년) 김옥길의 가족도 함께 살도록 했다. 그렇게 해서 신촌 집에서 김활란의 어머니와 두 조카, 그리고 김옥길과 그 어머니, 동생 김동길이 함께 생활하기 시작했다.[58]

그러면서 김활란은 이정애와 함께 생활하던 기숙사 방도 정리하고

---

57 E. W. Koons, "The Mariposa Comes to Jinsen", *KMF*, 1940. 12, 200-201; "The Basis of Withdrawal", *KMF*, 1941. 3, 33-35.

58 김옥길, "수난 속에 피어난 생명: 해방전후", 『김활란 박사 소묘』(김옥길 외, 이화여자대학교출판부, 1959), 79-80.

선교사들이 살던 생활관으로 거처를 옮겼다. 학생 기숙사 뒤편 언덕에 있던 선교사 생활관은 1938년에 지은 3층짜리 석조 건물로 그곳에서 내려다보면 학교 전경은 물론 멀리 한강까지 보인다 해서 선교사들은 그 건물을 '롱뷰(Long View)'라 불렀다. 김활란과 이정애가 롱뷰로 거처를 옮긴 이유는 보다 넓은 공간에서 생활하는 것이 편리하기도 했지만, 그보다는 선교사들이 맡기고 간 건물을 지키고 유지하기 위해서였다. 사람이 살던 집을 오래 비워두면 쇄락하고 폐허가 되는 것을 알기에 선교사들이 돌아올 때까지 그 집을 관리하며 살다가 선교사들이 돌아오면 그대로 돌려주기 위함이었다. 그렇게 해서 '안살림'을 맡은 이정애의 역할이 더 커졌다. 건물도 컸거니와 집 주변의 토지 관리도 쉬운 일이 아니었다. 그러나 '살림꾼 이정애'는 롱뷰 주변에 옥수수를 많이 심어 여름이면 그것들을 거두어 기숙사 학생들은 물론 동대문병원 직원들에게도 보냈다. 그리고 기숙사 마당에 닭, 돼지도 길러 전쟁 막바지 식량 공급이 끊어진 상황에서 이화 학생과 교수 가족들의 식량 문제를 해결하기도 했다.[59] 그렇게 선교사들이 떠난 후 김활란과 이정애는 한층 어려워진 경제 상황에서 자신뿐 아니라 이화 가족의 생존까지 고민하며 문제를 풀어나갔다.

선교사를 추방하고 선교부 재산을 '적산'으로 몰수하는 데 성공한 총독부는 본격적으로 이화를 유린하고 침범하기 시작했다. 우선 평소 민족주의 성향을 띠었던 교수들을 학교 밖으로 추방했다. 경제학을 강의하던 정광현 교수가 1938년 흥업구락부사건에 연루되어 학교를 떠났고, 국어학자 이희승도 1942년 조선어학회사건으로 체포되면서 학교를 떠났다. 뿐만 아니라 총독부는 학무국을 통해 이화여자전문학교 교

59 민숙현 · 박해경, 『한가람 봄바람에』, 132-133, 345.

기숙사 닭장 앞에서(1939년 5월)

수들의 인사 문제에까지 개입하여 총독부 정책에 비판적이거나 비협조적인 교수들을 추방했다. 그렇게 해서 만들어진 빈자리를 일본인 교수들이 차고 들어왔다.

떠난 선교사와 교수들의 자리를 차지하고 들어온 일본인 교수들은 문과 과장, 학생감 등 요직에 앉아 학생들에게 황민화교육을 강화하는 한편 학교 안에 남아 있는 교장 이하 한국인 교수들을 감시하고 통제했다. 이화 교장과 교수, 학생들은 일본인 교수의 인솔 아래 주기적으로 남산에 있는 일본신궁(日本神宮) 혹은 신사(神社)를 참배했고 아침에는 운동장에 모여 천황이 사는 일본 도쿄를 향해 절하는 '동방요배(東方遙拜)'를 해야만 했다. '한가람 봄바람에'로 시작되는 교가도 일본어로 바꾸어 불러야 했고 수업 전에는 일본 천황에게 충성을 맹세하는 '황국신민서사(皇國臣民誓詞)'를 낭송했다. 모든 수업을 일본어로 하는 것뿐 아니라 기숙사를 포함, 모든 교내 대화를 일본어로 하도록 지시했다. 이것을 어기면 징계를 받았다. 그 결과 학교는 물론 기숙사 분위기도 싸늘하게 바뀌었다.

> 온 세상이 일본말을 강요해도 이화 기숙사에서만은 거리낌 없이 정다운 우리말로 재잘거릴 수 있었으나 이제 기숙사에서까지 일본말을 상용하라는 명령이 내려 왔다. 명랑하던 학생들은 말수가 줄어들고 각자 방 안에서만 소곤거리는 버릇이 생겨 기숙사는 한층 썰렁해 보였다.[60]

일제 말기 마지막 순간까지 김활란 곁에 남은 사람은 친구 이정애와 사감 김옥길, 교장 비서 김일순, 재단과 동창회 일을 하던 서은숙, 그리고 수차례 교수 감원과 해직 사태를 겪으면서도 학교에 남아 있던 이정구와 방신영, 유복덕, 류관열, 백용기, 김영의 교수 등 극소수였다. 그들은 일본의 억압 통치가 끝나고 민족이 해방되어 잃어버렸던 학교를 되찾게 될 것이라는 미래에 대한 희망을 공유하며 암흑기 멸절의 위기를 견뎌내고 있었다. 이런 상황에서 이정애는 1943년 가을 후두 임파선에 이상을 느껴 철도병원에 입원했는데, 유암 판정을 받아 수술을 했지만 완전 치유를 얻지 못했다.

60 민숙현 · 박해경, 『한가람 봄바람에』, 133.

# 이화여자대학교 교수사역과 마지막 자취

06

## 8·15해방과 이화여자대학교 재건

1945년 마침내 해방이 되었다. 이화 교정에 걸려 있던 일장기가 내려지고 태극기가 게양되었다. 36년 동안 우리 민족을 억누르고 휘두르던 일본인들이 떠나갔고, 쫓겨나고 떠나갔던 동포들이 돌아왔다. 이화도 그러했다. 김활란은 본격적인 학교 재건을 서둘렀다. 단지 1940년 이전 상황으로 학교를 복구하는 것이 아니라 종합대학을 향한 발전 계획을 세웠다. 그것은 그가 이정애, 서은숙과 함께 일본 연수를 다녀온 후 1940년 봄, 「삼천리」 잡지를 통해 밝혔던 종합대학 발전 계획안이기도 했다. 그에 따르면 이화여자대학교 안에 3개 단과대학을 설치하되 '한림원(翰林院)'으로 칭한 문리과대학에는 문과와 가사과, 체육과, 교육과, 아동교육과(2년 과정)를 두고, '예림원(藝林院)'으로 칭한 예술대학에는 음악과와 미술과, '행림원(杏林院)'으로 칭한 의과대학에는 의학과와 약학과, 간호학과를 둔다는 계획이었다.

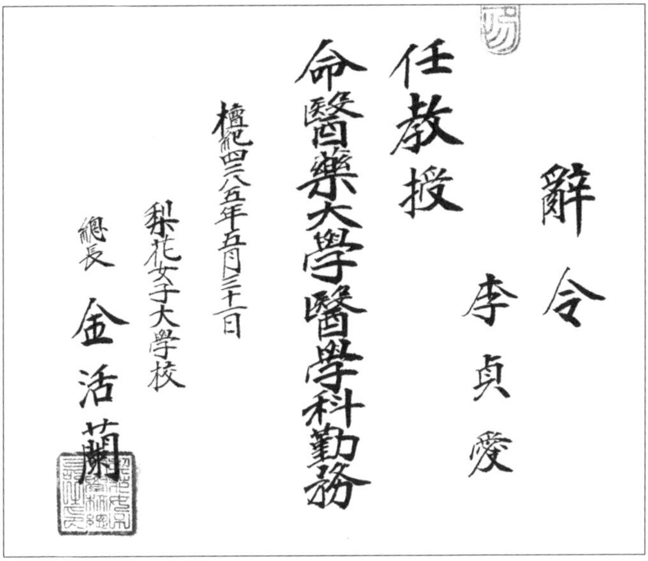

辭令

李貞愛

任教授

命醫藥大學醫學科勤務

檀紀四二八五年五月三十日

梨花女子大學校

總長 金活蘭

이정애의 이화여자대학교 교수 임명장

김활란과 이화의 처음 구상은 행림원에서 의학과와 약학과, 간호학과의 3개 과를 동시에 시작하는 것이었다. 그러나 간호학과는 시작하지 못했다. 간호학과를 개설하고 운영할 책임은 이정애의 몫이었는데 이정애는 그것을 감당할 만한 건강과 능력이 부족하다고 느꼈다. 우선 이정애는 2년 전 수술한 유암 후유증으로 건강이 뒷받침되지 못했고 간호학과 교수 및 학생 모집 · 운영에 대한 행정 경험도 없었다. 또한 해방과 함께 공무(公務)가 세 배로 늘어난 친구 김활란의 건강과 집안 살림을 돌봐야 한다는 책임감도 컸다. 그래서 간호학과 개설은 뒤로 미루었다. 그러나 이정애는 행림원 의약과 교수로 이름은 올려놓았다. 이화여자대학교에 간호학과가 개설된 것은 이정애가 2차 미국 유학을 다녀온 후 1950년 5월의 일이었다.

## 이화여자대학교 간호교육학과 설립

이정애는 1948년 봄 두 번째 미국 유학을 떠났다. 이번 미국 유학에는 두 가지 목적이 있었다. 첫째는 이화여자대학교 교수회의 결정에 따라 석사학위 과정의 연수 교육을 받기 위함이었다. 특히 이정애는 행림원에 설치될 간호학과를 위해 간호행정학을 연구할 목적을 갖고 미국 유학을 떠났다. 둘째는 1943년 수술 후에도 완치되지 못하고 있는 유암 치료를 받기 위함이었다. 병이 공적인 활동을 할 수 없을 만큼 악화된 것은 아니지만 수술 후에도 유암은 지병으로 남아 있어 보다 활기찬 사역을 감당할 수 없도록 만들었다. 마침 세브란스병원 원장으로 사역하다 은퇴 후 미국에 살고 있던 애비슨 박사가 소개해준 의사가 있어 치료받을 수 있는 기회를 얻었다. 그렇게 해서 이정애는 미국으로 건너가 뉴욕의 컬럼비아대학교에 적을 두고 간호행정학 수업을 듣는 한편 지병인 유암 치료를 받았다.[1] 컬럼비아대학교는 그의 이화학당 선생인 월터와 프라이의 모교이자 친구 김활란과 서은숙이 학위를 받은 곳이기도 했다.

이정애가 미국 뉴욕에서 2년간의 유학 생활을 어떻게 보냈는지 알려주는 자료는 없다. 다만 파리에서 열리는 유엔 총회에 참석하기 전에 먼저 미국 뉴욕에 들렀던 모윤숙의 증언을 통해 뉴욕에서 이정애의 모습이 어떠했는지 그려볼 수는 있다. 모윤숙은 이정애 별세 후 그를 추모하는 글을 쓰면서, 뉴욕에서 이정애를 처음 만났을 때의 감상을 적어두었던 일기를 그대로 소개했다.

---

1 김동길, "이정애 선생의 약력", 『우리 친구 이정애』, 23.

아침 일찍이 이정애 여사를 찾아 백화점에 같이 가기로 했다. 뉴욕 와서 비로소 우리나라에도 그처럼 순수한 규수 아씨가 있었다는 것을 발견한 나는 밤 가는 줄 모르고 앉아 세상 살아오던 이야기를 주고받기에 여념이 없었던 것이다. 서울서 듣기엔 그는 이화대학 총장 김활란 씨의 가까운 벗이라는 말을 들었을 뿐 이따금 그의 허리로 돌아간 치마가 유난히 매혹적이라는 것과 그의 쪽찐 머리가 희랍 여신의 신비성을 풍기는 데가 있어 저런 여성은 멀리서 바라보고 그 맵시와 생김에 즐거움을 느끼는 것이 족하리라 하고 만족했던 나라, 실제로 그의 인간성과 마주쳐 보기는 서울 아닌 뉴욕에서였다. 까만 치마에 하이얀 백색 저고리를 서울에서보다 더 떳떳이 차려입고, 그 위에 외씨 같은 버선에 하늘빛 고무신이 그의 발을 언제나 담고 있음이 나 자신을 심히 놀라게 했던 첫인상이였거니와 인연 없이 만난 이 우연에 그의 속속들이 아기자기한 성품과 인간성을 알게 되었다는 것이 나의 큰 수확 중의 하나였다.[2]

이정애는 뉴욕 한복판에서도 한복을 고수하고 있었다. 1949년 모윤숙이 뉴욕에서 이정애를 처음 만났는데, 그 첫인상에 대해 "미국에 있어서도 꼭 한복을 입으시고 모발도 쪽을 일관하시는 점으로 보아 어디까지나 전형적 한국부인이라고 느꼈다"[3]는 증언을 남길 정도였다. 외국에서 이정애를 만난 사람들은 모두 한복을 곱게 차려입은 '조선 여인'의 모습에서 깊은 향수를 느꼈다. 모윤숙의 계속되는 증언이다.

---

2 모윤숙, "그의 5주기에", 『우리 친구 이정애』, 42.

3 고 이정애여사 전기편찬회 엮음, "설문", 『우리 친구 이정애』, 75.

내 고달픈 여행 중에는 이 분의 우정이 얼마나 위안이 되었는지 모른다. 그는 '컬럼비아' 대학에 2년 동안 한(限) 하고 재학 중인데 한국 옷 그대로, 낭자머리 그대로, 고무신 그대로 미국 학생들 틈에서 공부를 하신다. 여사는 진정한 한국의 행수를 수놓은 꽃이라 생각했다. 외국엘 오면 의례히 한국 옷을 벗어야 하고 머리는 '파마'를 해야 하는 것이 보통 우리 여성들이 하는 일인데 이 분만은 몸단장 옷단장 머리단장에 털끝만치도 보탬이 없고 이단적 색채가 없는 고려미(高麗美) 그대로 대 '뉴욕'에 고구려 아씨로 그 빛을 발하고 있다. 나는 그가 한국 여자라는 데 자만을 느꼈다. 몸 생김 얼굴 자태가 순 동양의 미를 나타내기에 충분할 뿐더러 그의 대화나 사념(思念)의 내부도 이조야화(李朝夜話)에 나오는 나삼소매 스란치마의 향기 그대로를 꼭 싸고 있어 어려뿐 야화(夜話)를 읽는 듯한 감을 어찌할 수 없다.[4]

문학자 모윤숙은 이정애에게 흠뻑 빠졌다. 그는 "한국의 행수를 수놓은 꽃", "이단 색채가 없는 고려미", "고구려 아씨", "순 동양의 미", "나삼소매와 스란치마의 향기" 등 그가 동원할 수 있는 문학적 표현들을 써가며 이정애의 아름다움을 극찬했다. 그는 또 처음 만났음에도 오랜 친구처럼 말이 통하는 이정애의 매력에 마음을 빼앗겼다.

아마 이처럼 얌전하신 분에겐 나 같은 방랑의 성격을 지닌 동무는 용납이 안 되리라 믿어져서 처음에는 그의 눈치와 쾌불쾌(快不快)를 살피노라고 내 태도가 주저되었다. 그러나 그는 놀랍게도 다른 낭자머리들과는 너무 달랐고 다른 긴 치마 여성들과는 너무 달라서 내 호기심을 자아낼

4 모윤숙, "그의 5주기에", 『우리 친구 이정애』, 43.

대로 자아냈다. 그는 황진이(黃眞伊)의 불행한 청춘을 이해할 줄 알았고 논개(論介)의 외로운 의절(義節)을 사랑할 줄 알았다. 한없이 싸늘하면서도 고전적 온정미미(溫情美味)에 뜻을 숨겨 아련히 그 미를 발휘하는 데는 어느 재조라도 따라갈 수 없는 신기한 감을 준다. '저런 이가 청춘에 홀로 되어 일생을 저 혼자 산다' 하는 관망은 애절한 동정에 사무치게 했으나 매화송이처럼 맵고 찬 그의 성격엔 오히려 그 고고(孤高)한 생활이 그의 빛을 발산하기에 적당하도록 되어 있지 않을가도 생각했다. 나는 여성에게서 이처럼 탐탁한 인간성과 풍부한 대화미(對話味)를 발견하기가 처음이다. 어떤 이성(異性)을 만났을 때 받는 흥미 이상으로 그가 나에게 귀한 숙제의 인물로 되어진 것은 그가 모든 공허한 여성 중에서 (내 자신을 포함한) 뛰어난 인간미를 발휘할 수 있는 데 있었다.[5]

모윤숙은 짧은 만남이었음에도 친구 김활란을 향한 이정애의 애정이 얼마나 깊은 지 확인할 수 있었다.

나는 K선생(김활란)이 이런 이와 친근한 벗이라는 데 아무 이의도 가질 수 없었다. 지하철을 타고 '인터내쇼날 하우스', 그가 기숙하고 있는 데까지 가면서는 심심치 않은 분을 만나러 간다는 기쁨으로, 와글거리는 미국사람들 틈에서도 마음이 가라앉는 평온함으로 느꼈다. 여사는 머리를 곱게 빗고 까만 치마에 미색 저고리를 입고 앉아 기다리는 중이라고 반가이 맞아주었다. 모레 아침 파리로 떠난다는 소식을 들었다고, 먼저 가서 K선생께 겨울 준비로 무엇을 좀 사 보내겠다는 것이 이분의 의도이신 모양이다. 우리는 '뉴욕'서 제일 크다는 백화점 '메시'라는 데로 갔다. 이 백

5 모윤숙, "그의 5주기에", 『우리 친구 이정애』, 43-44.

화점은 뉴욕서만 큰 것이 아니라 온 세계에서 제일 큰 백화점으로 이름 있는 곳이다. 서울서도 화신(化信) 같은 데를 가면 정신이 어찔어찔했던 나라 뉴욕에 와서는 백화점 안의 사람, 물건을 도저히 구경해날 자신이 없는 듯이 생각되었다. 그러나 L여사(이정애)만 따라 나서면 큰 근심을 안 해도 되리라 하고 안심하고 나섰다. L여사는 먼저 2층 3층에 무엇이 진열되어 있는지 다 알고 있는 듯이 자신만만하게 구름다리 층계로 나를 끄은다. 그는 손쉽게 찾아가서 유창한 영어로 겨울 속옷 등을 산다. K선생에 맞을 털옷을 곱게 싸서 들고 또 입술에 붉은 칠을 안 하시는 선생이시라 입술 트지 않는 크림까지 샀다. 나도 몇 가지 살 것을 사가지고 총총히 밖으로 나왔다.[6]

이정애는 미국으로 떠나오기 전, 김활란에게 정치판에 절대 나가지 말라고 신신당부했다. 김활란은 그러겠다 약속했다. 그러나 그가 미국으로 떠나온 후 김활란은 마음을 바꾸어 국회의원 선거에 나갔고 결국 낙선했다. 김활란이 유엔 총회에 참석하면서 모윤숙처럼 미국을 거치지 않고 곧바로 프랑스로 간 이유도 약속을 어기고 선거에 나갔다가 낙선한 처지라 미안한 마음에 친구 이정애의 얼굴을 볼 수 없었던 때문이었는지도 모른다. 그럼에도 이정애는 파리로 가는 모윤숙 편에 친구 김활란의 겨울 속옷과 입술 크림을 챙겨 보냈다. 모윤숙은 그처럼 이정애의 '변치 않는 우정'을 보면서 김활란을 부러워했다.

서울에서나 뉴욕에서나 변함없는 모습에, 변함없는 생활의 이정애였다. 그렇게 이정애는 세계에서 가장 큰 도시, 뉴욕의 한복판에 있는 컬럼비아대학교에서 공부하는 동안 한국 여성으로서의 자부심과 자긍심

6 모윤숙, "그의 5주기에", 『우리 친구 이정애』, 44.

을 한복으로 표현하며 간호행정학을 공부하고 1949년 말에 돌아왔다.

귀국 후 이정애는 이화여자대학교 간호학과 창설을 위한 작업에 착수했다. 그런데 간호학과 창설에 앞서 이화여자대학교는 명예총장 아펜젤러의 급작스런 별세로 큰 충격을 받았다. 일제 말기 추방되었다가 1946년 귀환하여 이화여자대학교에서 영문학을 강의하던 아펜젤러는 1950년 2월 20일(월요일) 오후 이화여자대학교 학생예배(채플) 때 "반석 위에 집을 지으라"라는 제목으로 설교하던 중 "거짓 선지자를 삼가라"(마태복음 6:15)라는 성경 말씀을 읽다가 쓰러졌다.

병원으로 옮겨진 그는 한 시간 후에 운명했다. 향년 65세였다. 그렇게 아펜젤러는 대를 이은 순직 선교사가 되었다. 서울 정동에서 '최초 서양인 아기'로 태어나 정동제일교회에서 유아세례를 받고 이화동산에서 자랐던 그는 평소 한국 땅에 묻히기를 원했다. 그래서 사회장으로 치러진 장례식 후 그의 시신은 양화진 외국인묘소에 안장되었다. 아펜젤러의 순직은 김활란을 비롯한 이화 가족들에게 충격과 슬픔을 안겨주었다. 이화학당 고등과와 대학부 시절 그에게 영어를 배웠던 이정애도 마찬가지였다. 이정애는 동창회장 서은숙과 함께 "아펜젤러 교장을 영결하는 데 무언가 뜻있는 일을 해드리고 싶었다." 그래서 둘은 상의한 끝에 "비록 시신이긴 하나 그의 피부를 따스하게 감싸줄 수의를 해드려야겠다고 생각하고 얇고 부드러운 명주로 수의를 만들어 입혔다." 그렇게 아펜젤러는 "친애했던 두 제자가 함께 만든 수의를" 마지막 선물로 받고 떠났다.[7] 그리고 아펜젤러의 장례식을 치른 3개월 후, 2년 공사 끝에 그의 이름을 딴 과학관(아펜젤러홀)이 완공되어 이화여자대학교 과학교육의 기반이 되었다.

---

7 김징자, 『우리 서은숙 선생님』, 115-116.

아펜젤러 선교사의 장례식을 치른 후 이정애는 김활란 총장, 최재유 행림원 원장 등과 함께 본격적으로 간호학과 창설 작업에 착수했다. 그리하여 1950년 5월, 행림원 안에 기존의 의학부와 약학부 외에 간호교육부를 설치하고 2년 과정의 간호교육학과를 만들어 신입생을 모집한 결과 14명이 지원했다. 초대 학과장으로 이정애가 취임했다. 이것이 오늘 이화여자대학교 간호대학의 출발이다. 그러나 행림원 간호교육학과는 제대로 수업을 진행해보지도 못하고 한 달 후에 터진 전쟁으로 수업을 중단할 수밖에 없었다. 이후 부산 피난 시절에도 간호학과는 복구되지 못했고 결국 전쟁이 끝나고 이정애가 별세한 후(1955년)에야 의과대학 간호학과로 재건되었다.[8] 비록 전쟁으로 중단되기는 했지만 미국 컬럼비아대학교에서 간호행정학을 공부하고 돌아온 이정애에 의해 이화여자대학교 간호학과(간호교육학과)가 창설되어 오랜 숙원이었던 이화여자대학교 간호교육이 시작되었음은 분명한 사실이다.

## 전쟁의 공포와 고통 속에서

이화여자대학교는 1950년 5월 31일(수요일) 종합대학으로 승격된 후 제2회 졸업식을 거행했다. 그리고 6월부터 새 학기를 시작했다. 그해 이화여자대학교는 처음으로 대학생을 모집해서 수업을 시작했다. 물론 이정애가 학과장으로 취임한 간호교육학과도 첫 수업을 시작했다. 그

---

8 간호대학25년사 편찬위원회 엮음, 『이화여자대학교 간호대학 25년사』, 18; 민숙현 · 박해경, 『한가람 봄바람에』, 559; 이화100년사편찬위원회 엮음, 『이화100년사』, 306-307.

렇게 새 학기가 한 달이 지난 후 6월 25일, 그날은 일요일이었다. 학교 안에서 생활하는 선교사와 교직원, 기숙사생들은 대학교회에 모여 주일 예배를 드렸다. 예배를 마친 후 '전쟁이 터졌다'는 소식이 본격적으로 들리기 시작했다. 라디오에서는 '공산군이 남침했으나 용감한 국군이 물리치고 있으니 안심하라'는 방송만 반복했다. 그러나 김활란을 비롯한 이화 교수들은 사태의 심각성을 알았다.

전쟁 발발 3일째 되는 6월 27일 새벽, 김활란은 북아현동에 사는 문과(1929년) 졸업생 박경숙으로부터 "이 동네 사는 장관들과 모 인사들이 모두 피난 갔습니다. 정부도 지난밤에 수원으로 피난 갔답니다. 선생님도 어서 피하세요"라는 전화를 받았다. 정부는 국민을 속이고 있었다. 사태의 심각성을 파악한 김활란은 휴교를 결정했다.

그렇게 김활란이 휴교를 결정하고 학생들을 집으로 돌려보낸 그날 오후, 김활란은 상황을 살피러 관용차를 타고 시내로 나가보았다. 이미 미아리 쪽으로부터 대포 소리와 소총 소리가 들려왔고 서울 상공엔 공산군 전투기들이 날아다니고 있었다. 김활란은 이정애의 권고대로 그가 싸준 '살 전대'를 휴대하고 서대문에 있던 이정애의 동생 집에 잠시 피신했다가 여전히 '안심하라'는 정부 방송을 듣고 그날 저녁 학교로 돌아오던 중, 차를 세운 신촌역전 파출소 주임으로부터 "우물쭈물하지 말고 빨리 피하는 것이 좋습니다. 한시바삐 떠나세요. 떠나는 것이 우리를 돕는 일입니다"라는 말을 들었다. 결국 김활란은 피난하기로 했다.

> 학교로 돌아오니 저녁상에 둘러앉아 라디오에 귀를 기울이던 친구들은 근심스러운 얼굴로 말했다. "선생님은 아무래도 서울을 떠나는 것이 옳을 것 같아요." 이정애 선생이 학교의 열쇠 꾸러미를 맡으며 학교를 지

키겠다고 했고, 음악과 과장이던 김영의 선생은 수원에 있는 자기 집으로 나를 안내하겠다고 나섰다. "수원 가서 이삼일 있다가 돌아올 테니 수고들 해요." 나는 자리옷 한 벌과 칫솔 그리고 성경책을 들었다. 밖에는 지척지척 비가 내리고 있었다. 우리는 옷 버릴 것을 염려하여 그나마도 헌 적삼으로 옷을 갈아입었다. 이정애 선생이 알뜰하게 뭉쳐두었던 얼마간의 돈을 내게 쥐어주었다.[9]

그렇게 해서 이정애는 '학교 살림'의 상징인 열쇠 꾸러미를 맡아 학교에 남았고 김활란은 이정애가 쥐어준 돈을 받고 학교를 떠났다. 김활란은 떠나면서 이삼일만 있다 돌아오리라 했지만 그 기간은 3개월로 늘어났다. 그 사이 이정애는 인공 치하의 서울에서, 김활란은 '피난지' 부산에서 각기 다른 삶을 살았다.

김활란으로부터 열쇠 꾸러미를 전달받았던 이정애도 안전하지는 못했다. 이에 이정애는 공산군이 서울에 진주한 다음날 이화여자대학교 구내의 총장 공관을 떠나 서대문 동생 집에서 '식모'로 위장하고 숨어 지냈다. 그러던 어느 날 이정애는 동생 집을 수색하던 인민보위부원들에게 체포되었다. 이정애가 지프차에 실려 끌려간 곳은 정동 '그레이하우스'였다.

정동 이화학당 건너편에 있던 그레이하우스는 해방 전 미감리교 독신 여선교사들이 살던 생활관이었는데 인공 치하에서는 인민보위부에서 사용하고 있었다. 이정애는 그곳 지하실에 갇혀 여러 날 지내다가 2층 사무실로 끌려가 김활란 총장의 행방과 행적에 대해 신문받았다. 이정애는 집요한 추궁에도 자신은 총장 공관에서 밥해주는 식모라

9 김활란, 『그 빛 속의 작은 생명』, 276.

며 아무것도 모른다고 잡아떼었다. 그렇게 이정애는 며칠간 조사를 받은 후 풀려났다. 이후 9 · 28수복이 될 때까지 동생 집 "광 속에서 식모처럼 차리고 그 잔혹한 더위와 싸워가면서도 선기(煽氣)가 나면 총장이 돌아와 입어야 한다고 털 바지를 짜고 있었다."[10] 그렇게 불안한 상황에서도 이정애는 친구를 위해 털옷을 만들고 있었다. 그것이 불안과 공포를 극복할 수 있었던 비결이기도 했다.

그렇게 식모로 위장하고 숨어지낸 인공 치하의 3개월은 이정애 생애에서 가장 두렵고도 힘든 시기였다. 일제강점기에도 경험할 수 없었던 동족상잔(同族相殘)의 죽음과 공포, 살육과 약탈, 굶주림과 질병 역시 무서웠지만 그보다도 극한 상황에서 드러나는 잔인하고 교활한 인간성에 대한 실망과 좌절로 견디기 힘든 나날이었다. 다음은 이정애가 1951년 10월, 아버지의 12주기를 맞아 쓴 글에 나오는 대목이다.

> 작년(1950년) 석 달은 여름이어서 홑옷을 입고도 땀이 비 오듯 하는데 밤낮 이십사 시간이 자나 깨나 떨리기는 왜 그다지도 떨리던지요. 무섭기라니 호랑이도 안 쫓아오고 천둥벽력도 안 치는데 갈피를 잡을 수 없고 그저 무서워요. 솜털 하나 남기지 않고 있는 대로 모조리 하늘로 치뻗으면서 골이 쑤시는데 정말 무서워서도 죽을 수 있는 것을 깨달았습니다. 슬프기는 왜 그다지 슬픈지요. 목이 메이고 눈물 구멍이 흐르지를 못해서 방축같이 무너져버리더군요. 고적은 세상에 그런 고적이 어디 또 다시 있사오리까. 어머님을 모시고 동생을, 족하들을 위시하여 손녀며 사돈댁까지 마주 바라보고 앉았는데도 사막이나 층암절벽에서 오지도 가지도 못할 신세같이 외롭고 쓸쓸한 것이란 어디에 그런 고적이 있고

10 김동길, "이정애 선생의 약력", 『이루 친구 이정애』, 24.

누가 감히 당해낼 수가 있을가요. 그래도 아버님의 영이 보호하시고 하나님의 지시가 계셔서 다 견디고 살아났습니다.[11]

그런 불안과 공포 속에 인공 치하의 3개월을 견뎌낸 후 9·28수복으로 서울은 평화를 되찾았다. 세상이 다시 바뀐 것이다. 그러나 수복 후 되찾았던 '서울의 평화'도 잠깐, 압록강변까지 북진했던 유엔군과 국군은 1950년 12월 중공군의 개입으로 후퇴하여 결국 1951년 1월 4일, 서울을 다시 공산군에 내주어야 했다.

1·4후퇴 때 김활란과 이정애는 가족들을 이끌고 부산까지 '안전하게' 내려갔다. 김활란은 노환 중인 어머니를 위해 영도에 따로 집을 마련해서 김옥길의 어머니 방 권사 가족과 함께 살도록 주선했다. 이정애의 어머니와 동생 가족은 초량동에 집을 마련하고 피난 생활을 했다. 그리고 김활란과 이정애는 함께 대청동에 마련해두었던 필승각에 들어가 살았다. 이때부터 필승각 '안주인'으로서 이정애의 3년 피난 생활이 시작되었다. 이정애의 손길이 닿으면서 필승각의 환경과 분위기가 달라졌다. 그는 필승각을 전쟁으로 상처 입고 지친 사람들에게 휴식과 안식을 주는 '편한 가정'처럼 꾸몄다.

전시 상황에서 단독으로 피난학교를 설립한 것은 이화가 처음이었다. 부산 피난학교를 시작하면서 이화여자대학교는 1951년 12월 문교부 훈령에 따라 한림원을 문리대학, 예림원을 예술대학, 행림원을 의약대학으로 명칭을 변경하고 학제도 일부 개편했다.[12] 각 단과대학 학장으로는 문리대학장에 박마리아 교수, 예술대학장에 김영의 교수가 임

11 고 이정애여사 전기편찬회 엮음, "열두 번째 날", 『우리 친구 이정애』, 143.

12 이화100년사편찬위원회 엮음, 『이화 100년사』, 306-307.

1951년 이화여자대학교의 명칭 및 학제 개편

| 대학 | 학부 | 학과 |
|---|---|---|
| 문리대학 | 문학부 | 국어국문학과, 영어영문학과, 기독교사회사업과 |
| | 이학부 | 학과 신설 예정 |
| | 가정학부 | 가정학과, 의류학과, 영양학과 |
| | 체육학부 | 체육학과 |
| 예술대학 | 음악학부 | 피아노과, 성악과, 현악과, 작곡과 |
| | 미술학부 | 동양화과, 서양화과, 자수과, 도안과 |
| 의약대학 | 의학부 | 예과, 본과 |
| | 약학부 | 약학과 |
| | 간호교육부 | 간호교육학과 |

명되었고 의약대학장에는 보건부장관으로 발탁되어 간 최재유 박사 대신 이세규 교수가 새로 임명되었다. 의약대학 안에 간호교육부(간호교육학과)가 설치되었고 초대 간호교육학과 학과장이었던 이정애는 '의약대학 의학부 교수'로 임명장을 받았다.[13] 하지만 전쟁 발발 후 간호교육학과 지원 학생이 없어 실질적인 수업은 이루어지지 않았다. 그래서 이정애는 의약대 교수로 임명되기는 했으나 학교에 나가 강의하는 일보다는 필승각 '안살림'을 맡아 하면서 김활란의 대외 활동을 돕는 일에 더 많은 시간과 노력을 기울였다.

김활란과 이정애 사이의 우정은 부산 피난 시절 필승각 생활을 통해 더욱 깊어갔다. 그러던 중 1951년 12월 이정애가 필승각에서 낙상하여 다리 골절상을 입었다. 김동길의 기록이다.

13 「李貞愛 敎授 辭令」(1952. 5. 31.)

바쁘고 고단한 생활이기도 했으나 퍽 보람 있게 느껴지는 필승각의 하루하루였건만 1951년 12월 16일 정애 선생은 다시 없이 큰 불행을 당했다. 이날은 총장이 서울에서 돌아올 예정의 날인데 바람이 심히 불고 비가 사납게 쏟아져 필승각 아래위로 오르내리며 퍽 초조한 시간을 보내고 있었으니, 험한 일기에 혹시 비행기가 사고나 나지 않을까 하는 불길한 예감에서 도무지 그대로 앉아 있을 수가 없었던 것이다. 이날 밤 까닥 잘못하여 발을 헛디딘 것이 원인이 되어 그는 층계에서 쓰러지고 말았는데 다리의 뼈가 삐어진 줄을 알고 즉시 뼈 맞추는 의사를 불러들였으나 그 시간 이후 그는 영영 온전한 걸음을 걸을 수 없는 불구의 몸이 되어버린 것이다.[14]

전쟁이 소강 상태에 접어든 1951년 가을부터 김활란은 서울을 오가며 바쁜 일정을 소화하고 있었다. 특히 전쟁이 터진 후 군인들이 주둔하고 있던 신촌의 이화 캠퍼스를 되찾기 위해 관계 기관 사람들을 만나러 서울 출장을 자주 갔다. 이정애는 그날도 그렇게 비오는 날 서울 출장을 갔다가 돌아오는 김활란을 불안한 마음에 기다리다 필승각 층계에서 넘어지는 사고를 당한 것이다. 그리고 곧바로 치료를 하지 못한 것이 원인이 되어 "불구의 몸"이 되었다. 이정애는 1952년 5월, 유엔군 지휘관들의 주선으로 미군 병원에서 다리 수술을 받았다. '뼈를 잘라 뼈에 붙이는' 대수술이었다. 수술이 끝난 후 병실로 그를 방문했던 최완복의 증언이다.

막 큰 수술을 끝낸 뒤라 선생의 얼굴과 목과 자리옷 사이로 보이는 가

14 김동길, "이정애 선생의 약력", 『우리 친구 이정애』, 25

슴 위에는 구슬땀이 무수히 맺혀 있었다. 그러나 방 안에 들어선 내가 놀란 것은 선생의 온화하고도 기연한 태도이었다. 죽음에서 깨어났다고는 도저히 믿어지지 않으리만큼 그 태도는 단정하고 부드러웠다. 뿐만 아니라 그 얼굴에는 조금도 고통이라든지 슬픔의 흔적을 나타내지 않고 마치 응접실에서 손님을 맞는 듯한 친절하고도 반가운 표정이었다. 마취에서 깨어난 뒤니 뼈를 짤라낸 다리는 얼마나 쑤셨겠으며 지칠 대로 지친 정신은 얼마나 피로했을 것인가. 도리어 문병을 온 내가 눈만 크게 뜨고 아무 말 할 수 없는 정경이었다. 나는 이분의 이러한 자태를 보고 그분의 아름답고도 부드러운 용모 아래 고통을 이겨나가려는 강인한 정신이 들어 있는 것을 느꼈다. 사실 정애 선생은 이런 말을 웃음삼아 말했다. "나는 나의 생애에서 너무나 정신적 · 육체적 고통을 많이 겪어서 고통을 참는 데는 선수가 되어버렸어!"[15]

수술 결과는 그와 친구들이 원했던 만큼 이루어지지 못했다. 워낙 큰 사고였는데 사고 후 상당 기간 방치해둔 것이 병세를 더욱 악화시켰다. 결국 이후 이정애는 남의 도움을 받거나 지팡이에 의지해 걸어다녀야 하는 신세가 되었다. 다치고 수술한 부위의 고통은 여전했고 여기에 1943년 처음 발병했다가 1948년 미국에서 치료받았던 유암도 재발하여 병고는 나날이 심해갔다. 이때부터 이정애의 투병 생활, 마지막 인고의 세월이 시작되었다.

15 최완복, "뿌린 씨는 싹트리", 『우리 친구 이정애』, 57-58.

## 투병 가운데 위대한 여정

이처럼 고뇌의 투병 생활을 하는 가운데에도 이정애는 1950~1951년 사이에 제2대 대한간호협회장으로 추대되었다. 또한 이정애를 안타까워하던 주변 인사들이 그를 위로하고 격려하기 위한 배경에서 세브란스병원 간호학교 제자들인 이영복과 홍신영 등이 이끌고 있던 대한간호협회가 추천하여 1953년 5월 12일, 나이팅게일 탄생 133주년 기념으로 보건부장관으로부터 간호 공로자로 선정되어 표창을 받았으며, 이때 이금전, 김정선, 원이길, 최월남도 함께 수상했다.[16]

그리고 1953년 5월 31일, 이화여자대학교 창립 기념식에서 '10년 근속' 표창을 받았다. 그러나 이정애는 표창식에 모두 나가지 않았다. 투병 중이라 거동하기 어렵기도 했지만 그런 표창 의식에 큰 의미를 두지 않았던 때문이었다. 이화여자대학교에서 근속 표창자로 선정되었다는 소식을 듣고 쓴 1953년 5월 27일자 일기이다.

「대한간호」 속간 제1호 표지에 실린 보건부장관의 표창장 수여 행사 사진 [대한간호협회 제공]

학교에서는 육십칠주년 창립 기념식이라고 떠들썩들이고 몇십 년씩 근속 표창을 하는데 끌어다 부쳐서 십 년 일 개월까지 만들어서 나를 끼워주는 크고도 끔직한 은사를 받는 모양이다. 세상이 다 떠들어갈 모양이나 오직 나만은 갈

16 「대한간호」 속간 1호(대한간호협회, 1953).

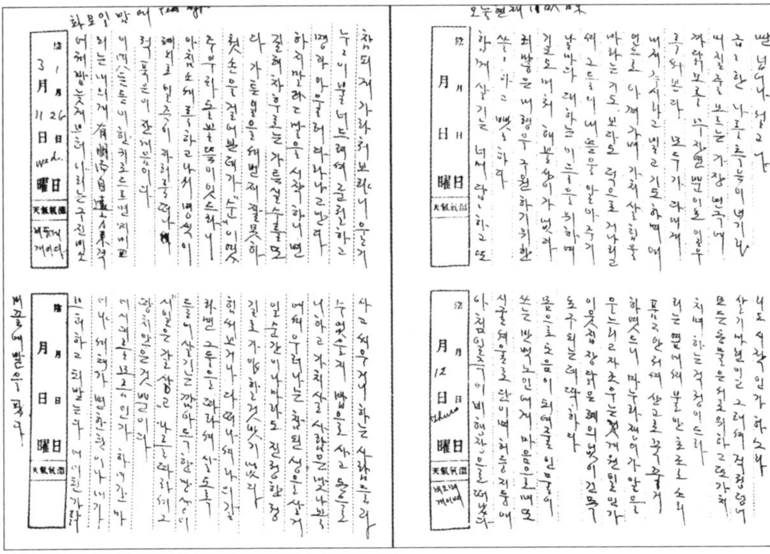

이정애 친필 일기 내용

> 의사가 전혀 없음은 아마도 병신 자랑이 설어운 사정일 게다. 그럼으로 나는 점점 안계가 조라들 거요 생각이 오그라드는 대로 인간이 되보로 파멸뿐이다.[17]

그렇게 5월이 지나고 6월 장마로 시작된 여름철 더위가 이정애의 투병 생활을 더욱 힘들게 만들었다. 그리고 여름이 지나면서 이정애는 자신의 시간이 얼마 남지 않았음을 직감하고 이를 받아들이기 시작했다. 그러면서 종교적 탐구와 기도 생활도 심화되었다. 이 시기에 쓴 것으로 보이는 "깍쟁이 깍쟁이"라는 글에서는 고통을 해학으로 승화시킨 이정애의 정신적 탐구를 읽을 수 있다. 그렇게 이정애가 '깍쟁이' 병마

17 이정애의 일기, 1953년 5월 27일.

이정애와 김활란의 가회동 안채

와 싸우고 있던 1953년 7월, 마침내 휴전 협정이 조인되고 전쟁이 끝났다. 그와 함께 부산에 있던 정부 기관과 민간 단체들이 서울로 복귀했다. 이화여자대학교도 1953년 8~9월 학기부터 신촌 캠퍼스에서 수업을 시작했다. 이정애의 필승각 생활을 정리할 때가 되었다. 김활란은 1953년 봄부터 서울에 "편치 않으신 어머니와 고통 속에서 사는 정애가 편히 쉴 수 있는 집"을 구하려 노력했다. 그러던 중 가회동 한옥 마을에 이화 졸업생 윤연경 가족이 살던 집이 매물로 나왔다. 가회동 언덕의 서울 시내가 한눈에 내려다보이는 전통 한옥 건물로, 이 집에는 김활란과 이정애만 들어가 살게 되었다. 이정애가 부산 생활을 정리하고 서울 가회동 새 집에 입주한 것은 1953년 9월 9일이었다.[18] 그렇게 해서 이정애의 가회동 생활이 시작되었다.

18 김활란, 『그 빛 속에 작은 생명』, 315-316.

## 별세와 장례

이정애가 마지막으로 일기를 쓴 1954년 2월 11일, 그 무렵 가회동 총장 공관은 무거운 분위기에 휩싸여 있었다. 투병 생활하는 이정애 때문만은 아니었다. 노환을 앓고 있던 김활란의 어머니 박또라 권사가 가회동 총장 공관에 합류했기 때문이었다. 그 결과 안채에는 이정애, 사랑채엔 박또라 권사, 중환자 2명이 누워 지내는 형국이 되었다. 박또라 권사는 그렇게 가회동 총장 공관으로 옮긴 지 열흘 후 2월 13일에 김활란이 지켜보는 가운데 숨을 거두었다. 그의 장례식은 정동제일교회에서 거행되었고 시신은 망우리 공동묘지에 안장되었다. 김활란은 어머니를 기리고자 어머니가 살던 신촌 언덕에 대신교회(大新敎會)를 설립했다.[19] 총장 공관 안채의 이정애도 친구 어머니의 별세를 지켜보았다. 그 후 이정애의 건강은 급격하게 악화되었다. 김활란의 증언이다.

> 사랑채에서 어머님의 임종을 하실 무렵만 해도 그래도 정애는 안채에서 어느 만큼 기동을 하더니 어머님의 장례를 치른 후 그는 아주 자리에 누운 채로 일어나지 못했다. 그래도 그는 남의 앞에서는 자기의 고통을 내색하지 않았다. 그의 품성이 다스린 마음가짐, 그리고 그 속에서 사귄 많은 친구, 매사에 세심하고 다정다감하던 그의 인정은 많은 친구들의 가슴에다 정을 심어주었다. 친구들은 그의 고통을 함께 아파하며 문병을 했고 미구에 그 아름다운 친구를 잃고 말리라는 어두운 예감으로 하여 거의 슬픔에 질려서 그를 찾았지만 그는 오히려 그 친구들을 달래고 위

---

19 김활란, 『그 빛 속에 작은 생명』, 318-321.

> 로했다. 그 단아한 얼굴에 웃음을 띄우고 그 잦아질 듯한 목소리로 우스개 소리도 하고 지난 일을 이야기하기도 했다. 이따금 안석(案席)하여서 즐기는 '다이아몬드 게임'이나 '캐나스타 게임'을 하기도 하여서 문병 온 손님들을 상대해주기까지 했다. 그렇게 하여서 돌아가는 친구들이 웃으며 가게끔 만들어주는 것이다.[20]

그때부터 3개월 동안 이정애는 자리에 누워 오는 손님을 맞이했다. 이정애의 시간이 얼마 남지 않았다는 소식이 알려지면서 많은 제자와 친구, 친지들이 그를 만나러 총장 공관을 찾아왔다. 이정애는 병상에서 그들을 '아픈 미소'로 응대했다. 많은 친구들이 마지막 순간의 그를 위로하고 도와주었지만 그중에도 김옥길과 김동길 남매의 지극한 정성이 돋보였다. 둘은 부산 필승각 시절부터 이정애와 '마음이 통하는' 친구처럼 가깝게 지냈다. 김옥길은 서울로 올라온 후 이정애의 건강이 악화되자 아예 총장 공관에 들어와 함께 지내면서 이정애의 병수발을 했다. 그리고 김동길은 매주 주말이면 총장 공관에 와서 이정애와 '마음속' 대화를 나누었고 이정애가 좋아하는 찬송과 가곡을 불러주었다. 김활란의 표현대로, "육체적으로 앓고 있었던 그의 병구완은 김옥길이 끝까지 해내었고, 내적(內的)인 번뇌로서 괴로워하던 그의 마음의 평화를 위해서는 옥길의 동생인 동길이 좋은 벗이 되어주었다."[21]

이정애의 마지막 순간이 다가오고 있음을 안 김활란도 가능한 한 외부 일을 줄이고 가회동 집에서 친구와 함께 지내려 애썼다. 그렇게 이

20 김활란, 『그 빛 속에 작은 생명』, 321.

21 김활란, 『그 빛 속에 작은 생명』, 322.

정애와 김활란은 마지막 '병상 대화'를 나누었다. 김활란의 증언이다.

어머니의 장례를 치루고 며칠 지났을 때의 일이다. 틈틈이 그의 앞에 앉으면 그의 고즈넉한 얼굴은 갖가지의 근심을 지닌 채로 하염없이 나를 지켜보기가 일쑤였다. 밖에는 봄기운이 돌아 땅이 풀리는데 그는 병석을 떠나지 못하는 채로 하루하루를 이어가야 했다. 그는 안석한 채로 나와 이야기하던 끝에 나를 물끄러미 바라보더니 한숨을 쉬었다. "세상에 한 분밖에 없던 어머니를 잃고, 또 친구인 나마저 떠날 길이 바빠졌으니 참 복도 없으시오. 난리를 겪고 이제 안정되어 즐길 수 있을까 한 시기에 두 사람씩 잃으시니 박복한 분이지 뭐요." 끝말에 웃음을 달아 농담인 양 했지만 나를 위해 마음 아파하는 그의 쓰라린 심사를 알고도 남을 것 같았다. 그는 내 가까운 사람들에게 나를 위하여 당부하기를 그의 남은 일로 삼았다. 오래전부터 한 집에서 일하던 유씨에게도 가사에 대한 일이며 음식범절을 간곡히 당부했다. 친구들에게도 틈틈이 자연스럽게 내 걱정을 하며 뒷일을 부탁한 모양이었다.[22]

이정애는 떠나는 마지막 순간까지도 친구 김활란의 '뒷일'을 걱정했다. 그것은 친구를 두고 먼저 떠나는 미안한 사랑의 표현이었다.

그가 운명하기 이틀 전의 일이었다. 워낙이 괴로운 빛을 내식하는 사람은 아니었지만 그날따라 화평하고 즐거운 빛을 띄우며 농을 하듯이 반쯤 어리광 비슷하게 그는 말했다. "내 몸이 비록 이승을 하직한다 하더라도 내 영혼은 친구를 어디든지 따라다닐 테에요. 한시도 잊지 않고 곁을

22 김활란, 『그 빛 속에 작은 생명』, 323-324.

지킬래요." 그러면서도 그는 근심을 털어놓지 못해서 애가 키워했다. "내가 가고 나면 누가 선생을 돌보아드리나……. 나만 가고 나면……." 그는 자기 앞에 닥쳐올 죽음을 두려워한 것이 아니었다. 물론 인간이었기에 갖가지 번뇌가 없을 수 있었으랴만 자기의 죽음을 두려워하기보다는 나의 뒷날을 더 살뜰하게 걱정해주었다.[23]

그렇게 두 사람은 이별을 준비했다.

나는 마음을 가다듬으며 정애에게 말했다. "정애, 사람이 나고 죽는 것이 별것 아니지 않겠소? 우리가 밤에 잠잘 때는 '잘 자오' 하고 인사를 하며 각기 자기에게 주어진 잠을 자다가 또 깨이는 날이면 아침 인사를 하듯이 다시 저쪽에서 깨어날 때 '잘 잤소' 하게 되지 않겠소? 정애는 나보다 조금 먼저 잠드는 것뿐일꺼요." 친구는 나의 말을 신심(信心) 있게 들어주었다. 그는 전에도 가끔 목욕을 하고 나서 버선을 신으려다가는 생각난 듯이 내게로 다가와서 벗은 발바닥을 내게 마주 대면서, "생시에 이렇게 하면 하늘나라에 가서도 꼭 만난대요" 하고는 농담 절반 진담 절반으로 그런 어린애 같은 짓을 열심히 하고 있었다.[24]

마지막 한 주일간의 고통은 견디기 힘든 지경에 이르렀다. 간호사 출신이었던 그는 진통제나 마취제를 거부하며 고통 속에 생명을 지켜나갔다.

23 김활란, 『그 빛 속에 작은 생명』, 325.
24 김활란, 『그 빛 속에 작은 생명』, 326.

> 너무나 고통스러울 그의 통증을 걱정하며 마취제라도 쓰자고 우리가 권유하면 그는 소녀처럼 살레살레 저으며 거절을 했다. "마취제는 싫다니까. 마취제를 쓰면 그건 마지막이지 뭐야. 나머지 생명을 더 빨리 재촉하는 결과 밖에는 되지 않는다는데 나는 내 맑은 정신으로 내게 주어진 시간을 채우고 싶은 거에요. 마취제는 싫어요." 애당초부터 남의 앞에서는 결코 고통을 내색하지 않던 그의 강인함은 화평하고 잔잔한 얼굴로 그렇게 끝내 거절했던 것이다. 그렇게 괴로운 병중에도 소세(梳洗)를 하지 않고 다른 사람을 대한 적이 없었다. 단정하게 빗은 머리 고운 얼굴 정갈스러운 방은 언제나 한결같았다.[25]

그렇게 이정애는 '한결같은' 모습으로 자신의 마지막 순간을 맞이했다. 운명하기 사흘 전인 5월 6일 목요일에 그는 김옥길의 도움을 받아 목욕을 하고 손톱도 다듬고 얼굴과 머리를 만진 후 기분이 명랑한 듯 패물함을 가져오라고 해서 그것을 김활란에게 주며 "잘 간수하라"고 부탁했다. 그리고 부산 피난 시절 김활란으로부터 받은 생일 기념 비취가락지를 끼고 즐거워했다. 5월 7일 금요일 아침 출근하는 김활란에게 이정애는 약한 목소리로 "아무래도 내가 같이 가나보우" 했다. 총장이 무슨 뜻이냐고 묻자 "당신은 미국으로 가고 나는 천당으로 가게 될 모양이요" 하며 웃었다. 그때 김활란 총장은 미감리교 총회에 한국 대표로 참석하기로 되어 있었다. 5월 8일 토요일, 병세가 극도로 악화된 아침에 김활란 총장이 이정애가 좋아하는 찬송 '저 장미꽃 위에 이슬'을 불러주고 출근하려 하자 이정애는 '오늘은 날씨가 쌀쌀하니 찬밥은 아예 입에 대지 말라'고 신신부탁을 했다. 그날 오후 그의 손과 얼굴이

---

25 김활란, 『그 빛 속에 작은 생명』, 325.

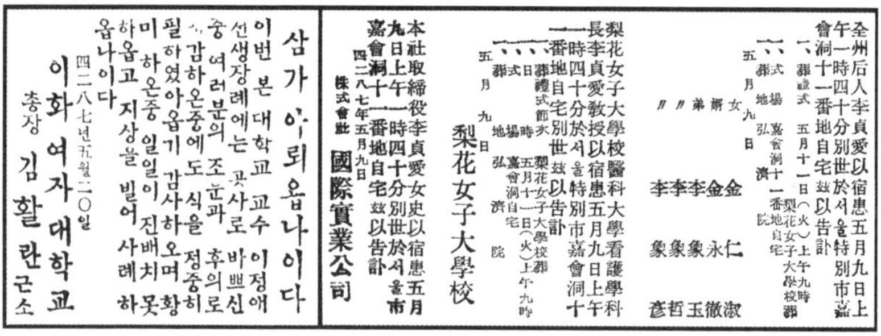

全州后人李貞愛以宿患五月九日上午一時四十分別世於서울特別市嘉會洞十一番地自宅玆以告訃
一、葬禮式 五月十一日(火)上午九時 梨花女子大學校葬
一、式場 嘉會洞十一番地自宅
一、葬地 弘濟院
五月九日
女 金仁淑
壻 金永徹
弟 李象玉
〃 李象哲
〃 李象彥

梨花女子大學校醫科大學看護學科長李貞愛敎授以宿患五月九日上午一時四十分於서울特別市嘉會洞十一番地自宅別世玆以告訃
一、葬禮式節次 梨花女子大學校葬
一、日時 五月十一日(火)上午九時
一、式場 嘉會洞自宅
一、葬地 弘濟院
五月九日
梨花女子大學校

本社取締役李貞愛女史以宿患五月九日上午一時四十分別世於서울市嘉會洞十一番地自宅玆以告訃
四二八七年五月九日
株式會社 國際實業公司

삼가 아뢰옵나이다
이번 본대학교 교수 이정애 선생장례에는 곳사로 바쁘신 중 여러분의 조문과 후의로 감하온중에 도식을 정중히 필하였아옵기 감사하오며 황미하온중 일일이 진배치 못하옵고 지상을 빌어 사례하옵나이다
四二八七년五월二〇일
이화여자대학교
총장 김활란 근소

신문에 실린 이정애 부고

붓기 시작했고 가회동에서 그를 치료했던 이기섭 원장은 운명할 시간이 다가왔음을 알리고 용산 친정집에 기별하라고 했다. 그리고 친정어머니와 동생들, 김활란과 김옥길을 비롯하여 가까운 친구들이 지켜보는 가운데 자정을 넘긴 5월 9일 새벽 1시 40분 그는 마침내 숨을 거두었다.[26] 그의 임종 장면을 지켜본 김활란의 증언이다.

> 많은 친구들이 둘레를 지키던 5월 9일 새벽 한 시 사십 분, 그는 조용히 숨을 거두었다. 그 운명의 순간은 슬프면서도 끝없이 아름답고 평화스러웠다. 그렇게 아름답고 화평한 운명을 우리가 경험하게 하고 내가 살아 있는 동안 그런 사람을 함께 마련해주신 신을 나는 찬양하지 않을 수 없었다. 그렇도록 아름답게 살다가 죽음의 슬픔과 공포를 이기고 고이 갈 수 있었던 그런 훌륭한 친구의 싸늘한 이마에 손을 얹고 마음을 가다듬었다. 그리고 하나님께 감사했다. "주여 이 친구의 아름다운 영혼을 환영해 받아주소서, 이렇게 좋은 친구를 주셨던 아버지의 은혜를 감사합니다." 나는 그 진실한 기도로 친구도 함께 들으리라고 믿으며 힘을

26 김동길, "이정애 선생의 약력", 『우리 친구 이정애』, 28-29.

얻었다.[27]

유언에 따라 이정애 시신에 보통 수의 대신 남치마에 반회장을 놓은 흰 저고리를 입히고 곱게 빗은 머리에는 파란 물 올린 은비녀를 꽂았다. 분홍 비단으로 관을 덮은 후 오른쪽에는 짙은 향기의 라일락을 담은 청자 항아리를, 왼쪽에는 붉은 빛의 모란꽃을 담은 흰 항아리를 두었다. 임종을 지키지는 못했지만 새벽 5시에 통금이 해제되자마자 빈소로 달려온 이화 제자 김일순의 증언이다.

모처럼 옥길 씨와 함께 두 분 선생님 곁에 있게 된 이 자리, 허나 슬프게도 정애 선생님의 음성을 들을 수가 없다. "선생님 뵙겠어요?" 손수건을 걷으며 옥길 씨가 앞장선다. 선생님께서 앓고 계시던 그 방이다. 잘달막한 침대 곁으로는 겨우 한 사람 정도만 바닥에 누울 수 있는 소담스런 온돌방. 방 뒤켠으로는 또 깜직스런 뜰악 하나가 조촐하게 내다보인다. 병풍이 드륵 소리내어 제쳐졌다. 선생님은 꼼짝도 않으신다. 요란스런 소리에 약간의 요동이나마 있을 것이어늘, 역시 선생님은 유명(幽明)을 달리하고 계신다. 천장을 향해 똑바로 누우신 선생님의 몸집은 탁 건드리기만 하면 그 즉시로 가벼히 때그르르 둘러 떨어질 것만 같은 그러한 인형의 누운 모습 그대로이시다. 그리고 가르마가 똑같은 낭자 모습의 머리털은 핏기 완연히 가신 이마 위로 한결 더 윤택 있게 칠흑같이 새까맣다. 어릴 때 읽은 글 한 토막에서 '백랍(白蠟)과 같은……' 하는 구(句)가 생각난다. 여기 선생님께서는 창백(蒼白)의 과정을 지나 완연한 촉 빛으로 변해져 계시다. 생전의 말씀 따라 남색 끝동의 흰색 반회장저고리,

27 김활란, 『그 빛 속에 작은 생명』, 325.

> 거기에 짙은 남색 치마. 참으로 깨끗이 다둑거려져 계시다. 옥길 씨가 두 손으로 선생님의 양켠 어깨를 타독타독 부드럽게 두들기더니 가벼웁게 아래로 싹싹 쓰다듬는다. 마치 잠든 애기의 두 팔을 대견하다는 듯이 다시 한번 더 고루어주듯.[28]

장례식은 삼일장으로 5월 11일 오전 9시, 그가 마지막 살았던 가회동 총장 공관에서 이화여자대학교장(梨花女子大學校葬)으로 거행되었다. 김일순이 전하는 장례식 장면이다.

> 장례식 날. 5월 훈풍 기막히게 맑은 날씨다. 가회동 댁 대문은 활짝 열리고 사람들은 오는 대로 안채로 몰리어서 뜰악으로 가득 차고 아래 길섶까지 빽빽이 몰려 있었으리라. 대청에는 유해 모신 관이 정좌하고, 그리고 관 둘레에는 라이락, 란, 마아가레트 등 계절의 향기가 가득히 빈틈없이 더할 나위 없이 깨끗이 모셔졌다. 관 뒤의 벽 위 초상화를 마주하고서 그 많은 사람들은 오로지 정숙하기만 하다. 기도와 찬송가와 영별사가 순탄하게 차례차례 이어져갔다. 이 형태가 아무리 오래오래 계속된다 한들 저 사람들 역시 그대로 오래오래 이 자리를 지켜갈 수 있을, 그러한 뭉치가 된 참으로 조강스런 분위기였다. 누가 상주이고 누가 더 친숙하고를 구별 짓기 힘든 그러한 '사랑의 모임'이었다. 시간은 흘러가고 흰색 깨끗한 소형 엠브런스에 모셔진 선생님은 곧 홍제동으로 인도되었다. 유언에 의해서이다.[29]

이정애는 생전에 무덤을 원치 않았다. "화장을 해서 남은 뼈는 강이

28 김일순, 『황혼의 산사』(광지원, 1977), 74-75.
29 김일순, 『황혼의 산사』, 79-80.

이정애의 장례식 직전(1954년 5월 11일)

나 바람결에 날려주어 달라"고 유언했다. 그래서 장례식 후 그의 시신은 홍제동 화장터로 옮겨졌다. 그러나 "딸을 먼저 앞세우고 애통해하며 남아 있는 그의 어머니는 간청을 했다. 화장을 치루고 남은 그의 유골을 어느 곳에 묻어 만이라도 달라고 거듭 말했다. 친구의 유언을 어기는 것은 안 되었지만 그 정도의 일은 용서될 것 같아 우선은 자기 부친의 묘 옆에 임시로 묻어놓고 그해를 지내기로 했다."[30] 그렇게 해서 이정애의 유골은 망우리에 있는 그의 아버지 이명원의 묘소 옆에 임시 안장되었다. 그리고 1주기를 맞은 1955년 5월 9일, 김활란은 망우리에 1천여 평 부지를 구입하여 '금란동산(金蘭東山)'을 조성한 후 친구 이정애의 유골을 그리로 옮겨 안장했다. 그리고 묘비에 다음과 같이 짧은 시를 새겼다.

30 김활란, 『그 빛 속에 작은 생명』, 327.

"티끌 세상에 한 송이 백합
높은 뜻 깊은 사랑 그윽한 향기
우리 맘 속에 영원히 풍기리
—친구 김활란—"[31]

그렇게 이정애는 짧지도 않았지만 그렇다고 길지도 않았던 53년 인생을, 그러나 그를 아는 모든 사람들에게 '아름다운 여성'이라는 인상을 강하게 남기고 세상을 떠났다.

## 기억과 추모

죽은 사람은 살아남은 사람들의 기억과 증언을 통해 '남은 이야기'를 전한다. 그렇게 이정애도 자신을 기억하는 친구와 제자들의 증언을 통해 그의 삶이 어떠했는지, 무엇을 꿈꾸며 무엇을 이루었는지 전했다. 장례식에서 추모사를 읽은 모윤숙의 증언이다.

> (이정애) 여사는 세상에서 찾기 어려운 아름다운 용모와 마음을 함께 소유한 보배로운 존재였습니다. 아름다운 몸과 마음은 신에게서부터 지시받은 높고 깨끗한 암시 밑에서 친구와 사회와 국가를 위해서 끊임없는 봉사로 드러나지 않은 곳에서 이들을 위해 협조하기에 쉴 날이 없었습니다. 그는 모든 여성들이 소원하면서도 잘 이루어지지 않는 미덕과 겸손과 인내, 사랑을 숨은 노력과 공부로 일상에서 실천했으며 성공했습니

31 김동길, "이정애 선생의 약력", 『우리 친구 이정애』, 31.

다. 그러면서도 자기의 노력과 장점을 세상에서 알아주기를 원치 않았습니다. 그는 항상 자기를 감추고 자기를 낮추어 친구와 그 주위의 사회인들을 감복시키고 따르게 했습니다. 다정다감한 여사는 남달리 사랑과 평화에 주린 주위 환경에게 조용한 미소와 화평한 태도로 임했으며 옳은 생각과 옳은 일에 몸을 던져 남이 모르는 노고에 일생을 바쳤습니다. 총장 김활란 박사를 위해 그의 뒤에서 가사, 교육, 외교, 사회사업에까지 그 힘을 따뜻하고도 위대한 도움으로 빛냈습니다.[32]

이정애를 아는 친구와 동료, 후배와 제자 모두는 노천명이 그를 설명하며 동원했던 "아름다운 장미"와 "간호계의 선구자", "김활란 총장의 섬기는 지도자", "대한민국 민간 외교", "양귀비꽃 같은 조국애", "평화의 사도", "동양 여성의 이상형" 등의 표현에 동의했다. 그처럼 '아름다운 사람'을 그리워하고 기념하는 것은 당연했다. 이정애 추모사업이 나오게 된 배경이다. 이정애 추모사업은 그의 '영원한 친구' 김활란이 주도했다. 그 첫 번째 일은 망우리에 금란동산을 조성한 것이다.

김활란은 이정애와의 우정을 '금란지교'로 표현했다. 이 말은 중국 고전 『주역(周易)』의 "계사전(繫辭傳)"에 나오는 "이인동심 기리단금 동심지언 기후여란(二人同心 其利斷金 同心之言 其臭如蘭)"이라는 문장에서 따온 것으로 "두 사람이 마음을 같이하니 쇠라도 끊을 수 있고, 마음이 하나 되어 하는 말 그 향기 난과 같도다"라는 뜻이다. 여기서 "금란지교 강이차향 생사불변 기의영속(金蘭之交 强而且香 生死不變 其誼永續)"이라는 말이 나왔으니 "금란의 사귐은 강하면서도 향이 있고, 사나 죽으나 불변이며 그 정의는 영원하다"라는 뜻이다. 그렇게 김활란은 자신

32 모윤숙, "정애여사 영전에", 『우리 친구 이정애』, 10-11.

과 이정애 사이의 우정을 '강하면서도 향이 나는' 사귐으로 표현했다. 공교롭게도 '금란(金欄)'은 김활란(金活蘭) 자신의 이름의 처음과 마지막 글자를 합한 것과도 같았다.

김활란은 그런 의미의 금란동산을 경기도 양주군 구리면(현 서울시 중랑구) 망우리에 조성하고 이정애 1주기를 맞은 1955년 5월, 건너편 망우리 공동묘지에 임시 안장되어 있던 친구 이정애의 무덤을 그곳으로 옮겼다. 그러면서 역시 망우리 공동묘지에 안장되어 있던 어머니의 무덤도 금란동산으로 옮겼다. 그리고 동산을 꾸미기 시작했다. 이정애가 좋아했던 온갖 꽃나무를 옮겨다 심었고 연못도 만들었으며 어머니가 별세했을 때 신촌에 기념교회(대신교회)를 세웠듯이 1958년 11월 금란동산 옆에 이정애를 기념하는 교회로 '금란교회(金蘭教會)'를 세웠다. 그리고 1959년 이화여자대학교 구내에 총장 공관(위치타하우스)이 준공되자 가회동 총장 공관을 처분하면서 박물관과 응접실로 쓰던 사랑채를 그대로 금란동산에 옮겨지었다. 그렇게 가꾸고 돌본 결과 금란동산은 그 근방에서 제일 '아름다운 동산'이 되었다. 김활란은 일요일이면 친구들과 함께 금란동산에서 모여 담소하며 즐겼다. 그러나 금란동산 주변에 아파트가 들어서면서 금란동산에 있던 무덤은 2006년 9월 가평에 있는 이화여자대학교 수목원으로 이장하게 되었다. 2006년 이후로 간호대학 교수 및 동창들은 이화여자대학교 수목원에서 이정애 선생님을 기리는 추모 예배를 매년 거행하고 있다.

이후 김활란이 이정애를 추모하며 새롭게 발전시킨 것이 이화여자대학교 간호학과이다.

김활란 총장은 전부터 간호학에 대한 이해가 깊었으므로 우리나라 간호학계의 선구자이자 김총장의 절친한 친우인 이정애 선생이 별세하자

이화여자대학교 가평 수목원에서
간호대학 교수 및 동창들의 이정애 선생님 추모 예배(2018년)

그를 추모하는 뜻에서 간호학과의 발전에 박차를 가해 1955년 48명의 신입생을 받아들임으로써 재출발했다.[33]

미국 유학을 다녀와 이화여자전문학교 교수로 부임했을 때부터 간호학에 대한 관심을 갖고 있던 김활란은 친구 이정애에게 1928년 하와이 유학의 길을 열어주며 간호학을 전공하도록 부탁했다. 그리고 이정애가 세브란스병원에서 사역하다가 이화여자전문학교 기숙사 사감으로 합류한 후 그는 간호학 중심의 의과대학 설립을 구상했다. 그 꿈은 해방 후 이루어졌다. 김활란은 해방 직후 이화여자대학교를 종합대학으

33 민숙현 · 박해경, 『한가람 봄바람에』, 559.

로 개편하면서 의과대학인 행림원을 설립하고 이정애를 다시 미국 컬럼비아대학교에 보내 간호행정학을 공부하도록 주선했으며, 그렇게 이정애가 공부를 마치고 돌아온 1950년 5월, 간호교육학과라는 명칭으로 신입생을 모집하여 비로소 이화간호교육의 시대가 열렸다. 그러나 간호교육학과는 한 달 후 터진 전쟁으로 수업을 중단해야 했고 부산 피난학교 시절에도 과장인 이정애 교수의 건강 문제로 간호교육학과는 복구되지 못했다. 결국 수복 후, 이정애의 장례식을 치른 김활란은 "이정애를 추모하는 뜻에서" 간호학과 재창설을 서둘러 1955년 3월 48명의 신입생으로 간호교육을 재개할 수 있었다. 이화여자대학교 간호학과를 '이정애 기념학과'라 부를 수 있는 이유이다. 이후 간호학과는 꾸준히 발전하여 1968년 대학으로 승격, 이화여자대학교 간호대학이 되었고, 이는 이화간호가 국내 최초로 4년제 의과대학 간호학과로 발족하는 계기가 되었다. 이와 같이 이정애는 한국의 간호교육을 대학 과정으로 삼는 기틀을 마련하는 데 크게 공헌했기에 이화여자대학교 김옥길 총장은 1975년에 그에 대한 공로패를 증정했다.

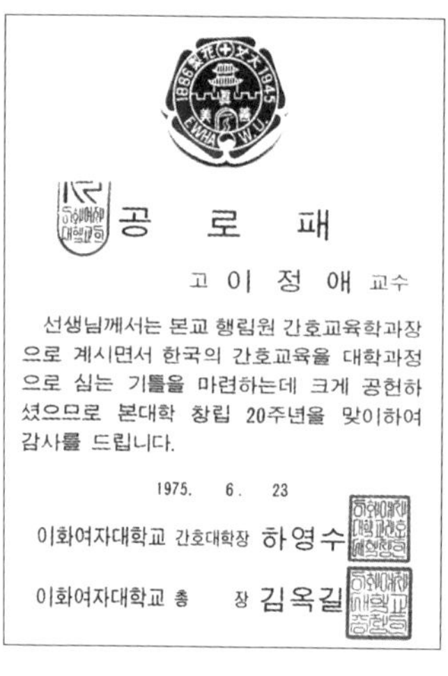

공 로 패

고 이 정 애 교수

선생님께서는 본교 행림원 간호교육학과장으로 계시면서 한국의 간호교육을 대학과정으로 삼는 기틀을 마련하는데 크게 공헌하셨으므로 본대학 창립 20주년을 맞이하여 감사를 드립니다.

1975. 6. 23

이화여자대학교 간호대학장 하 영 수

이화여자대학교 총 장 김 옥 길

이화여자대학교 창립 20주년
기념 공로패(1975년)

김활란은 이정애를 추모하는 추모문집에서 '우리 친구'로서의 이정애의 모습이 가장 잘 드러난 것이 그가 병원에서 간호사로 활약했을 때라고 증언했다.

그는 보통말로 인정이 많은 사람이었다. 특히 병자나 노인을 볼 때 가엾어 못 견딜 정도로 동정이 깊었다. 결국 간호 사업을 필생의 직으로 택한 것도 그 이유가 풍부히 타고난 천품의 인간미였으리라. 그는 늘 말하기를 언제나 병원에 가서 환자를 대하는 근무 시간처럼 즐거운 때는 없다고 했다. 환자들의 자리를 어루만져 조금이라도 더 편안해하든지 한두 마디 위로의 말에 조금이라도 기뻐하는 것을 보면 시간 가는 줄도, 피곤해지는 줄도 모르고 이 병실에서 저 병실로, 이 침상에서 저 침상으로 돌아다니며 보살피게 된다는 것이었다. 환자들 중에는 여러 사람이 정애가 곁에 오는 것이 무엇보다 즐거웠고 마치 천사를 대하는 것처럼 성스럽고 부드러웠다고 퇴원 후에 말하는 것이었다. 그 중에는 우정을 맺고 평생 좋은 친구로 지내는 이도 많았다.[34]

이정애가 평소에 김활란에게 자주 했던 말, "병원에 가서 환자를 대하는 근무 시간처럼 즐거운 때는 없었다"라는 고백에서 '백의의 천사'를 넘어 '환자들의 친구'로서 이정애의 간호사역이 갖는 의미를 파악할 수 있다. 그에게 간호사는 밥벌이를 위한 직업이 아니었다. 그에게 병원은 친구 같은 환자를 위해 자기를 희생하고 봉사하는 사랑의 실천, 그것을 경험하고 나누는 '거룩한' 장소였다.

34 김활란, "우리 친구 이정애", 『우리 친구 이정애』, 35.

# [부록]

이정애 연대기

| 년도 | 내용 |
|---|---|
| 1901. 08. 17. | 서울 오궁골(정동)에서 출생 |
| 1907. | 양규의숙(소학교) 입학 |
| 1910. ~ 1917. | 이화학당 중등과 입학, 졸업 |
| 1918. ~ 1920. | 이화학당 고등과 입학, 졸업 |
| 1919. | 3·1운동 시 전국에 발송할 신문과 편지 등사 및 투옥된 친구 어머니의 생활비를 마련 |
| 1920. ~ 1925. | 이화학당 대학과 입학, 졸업(영어 전공) |
| 1924. 10. 18. | 결혼 |
| 1926. | 이화학당 유치원 사범과 졸업 |
| 1928. ~ 1931. | 하와이 호놀룰루 Queen's College 입학, 졸업(간호학 전공)<br>외국에서 간호학 학위를 받은 최초의 한국인 여성이 됨 |
| 1931. ~ 1937. 03. | 세브란스병원 부간호원장으로 재직 |
| 1933. 02. | 여성잡지 「신가정」에 '경성이 낳은 새 여성' 15인에 선정 |
| 1937. ~ 1943. | 이화여자전문학교 기숙사 사감으로 취임 |
| 1937. 07. | 조선을 대표하여 간호협회 회장 자격으로 영국에서 개최된 국제간호사대회 참석 |
| 1948. ~ 1949. | 미국 Columbia University에서 간호행정학연구 |
| 1949. ~ 1953. | 이화여자대학교 행림원 간호교육과 초대 과장 및 의약대학 교수로 취임 |
| 1950. 05. | 이화여자대학교 간호교육학과를 개설하여 14명이 지원했으나 전쟁으로 수업 중단 |
| 1950. ~ 1951. | 제2대 대한간호협회 회장으로 취임 |
| 1953. 05. 12. | 보건부 간호공로상 수상(나이팅게일 탄생 133주년 기념) |
| 1954. 05. 09. | 별세 |
| 1955. 05. 09. | 망우리 금란동산 안장 |
| 1977. | 「대한간호」에 "백의의 선각자 이정애" 전기소설이 연재됨 |
| 2006. 09. | 가평 수목원으로 이장 |

# | 찾아보기 |


1·4후퇴 348

3·1독립만세운동 255-259

5인 결사대 256

7인 전도대 260-262

8·15해방 222, 329, 336

9·28수복 347, 348, 368

The Mustard Seed(겨자씨) 144

[ㄱ]

가평수목원 366, 367

간호 수련생 179, 182-184, 188, 189

간호 교과서 200, 201, 211

간호복 158-160, 169, 188, 299

간호부 141, 161, 162, 164, 165, 213

간호부규칙 23, 213, 288

간호원 양성학교/양성소 156, 158, 164, 167, 182, 187, 297

광혜여원(廣惠女院) 135-138, 154, 203-206, 213

교비생(校費生) 제도 249, 252, 268

국민훈장 동백장 216

국제간호사대회 224, 225, 227, 289, 311-321

국제간호협회 312, 313, 317

그레이스 딜링햄(Grace L. Dillingham) 282

그레이하우스 346

근대 의학 25, 28-31, 46, 56, 137, 141, 142

금란동산 226, 232, 363, 365, 366

기녀 25, 34-36, 39, 99, 163, 287

기숙사 규칙 267, 268

김동길 231, 236, 243, 256, 274, 279, 290, 323, 332, 349, 350, 356

김마르다 11, 137, 138, 157, 184, 198, 201-207, 218, 313

김베시 157, 158

김엘렌 11, 157, 185, 206, 207, 218

김옥길 332, 335, 348, 356, 359-362, 368

김옥현 223, 275

김폴린 260, 261, 269-272, 285

[ㄴ]

나오미 앤더슨(Naomi A. Anderson) 11, 207, 213, 214, 218, 297

나이팅게일간호학교 292, 317
남대문진료소 90, 132, 173
내외법 32-34, 36, 63, 73, 162

[ㄷ]
대한졸업간호원회 199, 207
동대문부인병원 10-15, 83, 140, 212-214, 289, 296-298, 312
동대문진료소 130-132, 136, 137, 139, 140, 173
디커니스 홈 107, 109, 111-113, 131, 134
디커니스운동 107, 108, 112, 113, 146, 199

[ㄹ]
로제타 셔우드 홀(Rosetta Sherwood Hall) 82-138, 143-145, 154-157, 170, 175, 203
루이자 로드와일러(Louisa C. Rothweiler) 77-83, 95, 97, 109, 120, 123, 124, 246
룰루 프라이(Lulu E. Frey) 185, 246, 247, 250-252, 255, 271, 322, 338
릴리어스 호턴(Lillias Horton) 38, 40-46, 48, 51-56, 58
릴리언 해리스 기념병원 140, 205, 213, 297
릴리언 해리스(Lillian A. Harris) 11, 134-140, 205, 297

[ㅁ]
마가렛 벵겔(Margaret J. Bengel) 82, 97, 109, 124
마리포사(Mariposa)호 332
메리 라이언(Mary Lyon) 105, 106
메리 브라운(Mary E. Brown) 173
메리 스크랜턴(Mary F. Scranton) 10, 27, 46, 68, 70, 73-78, 81, 86, 109, 115, 121, 131, 175, 185, 186, 212, 242, 246, 250
메리 커틀러(Mary M. Cutler) 11, 130-134, 136-138, 146, 154-157, 170, 176, 177, 181, 185, 193, 205, 206, 213, 214
메인홀 250-252
메타 하워드(Meta Howard) 10, 77-83, 91, 92, 111
명성황후 29, 38-44
모윤숙 227, 230, 338-342, 364
미감리교 여성해외선교회(WFMS) 10-12, 73-79, 82, 84, 105, 111, 113, 131, 134, 143, 183, 242, 254, 259, 282, 289, 295, 296, 298, 322
미시건대학교 간호학교 147
민간 외교 319, 320, 365

[ㅂ]
박(김)에스더/김점동 97-100, 102, 105, 106, 114, 117, 119, 132-137, 157, 173
방 언니 제도 269, 270
방문간호사 142, 146-154
보구여관 간호학교 11-15, 157, 179, 181, 211, 218, 296
보구여관 터 217, 218
볼드윈진료소 11, 130-134, 176, 213, 218, 296
봉선 어머니/사라 91-93, 99, 121, 122, 127
빈민 진료소 90, 131

[ㅅ]

사랑 언니동생 258, 269-271

상동진료소 89, 90

서은숙 258, 270, 272, 281-287, 315, 330-331, 335-338, 343

선진간호원 168, 169, 209

선한 사마리아인 병원 프로젝트 82, 89, 90

세례명 93, 115, 117, 203

세브란스 간호원 양성학교/양성소 158, 288, 299

세브란스 간호학교 289

세브란스병원 간호원회 207, 208

세브란스의학교/의학전문학교 185, 192, 210, 239, 298, 299

소녀 과부 117, 118, 121, 122

시병원(施病院) 10, 65, 71, 72, 75, 78-81, 87, 89, 90, 116, 121

신교육령 276

신여성 103, 118, 184, 186, 225, 245, 275

심슨기념관 250-252

[ㅇ]

아펜젤러홀 343

안나 제이콥슨(Anna P. Jacobson) 173, 295

안창남 234, 273-275

알렌의 일기 2930, 34, 36, 37, 68

알타 모리슨(Alta I. Morrison) 199, 209, 211, 213, 218

애니 엘러스(Annie Ellers) 37-41, 44, 45, 47, 176

앨리스 아펜젤러(Alice R. Appenzeller) 247, 250, 271, 277, 282, 322, 324, 332, 343, 344

언더그라운드 레일로드(The Underground Railroad) 101

에드나 밴플리트(Edna M. Van Fleet) 286

에스더 쉴즈(Esther L. Shields) 11, 173-180, 185, 190, 192, 193, 199, 210, 296-299

엘라 루이스(Ella A. Lewis) 111, 112, 117, 119-122, 133, 136, 176

엘리자베스 로버츠(Elizabeth S. Roberts) 11, 214, 215, 218, 297

엘리자베스 셰핑(Elisabeth J. Shepping) 312

엠마 언스버거(Emma F. Ernsberger) 11, 136, 137, 140, 173, 177, 211

여(황)메리/여(황)메례/여순이 106, 114-116, 119, 121, 122, 133, 203, 205

여성 의료 선교사 37, 77, 104, 176, 218, 297

여자 의학생 35

영아소동 45, 46, 85, 90, 120

예모식 11, 159, 184-186, 188, 201, 206, 218, 299

오와카 97-100, 102, 117

온돌방 54, 78, 87, 88, 127, 361

올리버 애비슨(Oliver R. Avison) 49-51, 55-63, 67, 165, 166, 170, 173-177, 185, 186, 190-198, 295-299, 338

왕비 주치의 37, 38, 41

윌리엄 맥길(William B. McGill) 81, 87, 89, 90, 132, 173

윌리엄 스크랜턴(William B. Scranton) 10, 32, 47, 66-73, 78, 79, 81, 87, 89, 90, 116, 177, 185, 242
윌리엄 해리슨(William B. Harrison) 11, 199, 208, 209
의녀 25, 26, 33, 35, 36, 162, 287
이그레이스 11, 137, 157, 184-188, 198, 201-207, 218
이금전 225, 288-290, 311, 312, 313, 352
이정애의 일기 231, 237, 325, 326, 328, 338, 352, 353, 355
이화여자대학교 진선미관 266, 322, 324, 327
이화여자전문학교 설립 277
이화학당 요람 260, 267
이화학당규칙 247, 249
일본 적십자 141, 182, 313

[ㅈ]

장림병원 111
전도부인 62, 121, 122, 134, 138, 157, 160
정동제일교회 68, 69, 178, 185, 218, 254, 343, 355
정매티 157, 185, 188, 189, 206, 218
제시 허스트(Jesse W. Hirst) 192
제임스 게일(James S. Gale) 176, 177
제중원 일차년도 보고서 30, 33, 34, 36, 42, 59, 60, 66, 96
조선간호부협회 215, 288, 313, 314
조선인 간호조력자 53, 91, 137, 138, 157, 158, 203
조세핀 페인(Josephin O. Paine) 160, 246, 250
조지 존스(George H. Jones) 185, 186
조혼 114, 116-118, 166, 170, 171
존 헤론(John W. Heron) 10, 32, 34, 37, 40, 45, 47, 49, 67
졸업간호사/간호원 147, 198, 199, 201-203, 206, 209, 213, 297
종교적 삶 113
지역간호 210

[ㅊ]

천연두 59-62, 291, 295

[ㅋ]

캐서린 비처(Catharine Beecher) 103, 104
콜레라 47-57, 62, 67, 70, 72, 295
퀘이커교 101, 104
클라라 스웨인(Clara Swain) 104
클라라 윅스(Clara S. Weeks) 176, 200
킹스 더터스 유니온(King's Daughters Union) 146, 147, 152-154, 219
컬럼비아대학교 14, 222-224, 225, 227338, 340, 342, 344, 368

[ㅍ]

펜실베이니아여자의과대학 104, 105
평양 의료 사업 131, 132
풀뿌리공동체 운동 107
프라이홀 251, 252, 272, 277, 322
플로렌스 나이팅게일(Florence Nightingale 22,

145, 147, 154, 177, 180, 222, 233, 292-294, 302, 317, 318, 352

[ㅎ]

하란사 185, 186, 201, 250, 253-255, 269
하와이 퀸즈병원 간호학교 12, 222, 225, 286, 287, 291-294, 298, 299, 311, 318
학생교사 249, 250, 252
학생간호사/간호원 156, 163, 169, 193, 211, 215
한국전쟁 14, 222
한신광 215, 313
행림원 13-15, 222, 225, 226, 235, 331, 336-338, 344, 348, 368, 370
헨리 아펜젤러(Henry G. Appenzeller) 10, 77, 238, 242
호러스 알렌(Horace N. Allen) 10, 29-38, 40, 42, 45-49, 59, 66-68, 96, 295
호러스 언더우드(Horace G. Underwood) 10, 45-49, 52, 53
호병요술(護病要術) 201
홀 기념병원(기홀병원) 135
황민화(皇民化) 321, 329, 334
후진간호원 168, 209

이화간호교육의 처음을 연 사람들,

# 마가렛 에드먼즈와 이정애

**펴낸날** 1판 1쇄 2019년 11월 1일
**기획** 이화여자대학교 이화간호과학연구소
**지은이** 이덕주·하희정
**펴낸이** 김헌민
**펴낸곳** 이화여자대학교출판문화원
**주소** 서울특별시 서대문구 이화여대길 52 (우03760)
**등록** 1954년 7월 6일 제9-61호
**전화** 02) 3277-2965 (편집), 362-6076 (마케팅)
**팩스** 02) 312-4312
**전자우편** press@ewha.ac.kr
**홈페이지** www.ewhapress.com
**책임편집** 이지예
**디자인** 정혜진
**찍은곳** (주)현문자현



ISBN 979-11-5890-336-7 03990
**값** 28,000원



이 도서의 국립중앙도서관 출판예정도서목록(CIP)은 서지정보유통지원시스템 홈페이지(http://seoji.nl.go.kr)와 국가자료공동목록시스템(http://www.nl.go.kr/kolisnet)에서 이용하실 수 있습니다. (CIP제어번호: CIP2019037140)